웍과 칼

INVITATION TO A BANQUET
Copyright © Fuchsia Dunlop 2023
All rights reserved.

Korean translation copyright © 2025 by Geulhangari Publishers
Korean translation rights arranged with Rogers, Coleridge and White Ltd.
through EYA Co., Ltd.

이 책의 한국어판 저작권은 EYA Co., Ltd.를 통해 Rogers, Coleridge & White Ltd.와 독점 계약한
(주)글항아리가 소유합니다. 저작권법에 의하여 한국 내에서 보호를 받는 저작물이므로 무단 전재
및 복제를 금합니다.

웍과 칼

雙刀

퓨샤 던롭 지음
윤영수·박경환 옮김

중화미식인류학

글항아리

멀린에게

차례

중국 지도 10

프롤로그
해외에서 중화요리 입문하기 : 탕수육 糖醋肉球 12

아궁이 灶火 : 중화요리의 기원

문명은 불에 구우면서부터 : 차슈 돼지고기 蜜汁叉燒	34
식탁의 중심 샤오미와 다미 : 흰 쌀밥 白米飯	52
잘게 썰어 조화롭게 끓인다 : 쑹부인의 생선국 宋嫂魚羹	73
일상 깊숙이 스며든 보양식 : 여주 돼지갈비탕 苦瓜排骨湯	89

농장天地 : 식재료의 선택

현지에서 나는 제철 식재료 : 안지 죽순과 진화 햄火爛鞭筍   108

채소가 조연이라는 착각 : 제란생강볶음薑汁芥蘭   126

강남 수향水鄕의 식재료 : 순채농어탕蓴鱸之思   139

놀라운 보물상자 콩 : 마파두부麻婆豆腐   148

고기 중의 고기 돼지고기 : 동파육東坡肉   170

다문화의 용광로 중화요리 : 솬양러우涮羊肉   187

발효 음식의 마법 : 술에 담근 게醉蟹   206

식재료 무한도전 : 새우알을 넣은 유자 속껍질찜蝦籽柚皮   221

맛만큼이나 중요한 식감 : 명예를 누리는 메기, 토보노렴土步露臉   232

미식의 극단, 이국적 식재료 : 곰발바닥을 능가하다賽熊掌   251

주방庖廚 : 조리의 기술

MSG에 가려진 육수 문화 : 이핀궈一品鍋	278
오미五味의 변화무쌍한 조합 : 탕수 황허잉어糖醋黃河鯉魚	296
중국요리사의 칼솜씨 : 슌더의 생선회魚生	318
모든 것은 찜에서 시작되었다 : 준치찜淸蒸鰣魚	333
불과 시간 : 새우볶음淸熘大玉	345
조리 용어 : 두부조림鍋豆腐	364
반죽으로 만드는 모든 것 : 칼로 깎는 국수刀削麵	373
딤섬의 탄생 : 소룽포小籠包	393

식탁餐桌 : 음식과 사상

중화요리에도 디저트가 있을까 : '어미 오리' 경단鴨母捻   414

4대 요리, 8대 요리라는 구분 : 고추 더미 속의 충칭 닭辣子雞   427

뿌리 깊은 채식의 전통 : 마른장어볶음乾扁鱔魚   443

무릉도원의 유기농 : 고구마줄기볶음炒紅薯尖   463

중국화된 서양 음식 : 러시아 수프羅宋湯   481

마음을 나누는 요리 : 자애로운 어머니의 돼지조림慈母菜   489

에필로그
과거와 미래 : 찹수이雜碎   499

부분적이며 지극히 주관적인 중국 음식 문화 연대기   508

감사의 말   519

미주   524

옮긴이의 말   540

찾아보기   545

프롤로그

해외에서
중화요리 입문하기

탕수육
탕추러우추

1994년 나는 쓰촨대학의 장학생으로 중국에 가 살게 되었다. 겉으로야 학문적인 목적을 위해 청두에 머무르는 것이었지만, 아주 어릴 때부터 무엇보다 먹는 것과 요리하는 것에 관심이 많았던 나는 이내 수업을 내팽개치고 현지 음식에 대한 비공식 탐구에 전념했다. 쓰촨대학에서의 1년이 끝나고도 청두에 계속 머물러 있다가, 현지의 유명 요리학교인 쓰촨고등요리학교四川高等烹飪專科學校에 등록해보지 않겠냐는 제안을 받았고, 주저 없이 그 초대를 받아들였다.

　작고 충동적인 결정이 사람의 삶과 운명을 바꿔놓을 수도 있다는 사실이 얼마나 재미있는지. 중화요리사 수련 과정에 들어간 원래의 동기는 그저 요리하는 것이 좋아서였고, 낚시에 걸린 물고기처럼 나를 강하게 끌어당겼던 도시에 더 오래 머무르고 싶어서였다. 하지만 쓰촨 요리와 중화요리 전반에 대한 탐구는 나를 사로잡았고, 처음부터 그럴 생각은 아니었지만 결국 내 인생의 업이 되고 말았다.

청두에서의 그 시절 이후로 나는 중국 방방곡곡을 다니며 주방과 농장에서 시간을 보내고, 박물관을 방문하고, 음식과 요리에 관한 방대한 자료를 읽고, 전문가와 아마추어를 가리지 않고 수많은 중국인과 음식과 조리법에 대해 이야기를 나눴다. 그리고 이에 못지않게 중요한 것은, 예전에는 상상조차 할 수 없었던 특별한 식재료와 음식들을 맛봤다는 사실이다. 이것이야말로 나의 진정한 공부였다. 맛보고, 맛보고, 또 맛보는 것. 다양한 지역의 풍미를 느끼는 것. 중화요리의 무한한 변주를 체험하는 것. 수많은 이론과 묘사와 전설과 조리법이 현장에서, 입 안에서, 혀 위에서 실제로 어떻게 구현되는가를 체험했다. 무술인이나 음악가가 연습을 통해 실력을 쌓는 것과 마찬가지로 전문 식도락가도 경험을 통해 배운다.

중국에서는 미식가가 나오려면 삼대를 거쳐야 한다고들 말한다. 나는 아직 한 생애밖에 살지 않았으며, 20대 초반에 중국에 와서 중화요리의 초보자로 시작했다. 그러나 지난 20~30년 동안 몇 번의 생을 살아도 받기 힘든 훌륭한 미식 교육을 속성으로 받는 행운을 누렸다. 이 모든 것은 전적으로 내 중국인 친구와 선생님들의 너그러움 덕분이다. 참을성을 갖고 내게 음식을 내어주며, 이야기해주고, 결국 나의 무지한 입맛을 바꿔놓은 중국 전역의 수많은 낯선 이와의 우연한 만남 때문이기도 하다.

물론 처음 중국에 살러 갔을 때도 중화요리가 내게 완전히 낯선 것은 아니었다. 가끔씩 맛보는 중화요리는 내 어린 시절의 작지만 소중한 일부였다. 지난 두세 세대의 많은 서구인이 그렇듯이, 나도 유행을 따라 중화요리를 먹으며 자랐다.

◆

갈색 종이봉투를 부스럭거리면서 열면 아직 따끈따끈하고 매혹적인 향이 가득한 황금색 작은 공들이 쏟아진다. 반죽을 입혀 바삭하게 튀겨낸 연한 돼지고기 조각이다. 함께 온 흰 플라스틱 컵에는 맑고 선명한 붉은색 시럽인 탕수 소스가 가득하다. 여동생과 나는 신나서 어쩔 줄 모른다. 중식당의 포장 음식은 흔치 않은 별미다. 항상 먹던 어머니의 집밥과는 다른 맛을 즐기며 젓가락 실력을 연마할 기회다. 간장과 생강 향을 내뿜으며 겹겹이 쌓여 있던 알루미늄 포일 포장재를 풀면 요리 한 상이 차려진다. 새우찹수이, 통조림 죽순을 넣은 닭고기, 숙주가 잔뜩 들어간 굵은 차오몐, 숙주로 속을 채운 춘권, 계란볶음밥. 모두 다 맛있지만 탕수육을 능가할 요리는 없었다. 우리가 영원히 총애하는 음식. 아무리 먹어도 질리지 않았다.

여동생과 나를 비롯해 1970년대 영국에서 자란 많은 아이가 탕수육을 통해 중화요리에 입문했다. 당시 모든 중식당 메뉴에는 탕수육이 빠지지 않았고, 거의 모든 동네마다 포장 전문 중식당이 하나씩 있었다. 이들은 전후 홍콩에서 건너온 중국인 이민자들의 새로운 물결이었고, 피시앤칩스 식당을 인수하면서 급증했다. 처음에는 리버풀에서, 그다음에는 맨체스터 그리고 영국 전역으로, 기존 식당을 이어받아 원래 메뉴에 조금씩 중화풍 요리를 추가해나갔다.[1] 1951년 영국에는 중식당 주인과 매니저가 전국에 겨우 36명이었지만[2] 1970년대 초에는 포장 전문점이 1만2000곳, 테이블을 갖춘 중식당은 3000곳에 달한 것으로 추정된다.[3]

포장 전문점이 어떻게 생겨났는지는 확실히 알 수 없다. 어떤 이들은 런던 베이스워터의 유명 식당 '로터스 하우스Lotus House'에 예약을 할 수 없었던 손님들이 집으로 음식을 가져가겠다고 요청한 데서 비롯되었다고 하고, 어떤 이들은 런던의 원조 차이나타운인 라임하우스에 있던 찰리 청의 식당 '로컬 프렌즈Local Friends'에서 시작되었다고도 한다.[4] 그러다가 대부분 남성이던 초기 홍콩 이민자들이 1962년 커먼웰스 이민법의 새 규정에 따라 부인과 아이들을 데려오면서 중식당은 가족 사업이 되었고, 그러면서 포장 전문점이 전국에 우후죽순처럼 생겨나기 시작했다.[5] 이들의 음식은 광둥 요리에서 아이디어를 빌려오고 변형시킨 잡탕이었다. '잡다한 식재료를 썰어낸 조각'을 뜻하는 광둥어 '짭쑤이雜碎'에서 온 찹수이chop suey나, 면에 숙주를 넣고 볶은 차오몐chow mein이 그런 것들이다.

재료는 정형화되어 있었다. 돼지고기, 닭고기, 새우, 소고기처럼 친숙하고 뼈가 없는 살코기 단백질 재료에 죽순, 초고버섯, 물밤(비치荸薺) 같은 통조림 중국 식재료와 신선한 숙주, 양파, 고추 등을 몇 가지 기본 소스로 요리한다(찹수이, 탕수, 토마토, 커리 등). 때로 밥이나 국수와 함께 볶기도 한다. 이렇게 문화적 조정을 거친 요리조차 부담스러운 손님이라면 오믈렛이나 커리를 곁들인 칩스 혹은 로스트치킨 같은 영국 요리를 먹으면 된다. 중국인 자신들에게 이런 포장 요리는 전혀 중국 음식이 아니었다. 1960년대 런던의 포장 전문 요리업계를 배경으로 하는 티머시 모의 소설 『사워 스위트Sour Sweet』에 등장하는 천陳 가족의 표현을 빌리자면, 중국인이 아닌 손님들을 위해 만든 요리는 "양놈들에게나 어울릴 법한 엉터리이자 완전 쓰레기"였다.

그러나 "양놈들"은 그 음식에 환호했다. 전쟁 시절의 맛없는 배급 요리를 거치고 나서 맛본 중화요리는 먼 이국에서 영국으로 불어온 산들바람 같았다. 으깬 감자나 튀긴 소시지와는 확연히 달랐을 뿐 아니라 저렴하기도 했다. 내 어머니는 1960년대 중반 런던에서 처음으로 어설프게 젓가락질을 해가며 혼자서 가끔 중화요리로 점심 호사를 누리던 일을 기억한다. 메뉴는 늘 정식이었다. 전분을 넣어 걸쭉하게 만든 국물에 잘게 썬 고기와 숙주가 들어 있고, 메인으로는 밥을 곁들인 찹수이, 그리고 후식으로는 항상 시럽에 넣은 통조림 리치가 나왔다. 가격은 믿을 수 없을 만큼 저렴했는데, 한 끼 식사에 샌드위치 하나 값에 지나지 않는 5실링이었다.

그 후로 수십 년 동안 중화요리는 영국인 삶의 소중한 일부가 되었다. 1949년 마오쩌둥의 공산당이 국민당 정권에 승리를 거두며 중국 내전을 종결시킨 뒤, 갈 곳이 없어진 런던의 국민당 외교관들은 중화요리의 옹호 세력이 되었다. 그중 한 명인 케네스 로가 1955년 첫 요리책을 출간했고, 이후로 서른 권을 더 펴냈다. 그는 런던에 '중국의 추억Memories of China'이라는 유명한 식당을 열기도 했다. 1980년대 초반, BBC에서는 중국계 미국인 요리사인 켄 홈이 진행하는 요리 프로그램을 제작해, 영국 대중에게 중국 주방의 맛과 기술을 소개했다. 그의 TV 시리즈에 맞춰 출간한 요리책들은 150만 부가 넘게 팔렸다.[6] 2001년 마켓인텔리전스에서 발표한 보고서에 따르면, 영국인이 가장 좋아하는 외국 음식은 중식이었으며 영국 가정의 65퍼센트가 웍을 갖고 있었다.[7]

북미의 중화요리도 생소함에서 친숙함으로 가는 비슷한 궤적을 따랐으나 그 시기는 더 빨랐다. 1848년 새크라멘토 계곡에서 금이 발견되자, 중국 남부로부터 수만 명의 이민자가 캘리포니아로 몰려와 샌프란시스코 차이나타운의 씨앗을 뿌렸다. 중식당들이 여기저기 생겨나더니 많은 곳이 1달러짜리 '뷔페식' 식사를 팔았다. 중식과 양식이 뒤섞인 이 뷔페에는 자투리 고기와 야채로 만든, 아마도 최초의 미국식 찹수이도 있었는데 백인 광부와 노동자들이 즐겨 먹었다. 이것이 서쪽 해안에서 동쪽 해안까지 미국 전역을 휩쓴 새로운 음식 열풍의 시작이었다.

20세기 내내 중화요리가 미국에 점점 확실하게 자리잡으면서 찹수이, 차오멘, 에그푸용(광둥식 오믈렛—옮긴이)과 같은 초기 메뉴에 세계인의 입맛에 잘 맞는 다른 음식들이 더해졌다. 소고기브로콜리볶음, 쭤쭝탕지(좌종당계), 궁바오지딩(궁보계정), 그리고 영국의 탕수육과 비슷한 크랩 랭군(치즈를 채워넣어 튀겨낸 완탕) 같은 것이다. 접이식 포장용기에 담긴 중화요리와 포춘쿠키는 미트볼 스파게티나 파스트라미 샌드위치처럼 미국의 음식 풍경에 자연스럽게 자리잡았다. 21세기 초까지 미국에는 약 4만 곳의 중식당이 있었으며 이는 맥도널드와 버거킹과 KFC를 다 합친 것보다 더 많은 숫자다. 제니퍼 리가 저서 『포춘 쿠키 연대기The Fortune Cookie Chronicles』에서 말했듯이, 중화요리는 이제 "애플파이보다 더 미국적인" 음식이 되었다.[8]

한편으로 보면 중화요리의 세계적인 부상은 놀라운 성공 스토리다. 다국적 기업이 아닌 주로 소규모 자영업자들에 의해 추진된 다른 어떤 요리도 이처럼 엄청난 영향력을 발휘하거나, 많은 나라에서 사랑받고, 받아들여지고, 현지화된 사례는 드물다.

중화요리는 뉴욕에서 바그다드, 스톡홀름에서 나이로비, 퍼스에서 리마까지 전 세계 어디를 가도 마주칠 수밖에 없는 문화적 존재감을 지닌다. 거의 모든 나라에 자신들만의 '정통' 중화요리가 있다. 내가 사랑하는 영국의 탕수육, 인도의 치킨만추리안, 스리랑카의 핫버터오징어, 스웨덴의 '4품 요리'까지. 하나의 브랜드로서 '중식'은 전 세계적인 인지도를 갖고 있다.

하지만 다른 한편으로 보면, 중화요리는 스스로의 성공에 발목을 잡히기도 했다. 단순화되고, 변형되고, 심지어 왜곡된 형태의 광둥 요리가 북미를 시작으로 나중에는 전 세계에 색종이 조각을 흩뿌리듯 굉장한 인기를 끌었지만, 유치한 예측 가능성과 제한된 가짓수의 요리, 밝은 빛깔, 새콤달콤하고 짭짤한 맛, 바삭 튀긴 간식과 볶음면이라는 성공 레시피에 가려져 중국 미식 문화의 다양함과 섬세함이라는 진가는 흐려졌다. 중화요리는 인기가 있지만, 해외에서는 여전히 값싸고 품격 낮은 정크푸드라는 인식이 널리 퍼져 있다. 서양의 소비자들은 스시나 유럽식 테이스팅 메뉴에는 막대한 돈을 기꺼이 지불하지만, 중식당은 고가의 고급 중화요리가 그만한 가치가 있다고 손님을 설득하는 데 여전히 어려움을 겪는다.

지금과는 다르게 상황이 전개될 수도 있었다. 처음 영국 대중의 관심을 끌었던 중화요리는 1884년 런던 국제보건전시회에 참가했던 중국의 전시 내용 중 일부였다. 우아하게 꾸며진 이곳의 팝업 중식당에서 홍콩의 뛰어난 요리사가 이끄는 팀이 30여 가지 요리를 선보였다. 싸구려 찹수이 같은 것이 아니었다. 1884년 7월 17일 자『스탠더드』는 기사를 통해, "가장 우수한 고전 요리 식당이며, 미식가들이 중국풍 만찬에서 최고의 요리와 함께 과학적 약학의 실용적인 실천 또한 완벽하게 보여주는, 즐겁고 쾌적한 형태의 맛있는 요리를 찾을 수 있는 곳"이라고 평가했다.[9] 메뉴에는 '프랑크푸르트소시지'와 같은 유럽 요리도 있었지만, '유명한 거북이 탕보다 훨씬 더 맛있고 영양이 풍부한' 제비집 탕, 베이징풍의 상어 지느러미, 리치를 넣은 돼지고기 미트볼, 건두부, 삭힌 오리알, 따뜻하게 데운 사오싱 황주, 중국 제과 모듬, 마지막으로 '작은 컵에 담긴 황실 차'와 같은 중국의 진미가 가득했다.[10]

최고급 중화요리를 살짝 엿볼 수 있었던 이 행사는 런던의 화젯거리가 되었다. 당대의 작가였던 빈센트 홀트는 "유행을 선도하는 사람들이 진기한 요리를 먹고 호평을 했다"고 기록했다.[11] 이 메뉴가 대중의 호기심을 어찌나 자극했던지 요리사들은 윈저궁으로 초대받아 빅토리아 여왕을 위해 점심을 요리했고, 여왕은 제비집 탕을 특히나 좋아했다고 한다.¹² 그러나 영국 상류사회에 중식의 즐거움을 소개한 이 화려한 일화는 냄비 속의 불꽃으로 그쳤다. 전시회의 '중국 궁정' 외에 당시 영국에서 유일하게 접할 수 있었던 중화요리는 현지 영국인을 대상으로 하지 않는 식당에서 만드는 것뿐이었다. 이 식당들의 고객은 리버풀, 글래스고, 카디프와 런던 동부의 라임하우스 주변의 항구에 정착한 소수의 중국 선원들이었다. 세월이 흐르며 훨씬 덜 세련된 형태의 요리만 남아 중화요리에 대한 대중의 상상력은 희미해졌다.

20세기 초 소규모의 새 이민자 무리가 꾸준히 영국의 작은 중국인 커뮤니티에 합류하면서, 런던 중심부에 중식당들이 생겨나 중국인이 아닌 손님들의 사랑을 받기 시작했다. 웨스트엔드 지역의 첫 식당은 1908년에 오픈한 '캐세이Cathay'였던 것으로 알려져 있다. 1930년대와 1940년대에는 워도 스트리트의 유명한 '레이 온Ley On'을 포함해 더 많은 중식당이 문을 열었다.¹³ 그 후 30년간 홍콩의 신계 지역으로부터 대규모 중국인 이민자가 계속 영국으로 유입되었고, 이들 대다수가 중식 관련 업종에 종사했다.¹⁴

일부 식당, 특히 런던의 떠오르는 차이나타운 소호의 중식당들에는 숙련된 요리사가 있었지만, 대부분의 포장 전문 식당은 이전까지 농사만 짓다가 중화요리의 섬세함을 전혀 모른 채 그저 생계를 간신히 꾸려가는 이들을 채용하고 있었다. 한 식당 주인은 영국의 중국학자 휴 베이커에게 새 요리사는 "30분만 가르치면 충분하다"며, "생강과 숙주와 말린 감귤 껍질을 듬뿍 쓰라고 한 뒤, 웍과 간장 한 병만

쥐어주면 '중식 요리법'에 대해 알아야 할 모든 것을 아는 것"이라고 했다.[15] 대개 다른 중국 동포들이 거의 없는 도시에 자리잡은 새로운 중식당의 주인들은 피시앤칩스에 익숙한 현지인들을 상대해야 했다. 이들이 먹는 음식은 다가가기 쉽고, 값싸고, 아주 살짝만 이국적이어야 했다. 그래서 한 세기 전 캘리포니아에서 시도하고 검증된 공식을 택했을 텐데, 이는 본국의 고향 음식과는 전혀 딴판이었다.

미국에서도 영국과 마찬가지로, 초기의 거의 모든 요리사가 단 하나의 지역으로부터 왔다. 바로 광둥 남부 지역이다. 더구나 영국의 중화요리사 대부분이 조리 훈련을 받지 못한 농부였던 것과 마찬가지로, 미국에 이민 온 중국인 대다수도 뛰어난 요리사라거나, 광둥성의 성도이자 미식의 도시로 알려진 광저우의 주강 연안을 따라 늘어선 식당을 출입하던 안목 있는 고객들이 아니었다. 이들은 몇몇 특정 시골 지역 출신으로 인구 과밀과 가난의 무게로 인해 어쩔 수 없이 길을 떠나도록 내몰린 사람들이었다. 광둥 요리에 대한 지식도 제한적이었고, 다른 지역 요리는 알고 있었다 한들 보잘것없는 수준이었다. 영국에서도 미국에서도, 새로운 중화요리는 1884년 런던 국제보건전시회의 팝업 중식당처럼 중국요리 문화의 영광을 과시하기 위해서가 아니라, 경제적 생존을 위한 수단으로 발전했다.

20세기가 무르익으며 영국과 미국의 중국인 인구는 늘어나고 다양해졌다. 그러나 중국인들 스스로가 모여 있는 차이나타운에서는 정통 중화요리를 발견할 수 있었지만, 그 외의 장소에서는 서양인들의 입맛에 맞게 개조한 단순한 요리가 표준이었다. 심지어 차이나타운에서도 진짜 중화요리는 중국인 고객이 아니면 쉽게 닿을 수 없는 곳에 있었다. 정통 중화요리는 중국어로 된 메뉴판에 숨겨놓곤 했기 때문이다. 서양인들이 뼈가 많은 가금류, 껍질째 먹는 새우, 여주 같은 것을 꺼릴까봐 걱정해서였고, 실제로도 많이 꺼렸다. 1990년대의 런던, 갓 중국에서 돌아온 젊은 음식 비평가였던 나는 중국어도 유창했고 진짜 중화요리가 너무나 먹고 싶어서, 뼈 없는 닭고기 볶음이나 탕수육보다 난도가 높은 요리를 주문하려고 할 때면, 종업원들은 난색을 표하며 중국인이라면 절대 아무도 주문하지 않을 진부한 정식 메뉴를 권하곤 했다.

이들의 난색은 비합리적인 것이 아니었다. 처음부터 서양인들은 열정과 의심이 뒤섞인 복잡한 감정으로 중화요리를 바라봤기 때문이다. 초기에 중국을 방문했던 서양인들은 중화요리의 높은 품질과 다양성에 깊은 인상을 받았다. 이 중에는 마르코 폴로도 있었다. 1300년에 쓴 여행기에서 마르코 폴로는 '킨사이'(지금의 항저우)의 시장에 대해 "생명을 유지하는 데 필요한 모든 것"을 갖춘 "양식의 보고"라며 찬사를 아끼지 않는다. 그는 "한 끼에 생선과 고기를 같이 먹을 정도로 미식생활에 익숙한" 사람의 수가 엄청나게 많았다고 했다.[16]

17세기와 18세기에 중국으로 여행했던 예수회 선교사들 중 상당수가 편지에서 미식에 관해 언급하고 있다. 장바티스트 뒤 할데가 프랑스어로 쓴 유명한 중국 연구서를 번역한 책 『중국과 중국계 타타르 제국에 대한 설명A Description of the Empire of China and Chinese Tartary』은 주로 예수회 자료를 편집한 것으로, 유럽인들이 불쾌하게 느낄 만한 수

사슴 생식기와 개고기 같은 요리를 언급하고 있긴 해도, 생선과 햄의 풍미를 극찬하고 중국의 요리 기술을 이렇게 칭송한다. "미각에 관한 모든 것을 연마해온 프랑스 요리사들도 요식업 분야에서 중국인들이 훨씬 더 적은 비용으로 자신들을 능가할 수 있다는 데 놀랄 것이다."[17]

하지만 18~19세기 영국과 서구의 모험가들이 까다로운 중국 제국과의 교역에 서서히 뛰어들면서 중화요리에 대한 이들의 논조는 점차 적대적으로 변해갔다. 작가 재그 로버츠에 따르면 많은 관찰자가 중국인의 식문화를 기만적이고 지저분하고 닥치는 대로 다 먹는다고 묘사했다. 18세기 말 존 로크먼이 했던 말이다. "중국인들은 아무 고기나 다 먹는다. 도랑에 죽어 있는 짐승도 푸줏간에서 잡은 짐승과 마찬가지로 거리낌 없이 먹는다. (…) 쥐를 먹는 것도 잘못된 일이 아니며 뱀탕은 여기서 높게 쳐주는 요리다."[18] 영국 최초의 중국 특사였던 매카트니 경은 1793년에 남긴 사절단 보고서에 중국인은 모두 "더러운 식습관을 가졌고 마늘과 향이 강한 야채를 키우고 먹는다"라며 "가끔 헹구기는 하지만 절대로 씻거나 깨끗하게 닦지 않은 컵 하나로 다 같이 마신다"라고 썼다. 중국인을 더럽게 먹는 사람으로 묘사하는 것은 중국을 선진화된 서구에 착취당할 준비가 된 썩어빠진 제국으로 폄하하려는 커다란 의도에 편리하게 들어맞았다. 한때 중국 문명의 경이로움에 호기심을 느꼈던 유럽인들은 이제 중국 시장이 가진 돈벌이의 잠재성에 이끌렸다.

미국에 중화요리가 소개되었던 초기에, 이국적인 요리를 맛보려고 관광객들이 샌프란시스코의 차이나타운으로 몰려들었지만, 중국인이 쥐와 뱀과 고양이와 도마뱀을 먹는다는 의구심은 대중문화에서 반복적으로 등장하는 주제였다. 캘리포니아의 철도 노동자와 금광 광부들은 값싼 찹수이를 즐겼지만, 동시에 중국인 노동자들을 경제적 위협을 일으키는 외국인으로 여겼다. 이로 인해 중화요리에 대한 미국인의 인식은 인종차별적 공포와 불안으로 오염되었다. 1870년대가 되자 미국의 반중 움직임이 터져나왔다. 이는 중국인의 이민을 실질적으로 금지하는 1882년과 1892년의 법안으로 이어진다. 영국에서는 소설과 영화에서 런던 라임하우스의 초기 차이나타운을 부정과 아편과 범죄가 우글대는 소굴로 묘사했고, 연극 무대에서는 중국인 악당이 익숙한 광경으로 등장했다. 중국 음식에 대한 무지와 편견은 흔했다.

중화요리에 대한 전 세계의 지속적인 사랑에도 불구하고, 이런 무신경한 인종차별은 결코 완전히 사라지지 않았다. 중화요리 전문가인 나에게 미소를 띠고 "먹어본 것 중 가장 혐오스러운 음식은 무엇이었나요?"라고 첫 질문을 던지는 사람이 그동안 얼마나 많았는지 셀 수 없을 정도다. 명시적이든 묵시적이든, 중화요리에 대한 특정 부정적 인식이 뿌리깊게 자리잡고 있다. '뭐든지 먹는' 나라는 지저분하고 비뚤어지고 절박할 것이라는 인식. 스테이크보다 두부를 선호하면 여성적일 거라는 인식. 기름을 써서 요리하면 음식이 느끼할 거라는 인식. MSG를 사용하는 사람은 구두쇠일 거라는 인식. 음식을 잘게 써는 것은 재료를 알아보지 못하게 만들어 사람들을 속이기 위해서일 거라는 인식. 중화요리는 가난한 자의 음식이므로 비싸면 안 된다는 인식. 이것은 서양에서 '중국의 음식'을 어떻게 바라보는지에 대한 몇 가지 관점에 불과하다.

비교적 최근인 2002년에도 『데일리메일』은 중화요리를 "박쥐, 뱀, 원숭이, 곰발바닥, 제비집, 상어 지느러미, 오리 혀, 닭발을 먹는 나라에서 만든 세계에서 가장 의심스러운 요리"라고 비난하는 기사를 게재했다.[19] 중화요리는 누구나 제일 좋아하는 동네 음식일까, 아니면 해충과 야생동물로 만든 끔찍한 잡탕일까? 서구 세계는 자주 갈팡질팡하는 것 같다. 이토록 깊이 사랑받으면서 동시에 이토록 학대받는 요리는 아마 또 없을 것이다.

중국인을 이질적이고 파괴적이고 부정직하고 미개한 존재로 여기는 보편적인 인종 편견을 부추기는 수단으로 흔히 중국의 음식을 폄하하는 방식이 활용되었다. 2020년, 전 세계에 팬데믹을 일으킨 코로나 바이러스가 중국의 어느 시장에서 식용으로 팔던 야생동물로부터 인간에게 넘어왔다는 주장이 제기되면서 중국인과 그들의 식습관을 향한 독설의 폭풍이 쏟아져 나왔다. '웻마켓wet market'이라 불리는 중국의 농수산물 시장은 이국적인 동물이 가득한 혐오스러운 동물원인 것처럼 서방 언론에 묘사되었다. 대부분은 과일, 야채 및 기타 신선한 식재료(활어와 때로 가금류도 취급하지만 야생동물은 드물었다)를 파는 동네 시장이라는 점을 밝힌 언론인은 거의 없었다. 박쥐 수프를 먹는 한 아시아 여성의 동영상이 바이럴을 타더니 중국인의 상스럽고 비위생적인 식습관을 비난하는 데 쓰였다. 박쥐 수프는 중화요리도 아니고 동영상은 태평양의 섬나라 팔라우에서 촬영된 것이었음에도 불구하고 말이다.²⁰ 이처럼 잘못되고 과장된 언론 보도가 쏟아지며, 오프라인에서도 서양의 도시에서 아시아인처럼 보이는 사람들에 대한 언어적, 물리적 공격이 이어지는 끔찍한 결과를 가져왔다.

영국과 미국에서 어린 시절을 보낸 사람들에게 친숙한 요리인 전통적인 탕수육과 그 계열의 음식들조차 종종 비난에 시달린다. 1968년 뉴잉글랜드의 한 무명 잡지에 실렸던 악명 높은 편지는 중화요리에 들어간 MSG가 두근거림 등 글쓴이가 '중국 음식점 증후군'이라고 이름 붙인 각종 증상을 일으킬 수 있다고 주장했다.²¹ 편지는 가짜였던 듯하고²² MSG에 대한 주장은 과학자들에 의해 전혀 사실이 아닌 것으로 밝혀졌지만, MSG는 몸에 해롭다는 서양세계 전반의 근거 없는 공포 속에 그 영향은 여전히 남아 있다.(대부분의 서양인은 MSG가 서양 요리에 흔히 쓰이는 파마산 치즈 및 기타 재료에 자연적으로 존재한다는 사실을 모르는 것 같다.)

최근 몇 년간 영국의 매체들은 중화요리가 지방투성이이고 위험할 정도로 짜다고 하는 연구를 앞다투어 보도했지만, 조사 대상으로 삼은 '중국 음식'이 서양 소비자를 대상으로 한 포장 요리와 슈퍼마켓 즉석식품뿐이었다는 사실은 간과한 것 같다.²³ 2019년 뉴욕에서는 한 백인 식당업자가 '러키 리Lucky Lee's'라는 자신의 새 식당을 홍보하면서, 손님들에게 이튿날 "속이 불쾌하고 더부룩하지 않은" 세련되고 "건강한" 중화요리를 만든다고 주장하며²⁴, 보통의 중화요리는 어쩐지 위생적이지 않다는 생각을 퍼뜨려 중국계 미국인들의 분노를 샀다.

20세기 초부터 수많은 작가, 요리사, 사업가가 이런 잘못된 고정관념을 깨고 서양인들에게 진짜 중화요리를 알리려고 애써왔다. 영국에서는 티시 라이, 케네스 로, 옌킷 소, 켄 홈, 데타 시웅이, 미국에서는 부웨이 양 차오, 샹 쥐 린, 츠이펑 린, 바버라 트로프, 플로런스 린, 마틴 얀, 그레이스 영, 캐럴린 필립스가 중국 각 지역 요리 전통의 다양성뿐 아니라 그 미식 문화의 풍부함을 조명해온 사람 중 일부다. 서양의 도시에서도 뉴욕의 펑 창 퀘이, 마이클 통, 에드 쇼언펠트, 샌프란시스코의 서실리아 치앙과 브랜던 주, 런던의 마이클 펑, 앨런 야우와 앤드루 웡이 소고기브로콜리볶음과 탕수육을 넘어 중화요리의 위상을 높이기 위해 노력해왔다.

좀더 최근에는 중국이 수십 년간의 고립 끝에 스스로 국제무대에 극적으로 등장하면서 해외에서 중국의 식문화 전통에 대한 인지도 역시 높아지고 있다. 중국은 20세기에 생성된, 너무 절박해서 아무거나 다 먹는 이들이 사는 곳이라는, '아시아의 가난한 자' 이미지에서 탈피했다. 점점 더 많은 서양인이 중국에서 살고, 일하고, 여행할 기회를 얻게 되어 중화요리의 엄청난 다양성을 맛보고 있다. 그리고 이보다 더 중요한 것은, 새로운 세대의 중국 사업가들이 해외에서 중화요리의 스타일과 프레젠테이션에 혁명을 일으키고 있다는 사실이지 않을까. 광둥 요리에 뿌리를 둔 구식 모델은 짜릿한 향신료를 사용하는 쓰촨과 후난의 요리로 크게 재편되었으며, 여기에 동북 지역, 시안 북부 지역, 상하이를 포함하는 동쪽의 강남江南 지역의 맛이 합세했다. 과거의 포장 전문 요리와 서양식 광둥 식당에 더해 팝업 식당과 디너 클럽과 화려한 현대식 식당이 생겨났으며, 이들 중 많은 곳은 중국에서 자라고 해외에서 교육받아 두 언어에 능통한 중국의 젊은이들이 운영하고 있다. 게다가 인터넷에는 진짜 중화요리를 선보이는 블로거와 소셜미디어 스타들로 북적거린다. 마침내 중화요리의 풍부한 세계를 엿볼 수 있는 문이 살짝 열렸다.

◆

　서양의 발명품으로 널리 믿고 있는 수많은 음식 문화의 전신을 수백 년(어떤 경우에는 수천 년) 전 중국에서 찾을 수 있다. 12세기 북송의 수도 카이펑開封에는 '식당'이 있었는데 이는 파리보다 약 6세기 앞선 것이다. 그냥 식당도 아니고 특정 음식과 특정 요리 스타일을 전문으로 하는 곳들이었다.[25] 현대 서양 요리에 그토록 중요한 식재료의 원산지와 테루아에 대한 관심은 프랑스나 캘리포니아 사람들이 만들어낸 것이 아니라 중국에서 2000년도 넘게 집착해 온 대상이다. 실용적인 이유를 넘어 미식적인 이유로 모든 식재료는 제철에 구해야 한다는 이상도 마찬가지다. 콩과 감자의 단백질로 만든 임파서블 버거 Impossible Burger와 같은 대체육에 대한 요즘의 유행도 옛 중국에 그 선례가 있다. 중국의 요리사들은 최소 1000년을 더 거슬러 올라가는 당나라 때부터 야채로 된 '고기'를 만들어왔다.
　중국 북부에는 아직 해외에 거의 알려지지 않은 고도로 발달한 면 제조 문화가 있는데, 왜 이탈리아에서만 창의적인 파스타 기술을 찾고 있을까? 서양에서 인기를 얻기 시작한 현란하게 손으로 늘려 면을 뽑는 란저우 라멘과 반죽을 때려서 만드는 시안 뱡뱡몐은 수많은 면 종류 중 하나에 불과하다. 손으로 돌돌 말고, 칼로 자르고, 긁어내고, 갈아내고, 엄지로 눌러내고, 늘여 뽑고, 압출하는 면식은 밀가루뿐 아니라 귀리, 수수 및 기타 곡물을 사용해 만든다. 발효 음식에 관심이 있다면 중국에는 셀 수 없이 많은 종류의 식초와 소스와 절임과 보존식품이 있는데 대부분은 중국 외부에 전혀 알려지지 않았다.

　서구에서 식재료에 물리화학적인 변형을 활용하는 '분자요리'에 열광하기 한참 전에, 중국의 요리사들은 생선을 국수로, 닭가슴살을 두부로 변형시켰고, 오리의 모든 부위를 활용해 바로크 푸가와도 같은 요리를 만들어내는 등 다양한 혁신을 펼치고 있었다. 스시, 두부, 차, 간장, 라멘처럼 현재 해외에서 높이 평가받고 있는 일본 요리의 핵심 기술과 조리법의 상당 부분은 중국에서 시작되었다. 칼질, 요리법, 풍미, 커우간口感, mouthfeel(식감. 음식을 먹을 때 맛과는 달리 입안에서 느끼는 물리적인 감각—옮긴이) 등의 세세한 부분까지 신경 쓰는 중화요리의 절묘함은 어디와도 비교할 수 없다. 그리고 중국은 지리적 환경과 미식 환경이 풍부하고도 다양한 거대한 땅이다. 중국 사람들이 흔히 서구 세계 전체의 요리 전통을 '시찬西餐'이라는 하나의 분류로 일반화하는 경향이 있는 것과 마찬가지로, 서구 역시 '중국 음식'에 대해 지나치게 단순화하는 것이다.

　중국의 음식 문화는 건강과 환경 문제에 관한 현대사회의 논쟁에 많은 유용한 관점을 제공해준다. 중국에는 수 세기 동안 자연과 조화를 이루며 올바로 먹는 법에 관한 활발한 논의가 이어져왔다. 중국의 전통 식생활은 대체로 곡물과 야채를 중심으로 하고, 고기와 생선은 풍미와 영양을 위해 적당량을 먹는 정도다. 현대 서구사회가 지속 불가능한 고기 소비를 줄이는 데 있어 중화요리에서 많은 아이디어를 빌려올 수 있다. 중화요리사들의 탁월한 솜씨는 재료를 최대한 활용하고 낭비를 줄이는 모범이 될 수 있다. 아마도 가장 인상적인 점은, 중화요리가 건강하고 지속 가능하며 의식적인 식사를 놀라운 쾌감과 결합할 수 있다는 것을 보여준다는 것이다.

이 책은 중화요리란 무엇이고, 그걸 어떻게 이해해야 하며, (마찬가지로 중요하게) 어떻게 먹어야 하는가 묻는 책이다. 결코 사소하지 않은 질문들이다. 이 질문은 우리가 맞닥뜨린 윤리적이고 환경적인 커다란 문제와 관련 있는 것 외에도, 국제사회의 긴장이 커져만 가는 시대에 아주 중요하게도 외부인이 중국 문화를 좀더 보편적으로 이해할 수 있는 열쇠 중 하나다. 또한 우리가 건강하게 살면서, 삶이 주는 가장 심오한 감각적이고 지적인 기쁨을 부끄러움 없이 즐기도록 도와줄 수 있다. 내가 중국으로부터 얻은 가장 큰 교훈은 아마도 건강과 행복을 동시에 추구하는 식습관일 것이다.

어린 시절 내가 즐겼던 탕수육은 틀림없이 중국 음식 이야기의 일부다. 중국인 이민자들이 의심 많은 서양인의 입맛에 맞는 간단하고 값싼 요리를 개발해내 어떻게 스스로와 가족들을 먹여 살리며 새로운 삶에 적응했는지 보여준다. 이는 경제적 불안과 지정학적 사건들의 여파 및 인종적 편견이 뒤섞여 진짜 중화요리가 무엇인지에 대한 서양의 인식을 흐리게 했다는 이야기의 일부이기도 하다. 또한 기름에 튀겨 달고 시고 짠 소스와 먹는 중화요리만을 한 세기가 넘도록 변치 않고 선호해온 서양인들이 중국인의 음식은 '건강하지 않다'고 비난해온 모순을 드러내주기도 한다.

자, 탕수육 얘기는 여기까지만. 이제 진짜 연회를 시작하자.

아궁이 灶火 : 중화요리의 기원

灶
火

문명은
불에 구우면서부터

차슈 돼지고기
미즈차샤오

착, 착, 착. 커다란 칼로 도마 위에 올린 오리를 반으로 나눈 다음 뼈째 깔끔하게 자른다. 쓱, 쓱, 쓱. 차슈와 바삭하게 구워진 돼지 뱃살을 썬다. 작업대에서 칼질하고 있는 요리사 뒤로 반짝이는 긴 강철 고리에 매달린 로스팅된 고기가 진열장 안에 화려하게 걸려 있다. 껍질이 조글조글 황금빛으로 바삭하게 구워진 돼지 뱃살 한 덩어리와 겉면을 실로 동여맸던 자리가 올록볼록 그대로 남아 있는 진홍색 차슈 덩어리는 시럽을 발라 윤기가 돈다. 잘 구워진 암갈색 통닭은 천장 조명 아래서 반짝이고, 생동감 넘치게 구부려 구운 오리의 껍질에선 옻칠을 한 듯 광택이 난다. 요리사는 김이 모락모락 나는 흰 쌀밥 위에 다양한 바비큐 고기를 썰어 올리고, 숟가락으로 달콤한 소스를 떠서 끼얹은 후 종업원에게 건네준다. 종업원은 그 접시를 들어 나처럼 젓가락을 들고 군침을 흘리며 기다리는 손님에게 가져간다.

중화요리를 향한 내 모험의 출발점은 새콤달콤한 탕수육이었을지 모르나 진정한 여정의 시작은 10대 후반 런던의 차이나타운에서였다. 어느 일요일 점심, 싱가포르 출신의 친구가 나와 사촌을 커다란 용이 휘감고 있는 입구가 인상적인 딤섬 전문 식당 '추엔쳉쿠泉章居大酒家'에 초대한 것이었다. 그곳에서 찐빵과 만두, 라이스페이퍼로 감싼 새우, 잘게 썬 베이컨 조각이 박혀 있는 황금빛 무 전병을 맛봤다.

몇 년 뒤, 일 때문에 중국에 관심을 갖게 되었고 중국어를 배우기 시작했다. 그 후 대학원 과정을 밟으며 중국을 여행하고 중화요리 공부에 전념했다. 런던에 돌아올 때마다 차이나타운을 찾아 친구들과 식사를 했다. 차이나타운은 어릴 적부터 익숙한 영국식 중화요리 정식뿐 아니라 제대로 된 중화요리도 즐길 수 있는 곳이었다. 조심스러운 서양인들은 검은콩 소스를 곁들인 뼈 없는 소고기나 밀전병으로 싼 바삭하게 구운 오리고기 같은 낯설지 않은 요리를 골랐고, 광둥 출신의 가족들이나 모험심 가득한 사람들은 강렬한 피시 소스를 곁들인 오징어볶음, 오향 양념을 한 매콤한 오리심장볶음, 에메랄드빛 콩 순을 곁들인 윤기 나는 게살 요리와 같은 만찬을 즐겼다.

차이나타운 입구에 서 있는 화려하게 장식된 붉은 패루牌樓와 바람에 흔들리는 홍등의 행렬. 이런 과장된 장식들과 함께 식당 진열장에 매달린 중국식 바비큐 고깃덩어리는 런던의 차이나타운만이 아니라 전 세계 차이나타운에서 볼 수 있는 시각적인 상징물이었다. 중국식 바비큐는 중국인뿐만 아니라 전 세계인의 입맛을 사로잡는 별미였다. 오븐에 구운 고기와 가금류 요리에 익숙한 서양인이 좋아하는 맛이었고, 1970년대 영국 현지인의 입맛에 맞게 변형되어 탄생한 탕수육 같은 영국식 중화요리와는 다른 정통 중화요리였다. 차슈 돼지고기는 홍콩과 중국 남부 광둥성에서 직접 도입된 요리로 슈메이燒味, '고기를 구운 바비큐 맛'으로 알려진 별미다.

하지만 중화요리에 대해 더 많이 알게 되면서 차슈 돼지고기와 같은 슈메이 요리는 그 상징적인 지위에도 불구하고, 전형적인 중화요리와는 거리가 있다는 것을 서서히 깨닫게 되었다.

지난 30년간 중화요리를 먹어왔지만 집에서 직접 고기를 로스팅하는 사람은 본 적이 없다. 도시의 젊은 층 사이에서 서양식 베이킹이 인기를 끌고 그에 맞는 주방을 갖추기 시작한 21세기 초반 이전에는 실제로 중국 가정에 오븐이 거의 없었다. 1990년대 중국에서 내가 견습생으로 일하던 당시에도 대부분의 식당은 물론이고 유명 식당조차 오븐을 갖춰놓고 있지 않았다. 쓰촨고등요리학교에서 내가 전문 요리 수업을 받을 때만 해도 베이킹 혹은 로스팅 수업과정은 없었다. 오랫동안 중국 대부분의 지역에서 이 두 조리법은 전문가의 영역으로 간주되어, 거대한 화덕을 갖춘 오리구이 장수와 광둥식 슈메이 장인과 전문 제빵사의 손에 맡겨졌다. 집에서 로스팅 고기를 먹고 싶다면, 바비큐 전문 판매점이나 식당에서 사다가 직접 만든 요리와 곁들여 먹는다.

중앙아시아에서는 수천 년 동안 밑바닥에 숯불을 놓을 수 있고 위쪽이 뚫린 항아리 모양의 화덕 탄두리에서 난을 구워왔다. 오늘날 중앙아시아의 영향이 강하게 남아 있는 중국 서북부 지역의 위구르족은 탄두리에 난과 고기 케밥을 굽는다. 때로는 양을 통째로 구워 먹기도 한다. 한편 중국 서남부 윈난성의 일부 소수민족은 모닥불을 사용한 직화구이 요리를 좋아한다. 하지만 대부분의 중국에서 빵을 찌거나 튀기고, 국수를 삶고, 일상적인 고기와 야채 요리를 만드는 것은 아궁이, 즉 화로다. 유럽을 처음 방문하는 중국 친구들을 집으로 초대해 영국식 선데이로스팅을 대접하면 이국적이라며 설레어한다.

중국에서 차슈나 바비큐 같은 구운 고기 요리는 유서 깊은 내력을 가지고 있다. 차슈는 문자 그대로 '갈고리에 꿰어 굽는다叉燒'는 뜻으로, 차叉는 큰 고기 덩어리를 구울 때 사용하던 커다란 삼지창, 즉 포크를 가리키는 말이다. 중국에서는 포크(차즈叉子)를 식사 도구로 사용하지 않았지만 고고학자들은 신석기 이후의 유적지에서 뼈와 금속 삼지창을 발굴했으며[1], 한나라 시대의 고분 벽화에는 요리사가 삼지창을 사용해 고기 덩어리를 굽는 모습이 그려져 있다.[2] 2000여 년 전에 편찬된 『예기禮記』에 기록된 '팔진八珍' 중 하나가 포돈炮豚이다. 포돈은 어린 돼지를 잡아 속을 대추로 채우고 짚과 진흙으로 싸서 구운 다음, 튀겨서 가마솥에 향신료와 함께 사흘 동안 조려내는 정교한 요리법이다.[3] 중국의 음식 역사가들은 이 요리를 광둥식 애저 요리의 전신으로 보고 있다. 광둥식 애저烤乳猪 요리는 지금도 마을 제사나 기타 행사 때 통째로 나오는데, 바삭하게 쪼개지는 껍질 아래로 부드러운 살코기가 있고 육즙이 풍부한 돼지고기 구이다. 요즘은 돼지 눈구멍을 번쩍이는 붉은 전구로 장식하기도 한다. 그리 멀지 않은 과거에는 어린 돼지를 삼지창에 꿰어 황금색으로 빛나는 숯불에 천천히 돌려가며 구워 먹었다. 1980년대 후반에 출판된 중국요리책에는 요리사가 숯불이 가득 담긴 화로 앞에 웅크리고 앉아 삼지창에 통째로 꿴 돼지 삼겹살을 손으로 돌려가며 천천히 굽는 방법이 소개되어 있으나, 오늘날 차슈 돼지고기라도 불리고 있어도 실제로 삼지창에 꿰어 굽는 일은 극히 드물다.

직화 구이는 냄비와 팬이 발명되기 이전 가장 초기의 원시적인 형태의 요리다. 쓰촨의 요리 학교에 다닐 때 선사시대 불의 발견과 요리의 기원이 교과서의 첫 페이지에 소개되어 있다는 사실에 놀랐다. 교과서에는 인류가 불을 사용하는 법을 배움으로써 "짐승의 털도 뽑지 않고 생피를 마셨던(여모음혈茹毛飮血)", 즉 날것을 먹던 시절로 알려진 시대를 벗어났다는 『예기』의 유명한 고사성어가 인용되어 있다.[4] 고대까지 거슬러 올라가 요리의 기원을 찾고 요리가 우리와 원시인을 구분 짓는 요소임을 강조하는 내용은 유럽의 요리 교과서에서는 상상하기 힘들다. 그러나 마르크스주의 이론과 고대 설화가 묘하게 결합된 쓰촨 요리학교의 교과서가 특별히 유별났던 것은 아니다. 요리가 야만적인 과거로부터 인간을 해방시키고 인류 문명의 탄생을 알리는 데 도움이 되었다는 인식은 태고부터 중국 문화에 널리 퍼져 있었기 때문이다.

중국의 고대부터 현대까지의 기록에 따르면 초기 인류는 동굴과 움막에 살면서 식량을 찾아 헤맸다. 질병도 만연했다. 번개로 인해 자연적으로 큰불이 발생해 야생동물들이 불에 타 죽는 일이 아주 드물게 벌어졌고, 초기 인류는 고기를 굽는 천상의 냄새에 이끌려 한 입 베어 물게 되면서 익힌 고기 맛을 보고 요리 혁신의 가능성을 어렴풋이 경험하게 된다. 그러다가 신화 속의 지도자였던 수인씨燧人氏(중국 고대 전설에서 인류에게 불 피우는 법과 화식火食을 전수했다고 한다—옮긴이)로부터 두 개의 나뭇조각을 문질러 불 피우는 법을 배워 인류는 불을 얻었다. 수인씨는 홍수를 다스린 치수治水의 아버지 우임금, 농경과 약초의 신으로 여겨지는 신농씨神農氏 등과 함께 인류를 문명의 빛으로 인도한 전설 속 현자 중 한 명이다. 하지만 인류가 요리하고 질병을 예방하며 진정한 인간이 된 계기는 불의 발견이었다.

고대부터 중국인은 요리가 문명화된 인간을 야만인과 짐승으로부터 구분 짓는다고 믿었다. 이는 후대 서양 사상가들의 연구를 눈에 띄게 앞서는 것이다. 프랑스의 인류학자 클로드 레비스트로스는 남미 원주민 신화를 연구하면서 요리가 자연에서 문명으로의 전환을 상징하며 인간다움을 정의하는 중요한 요소라는 사실을 발견했다. 최근 미국의 영장류학자 리처드 랭엄은 요리가 말 그대로 우리를 인간으로 만들었다고 주장했다. 식재료를 가열하여 영양소가 활성화되고, 으깨고 씹는 힘겨운 수고도 줄어들어, 영양을 뇌에 충분히 공급할 수 있게 되면서 유인원의 뇌를 과학적이고 철학적인 사고가 가능한 컴퓨터 수준으로 발전시킬 수 있었기 때문이라고 설명한다.[5] 요리가 없었다면 우리는 "짐승의 털도 뽑지 않고 생피를 마시던" 생활을 벗어나지 못했을 뿐 아니라 지적 능력도 발달하지 못했을 것이다.

요리는 일반적으로 모든 인류 진화의 핵심이었지만, 중국인만이 요리를 정체성의 핵심으로 여겼다. 고대 중국인에게 요리를 통한 식재료의 변형은 문명화된 스스로와 원시적인 조상을 구분할 뿐 아니라 문명세계(즉, 중국과 통일 이전 국가)와 변방의 오랑캐를 나누는 척도이기도 했다. 『예기』에는 동쪽의 동이東夷와 남쪽의 남만南蠻은 문신을 하고 있으며 불에 닿지 않은 음식을 먹는다고 기록하고 있고, 또 다른 고대 문헌에서는 중국에 조공 사절단으로 온 오랑캐가 조리된 음식을 접하고도 그 유혹적인 향과 맛에 무관심한 것이 짐승과 다름없었다고 묘사하고 있다.[6]

이방인이라고 다 무례한 야만인이었던 것은 아니다. 참을 수 없는 행동을 하는 이방인은 '날것의, 미숙한(생生) 사람'으로, 말이 좀 통하는 이방인은 '익힌, 성숙한(슈熟) 사람'으로 묘사했다. 조리된 음식을 먹는 것은 문명으로으로 가는 길이었다. 미식 외교와 소프트 파워 개념의 초기 사례로 볼 수 있는 일화로, 기원전 2세기의 한 문인은 북방의 북적北狄을 제국 국경의 식당에서 구운 고기로 유혹하여 굴복시키자고 제안했다. 그는 '흉노匈奴가 우리의 조리된 밥, 경羹(고기와 야채를 넣고 푹 끓여낸 진한 국물 요리—옮긴이), 구운 고기, 술에 대한 갈망이 생기면 이것이 그들의 치명적인 약점이 될 것'이라고 주장했다.[7] (거의 같은 맥락에서 최근 내 책을 읽은 어떤 중국 독자는 논란이 많은 해외의 공자학원 대신 최고급 중식당을 세워 중국의 소프트 파워를 극대화해야 한다고 제안하기도 했다.) 야만인이 중국의 음식 맛에 빠지게 되면 중국의 지배에 길들여진 것이나 마찬가지로 여겼다.[8] 고대 중국인이 날음식을 완전히 배제했던 것은 아니다. 날고기 혹은 절인 고기와 생선으로 만든 '콰이膾(얇게 썬 육회 혹은 생선회—옮긴이)'라는 진미가 있었는데, 이는 일본 스시의 원형이라 볼 수 있다. 하지만 대체로 중국인이 된다는 것, 문명화되고 제대로 된 인간이 된다는 것은 곧 요리를 한다는 뜻이었다. 재료를 가열하고 양념을 더해 세상을 바꾸는 행위였다.

이 모두는 고대의 역사처럼 들리지만 현대 중국에도 여전히 큰 영향을 주고 있다. 최근 들어 대도시의 식당 메뉴에 야채 샐러드와 생선회가 등장하고는 있어도, 대부분의 음식은 자연 상태로 두지 않고 가열하거나 적어도 절임을 해서 먹는다. 날음식에 대한 오랜 거부감은 여전하다. 야채는 통상 익혀서 먹고 날고기와 회는 극히 드물다. 내 중국 친구들 다수는 서양 식당의 날고기를 보면 기겁하고 일본 요리는 '지나치게 날것'이라고 비판한다. 중국 내에서 날고기 요리는 전통적인 한족 요리 범주 바깥에 존재한다. 윈난성 다리大理 인근의 소수민족 바이족白族은 다진 생돼지고기와 불에 그슬린 돼지껍질을 매운 매실 소스에 찍어 먹는 '성피生皮'라는 별미를 즐기고, 열대 남부 지역의 다이족傣族은 때로 생소고기를 사피撒撇라 불리는 소 내장의 소화액을 넣어 만든 탕 요리에 넣어 먹기도 한다. 이 둘은 모두 베이징의 저녁 식탁에서는 상상하기조차 힘든 음식이다.

2000년대 초반, 나는 세 명의 쓰촨 셰프와 함께 미국 캘리포니아에 있는 유명한 요리 학교 CIA Culinary Institute of America를 방문했다. 우

차슈 돼지고기

리는 학생들이 매일 점심 뷔페를 준비하는 캠퍼스 주방에서 일하고 있었다. 소고기 냉채나 연어에 수프도 있었던 것 같지만 대부분은 다양하고 화려한 샐러드였다. 하지만 익힌 음식에 익숙한 사람들에게는 그런 종류의 음식이 만족스럽지 않았기 때문에 며칠이 지나자 내 동행들은 차츰 침울해지기 시작했다. 결국 한 명이 "샐러드를 더 먹었다간 야만인으로 변할 것 같아!"라고 익살스럽게 소리를 지르고 말았다.

◆

양념이 뚝뚝 떨어지는 차슈 돼지고기 한 덩어리를 오븐에 구우면 메일라드 반응이 마술을 부려, 고기의 표면을 갈색으로 바꾸고 탄수화물과 아미노산이 변형되어 매혹적인 향과 맛을 뿜어낸다. 바비큐한 고기의 맛있는 냄새를 묘사하는 데 사용되는 중국어 단어 '샹香'은 일반적으로 영어 단어 '향기로운fragrant'으로 번역되지만 샹香에는 '향incense'이라는 뜻도 있기 때문에 훨씬 더 풍부한 의미를 지니고 있다. '향incense'은 고대 의식에서 희생 제물의 냄새와 함께 신의 세계로 퍼져나가던 향기로운 연기를 뜻한다. 휘날리며 피어오르는 향기에는 인간의 감각을 매혹하는 것에 더해 인간의 운명을 지배하는 신의 관심을 끌고자 하는 바램이 담겨 있었다. 중국인에게 요리는 위험한 날것의 식재료를 맛있고 건강한 음식으로, 야만인을 문명인으로 변화시켰을 뿐만 아니라 제례의 핵심이기도 했다. 신에게 먹을 것과 마실 것을 바치면서 제사 의식이 시작되기 때문이다.⁹

어느 사회에서나 사람들은 서로 음식을 나눠왔다. 하지만 중국에서는 오랜 세월 먹거리 제물을 영혼의 세계와 연결하는 수단으로 여겨왔다. 인간 세계의 가장자리에는 불안한 귀신, 영혼, 조상신들이 떠돌고 있는데, 그중 일부는 악의를 품고 있거나 대다수는 그저 갈피를 잡지 못한 채 맴돌고 있다. 중국에서는 이들에게 먹을 것과 마실 것을 바침으로써 설득하고 달랠 수 있다고 믿었다. 제물의 매혹적인 향기가 일종의 감각적인 모스부호가 되어 지상에서 하늘로 메시지를 전달할 수 있기를 바랐다. 영혼들을 달래고 더 나아가 이들의 축복과 좋은 날씨와 풍성한 수확과 행운을 염원했다. 상나라 말기부터 중국의 정치 사회적 질서 전체가 고기, 곡물, 술을 제물로 바쳐 신을 달래는 데 집중되었고 이 제사 의식이 얼마나 중요한지는 『예기』에 나오는 기록이 보여준다. 영혼을 위한 먹거리 제물은 아무리 비싸더라도 아낌없이 준비해야 하며 인간의 음식보다 더 정성을 다해야 한다고 나와 있다.[10]

음식은 또한 일반 대중의 삶과 운명을 좌우하기도 했다. 옛말에 "백성은 먹을 것을 하늘로 삼는다民以食爲天"라는 말이 있다. 먹을 것이 충분하지 않으면 백성이 폭동을 일으켜 정권을 전복시킨다는 뜻이다. 황제의 가장 중요한 의무는 백성과 신하를 먹이는 것이라고 여겼기 때문에 풍년을 기원하는 제사 의식은 연례행사로 엄격하게 진행되었다.[11] 황실에서는 담당자를 정해 제사용 가축과 곡물을 기르고, 수확하고, 음식을 준비하는 데 많은 비용을 썼다. 후대의 기록에 따르면 주나라 때는 전체의 절반이 넘는 2000명 이상의 궁인이 황실과 제사를 위한 먹거리를 준비하는 데 관여했다고 한다.[12] 선부膳夫(주나라에서 제왕의 식사를 담당하던 관직—옮긴이)의 통제 아래 영양사, 고기 담당, 사냥감 담당, 생선 담당, 거북이와 조개류 담당, 절임과 양념 담당, 곡물 담당, 야채와 과일 담당뿐만 아니라 얼음과 소금을 담당하는 수십 명의 궁인이 있었다.[13] 이후 기원전 1세기에는 1만2000명의 담당자가 주나라 전역에 있는 300곳의 사당에서 제사 음식을 준비했으며, 사당마다 사제, 음악가, 요리사가 따로 있었다.[14] 이 규모는 후대 왕조에서 점차 축소되었지만 제사의 규칙과 관행은 황실 제도가 이어지는 내내 계속되었다. 오늘날에도 산둥성 취푸曲阜의 공자묘나 베이징의 천단天壇을 방문하면 제사 음식을 만들던 '신성한 부엌(션추神廚)'을 볼 수 있다.

제사 의식을 진행하는 동안 먹거리 제물에서 나오는 천상의 기운인 '기氣'는 저승의 영혼을 달랬다. 이승의 고관 귀족들이 죽어 매장될 때는 저승에서 필요하리라 여겨지는 모든 것을 함께 묻었는데 음식, 식기를 비롯해 점토로 만든 각종 조리기구와 곡물 저장고, 때로 요리사 토우도 있었다. 후베이성에서 발굴된 기원전 4세기의 한 무덤에서는 고인이 자신을 천국으로 인도할 조상신을 대접하기 위한 일종의 '식당'도 발견되었다. 무덤에서 나온 기록에 따르면 이 식당은 각종 그릇뿐 아니라 말린 애저, 삶아 구운 돼지고기, 튀긴 닭고기, 과일과 사탕과자 등 풍성한 메뉴로 채워졌다.[15] 한나라의 어느 제왕은 사후에도 그가 가장 좋아했던 음식을 계속 만들어주길 바라며 가엾은 요리사를 함께 묻었다.[16]

1911년 신해혁명 이후 국가 차원의 제사는 폐지되었지만 신과 영혼에게 음식을 바치는 민간의 풍습은 계속되었다. 2004년 나는 친구 판췬의 고향인 후난성에서 춘절을 보냈다. 당시 그녀의 아버지는 조상님과 마을의 토지신을 위해 훈제한 돼지머리 반쪽, 훈제 잉어 한 마리, 거대한 요즈柚子 하나, 두부 한 접시를 준비하고 차와 술을 곁들여 제사상을 차렸다. 친구의 아버지가 제사상 앞에 절하고, 종이돈을 태우고, 시끄러운 폭죽을 터뜨리자 그 소리가 계곡 전체를 뒤덮었다. 그 후 온 가족이 최근 돌아가신 삼촌의 무덤으로 이동해 찹쌀떡, 콩절임, 두부, 훈제 생선과 베이컨, 닭발, 차, 술, 코카콜라 같은 좀더 친숙한 가족의 음식을 삼촌의 영혼에게 바쳤다. 홍콩의 전통적인 중국 지역인 성완上環에는 종이로 만든 오리구이와 종이 딤섬으로 채워진 종이 시루를 비롯한 장례용품을 판매하는 전문 상점이 있다.

　　음식과 향기로운 술로 신과 영혼에게 기원하던 고대의 관습은 현대사회에서도 물질주의적인 형태로 이어지고 있다. 대다수 사람의 삶 주변에는 자신의 부를 좌지우지할 수 있는 관료와 사업 관계자들이 도사리고 있다. 그들 중 어떤 이는 악의를 가지고 있고 어떤 이는 모호한 태도를 보이기도 하지만, 예외 없이 월병 상자에 슬쩍 넣은 값비싼 시계라든가, 최고급 꼬냑인 레미 마틴과 제비집 요리로 향응을 제공해서 설득할 수 있는 대상으로 간주한다. 공식적인 향응을 금지한 시진핑의 2013년 반부패 캠페인 이전까지 수많은 고급 식당의 주고객은 음식과 술을 통해 거물급 인사들의 환심을 사려던 사람들이었다.

서양인에게 바비큐 요리는 아마도 미식의 정점일 것이다. 우리는 선데이 바비큐 파티를 열고, 격식을 갖춘 예식에서는 큰 고기 덩어리를 식탁 위에 화려하게 펼쳐놓고, 스테이크와 칩스를 즐기고, 바비큐 그릴에 고기를 굽고, 만찬의 중심에 거위와 칠면조를 내면서 자부심을 느낀다. 하지만 중국인에게 구이는 그저 시작일 뿐이다.

토기, 청동, 철로 만들어진 용기들이 차례로 도입되면서 삶기, 찌기, 굽기, 볶기 등 다양한 조리법도 함께 개발되었다. 약 2000년 전 중국인들은 이미 음식을 잘게 썰어 젓가락으로 먹는 습관이 있었다. 커다란 포크는 요리할 때만 쓰였고, 마찬가지로 칼은 부엌에서만 사용하도록 한정되었다. 구운 고기인 '즈炙'는 고대 중국의 진미 중 하나였으며, 얇게 썬 고기나 생선 요리인 '콰이'도 있었다. 부자들은 고기를 마음껏 먹을 수 있었기 때문에 때로 '육식자肉食者'라고 불렸던 반면 오랜 역사 동안 중국 서민들은 곡물, 콩류와 야채를 주로 먹었다.(고고학자들은 포크 사용과 육류 소비 사이에 밀접한 상관관계가 있다는 증거가 있으므로, 채식주의 성향이 있는 중국인들은 포크를 식사 도구로 사용하지 않았다는 가설을 내기도 했다.[17])

서양에서는 고기를 꼬챙이에 끼워 불에 구워 먹던 오랜 관습이 밀폐된 오븐을 사용해서 음식을 굽는 방식으로 발전했다. 중국에서는 한나라 때부터 줄곧 모닥불을 대체한 아궁이를 사용해왔다. 20세기에 가스와 전기가 등장할 때까지 약 2000년 동안 아궁이의 형태는 거의 변하지 않았다. 일부 농촌 지역에서 여전히 사용하고 있는 아궁이는 벽돌과 점토로 단을 쌓아올려 부뚜막을 만들고 측면에 나무나 석탄을 넣는 작은 입구를 내고, 위쪽에 냄비, 웍, 시루를 올릴 수 있는 큰 구멍이 있는 형태였다. 부뚜막 위에는 자오왕예灶王爺의 조각이나 인쇄된 이미지를 올려두었다. 부엌의 신 혹은 부뚜막의 신인 자오왕예는 중국에서 가장 오래된 가신家神으로 문화대혁명 기간에 퇴출될 때까지 중국 전역에서 가정의 수호신으로 모셨다.(1980년대 일부 지역에서는 부활했으나 이전의 지위를 되찾지는 못했다.) 어떤 부엌은 바닥에 작은 모닥불을 피울 수 있는 공간을 만들어 그 위에 검은 솥을 걸 수 있는 철제 삼각대를 놓거나, 뚝배기를 불씨 위에 바로 올려놓고 조리했다. 모든 연기는 지붕의 구멍을 통해 위로 빠져나갔다. 일반적인 가정집의 부엌에서 할 수 있는 유일한 바비큐는 가지나 신선한 고추 또는 작은 게를 꼬치에 꽂아 뜨거운 아궁이 불에 익힌 다음 재를 털어내고 먹는 것이었다.

중국의 마지막 왕조인 청나라는 동북 지역 유목민인 만주족이 세운 국가였다. 이들은 중국을 정복한 후 한족의 많은 관습을 수용했지만 유제품과 커다란 고깃덩어리를 선호하는 식습관은 줄곧 유지했다. 전통적인 만주 사회에서 '고기를 먹는 연회'는 거친 행사였다. 연회에 참석한 손님들은 별다른 양념 없이 삶은 커다란 고깃덩어리를 둘러싸고 각자 자신의 작은 칼로 잘라 먹었는데, 이는 사냥과 유목이라는 그들의 역사에서 자연스레 유래한 관습이다.[18] 반면 한족은 식재료에 풍부하고 다채로운 양념을 해 조리하고, 잘게 썰어 다양한 요리를 만드는 것을 좋아했다. 18세기 미식가로 알려진 시인 원매袁枚(1716~1797)는 '만주 요리는 주로 굽거나 삶는 반면, 한족 요리는 탕을 만들거나 진하게 조려낸다'고 썼다.¹⁹ 청나라의 궁중 요리는 섬세한 한족 요리와 만주식 바비큐와 삶은 고기라는 두 가지 스타일이 혼합된 것이었다.²⁰

18세기 후반의 문인 이두李斗는 부유한 남부 도시 양저우에서 열린 '만한전석滿漢全席'을 묘사했는데, 두 문화의 최고급 진미가 결합된 것으로 알려져 있다. 이 호화로운 잔치의 메뉴는 다섯 계열로 나뉘어 총 90가지의 요리와 간식으로 차려졌다. 잘게 채썬 두부탕, 찐 생선, 죽과 같은 한족 특유의 풍미가 느껴지는 요리뿐만 아니라 '마오셰판毛血盤'이라 불리는 고기 요리 계열에는 애저구이, 오리와 거위 구이, 불에 그을린 돼지고기와 양고기 및 삶거나 찐 고기 같은 만주족의 요리가 포함되었다.²¹ 같은 시대의 건륭제는 베이징의 황궁에서 주로 중국 남부식 요리를 먹었지만 만주족의 빵인 가오뎬糕點과 오리구이도 먹었다.²² (그는 1761년 2주 동안 오리구이를 여덟 번이나 먹었다.)²³ 같은 맥락에서 1889년 광서제의 혼례 만찬에는 여러 고급스러운 진미와 더불어 꼬치에 꿰어 구운 돼지고기와 양고기도 있었다.²⁴ 청나라 후기 한족에 반쯤 동화된 만주인들은 한족과 만주족의 식사를 모두 할 수 있도록 젓가락과 칼이 함께 들어 있는 개인용 수저통을 칼집에 담아 장화에 넣거나 허리춤에 차고 다녔다고 한다.

여러 면에서 한족은 이방의 지배자와 그들이 강요했던 변발 같은 만주족의 풍습에 분개했다.²⁵ 하지만 황실 요리의 명성 덕분에 바비큐 고기를 비롯한 일부 만주 요리의 맛을 인정하게 되었다. 황실 밖에서도 명절이나 특별한 행사 때, 대규모 바비큐 요리를 내는 것을 융숭

한 대접으로 여겼지만 일반 가정의 부엌에서 바비큐 요리를 만들지는 않았다. 황실 출신 요리사가 자금성의 주방에서 만들던 오리구이를 전문으로 하는 식당을 베이징에 열기도 했다. 이 요리가 바로 유명한 '베이징덕'이다. 만주족은 연회에서 고기를 자를 때 여전히 자기 칼을 사용했는데, 이는 유럽인이 커다란 칼과 포크를 사용해 구운 고기를 잘라 손님에게 내고, 손님이 각자의 칼과 포크로 잘게 잘라 먹는 것과 비슷하다. 한족은 만주족의 영향을 많이 받은 것으로 보이는 베이징덕이나 광둥식 애저 요리도 주방에서 한입 크기로 잘라 손님에게 제공했다.(베이징덕을 테이블 앞에서 자르는 퍼포먼스는 현대에 들어와 만들어진 것이다.)

전문 중화요리사가 고기를 구울 때는 영국식 바비큐의 단순한 방식과는 달리 세심하고 복잡한 과정을 거친다. 주의가 필요하고 정성을 기울여 구워야 한다. 베이징덕은 윤기 나는 껍질이 바삭하면서도 살코기는 부드럽고 육즙이 풍부해야 하기 때문에 매우 복잡한 과정을 거쳐 만들어진다. 먼저 오리에 공기를 주입하고 자연 건조시킨 다음, 고기의 표면에 캐러멜 설탕을 바르고, 배에 물을 채워, 고온의 돔형 화덕에 걸어서 구워낸다. 장작으로는 향기로운 과일 나무가 사용된다. 광둥식 바비큐 슈메이 또한 섬세하고 복잡한 과정을 거쳐야 그 맛과 질감을 제대로 낼 수 있다. 중국식 바비큐는 영국식 바비큐와 매우 달랐던 터라, 1793년 중국을 방문한 최초의 영국 외교 사절단이 청나라 황실로부터 대접받은 음식이 외국인의 입맛에 맞추려고 세심하게 고려한 듯 보였음에도 입에 맞지 않다고 느낀 것은 당연한 일이었다. 사절단의 일원이었던 애니어스 앤더슨은 한 만찬에 나온 '바비큐 요리'에 대해, "기름을 발라 구워 마치 니스칠을 한 듯 광택이 나는 매우 독특한 모양이었고, 우리 유럽 주방에서 만든 깔끔하고 간단한 요리에 비해 맛도 좋지 않았다"고 기록했다.[26]

서양인에게 불에 구운 커다란 바비큐는 식문화의 중심이 되는 별미다. 그릴에 구운 스테이크나 가장이 엄숙하게 잘라주는 선데이 바비큐는 푸짐하고 직설적이고 정직하며 남성적이다. 서양인의 관점에서 고기를 작은 조각으로 썰어 야채와 함께 섬세하게 조리하는 중국 음식은 너무 복잡하고 심지어 나약해 보일 수도 있다. 청나라 때 일부 만주족은 자신들이 지나치게 한족화되어 거친 남성성을 잃게 될까 두려워했던 것으로 보인다. 건륭제는 한족 요리를 좋아했음에도 자신이 먹을 돼지고기는 직접 칼로 자르기를 고집했다. 청나라를 세운 청 태종은 "우리 만주족이 승마와 활쏘기를 관두고 (…) 남이 썰어 바치는 고기를 먹는다면, 우리가 왼손잡이(즉 무능한 사람)와 무엇이 다른가"라고 말했다고 전해진다.[27]

그러나 한족의 관점에서 볼 때 바비큐 고기는 귀신이 혹할 만큼 맛있을지라도, 문명화되고 세련된 미식 문화라기보다는 원시적이며 심지어 조상들이 요리의 기원이라 여겼던 구시대의 조리법이었다. 인류학자 레비스트로스는 "구이가 자연에 가깝다면, 삶기는 문화에 속한다"고 했다.[28] 삶는 요리에는 식기가 필요하고, 식기는 바로 '문화적 물품'이기 때문이다. 중국에서 불에 구운 요리 중 가장 유명한 것 하나는 통닭을 연잎에 싸서 점토를 발라 구운 '거지닭 자오화지叫化雞'

다. 이 요리를 개발한 이는 닭을 훔쳤으나 그걸 조리할 아무런 도구가 없었던 도둑이었다고 한다. 불에 구워 먹었던 것은 미식을 위한 선택이 아니라 절박함에서 나온 행위였던 셈이다.

구이가 가장 오래된 조리 방식이라고 한다면, 중국인은 어찌 보면 그로부터 멀리 떠나왔다. 단순한 조리법에서 진화한 중국의 요리는, 원초적 상태의 날재료를 더 문명화되고 더 뚜렷하게 인간의 손길이 더해진 무엇으로 탈바꿈시키는 데 중점을 두었다. 중화요리를 만드는 이들은 식재료를 자르고, 양념하고, 변형시켜 문명화한다. 과거부터 지금까지 요리는 문명의 실천이었다. 그런 의미에서 고기를 채썰어 야채와 함께 볶아내는 것이 돼지고기를 덩어리째 구워내는 것보다 중국 음식의 본질에 더 부합한다.

런던 차이나타운의 식당 '포시즌스文興隆酒家'에서 종업원이 내가 주문한 음식을 가져다주었다. 가장자리에 장밋빛이 도는 차슈 돼지고기가 김이 모락모락 나는 흰 쌀밥 위에 부채꼴로 정갈하게 올려져 있다. 고기에서는 육즙이 흘러내리고 삶은 청경채도 옆에 깔끔하게 놓여 있다. 태곳적 바비큐 고깃덩어리가 중화요리로 변신한 것이다. 영양가 있고 저렴하며 맛있는 전형적인 광둥 요리다. 그러나 결국 바비큐는 고대 중국 제국의 국경을 위협하던 유목민부터 현대 유럽인과 미국인에 이르기까지 야만인과 오랑캐가 먹던 음식이기도 하다. 차슈 돼지고기를 올린 이 요리의 핵심은 고기 아래 숨겨진 진주 같은 밥알이다. 진정한 중국인은 조리된 음식을 먹을 뿐만 아니라 곡물을 함께 먹어야 한다.

식탁의 중심
샤오미와 다미

흰 쌀밥
바이미판

저장성의 수이창遂昌 근처에 있는 다이젠쥔戴建軍의 농장에서 점심을 먹는 중이다. 이미 많은 음식을 먹은 뒤라 식탁 위에는 먹고 난 접시와 그릇들이 어지럽게 널려 있다. 얇게 썬 두부에 고수를 곁들인 샐러드, 데친 각종 제철 야채, 진한 간장으로 조려낸 잉어, 토란을 넣고 오래 우려낸 돼지 족발탕의 잔해다. 이처럼 다양한 맛과 식감으로 마음과 혀가 호강했으니 이제는 찰기 있는 밥 한 그릇으로 마무리할 차례다. 쌀밥에 생선조림의 남은 소스나 야채절임을 몇 조각 곁들여 먹는 것이다.

"츠판吃飯, 밥 먹읍시다." 다이젠쥔의 개인 셰프 주인펑朱印鋒의 말이다. 그가 그릇에 밥을 퍼담아 나에게 건넨다.

나른한 곡선을 가진 청화자기 그릇에서 모락모락 피어오르는 김을 오후의 선선한 햇살이 포착한다. 흰 쌀밥은 달처럼 윤기가 흐르고 거의 투명하다. 쌀알은 뚜렷하지만 가장자리가 희미해서 서로 부드럽게 덩어리로 붙어 있다. 나는 밥그릇을 들어올려 마음을 편안하게 해주는 그 구수한 향을 잠시 들이마시고는, 나무젓가락으로 넉넉히 한 술 떼어 입으로 가져간다. 기름이나 양념이 들어가지 않은 맨밥이다. 소박하고 특별할 것 없어 보이지만 이 밥이야말로 문화적, 도덕적, 정서적 중심이 되는 음식이라고 할 수 있다.

이곳 저장성과 중국 남부 대부분 지역에서는 쌀밥을 먹지 않으면 제대로 식사를 하지 않은 것이다. 식사를 하다라는 말인 '츠판'은 글자 그대로 '익힌 곡물을 먹는다'는 뜻이다.

감자와 빵을 주식으로 먹는 영국인인 나는 처음에 어딜 가도 양념이나 간을 하지 않은 맨밥이 나오는 것이 불만이었다. 너무 밍숭맹숭하고 재미없어 보였다. 다른 외국인들처럼 나도 볶음밥이나, 운이 좋으면 간혹 여행자 카페에서 파는 감자칩이나 으깬 감자를 선호했다. 하지만 중국인의 관점에서 보면 계란 또는 고기와 야채 조각을 넣어 양념한 볶음밥은 일상이 아닌 예외다. 보통 전날 남은 밥을 재빨리 볶아내어 가벼운 한 끼 식사로 먹는다. 남부 지역의 끼니는 대부분 양념하지 않은 맨밥이 중심이다. 그리고 쌀알 하나하나가 살아 있도록 지은 흰 쌀밥 '간판干飯'이든, 쌀과 물이 섞여 고체도 액체도 아닌 매끄럽고 부드러운 덩어리가 된 '죽粥'의 형태든, 밥은 끼니의 색채를 그려내는 데 꼭 필요한 빈 캔버스 역할을 한다. 어찌 보면 서양인들이 중국 음식은 짜고 기름지다고 늘 불평하는 것은 당연한 일이다.

맵고 짜고 기름진 음식을 그대로 먹거나, 맨밥이 아닌 볶음밥과 먹으면 그럴 수밖에 없다. 대부분의 중국 남부 지역 요리는 맨밥과 함께 먹도록 되어 있다. 요리는 양념이자, 소금이자, 기름이자, 풍미다. 따로 먹는 음식이 아니라 밥반찬이다.

중국의 식사는 보통 (주식인) 판飯과 요리인 차이菜(광둥어로는 쏭餸)로 이루어져 있다. 판은 남부에서 대개 쌀이고, 차이는 그 외 '나머지 모든 것'을 가리킨다. 차이의 한자는 '요리'를 뜻하기도 하고, 글자 그대로는 '야채'를 의미한다. '뜯거나' '채집한다'라는 글자 '채采' 위에 '풀艹'이 올라간 이 한자는 그 자체로 나물 위에 손을 얹은 모습을 나타내는 상형문자다. 중국 역사를 통틀어 대부분의 중국인에게 '나머지 모든 것'은 주로 야채였다. 생선이나 고기는 간간이 조금 맛볼 뿐이기에 차이라는 글자의 사용은 어느 정도 논리적이다. 하지만 차이는 실제로 야채뿐만 아니라 육류, 가금류, 생선을 포함해 판이 아닌 다른 모든 것을 가리킨다. 가장 간단하게는 두부 부추볶음이나 맛있는 야채절임 하나일 수도 있고, 가장 복잡하게는 상상할 수 있는 모든 걸로 만든 수많은 요리를 전부 아우르기도 한다.

그러나 요리가 아무리 맛있고 화려해도 궁극의 목적은 주식인 곡물에 곁들여 먹는 것이다. '밥을 내려보낸다'는 의미로 사람들은 샤판下飯이라고도 한다. 저장성을 비롯한 중국 일부 지역에서는 실제로 요리를 '차이'가 아니라 '샤판'이라 부른다. 인류학자 시드니 민츠가 제시한 용어에 따르면, 쌀밥이야말로 중국 식단의 "중심"이며, 차이 혹은 샤판은 "주변"이다. 탄수화물이 주식인 타문화권에서도 그렇듯 "때로 재미없고 천편일률적인 이 중심 요리의 맛은 이를 경건히 대하는 현지 사람들의 태도와 뚜렷한 대비를 이룬다".[1] 우리 아버지가 감자가 주는 안도감이 없는 식사를 몇 끼 계속하면 상실감을 느끼듯이, 중국 남부 사람들도 쌀밥이 없으면 점점 허전함을 느낀다. 판 없이 먹은 식사는 제대로 된 끼니가 아닌 간식에 지나지 않는다.

일상의 식사는 판을 위주로 약간의 차이를 곁들일 뿐이지만, 연회에서는 이 역할이 극적으로 뒤바뀌어 음식이 주는 쾌락이 양분 섭취라는 본연의 의미를 압도한다. 요리의 가짓수는 아찔할 만큼 많아지고, 탄수화물인 판의 역할은 거의 사라질 만큼 줄어들어 심지어 조그만 만두 두어 개나 작은 국수 한 그릇에 그칠 수도 있다. 그러나 결코 완전히 사라지지는 않는다. 스무 가지가 넘는 요리의 성찬을 마치고 겨우 안도감과 성취감을 느끼는 순간 친절한 종업원이 내 옆으로 다가와 혹시 밥이나 만두나 국수를 더 먹겠냐고 묻던 것이 도대체 몇 번이던가. 제대로 된 중국의 식사는 판 없이 존재할 수 없다. 이것이 중국인이 영국식 로스트비프와 야채, 푸딩까지 곁들인 푸짐한 점심 식사를 마치고도 30분이 지나면, 서양인의 중화요리에 대한 편견을 기묘하게 미러링하듯, 여전히 배가 고프다고 불평하는 이유다.

어떤 종류의 익힌 곡물이라도 판이라고 부를 수 있지만, 여기에는 전통적인 위계가 있다. 남방에서는 쌀을 가장 귀히 여기고, 북방에서는 만두, 국수, 전병, 빵과 같은 형태의 밀가루를 선호한다. 옥수수, 수수, 귀리처럼 변방의 가난한 이들이 먹는 소위 '거칠고粗糧' '잡스러운雜糧' 곡물은 선호도가 떨어진다. 위계질서의 가장 아래에 감자와 고구마 같은 탄수화물성 구근이 있는데 보통 기근이나 극심한 가난이 닥쳤을 때 주식으로 먹는다. 어린 시절 빈곤 속에서 감자를 먹으며 자랐다는 사오싱의 한 인력거꾼은 영국인들이 감자를 훌륭하고 맛있는 주식으로 여긴다는 내 말에, 걱정 어린 얼굴로 믿을 수 없다는 듯이 "톈아天啊!"(맙소사)라고 내뱉었다.

판을 대하는 태도는 그 사람을 보여준다. 보통의 식사 자리에서 판은 거들떠보지 않으면서 차이만 게걸스레 먹는 사람은 탐욕스럽고 무례해 보인다. 중국의 가장 이름난 미식가인 18세기의 시인 원매는 이렇게 말했다. "판이야말로 백가지 맛의 근본이다百味之本. (…) 부자들은 요리(차이)에 대해서만 떠들고 판에 대해서는 아무 말 하지 않는다. 본질을 잊고 사소함만 추구하니 참으로 어처구니없는 일이다."² 예로부터 예절의 모범이었던 공자는 고기를 잔뜩 대접받아도 판과 균형을 맞추기에 적절한 양 이상은 절대로 먹지 않았다.³ 중화요리에서 판이 차지하는 우위는 사교적인 식사 자리를 매우 유연하게 만들어준다. 밥솥에 밥이 충분히 있는 한, 다른 손님이 갑자기 나타나도 젓가락 한 쌍만 더 놓고 요리를 조금씩 덜 먹으면 그만이다.

중국의 어린이들은 밥그릇에 밥을 한 톨이라도 남겼다가는 그 벌로 장래 배우자의 얼굴에 곰보 자국으로 나타날 거라고 부모와 조부모에게 꾸지람을 듣는다. 이들은 이신李紳이 당나라 때 지은 시를 통해 쌀을 소중히 여기라는 가르침을 수 세기 동안 되새겨왔다.

정오가 되도록 김을 매니鋤禾日當午

땀방울 벼 아래 땅으로 떨어지네汗滴禾下土
누가 알아주는가 밥공기 안의 밥알誰知盤中餐
알알이 모두 농부의 땀방울粒粒皆辛苦

이 정서의 현대적 버전을 몇 년 전 중국의 한 식당 포스터에서 봤다. 음식을 낭비하지 말자는 정부 캠페인의 일환이었는데, 쌀밥이 가득 담긴 청화자기 밥그릇 위에 계단식 논의 이미지가 겹쳐져 있고, 그 아래에 간결한 중국어로 이런 표어가 적혀 있었다. '밥공기에서 1분, 밭에서는 1년의 노동盤內一分鐘, 田內一年功.'

"츠판러 메이유吃飯了沒有(식사하셨어요?)"라는 중국의 오래된 인사는 잘 알려져 있다. 하지만 쌀과 기타 곡물로 된 음식이 삶과 생계에서 차지하는 중심성은 중국어 전반에 스며들어 있다. 식당은 판을 차려주는 곳(판관飯館)이고, 요리한다는 것은 '판을 만드는 것(쭤판做飯)'이며, 거지는 판을 달라는 사람(야오판더要飯的)이다. 대식가는 '밥통(판퉁飯桶)이다. 직업이 있다면 '밥그릇(판완飯碗)'이 있는 것이고, 돈을 많이 버는 직업은 금 밥그릇(진판완金飯碗)이다. 그렇지 않은 직업은 종이 밥그릇이나 흙 밥그릇이다. 마오쩌둥 시절에 국영 공장에서 일하는 안정적인 직업을 '철밥그릇(톄판완鐵飯碗)'이라 불렀고 1990년대에 '철퇴'의 대상이 되었다. 중국의 일부 지역 장례식에서는 고인이 실제로 사용하던 밥그릇을 격식을 갖춰 깨뜨린다.

아다이阿戴의 농장에서 점심을 먹은 후 나는 주 셰프와 함께 들판을 거닐었다. 10월 말이었고 마지막 벼를 아직 거둬들이는 중이었다. 파랗게 빛나는 하늘 위로 구름이 몇 조각 떠가고 있다. 언덕으로 둘러싸인 계곡의 땅에 계단식 논이 마을에서 저 아래 호수까지 이어져 있다. 말 그대로 사람 손으로 빚어낸 풍경, 살아 있는 조각품 같았다. 평평한 논을 둘러싼 구불구불한 논두렁은 마치 대야의 테두리처럼 논을 감싸안으며 모내기 철에는 물을 가득 채울 수 있도록 되어 있다. 나무 사이로는 새들이 지저귀고 벌레들이 떼지어 운다.

농부들은 벼를 베어 다발로 묶어 땅 위에 길게 늘어놓고 있었다. 주 셰프가 내게 낟알로 묵직하게 늘어진 볏단을 덜컹거리는 페달식 탈곡기의 깔때기에 넣는 법을 보여주었다. 대부분의 논은 이미 수확을 마친 뒤였고 남은 벼는 볏단으로 묶여 그루터기 사이에 서 있었다. 챙이 넓은 밀짚모자를 쓴 농부가 작은 타원형에 홈이 파인 금록색의 볏 낟알을 직사각형 대나무 돗자리 위에 조심스레 펴서 햇볕에 말리고 있다. 말린 낟알은 나중에 껍질을 벗겨 도정을 하고, 짚은 거름과 가축 사료로 쓰인다.

오리자 사티바 *Oryza sativa*라는 학명을 가진 벼는 볏과에 속하는 한해살이 식물이다. 중국에서 오래전 재배에 성공한 곡물이며 중국인이 전 세계에서 처음으로 벼농사를 짓기 시작했다. 아다이의 농장에서 불과 2백여 킬로미터 떨어진 저장성의 허무두河姆渡와 근방의 여러 유적지에서 발견된 쌀의 흔적에서 알 수 있듯이 약 1만 년 전 신석기 시대 양쯔강 계곡에서 재배되었다. 최근의 연구에 따르면 원래는 수렵과 채집을 보조하기 위한 식품으로 재배되었으며 쌀농사가 이 지역의 주요 식량 공급원이 되기까지는 5000년 이상의 세월이 더 걸렸다고 한다.⁴ 기원전 100년 무렵, 위대한 역사가 사마천은 이 울창하고 비옥한 지역의 사람들이 주로 쌀과 조린 생선을 먹고 살았으며 기근을 몰랐다고 쓰고 있다. 이 지역은 서양의 '젖과 꿀이 흐르는 땅'에 해당되는 '물고기와 쌀의 땅(위미즈샹魚米之鄕)'으로 알려지게 된다.

중국은 세계 그 어느 나라보다 쌀을 많이 소비한다.⁵ 중국 남부 대부분 지역의 주식은 길쭉한 인디카Indica 쌀이고, 중국 강남 지역 사람들은 일본의 스시에 쓰이는 통통하고 짧은 쌀인 자포니카Japonica를 선호한다. 이런 라틴어 명칭은 쌀이 인도에서 처음 재배되었다는 옛 가설과, 짧은 쌀이 일본에서 통용되었다는 사실에 기인한다. 인디카 대신 셴미籼米, 자포니카 대신 징미粳米라는 용어를 선호하는 중국 학자들에게는 억울한 일이기도 하다. 찹쌀은 대부분 흰색이지만 흑찰미도 있다. 찹쌀은 소화가 잘 되지 않는 것으로 여겨 주식이 아닌 디저트와 딤섬용으로 주로 먹는다. 예외적으로 윈난성에서는 찹쌀이 소수민족 다이족의 주식이다.(글루텐을 포함하고 있지 않지만 '글루텐 라이스 glutinous rice'로 알려져 있기도 하다.)

중국에는 테루아, 향, 텍스처, 형태, 색에 따라 수많은 품종의 지역 쌀이 있어 중식 미식가들은 이를 감식하기도 하고 언제 수확된 쌀인지를 따지기도 한다. 중국의 한 음식 사전은 수상 경력이 있는 40여종의 쌀 품종을 나열했는데, 그 명칭이 참 서정적이다. 예를 들어 베이징의 '백옥당白玉堂', 쓰촨성의 '도화미桃花米'와 '황용향미黃龍香米' 그리고 송나라 도교승의 이름을 딴 장시성의 '마고미麻姑米' 등이다.[6] 윈난성에서 생산되는 독특한 '홍미紅米'는 밥을 지으면 연한 분홍색이 된다.

밥을 짓는 가장 일반적인 방법은 간단한데, 쌀에 정해진 분량의 물을 붓고 끓이다가 뜸을 들이면 흰 쌀밥 '간판干飯'이 된다. 중국 남부 지방에서는 빠질 수 없는 주식이다. 주로 조식, 간식이나 야식용으로 쌀에 다량의 물을 붓고 은근한 불에 끓여내는 '죽粥'도 있다. 지금은 모든 가정에 있는 전기밥솥이 발명되기 전에는 웍이나 토기 솥에 밥을 지었는데 솥 밑바닥에 페르시안 타디그Persian tahdig 같은 바삭한 황금색 누룽지鍋巴가 생기곤 했다. 나무로 만든 시루甑子를 이용해서 밥을 짓는 오래된 향토식 방법도 있었는데, 반숙한 쌀을 시루 위에 편 뒤 쪄내는 방법이다. 이 조리법으로 밥을 지을 때는 쌀을 반숙하고 남은 물을 그대로 숭늉처럼 마시거나 야채를 넣어 부드러운 국을 만들기도 한다.

죽은 중국인에게 최고의 위안을 주는 음식으로 유아, 노인, 환자는 물론 부드럽고 담백한 식사로 마음과 위장을 달래야 하는 모든 이에게 추천하는 음식이다. 수천 년 동안 사람들은 죽을 치유와 약이 되는 음식으로 여겨왔다. 송나라 시인 육유陸遊는 죽이 수명을 연장하는 효능이 있다고 믿었다.

세상 모든 이들이 장수의 비결을 원하지만世人個個學長年
바로 눈앞에 있음을 깨닫지 못하네不悟長年在眼前
완구宛丘에서 쉬운 방법을 배웠으니我得宛丘平易法
단지 죽을 먹어 불로장생할 뿐只將食粥致神仙[7]

　죽을 만들려면 약불에서 오래도록 뭉근하게 끓여야 해서 바오덴화저우煲電話粥(전화로 끝없이 이야기한다)라는 현대식 표현이 생겨나기도 했다.

　대개 쌀은 흰 쌀밥으로 만들어 먹지만, 중국인은 쌀 요리에도 특유의 창의성을 적용하지 않고는 배기지 못했다. 보통의 맨밥과 간단한 흰죽 외에도 국밥에 가까운 차오산의 해산물죽潮汕海鮮粥이나 생선살 혹은 내장을 넣은 부드러운 광둥의 죽도 있고, 쌀을 달달하게 혹은 짭짤하게 양념하여 오리나 딤섬의 속재료로 사용하기도 한다. 최근 홍콩의 '체어맨Chairman'이라는 유명 식당에서 궁극의 부드러운 식감을 만들기 위해 여러 번 반복해서 걸러낸 특이한 해산물죽을 먹어 보았다. 남은 밥으로는 볶음밥을 만들거나, 물이나 육수와 함께 끓이다가 다른 재료를 추가해 국밥泡飯을 만들기도 한다. 지역마다 고유의 곡물을 이용해서 부드러운 당면, 국수, 푹신한 공갈떡, 뻥튀기 쌀과자, 탱글거리는 푸딩, 쫄깃한 떡과 다양한 딤섬을 만든다.

　쌀을 가루로 만들어 절임을 할 때 쓰거나, 식재료에 입혀 찌는 용도로 사용하기도 한다. 고대 중국에서는 생선에 소금과 밥을 함께 버무려 보관하는 일종의 젓갈인 '자鮓'라는 음식이 있었는데 일본 스시의 원형이라고 한다.[8] '자'라는 한자와 이 오랜 조리법의 영향은 현대에도 여전히 여러 중국식 절임 요리에 남아 있다. 쓰촨성과 후난성의 '셴라자오鮮辣椒'는 고추를 잘게 썰고 소금과 쌀가루를 넣어 발효시켜 만든다. 잘 발효된 셴라자오를 한 숟가락 떠서 식재료와 볶아내면 매콤하고 걸쭉한 맛있는 요리가 완성된다. 쓰촨성에서는 돼지고기나 소고기를 매운 양념으로 재운 다음 볶은 쌀가루와 섞어서 찐다. 부드럽게 찐 고기는 기막힐 만큼 맛있고 마음을 달래준다. 중국 남부 지방에는 '펀정粉蒸'이라는 비슷한 요리가 있다.

쌀은 또한 홍국균Monascus purpureus, 紅麴霉의 균주로 사용되기도 하는데, 균이 자라 진한 보라색으로 변한 홍국미紅麴米를 물에 담가 붉은 식용 색소를 만든다. 홍국미는 전통 약재로 사용하기도 하고, 쌀술을 빚을 때 발효제로 사용하기도 한다. 또한 홍국미에서 얻은 붉은 색은 중국에서 가장 오래된 식용 색소이기도 하다. 홍국미를 사용한 중국 남부 지방의 삭힌 두부, 더우푸루豆腐乳(중국 대부분의 슈퍼마켓에서 병이나 캔에 담아 팔고 있다)나 고기찜 요리는 선명한 붉은색을 띠고 있다. 전국 각지의 딤섬 식당에서는 홍국미의 붉은 색소를 사용하여 만두나 딤섬에 분홍색 점을 찍거나 문양을 그려 장식하기도 한다.

─

중국 어디서나 쌀을 볼 수 있기는 해도, 쌀도 한 종류의 '판'일 뿐이다. 중국의 자연환경은 남부와 북부가 뚜렷하게 나뉘는데 습한 남부에서는 쌀을, 건조한 북부에서는 수천 년 동안 밀과 기타 건조한 땅에서도 잘 자라는 곡물을 재배했다. 쌀은 중국 남부에서 최초로 재배된 곡물이지만, 고대 중국 제국은 중국 문명의 발상지이자 모든 고전 문헌과 의식이 시작된 황허黃河강 계곡이 있는 북부에 세워졌다. 중국 북부에서는 쌀보다 기장稷을 먼저 재배했으며[9] 수렵채취 생활에서 안정적인 농업으로의 전환이 중국 남부보다 더 빠른 속도로 이루어졌을 것이다. 쌀은 기장, 조, 밀 혹은 보리, 콩(여기서 콩은 콩과 식물을 총칭한다)과 함께 예전부터 '오곡五穀'으로 알려진 곡물 중 하나에 불과했다.

낟알이 작고 둥근 조와 기장은 쪄도 쌀처럼 뭉쳐지지 않기 때문에 맨밥 '간판'이나 죽으로 만들었을 때 가장 편리하게 먹는 방법은, 고대 중국 북부에서 주로 그랬듯 숟가락으로 떠먹는 것이다.[10] 오늘날 기장은 북부 지방에서조차 주요 곡물로 여기지 않지만, 고대에는 중국의 상징적인 신성한 곡물이었다.

아메리카 대륙의 원주민들은 옥수수가 생명을 준다고 믿으며 신으로 숭배했다. 그러나 역사학자 프란체스카 브레이가 지적한 것처럼 중국에서는 놀랍게도 '쌀의 신'이 존재하지 않았다. 대신 고대 중국인들은 후직后稷(요순 시대에 인간에게 농사를 가르친 농관. 신농과 함께 농사의 신으로 숭배되고 있다—옮긴이)을 숭배했고,[11] 제사에서 신에게 바친 곡물은 쌀이 아닌 기장이었다.

기원전 1000년 전반기에 수집된 민요와 제례곡을 모은 시가집 『시경詩經』에 수록된 「생민生民」이라는 시에는 후직의 기적적인 탄생이 묘사되어 있다. 경이로운 아이였던 후직은 사람들에게 기장을 재배하는 방법과 제사 지낼 때 구운 고기와 함께 기장을 제물로 바치는 법을 가르쳤다.

> 하늘에서 참으로 좋은 곡물의 씨를 내려주시니誕降嘉種
> 검은 기장, 좋은 씨앗이라. 붉은 차조, 흰 차조로다維秬維秠, 維穈維芑
> 검은 기장, 좋은 씨앗 두루 심고恆之秬秠
> 이에 거둬서 밭두렁에 쌓아두고是穫是畝
> 붉은 차조, 흰 차조 두루 심고恆之穈芑
> 어깨에 메고 등에 져다가是任是負
> 돌아와 비로소 제사를 지내셨다以歸肇祀[12].

시는 또한 수확한 곡물을 찧어 깨끗이 씻고 쪄서, 새해의 제사 의식에 구운 숫양과 함께 바치는 과정을 묘사하고 있다. "그 향기가 비로소 오르니 상제께서 편안히 흠향하셨다. '그 향기로움이 크고 진실로 때에 맞도다.'"

오래전 한나라의 첫 황제는 후직의 제사를 국가가 관장하도록 정례화했고,[13] 이후 1911년까지 중국의 모든 왕조는 수도와 전국 각지의 사직단社稷壇에서 토지와 곡물의 신에게 기장을 올리며 제사를 지냈다. 유명한 재상 이윤伊尹이 상나라 탕왕에게 음식과 정치의 관계에 대해 강연했다는 유명한 일화를 기원전 3세기의 한 상인이 기록해 오늘날까지 전해지고 있는데,[14] 본인이 훌륭한 요리사이기도 했던 이윤은 상나라 전역에서 나는 최고급 식재료를 나열하며 여러 종류의 기장을 언급했으나 쌀은 없었다. 『시경』에 가장 자주 등장하는 곡물은 기장이며, 공자 역시 기장을 오곡 중 첫째로 여겼다.[15] 기장은 크게 메기장Setaria italica과 술黃酒을 빚는 데 주로 사용하는 찰기장Panicum miliaceum으로 분류된다. 서기 6세기 가사협賈思勰이 편찬한 중국 고대 농업에 관한 역작 『제민요술齊民要術』은 중국 북부 지역에서 100여 종에 가까운 다양한 곡물을 재배하고 있다고 기술하고 있다.[16]

신석기 시대에 황허강 유역은 점차 농경사회로 발전했고, 곡물 재배는 중국 문명의 독특한 특징 중 하나로 자리 잡았다. 처음에는 뜨거운 돌에 곡물을 구워 먹었지만 토기가 등장하면서 곡물을 삶아 먹다가 점차 쪄서 먹었다. 전설에 따르면 화하족華夏族의 시조인 황제黃帝가 토기를 발명하고 사람들에게 곡물을 쪄서 '판'을 짓고 '죽'을 끓이는 법을 가르쳐, 지금까지 내려오는 중식의 핵심 원칙 중 하나를 확립했다고 한다. 초기 중국인은 여느 민족과는 달리 곡물을 갈아서 가루로 만드는 대신 오늘날의 밥 한그릇처럼 절구에 빻아 껍질을 벗겨낸 낟알을 통째로 익혀 먹는 것을 선호했다.

곡물은 중요한 식량일 뿐만 아니라 알코올음료인 술酒의 원료이기도 했으며, 음식과 술 모두 잔치와 제례의 중심이었다. 영어로는 보통 '와인wine'으로 번역되는 주酒라는 단어는, 현대 중국에서는 모든 종류의 알코올음료를 지칭한다. 하지만 엄밀히 말하면 고대 중국인이 마셨던 술은 막걸리ale 혹은 맥주beer였을 것이다. 허난성 자후賈湖 고고학 유적지에서 출토된 신석기 시대 토기를 보면 약 9000년 전 중국인은 쌀, 꿀, 포도, 산사나무 열매를 섞어 술을 만들었음을 알 수 있다.[17] 또한 신석기 시대에는 찰기장으로 막걸리 만드는 방법을 고안해냈다.[18] 기장으로 죽을 쑤어 이스트와 곡균을 띄우면 전분이 포도당으로 분해된다. 이를 발효시켜 알코올을 만드는 방식이었을 것으로 추정된다.[19] 상나라 시대에는 이 술과 삶은 기장을 함께 신에게 바치는 제사를 지낸 후, 이어지는 의식에서 취하도록 나눠 마셨다고 한다.(후세에는 상나라를 술의 과도한 음용과 연관해 기술하곤 하는데, 특히 잔인하고 방탕했던 것으로 알려진 상나라 주왕에 관한 일화가 있다. 웅덩이에 술을 채우고 여러 종류의 구운 고기를 막대기에 매달아놓고 젊은 남녀가 알몸으로 방탕하게 놀았다고 한다. '주지육림酒池肉林'.)

중국은 초기 왕조부터 농업을 국가의 핵심 문제로 여겼고, 경작지에서는 주로 곡물을 재배했다.[20] 농업은 백성과 신에게 먹일 곡물을 생산하여 백성을 만족시키고 신을 달래었다. 또 국가에는 세금을 제공했는데, 과세 대상의 대부분이 농민들의 수확이었고 세금을 원래는 곡물로 납부했기 때문이다. 백성을 굶주리게 하거나 사직단에서 드리는 신성한 제사를 소홀히 하면 폭동과 봉기로 이어지기도 했다.[21] 묵자墨子는 "식량은 국가의 보물이고, 병력은 국가의 발톱이며, 성곽은 스스로를 지키는 것이다. 이 세 가지는 국가의 도구다食者, 國之寶也. 兵者, 國之爪也. 城者, 所以自守也, 此三者, 國之具也"라고 했다.[22] 직업으로서 농업은 한때 수공업이나 상업보다 우월한 것으로 여겨졌으며 학문과 연구 다음으로 중요시됐다. 황제도 상징적인 의미에서 자신을 농부로 여겨 매년 봄이면 국가 제례를 위한 곡물을 생산하는 신성한 밭에서 고랑을 갈았고, 이러한 황제의 행동은 봄 쟁기질의 시작을 알리는 신호탄이 되었다. 대제사에서는 찐 곡물과 그 곡물로 만든 술을 귀중한 청동기에 담아 올렸고, 고기를 비롯 덜 중요한 음식은 토기, 목기 또는 바구니에 담아 제단에 올렸다.[23]

진정한 중국인이라면 익힌 음식과 곡물을 먹어야 한다고 여겼다. 『예기』에서는 중원의 변방에 있는 오랑캐들을 가리켜 문신하고, 음식을 익히지 않고 먹으며, 그중 일부는 곡물을 먹지 않는 기이한 식습관을 가지고 있다고 기술하고 있다.[24] 정착민 중국인과 북방 유목민 사이를 불규칙하지만 기념비적으로 가르는 만리장성은, 농경지와 목초지, 중국인과 유목민, 곡물을 먹는 사람과 육식하는 사람 사이에 물리적이고도 개념적인 경계를 그었다. 이는 아주 뚜렷한 문화적 구분선이다.

한편 고대 중국에서 곡물을 먹지 않는 유일한 집단은 초월과 불멸을 추구한 괴짜 도교인들이었다. 이들은 중국 문화의 규범에서 완전히 벗어나 곡물을 거부하고 그 대신 만물의 보이지 않는 본질인 '기氣'와 더불어 이슬, 이국적인 약초, 심지어 전혀 음식으로 여기지 않던 광물까지 섭취할 것을 주장했다. 현대 서양에서 '공기 다이어트'를 옹호하는 사람들과 비슷하다고 할 수 있다. 기원전 3세기 무덤에는 현대 서양의 건강식 관련 서적을 연상시키는 『곡물을 끊고 기를 먹는 법却谷食氣』이라는 제목의 비단 필사본이 출토되기도 했다.[26]

북방 문화의 유산으로 공식 제례에서는 기장이 계속 쓰였지만, 약 2000년 전인 한나라 때부터는 북방인의 일상 식단에서 밀이 기장의 자리를 잠식하며 절대적인 우위를 차지했다. 고대에는 단단한 밀의 낟알로는 밥이나 죽을 만들기 어려웠기 때문에 투박하고 맛이 없다고 여겼다.[27] 그러나 한나라 전후에 중앙아시아로부터 제분 기술이 도입되면서 밀을 가공한 국수와 만두 같은 요리들이 생겨났고, 결국 북방인의 주식이 되었다.

서기 1000년이 끝날 무렵 중국 전역에서 쌀의 중요성이 커졌다.[28] 당나라 이후 중국 북방은 잦은 가뭄과 북쪽 국경 너머로부터 유목민의 침입이 빈번해지면서 어려움을 겪었다. 한편 베트남으로부터 신품종인 장립종 인디카 쌀이 도입되어 중국 남부 지방에서는 이모작이 가능해졌고, 농업 기술의 혁신으로 수확량도 증가했다. 남부의 인구가 급증하고 경제가 번성했으며 세금으로 거둔 쌀이 국고를 가득 채웠다. 중국 경제의 중심이 황폐한 북부에서 남부로 이동한 것이다. 12세기 여진족이 북방의 수도였던 변량汴梁(지금의 카이펑)을 점령하면서 한족은 기장을 재배하던 영토의 대부분을 잃고 말았다.

국수가 점점 인기를 얻고 쌀을 받아들이면서 중국인들은 숟가락을 사용해 밥을 먹던 옛 습관을 버리고 (젓가락으로는 원래 반찬만 집었다), 거의 모든 음식에 젓가락을 쓰게 되지 않았을까 싶다. 쌀은 기장과 달리 뭉쳐지므로 한 움큼씩 집어올릴 수 있었기 때문이다.[29] 명나라 사람들은 가늘고 긴 형태의 쌀을 다미大米, 작고 둥그런 기장을 샤오미小米라고 부르기 시작했다.[30] 이 시기에 이르면 쌀은 이미 주식으로 자리잡고 있었다. 곡물 전쟁에서 다미가 샤오미를 이긴 것이다.

결국 중국 남부에서는 물을 댈 수 있는 모든 땅에 벼를 심었다.[31]

산비탈에는 계단식 논이 조성되어 모내기 철에는 물을 가득 채우고, 벼 이삭이 익으면 물을 빼냈다. 윈난성 위안양元陽의 계단식 논이 펼쳐지는 모습은 아름다움의 정점을 찍은 풍경이다. 그 풍경을 처음 봤던 순간을 절대 잊지 못한다. 며칠 동안 짙은 안개가 계속되다 마을을 막 떠나려던 참에 마치 오페라 하우스의 막이 걷히듯 갑자기 안개가 사라졌다. 도로 아래로 유명한 '라오후쭈이老虎嘴'의 풍광이 펼쳐졌다. 깊은 계곡으로 이어지는 산비탈 가득 불규칙한 모양의 계단식 논이 그려지고, 그 논에 담긴 물은 끝없는 연못처럼 이어지며 석양빛을 받아 반짝였다. 계곡 전체가 성당의 스테인드글라스처럼 작은 조각으로 나뉘어 은빛 물결을 치며 빛나고 있었다. 저 멀리 안개 자욱한 녹색 산의 능선들이 부드럽게 이어졌다. 여기저기 밝은색 옷을 입은 농부들이 논에서 일하고 있었다. 졸졸졸 흐르는 물소리 외에 주변은 고요하고 평온했다. 그러다 갑자기 나타난 한 무리의 아마추어 사진가들이 카메라 셔터를 누르는 소리에 눈앞의 비경에서 현실로 돌아왔다.

쌀은 가장 열량이 높은 곡물로 밀과 옥수수보다 에이커당 더 많은 열량과 단백질을 생산한다.[32] 중국의 전통 식단은 채식 위주로 대부분의 에너지는 쌀에서 나온다. 예로부터 중국에는 목초지가 많지 않았고 가축의 수도 유럽에 비해 훨씬 적었다. 옛날에는 농부가 쟁기를 끌기 위해 물소나 소를 기르기도 하고, 고기와 털을 얻기 위해 염소와 양을 키우기도 했지만, 사람들이 주로 키운 것은 돼지와 가금류였다. 돼지는 남은 음식을 먹여 키웠고 가금류는 땅에 풀어 길렀다.[33] 물이 가득한 논과 관개용 운하에서 장어와 미꾸라지가 자랐고 오리가 함께 헤엄치며 다녔다. 이들의 배설물은 거름이 되어 땅을 비옥하게 만들었다. 논과 밭 주변에는 뽕나무를 심고 그 잎사귀는 누에를 먹여 남부 지방의 오래된 가내수공업인 양잠을 했다. 때로 강둑에 다른 작물들을 심기도 한다. 제2차 세계대전 후 새로운 농업 기술과 화학비료가 등장해 농업이 탈바꿈한 녹색혁명 이전까지, 쌀은 지속 가능한 순환 농업 시스템의 주춧돌 같은 역할을 하며 토지를 비옥하게 하고 다른 어떤 작물보다 단위 토지당 더 많은 사람을 먹여 살렸다.[34]

기장은 '거친 곡물'로 분류되는 귀리, 옥수수, 수수와 함께 쌀과 밀의 '가난한 친척' 취급을 받으며 변방으로 밀려나 구황작물로 소량 재배되고 있다. 한때 오곡 중 으뜸으로 꼽는 곡물로 여겨졌던 명성은 사라졌다. 마오쩌둥 시대에는 힘들었던 혁명 투쟁을 기념하는 만찬에서 기장을 먹으며 어려웠던 시절을 회고했다.[35] 나는 1990년대 처음 중국에 온 이후로, 고대부터 기장을 재배해온 북방 지역에서조차 아주 가끔 아침 죽으로 기장을 접할 수 있었을 뿐이다. 그 외에는 산시성 다퉁大同에서 찰기장으로 만든 노란 떡을 먹어본 적이 있다.

하지만 이 고대 곡물이 현대 중국에서 다시 주목받고 있다. 기장은 척박한 환경에서도 자라며, 가뭄에도 강한 곡물이라 재배할 때 쌀과 밀에 비해 물이 많이 필요하지 않다. 기후변화로 인해 고질적인 가뭄의 위협이 더 악화되고 있는 중국 북방의 빈곤한 지역에서 기장은 여전히 구황작물로 재배되고 있다.[36] 지난 수십 년 동안 농부들은 노동집약적인 전통 벼농사를 기피한 채 땅을 방치해왔다. 허리를 굽힌 채 무릎까지 오는 진흙탕 물 속에서 모내기를 해야 하는 계단식 논을 더 이상 유지하고 싶지 않은 것이다. 많은 곳에서 오래된 계단식 경작지는 방치된 채 무너져 내려 인간의 손으로 개간했던 땅을 자연이 되찾아가고 있다. 중국 정부는 전통적인 '판'을 대체할 작물, 특히 감자를 홍보하기 위해 노력하고 있지만[37] 일반적으로 감자를 어쩔 수 없는 경우에나 먹는 주식으로 여기는 나라에서 쉬운 일은 아니다.

한편 중국인들은 수천 년 동안 이어져온 식습관에서 벗어나, 서구의 많은 나라와 마찬가지로 '판'의 소비를 점차 줄이고, 고도로 가공된 식품과 육류, 생선을 탐닉하게 되면서, 암, 비만, 당뇨병 등 현대 식단과 관련된 질병이 증가하고 있다. 이런 모든 요인으로 인해 건강에 민감한 사람들은, 서구에서 흰 빵 대신 통밀로 된 사워도우 빵이 인기를 끌고 있는 것과 마찬가지로, 일상 식단에서 점차 정제된 백미의 소비를 줄이고 소위 '거친 곡물'의 소비를 늘리고 있다. 청두에 사는 내 친구들은 다양한 곡물과 콩을 넣은 죽을 아침으로 먹는다.

이런 맥락에서 일부 영리한 농부들은 온라인 상점을 통해 중산층 고객들에게 기장을 정성 들여 키운 유기농 녹색 식품으로 소개하며 좋은 반응을 얻고 있다. 때마침 영국 에든버러대학의 프란체스카 브레이 교수는 "궁핍함과 낙후된 전통을 상징했던 기장은 부와 존경의 원천이 되었다"고 말하고 있다.[38] 기장은 이제 도시의 힙한 식당 메뉴에도 등장한다. 귀리로 만든 면과 한때 거친 농부들이나 먹던 것으로 알려진 건조한 서북부의 농산물이, 외딴곳의 청정 지역에서 생산되는 '녹색 식품'이라는 이름으로 인기 많은 체인 식당 '시베이요우몐춘西貝莜麵村' 등에서 팔리고 있는 것이다.

기후변화가 가져온 위기와 산업화로 급변하는 식습관의 도전 속에서 후직后稷은 과연 되살아날 수 있을까? 지난 2000여 년간 사람들의 기억 속에서 밀려나 있던 작은 곡물, '샤오미' 기장이 승산 없는 싸움에서 이기고, 큰 곡물, '다미' 쌀, 밀과 함께 당당하게 나란히 설 수 있을까?

적어도 지금 이 순간만큼은 내 앞에 놓인 흰 쌀밥 한 그릇이 중국 남부의 전형적인 식사의 중심이다. 향기로운 김을 내뿜는 진주빛의 흰 쌀밥은, 중국 문명과 농업 국가의 기원, 중국인의 정체성과 가치관에 대한 얘기를 들려준다. 그리고 기장을 숭배하던 고대 북방 왕조에서부터 그 쇠퇴와 남방의 부상, 그리고 현대인의 식생활 문제에 이르기까지 긴 역사의 여정으로 우리를 이끈다.

잘게 썰어
조화롭게 끓인다

쑹 부인의 생선국
쑹사오위겅

쑹사오위겅宋嫂魚羹 혹은 '쑹 부인의 생선국'은 중국 동남부 도시 항저우의 별미다. 쑹사오위겅이 담긴 그릇에서 모락모락 피어오르는 김을 들이마시면 상큼한 식초 향이 배어 있는 부드럽고 맛있는 냄새에 감각이 매혹된다. 겅은 고체도 아니고 그렇다고 완전한 액체도 아니며, 전분을 풀어 걸쭉하고 진한 국물 속에 온갖 식재료가 화려한 만화경처럼 어우러져 있다. 마치 먹을 수 있는 화려한 베네치아 유리 그릇을 보는 것 같다. 다진 흰살 생선, 가늘게 썬 황금빛 지단, 채썬 짙은 색 버섯과 아이보리색 죽순, 분홍색 햄 조각에 잘게 썬 파까지 올려 마무리한 '풍미 팔레트'는 멋진 색의 조화를 만들어낸다. 쑹사오위겅은 열두 가지가 넘는 다양한 식재료로 만들어졌지만 어느 하나 튀지 않고 서로 조화롭게 어우러져 있다.

항저우의 많은 요리와 마찬가지로 쑹사오위겅에도 사연이 있다. 이 요리는 항저우의 유명한 시후西湖호에서 처음 만들어졌다. 호수를 따라 수양버들이 늘어선 꿈결 같은 풍경을 가진 시후호에는 찻집과 작은 섬과 그 섬들을 이어주는 다리가 곳곳에 자리하고 있다. 요즘은 뱃사공들이 손님을 배에 태우고 반짝이는 넓고 조용한 호수로 노를 저어가며 그 아름다움을 즐기는 곳이 되었지만, 이곳은 한때 유람선과 상선이 뒤섞여 분주히 오가던 수로였다. 약 900년 전, 북쪽에 있던 송나라의 수도가 북방 오랑캐에게 점령당하자 송나라 조정의 남은 세력은 항저우(당시에는 린안臨安으로 불렸다)로 내려와 새 수도를 세웠다. 망명 중이던 어느 날 황제가 배를 타고 시후호로 나가 다양한 물건을 파는 배들을 둘러보고 있었다. 그중 한 여인이 대담하게 나서서 자신은 요리사로 쑹 가문의 다섯째와 결혼한 '쑹 부인'이라 소개하며, 황제와 마찬가지로 북쪽에서 항저우로 피난와 생선국, 위겅魚羹을 팔아 생계를 이어가고 있다고 아뢰었다. 북방의 조리법과 남방의 식재료가 잘 어우러진 위겅을 맛본 황제는 잃어버린 땅에 대한 향수에 압도당해 쑹 부인에게 금, 은, 비단을 하사하며 감사를 표했다.(다른 버전에서는 쑹 부인을 황실 주방에서 일하도록 채용했다고도 전해진다.)

중식에서 국물 요리는 크게 탕湯과 겅羹으로 나뉜다. 탕은 깔끔하고 맑은 국물에 재료들이 담겨 있어 먹는다기보다는 '마신다'고 할 수 있다. 반면 겅은 쑹 부인의 생선국처럼 건더기가 중심이 되는 국물 요리로 식재료를 잘게 썰어 넣고, 보통은 전분을 풀어 걸쭉하게 만들기 때문에 거의 찜요리, 스튜라고 할 수 있다. 서양의 차이나타운에서 흔히 볼 수 있는 닭고기나 게살을 넣은 스위트콘차우더가 겅과 비슷하다. 서양인들은 종종 섬세한 맛을 가진 탕보다 뚜렷한 맛의 겅을 선호하는 경향이 있는데, 서양 요리에도 진한 크림형 수프가 흔하기 때문이다. 좋은 광둥식 레스토랑들은 제철에 맞는 채소와 약재를 넣어 고기나 가금류를 뭉근히 끓여 만든 맑고 영양이 풍부한 '오늘의 탕例湯'을 직접 만드는 경우가 많지만, 서양인들은 좀처럼 주문하지 않는다. 아마도 걸러낸 맑은 국물이 서양인의 입맛에는 묽고 실체가 없는 듯 하여 값어치가 낮게 느껴지고, 치킨 스위트콘 차우더나 쏸라탕처럼 혀에 걸쭉하게 느껴지는 재료들이 눈에 보이지 않기 때문이다.

반면에 중국인은 거의 모든 식사에 탕을 곁들인다. 탕이 없으면 식사가 건조하고 매력적이지 않으며, 특히 메인 요리가 볶음밥이나 국수라면 입맛을 돋우고 영양을 보충하기 위해 탕 한 그릇이 절실히 필요하다. 가정에서는 탕을 음식으로 먹고 음료로도 마신다. 겅은 매일 먹는 필수 식단의 일부라기보다는 가끔 먹는 음식이다. 오늘날 겅은 중국 식탁에서 조연 정도의 위치일 뿐이지만, 한때 모든 중국요리의 가장 중요한 주인공이었다. 모든 음식 중에서 겅이 중국요리의 역사와 특징을 가장 잘 설명하고 있다고 해도 과언이 아닐 정도다.

고대에는 원시적인 방식으로 불을 피워 바비큐 요리를 했고, 신석기 시대에는 토기가 도입되면서 끓여 먹는 요리로 발전했다. 쌀, 기장 등의 곡물을 솥에 넣고 끓여 죽을 만들었으며, 솥 위에 시루를 올려 다른 식재료를 찌고, 밥을 지었다. 고기, 생선, 야채 등 식재료 대부분을 잘게 썰어 물과 함께 끓여 만든 음식을 '겅'이라고 불렀다. 가난한 사람들이 주로 야채로 만든 경을 먹거나 가끔 생선 경을 먹었다면, 부자들은 고기와 가금류로 만든 경을 사치스럽게 먹었다. 『예기』에 "제후로부터 평민에 이르기까지 모두 경을 먹는다羹食, 自諸侯以下至于庶民"[1]라고 기록되어 있을 정도로 빈부귀천과 관계없이 모든 사람이 경을 먹었다고 한다. 약 2000년 전 한나라 때는 연회의 첫 번째 요리가 경이었다.[2] 일반적으로 경과 쌀 혹은 기장은 분리할 수 없는 짝처럼 함께 요리했다. 솥에 경을 끓이면서 그 위에 시루를 올려놓고 쌀이나 기장을 익혔던 것이다.[3] 경은 실제로 태곳적 바비큐를 제외하곤 가장 원시적인 최초의 '요리(차이菜)'라고 할 수 있다. 고대 중국에서는 거의 모든 식사에서 '판'과 '경'을 함께 먹었기 때문에, 경은 '밥 이외의 모든 것'이었다.

경은 무엇으로든 만들 수 있었다. 『예기』에 언급된 경 중 어떤 것들은, 각각 특정한 양념과 함께 먹었다고 하는데, 상상만으로도 진정 맛있어 보인다. 예를 들어 줄풀의 새싹菱白笋과 우렁장田螺酱을 곁들인 꿩고기 경雉羹, 밀 혹은 보리 렐리시(과일, 야채 등을 양념해 걸쭉하게 끓인 뒤 식힌 것으로 소스나 전채요리로 사용한다—옮긴이)를 곁들인 말린 고기 혹은 닭고기 경, 찹쌀을 넣은 개고기 경 혹은 토끼고기 경 등이다.[4] 기원전 3세기 것으로 추정되는 후난성 마왕두이馬王堆 무덤에서 출토된 대나무 전표에는 사후세계로 떠난 귀족이었던 세 명의 무덤 주인을 위해 함께 묻은 부장품 목록이 적혀 있다. 여기에는 애저, 사슴, 잉어, 철갑상어, 기러기, 꿩과 야채를 섞어 만든 경이 담긴 스물네 개의 솥이 포함되어 있다.[5] 어떤 경은 쌀가루를 넣어서 걸쭉하게 만들었는데, 이것이 수프에 전분을 넣어 걸쭉하게 만드는 현대적 행위의 초기 원형이다. 비슷한 시기의 시인 굴원은 이승을 떠난 자의 영혼을 꾀어내고자 세속적인 삶의 즐거움에 관해 쓴 시 「초혼招魂」에서 군침 도는 요리를 언급하기도 했는데, 이 중에 신맛과 쓴맛이 잘 어우러진 지역 별미 '오나라의 경吳國之羹'도 있었다.[6] 당시 가난한 사람들의 일반적인 식단은 나물을 끓인 경이었고, 이는 청빈함의 상징이 되었다.[7]

북방 지역에는 양의 내장으로 만든 양자경羊雜羹(오늘날에도 여전히 이 지역 별미다)이 있었고, 『사기』에 따르면 항저우를 포함한 강남 지역에서는 쑹 부인이 황제에게 위경을 진상하기 1000년 전부터 사람들이 생선으로 경을 만들어 쌀밥과 함께 먹었다고 전해진다. 옛날부터 기이한 음식을 즐기는 것으로 유명한 중국 남부 광둥성에서는 뱀으로 만든 경을 특히나 좋아했다.[8] (오늘날 광둥 사람들은 고급스러운 뱀경을 여전히 즐긴다. 몇 년 전 광저우에서 친구들과 함께 맛보았던 다섯 종류의 뱀으로 끓여 잘게 썬 레몬그라스와 국화 꽃잎을 뿌린 엄청났던 경의 맛을 절대 잊을 수 없다.) 춘추시대 정 영공鄭靈公이 베푼 연회에서 자신에게만 귀한 자라경을 주지 않자 큰 모욕을 느낀 한 신하가 결국 영공을 시해했다는 유명한 일화도 있다.[9]

시간이 흘러 주방에서 철기와 땔감의 사용이 늘어나면서, 강력한 화력을 이용해 음식을 더 빨리 조리할 수 있게 되었다. 송나라 때 중국의 주방에 새로운 조리 기술이 소개되어 인기를 끌었는데 바로 식재료를 잘게 썰어 뜨거운 웍에서 볶아내는—오늘날 영어로 '스터 프라이stir-fry'라 부르는—방법이다. 그럼에도 솥에 재료를 끓여내는 전통적인 경의 인기도 한동안 지속되었다. 13세기 남송의 문인 오자목吳自牧은 항저우의 생활을 생생하게 묘사한『몽양록夢粱錄』을 썼는데, 여기에는 성안의 식당과 면관에서 파는 '우환경五軟羹' '싼취경三脆羹' '샤위두얼경蝦魚肚兒羹' '자라경雜辣羹' '자차이경雜彩羹' 등 다양하고 긴 경의 목록도 들어 있다.[10]

뜨거운 웍에서 소량으로 빠르게 볶아내는 요리들과는 달리 경은 커다란 솥에서 다량으로 만들 수 있다. 이러한 이유로 경은 연회에서 중요한 메뉴로 자리잡을 수 있었다. 18세기 후반 양저우에서 열렸던 한 연회에서는 90가지가 넘는 요리가 나왔는데 오리 혀, 돼지 뇌, 두부 등 하나의 재료로 만든 경뿐만 아니라 맛조개와 무, 돼지 위과 해조, 상어 지느러미와 게살, 닭 국물을 넣은 상어 껍질, 거위 물갈퀴와 모래주머니 등 다양한 식재료를 조합하여 만든 경이 나왔다고 한다.[11] 1816년 베이징을 방문한 영국의 두 번째 외교단을 위해 열렸던 연회에서 네 번째 코스로 나온 요리는 "열두 대접의 진한 수프에 담긴 스튜"였다.[12] 마찬가지로 1838년 광둥성에서 열린 만찬에 참석했던 프랑스 해군 대위 라플라스는 "수없이 많은 대접에 담긴 스튜가 끝도 없이 나왔다. 모든 요리가 예외 없이 국물에 담겨 있었다"라고 했다.[13]

이후 중국요리의 기술이 점점 다양해지고 정교해지면서 경은 다른 온갖 요리에 점차 밀려났다. 하지만 경은 게살 스위트콘 수프와 같은 일상 요리뿐만 아니라, 항저우의 쑹사오위경, 실크로드의 중요 거점인 시안의 낙타 발굽으로 만든 겅, 광둥성 남부의 뱀으로 만든 겅 등 중국의 다양한 지역에서 수백 년 전부터 전해 내려오는 지역 별미로 여전히 중요한 역할을 하고 있다.

고대 중국에서 겅은 또한 신성한 음식이었다. 성대한 제례의식에서는 기장과 술뿐만 아니라 겅이 가득 담긴 솥을 바치며 영혼을 달랬다. 하지만 사람들이 먹는 겅은 제후를 시해할 만큼 맛있는 자라겅의 경우처럼 풍부한 맛을 내기 위해 양념을 하는 반면, 신에게 바치는 신성한 다겅大羹이라면 조미를 하지 않고 담백하게 만든다. 왜냐하면 신과 영혼은 사소한 것을 초월해 더 이상 미각의 자극에 좌우되지 않는다고 믿었기 때문이다.[14] 결국 영혼이 먹는 것은 물리적인 제물 자체가 아니라 의식이 진행되는 동안 하늘로 올라간 제물의 '기氣'였다. 신과 영혼을 가장 기쁘게 하는 겅은 순수함, 고전성, 추상성을 표방해야 한다고 믿었다. 무미의 겅은 마치 순수한 흰색빛으로 수렴하는 난잡한 색의 스펙트럼처럼 지상의 모든 풍미가 융합된 것을 상징한다고 믿었다.

적어도 2000년 전인 한나라 때까지는 겅에 들어가는 식재료를 작은 조각으로 썰어 조리했다. 새로운 식재료와 조리 기술의 혁신이 가져온 온갖 식생활 혁명을 거치면서도 오랜 세월 변함없이 뚜렷한 중화요리의 독특한 테마가 그렇게 확립되었다. 오늘날 중국의 식탁에서 볼 수 있는 고기볶음과 야채볶음 역시 이러한 범주를 벗어나지 않는다. 외국인은 큰 고기조각을 먹기 위해 칼, 포크 또는 손을 사용하는 반면, 중국인은 젓가락으로 집기 알맞은 크기로 썰어 조리한 음식을 먹는다. 조리를 뜻하는 옛 단어 '거평割烹'은 '자르고 요리한다'는 뜻이다. 재료를 자르고, 채썰고, 깍둑썰기하는 습관은 당연히 젓가락을 사용하는 식습관과 떼어놓을 수 없고, 서로 보완하며 함께 발전했다. 고대 중국인들이 국물이 흥건한 겅을 좋아했던 것이 애초에 젓가락을 주된 식사 도구로 받아들이게 된 이유 중 하나일지도 모른다. 젓가락은 뜨거운 국물이 담긴 냄비에서 작은 음식 조각을 건져올리는 데 아주 적합한 도구였기 때문이다.[15]

하나의 식재료만으로도 겅을 만들 수 있지만, 쑹사오위겅처럼 보통은 여러 재료를 넣어 만든다. 이러한 혼합과 조화, 보완과 대조라는 접근법은 2000년이 넘는 시간 동안 중화 조리법의 핵심이었다. 이는 요리의 주재료인 고기나 생선을 큰 덩어리로 명확하게 알아볼 수 있도록 조리하고, 주재료와 같이 먹는 야채 요리는 따로 조리해 함께 식탁에 내는 영국의 전통적인 조리법과 뚜렷한 대조를 이룬다. 대부분의 중화요리는 두 가지 이상의 재료를 비슷한 모양으로 썰어 함께 조리한다. 베이징덕처럼 단일 재료로 만든 요리는 매우 드문 사례다. 두꺼운 것으로 악명 높은 중식당의 메뉴판이 가능한 이유 중 하나는 한정된 식재료를 다양한 방식으로 썰어 조합하면, 마치 로토 번호처럼 거의 무한한 조합을 만들어낼 수 있기 때문이다. 서양 독자들에게 중국의 문화를 설명하는 데 탁월했던 20세기 위대한 작가 린위탕林語堂은 "중화요리의 조리법은 전적으로 어떻게 섞느냐의 문제다"라고 했다.[16]

다양한 식재료의 조합을 선호한 결과 중 하나는 같은 양의 고기를 사용해 더 많은 요리를 만들 수 있다는 것이다. 따라서 전 인류를 채식주의자로 만들 수 없다면 중국의 식습관에서 배우는 것이 세계 환경 문제에 대한 해결책이 될 수 있다. 중국 가정에서는 보통 서양인 한 명이 먹을 분량의 돼지고기를 잘게 썰어 야채와 함께 볶아 온 가족이 먹는다. 소량의 고기, 라드 또는 육수만 사용해도 웍 한가득 맛있는 야채 요리를 만들 수 있다. 비교적 최근까지도 대부분의 중국인은 축제 기간에만 많은 양의 고기를 먹었다. 중화요리에서는 똑같은 고기로 더 많은 양의 요리를 만들지만 다양하고 맛있는 야채와 함께 조리하므로 결코 감질나게 느껴지지 않는다. 화학비료가 아직 없던 시대의 중국이 한정된 경작지에서 많은 인구를 부양할 수 있었던 이유 중 하나는 전통 식단에서 고기의 역할이 부차적이었기 때문이다.

식재료를 자르고 섞는 중화요리의 관습은 서양 요리의 전통과는 워낙 다르기 때문에 상호 간의 뿌리 깊은 편견을 설명하는 데도 도움이 된다. 1851년 금광업자 윌리엄 쇼는 당시의 많은 음식 비평가와 마찬가지로, 샌프란시스코 차이나타운의 중식당에서 제공되는 요리 대부분이 작은 조각으로 썬 식재료를 섞은 것이라고 평했다. 그는 많은 요리가 "각종 카레, 야채를 넣고 다진 고기 그리고 프리카세(고기를 잘게 썰어 센 불에 볶다가 야채를 넣어 조린 요리—옮긴이)"라고 했다. 아주 맛있었지만 "어떤 재료가 사용되었는지 물어봤다가 식욕을 망치고 싶지 않았다"고 한 걸 보면 자신이 무엇을 먹고 있는지 몰랐던 게 분명하다.[17] 초기에 중국을 방문했던 많은 유럽인은 하나같이 중국 음식이 잘게 썰리거나 다져진 채 제공된다는 사실에 놀라움을 드러냈다. 1793년 영국 최초의 중국 사절단과 함께 중국을 여행한 애니어스 앤더슨은 베이징에서의 저녁 식사 중 한 끼를 "평소처럼 다양한 스튜와 야채를 넣고 다진 고기가 있었다. 고기는 축제 때를 제외하고는 거의 또는 전혀 식탁에 오르지 않았다"고 묘사했다.[18] 중국을 방문한 초기 영국인 중 상당수가 성대한 잔치에 참석했다고 언급했음에도 요리에 대한 자세한 설명을 거의 하지 않았다는 점은 실망스럽다. 대접받고 있는 진미에 단순히 감동받지 못해서였을까, 아니면 자신들이 먹고 있는 이국적인 요리가 무엇으로 만들어졌는지 알 수 없었기 때문일까?

알아볼 수 없을 정도로 잘게 썬 식재료가 섞인 요리를 마주하면 서양인은 대체로 불안해한다. 19세기 초 프랑스 해군 함장 피에르 라플라스는 광저우에서 열린 만찬을 언급하며 "첫 번째 코스는 전채요리로 온갖 종류의 렐리시가 나왔는데, 잘 손질해서 건조한 소금에 절인 지렁이盐渍蚯蚓 같은 음식은 너무 잘게 썰어져 있어서 직접 한입 먹어보기 전에는 정확히 뭔지 알 수 없었다. 소금에 절였거나 훈제한 생선과 햄도 모두 아주 얇게 썰어져 있었고, 닭고기와 오리고기도 아주 작게 잘라져 있었다."[19] 비교적 최근에는 『데일리메일』이 중화요리를 '세계에서 가장 기만적인 음식'이라고 비난한 2002년의 악명높은 기사에서, "젓가락으로 붙들고 있는 끈적한 형광색 음식 덩어리가 실제로 무엇인지 결코 알 수 없을 것'이라고 주장했다.[20] 한때 프랑스인이 정체불명의 소스로 식재료를 '감춘다'고 믿었던 영국인의 의심이, 차이나타운 셰프들이 값싸고 질 낮은 재료를 그럴싸한 음식으로 둔갑

시키려 한다는 두려움으로 바뀐 것이다. 로스트치킨은 즉시 알아볼 수 있지만 '치킨 볶음' 접시에 담긴 잘게 썬 고기는 무엇일까, 진짜 닭고기일까 아니면 고양이나 뱀 고기일까? 무지와 인종적 편견이 결합된 미지의 세계를 마주하면 서양인의 상상력은 폭주한다.

인류학자 마거릿 비서는 영국 음식 문화의 주제 중 하나가 "내가 먹고 있는 것이 무엇인지 알고 싶다"는 욕구이며, "영국 요리는 경박하고, 정직하지 못하며, 혹은 그저 혼란스러울 뿐인 유럽 대륙의 뒤죽박죽 요리를 늘 경멸하고 거부해왔다. 영국 요리의 이상은 언제나 '최고의 재료를 숨기지 않고 드러내는' 것이다"라고 말한다.[21] 반면 중화요리는 1857년 영국 외교관 존 프랜시스 데이비스가 말한 것처럼 "단순히 조리한 음식보다 라구처럼 여러 재료를 넣어 만든 요리가 일반적이며, 모든 고기 요리에 야채를 많이 넣는다는 점에서 영국 요리보다 프랑스 요리와 훨씬 더 닮았다".[22] 영국인들은 중화요리와 같이 식재료가 직접적으로 드러나지 않는 '변형'된 요리는 일종의 사기라는 뿌리 깊은 믿음을 가지고 있다. 음식을 잘게 썰어 먹는 식습관은 중국인이 비밀스럽고 그들의 음식은 난해하다는 전반적인 고정관념을 더 강화한다.

한편 중국인의 관점에서 보면 중화요리야말로 훨씬 더 문명화되고 우아하다. 중국인은 야만인이나 동물이 먹는 날것의 원재료를 아름다운 맛의 요리로 바꿔놓는다. 칼이 지닌 폭력성이나 위험을 주방 안에 한정시킴으로써 식사하는 이들은 평화롭게 즐길 수 있고, 젓가락을 사용하면 금속으로 만든 칼이나 포크가 도자기로 만든 식기에 닿으면서 내는 귀에 거슬리는 소리도 없이 고요하게 음식을 어루만지듯 먹을 수 있다.(맹자의 유명한 말씀 중에는 "군자는 푸줏간과 부엌을 멀리해야 한다君子遠庖廚"가 있다.)²³ 영국인들이 하듯이 그냥 커다란 고깃덩어리를 구워서 감자와 당근을 대충 얹어 먹는다면 거기에 무슨 재미와 창의성이 있겠는가? 식재료를 썰고, 야채와 함께 조리해서 다양한 요리와 함께 먹는 것이 훨씬 더 좋다. 대놓고 알몸으로 진흙탕에서 뒹구는 것보다 촛불 아래 천천히 스트립쇼를 하는 것이 훨씬 더 에로틱하게 느껴지듯이 다진 생선과 죽순으로 만든 진한 수프가 분명히 더 매력적이다.

겨우 한두 개의 야채와 고기를 내놓는 걸로 초대한 손님이 환영받고 대접받았다고 느낄 수 있을까? 중국에서는 평범한 가정식 요리조차 훨씬 더 다양하게 식재료를 썰고, 섞어서 다채로운 요리를 만들어 낸다. 식당이나 연회에서는 어지러울 정도로 다양한 재료와 조리법으로 수십 가지 요리를 제공하는 걸 흔히 볼 수 있다. 한 중국인 친구는 이탈리아 토리노의 트렌디한 식당에서 네 가지 코스요리를 먹고 나서 "중국에서 이런 음식은 그저 애피타이저라고 할 수 있지"라고 말했다. 중국인의 관점에서는 서양 음식이 투박하고 어색하며 지나치게 단순해 보이므로, 오늘날까지도 많은 사람이 습관적으로 서양 요리 전체를 '단순하고 단조롭다很簡單, 很單調'라고 치부하곤 한다.

중화요리사는 대조적인 식재료를 가지고 거의 마법 같은 조화를 만들어낸다. 요리란 능숙한 기술이며 심지어 일종의 '연금술'이라는 생각은 고대 문헌에도 반복적으로 언급되어 있다. 노자는 "큰 나라를 다스리는 것은 작은 생선을 굽는 것과 같다治大國 若烹小鮮"고 말했다.²⁴ 영국인에게는 요리란 닭 한 마리 굽고 감자 몇 알을 구우면 되는 쉬운 일이기 때문에, 노자의 말씀이 국가 통치에 대한 경멸로 들릴 수 있지만, 중국에서는 나라를 다스리는 것이나 작은 생선을 완벽하게 조리하는 것 모두 예리하고 신중한 통찰력을 요한다는 심오한 의미로 해석한다.

특히나 고대 중국 문헌에서는 국가 통치의 도를 경에 맛을 내는 일에 종종 비유했다. 기원전 6세기 제나라 경공의 재상이었던 안영晏嬰은 정치적 화합이란 맹목적인 동의나 아첨과는 달리 상충하는 의견을 듣고 조정하는 것임을 설명하기 위해 요리를 비유로 사용했다.

조화라는 것은 경에 비유할 수 있다. 신하가 물, 불, 식초, 다진 고기, 소금과 매실을 가지고 생선과 고기 요리를 하려고 한다. 불을 피워 물을 끓이고, 각 재료를 섞어 넣고 양념을 하여 맛을 낼 때, 부족한 재료는 더 넣고, 과한 재료는 빼기도 하면서 간을 맞춘다. 군주가 그 요리를 먹고 마음에 평안을 얻는다. 군신 간의 관계도 이와 같다. 군주가 옳지 않은 것을 승인하고자 할 때, 신하는 그 부적절함을 아뢰어 군주가 자신의 결정을 수정할 수 있도록 해야 한다.²⁵

요리사와 군주의 공통된 목표는 조화를 만들어내는 것이다. 군주는 조화로운 국가와 사회를 만들기 위해 다양한 인재를 등용하고, 요리사는 재료를 자르고 배합하고 양념해서 조화로운 맛을 만든다. 놀랍게도 이 철학은 21세기 중국의 주방에서도 여전히 공감을 불러일으킨다. 현대의 중화요리 셰프는 고대 중국의 신하처럼 대조적이고 불협화음을 내는 식재료에 양념을 하고 배치를 달리하여 맛의 조화와 균형을 찾고자 노력한다. 재료의 색, 질감, 풍미의 미묘한 상호작용을 통해 맛있는 요리와 감각적인 식단을 만드는 것이다. 친구인 다이 쑹戴雙은 내게 조리법을 설명하면서 "단맛을 강조하기 위해서가 아니라 요리의 풍미를 조화和味(허웨이)시키기 위해 설탕을 조금 넣는다"고 말한다. 단맛 그 자체가 아닌 맛의 조화를 강조하는 것이다. 허和라는 글자는 조화和諧(허셰)라는 의미로 쓰일 때는 '허he'로 발음하고, 섞는다拌和(반훠)는 의미로 쓰일 때는 '훠huo'로 발음한다. 중국의 일부 지역 특히 남부에서는 숟가락을 여전히 댜오겅調羹이라고 부르는데 이는 '겅을 조화롭게 한다'는 의미다.

조화라는 개념은 현대 정치에도 적용되고 있다.[26] 후진타오 전 중국 국가주석은 '조화로운和諧' 사회를 건설하자고 주창했는데, 이는 지난 몇천 년 동안 주방과 정부 양쪽 모두에서 이어져오던 개념이다. 안타깝게도 후진타오 주석과 그의 후임은 조화라는 말의 함의를 좁게 해석하는 듯하다. 조화란 이견이 없는 단조로운 균일성을 의미하는 것이 아니라 서로 다른 견해의 보완과 통합을 의미하는 것으로, 좋은 약의 쓴맛과 비슷하다. 안영은 조화로운 '겅'에 대한 비유에서 "맹물에 맹물로 맛을 더하면, 누가 이것을 먹겠는가若以水濟水, 誰能食之?"[27]라고 설파했다. 모든 고대 중국 철학자들은 효율적인 통치에는 아픈 곳을 찌르는 비판적인 목소리가 필요하다는 사실을 알고 있었다. 이는 경의 달콤함을 돋보이게 하려면 시고 쓴 맛이 필요한 것과 같다. 요즘 들어 조화라는 말은 검열의 완곡한 표현으로 사용되기도 한다. 그래서 2010년 반체제 예술가 아이웨이웨이艾未未는 그의 지지자들을 초대해 '민물게河蟹(허셰)'를 먹는 잔치를 열어 조화和諧(허셰)를 풍자하기도 했다.[28] 날카로운 비판을 외면한다면, 21세기 중국은 양념이 잘된 스튜가 아니라 심심한 토마토수프가 될 가능성이 높다.

요즘에는 전형적인 중화요리라고 하면 모두 볶음 요리를 떠올리고, 그 말이 틀리지도 않다. 하지만 볶음 요리는 젓가락으로 먹을 수 있도록 한입 크기로 썰고, 고기와 야채를 배합하고, 다채로운 재료를 섞는 고대 경의 DNA를 많이 물려받았다. 볶음 요리를 (비교적) 근대식 조리법으로 본다면, 경이 그 원조라고 할 수 있다. 항저우 식탁 위에 놓인 위경 한 그릇은 송나라 요리사와 두고 온 북방의 영토를 그리워하는 황제와의 만남에 대한 이야기일 뿐만 아니라 중화요리의 기원과 진화를 아우르는 훨씬 더 큰 외연에 대한 이야기이기도 하다.

쑹 부인이 위경을 팔았던 항저우의 시후호는 지금도 여전히 아름답다. 항저우에 올 때면, 매일 아침 호수에 가서 산책하며 평온과 행복을 느낀다. 이른 봄이면 버드나무의 연녹색 새싹이 가득하고, 목련은 흰색과 분홍색의 꽃을 피운다. 곧이어 복숭아 꽃이 가득 핀다. 가을이면 계화꽃의 달콤한 향기가 공기를 가득 채운다. 맑은 날에는 물이 반짝이고, 비 오는 날에는 신비로운 전통 수묵화 속 아름다움이 숨겨져 있다. 밤이 되어 호수의 서쪽 기슭에 서서 어스름하게 물든 산과 호수를 바라보면 왕조의 부침, 반란, 전쟁, 혁명을 거치면서도 900년 전 쑹 부인이 배를 저으며 위경을 팔았던 시후호는 크게 변하지 않은 것 같다. 시후호의 아름다움은 내 영혼에 자리잡아, 마치 이곳에서 끓여낸 부드러운 국물이 다양한 재료와 조화를 이루며 위경을 맛본 사람의 몸과 영혼을 진정시키는 듯 하다. 중국에서 요리사는 언제나 일종의 의사와 같은 역할을 했다. "약식동원藥食同源", 즉 약과 음식의 근원을 같다고 보았다.

일상 깊숙이 스며든
보양식

여주 돼지갈비탕
쿠과파이구탕

쑹 부인의 생선국이 겅이라면 여주 돼지갈비탕은 탕이다. 가볍고 맑은 국물에 울퉁불퉁한 초록색 여주 몇 조각이 한입 크기 돼지갈비 조각들과 어우러져 있다. 오랫동안 끓이면 여주의 불쾌한 쓴맛이 돼지갈비의 은은한 풍미로 인해 부드러워진다. 그래도 이 요리는 여전히 어른의 요리다. 금욕적이고 엄격하며, 잘 보이려 하기보다는 덤덤하다. 중국에서 쓴맛苦은 고생에 대한 보편적인 은유다. "쓴 것을 먹는다吃苦(츠쿠)"고 하면 슬픔과 고난을 견뎌낸다는 뜻이다. 하지만 쓴맛은 현실을 바로잡기 위해 필요한 존재이기도 하다. 정치적인 의미에서 충직한 신하의 쓰디쓴 말은 통치자에게 아첨꾼의 달콤한 말보다 이로우며, 정부라는 조화로운 겅에 반드시 들어가야 할 재료다. 전통 한의학에서는 쓴 음식이 몸의 조화로운 균형을 회복시켜준다고 본다. 특히 여주는 건강에 해로운 체내의 과도한 열을 내리는 데 도움이 되는 '식히는' 음식이다.

가스레인지 위의 탕이 보글보글 끓기 시작하는 걸 보고 휘저어주었다. 나는 런던의 한 안과병원 응급실에서 막 돌아온 참이다. 전날 밤부터 왼쪽 눈이 아프기 시작하더니 아침에는 통증이 심해졌다. 주치의가 내 상태를 한번 확인하고 병원으로 보냈다. 몇 시간 동안 수많은 검사를 거친 뒤, 의사는 감염은 없지만 아마도 전신성 염증에 기인한 안구 염증인 것 같다는 진단을 내렸다. 그러고는 2주 치 스테로이드 안약과 비스테로이드 소염제를 처방해주었다. 그래도 낫지 않으면 먹는 스테로이드를 투여해보자고 했다.

그때 내가 받았던 중국식 영양 교육이 떠오르면서 뭔가가 머릿속에서 반짝했다. 최근 연이어 늦게까지 잠자지 않았던 탓에 지쳐 있었고, 이유를 설명하기는 복잡하지만 엄청난 양의 치즈와 중국의 민간요법에 따르면 상훠上火, 즉 몸에 '화기를 일으킬' 것이 분명한 각종 진한 음식들을 먹고 있었다. 그런 음식들은 발적이나 부종, 발열 및 통증과 같은 온갖 '열로 인한' 증상을 야기한다. 갑자기 의사가 말하던 '염증'이 사실은 그런 증상을 얘기하는 것은 아닐까 하는 의문이 들었다. 만약 그렇다면, 화기를 다스리는 중국식 '취훠去火' 식이요법으로 내 지독한 상태를 치료할 수도 있지 않을까 싶어 한번 시도해보기로 했다.

눈을 손상시키는 위험은 감수하고 싶지 않았던 터라 의사에게 투약을 보류하고 휴식과 식이요법을 통해 스스로 치료해볼 수 있게 해

달라고 허락을 구했다. 의사는 염증이 급성이므로 안약은 꼭 써야 한다고 했지만, 눈이 48시간 안에 낫지 않거나 조금이라도 악화되면 약을 즉시 복용한다는 조건과 함께 먹는 약을 미뤄도 좋다고 했다. 나는 만일에 대비해 약국에서 어마어마한 크기의 약 봉투를 받아들고 병원을 나선 뒤, 여전히 고통스러운 몸으로 중국 슈퍼마켓에 들러 집으로 돌아왔다.

나는 중국식 의학이나 영양학 전문가는 아니다. 하지만 오랜 세월 중국 미식의 세례를 받은 터라 그 작동 방식을 이해하기 시작했다. 거의 모든 중국인, 특히 나이가 어느 정도 있는 사람이라면 '불'을 다스리기 위해서는 '덥히는' 성질의 음식을 피하고 '식히는' 성질의 음식을 먹어야 한다는 사실을 알고 있다. 나도 이에 따라 그날 무엇을 해야 할지 감을 잡고 있었다. 치즈, 초콜릿, 과자처럼 튀기거나 진하거나 단 음식, 그리고 오렌지처럼 특히나 '덥히는' 식품은 잠시 끊었다. 대신 오이, 녹두, 배, 여주와 같이 '식히는' 효과가 있는 식재료가 들어간 수프와 찜 또는 삶은 요리를 맨밥이나 죽과 함께 먹는 심플한 중국 식단을 택했다. 외출 계획들은 취소하고 소파에 몸을 뉘었다.

중국에서는 역사가 기록되기 시작한 이래 음식과 의학을 분리할 수 없는 것으로 여겨왔다. 지금까지 알려진 중국 최초의 요리법은 사실 「오십이병방五十二病房」이라고 하는 의료 처방이었다. 비단에 적힌

이 처방은 마왕두이의 한나라 무덤에서 발견되었다.[1] 이게 편찬되던 시절에는 병에는 신체적 원인이 있다는 생각과 악령에 의해 유발될 수 있다는 오랜 관념이 공존했기 때문에, 여기에는 요리와 의학과 엑소시즘이 마구 혼합되어 있다. 하지만 이 기록은 구식 믿음에 물들어 있긴 해도 미래에 대한 효시로서, 오늘날까지도 활발히 이어지는 조리법과 치료법을 결합한 오랜 전통 문헌의 첫 사례이기도 했다. 여기 나오는 조리법은 무병장수를 위해 올바른 음식을 먹어 몸의 기를 다스린다는 양생養生 개념, 지금도 유효한 그 개념의 초기 표현이었다.

이 조리법들이 작성되었던 시기 즈음에 중국 의학 이론의 기반이 된 문헌 중 하나인 『황제내경黃帝內經』이 편찬되었다. 중국의 전설적인 인물이자 치유의 아버지로 불리는 황제黃帝를 등장시켜 문답 형식으로 이뤄진 이 책은 이전 세기의 지식을 집대성하고 주요 의학 개념들을 서술했다. 인체는 우주의 축소판이라고 규정한다. 우주는 음과 양의 역동적인 상호작용에 의해 형성되었는데, 이는 원래 언덕의 그늘진 면과 양지바른 면을 가리키던 말이다. 음陰은 그늘, 서늘함, 여성성을, 양陽은 밝음, 열, 남성성을 상징하게 되었다. 서로 뚜렷이 다르면서도 떼어놓을 수 없는 이 상반된 두 원리는 낯익은 음양 문양에 등장하는 소용돌이와 점이 보여주듯 끊임없이 서로를 생성하고 소멸시킨다. 음양은 금속, 물, 나무, 불, 흙이라는 다섯 단계 혹은 요소로 나뉠 수 있으며, 역시 상호 생성과 소멸이라는 비슷한 순환을 거듭한다. 이 다섯 요소는 '오미五味(신맛, 쓴맛, 단맛, 매운맛, 짠맛)' '오색五色' '오곡五穀' 신체의 '오장五臟'과 같은 온갖 '오행五行'의 체계와 상응한다.

아궁이

『황제내경』을 편찬한 이들은 질병이 인체 내부의 불균형, 또는 인체와 자연환경 사이의 불균형에서 발생하는 것으로 보았다. '오미' 중 어느 하나도 과하게 섭취하지 않는 것이 건강의 기초 중 하나였다. '사람들이 다섯 가지 맛에 주의를 기울여 잘 섞어 먹으면, 뼈가 곧게 유지되고, 근육은 줄곧 부드럽고 젊을 것이며, 숨과 피가 자유롭게 순환하여 (…) 결국은 숨과 뼈에 삶의 정수가 가득해진다.'²

당시 중국인들은 이미 특정한 음식이 특정한 질병을 치료할 수 있다고 생각했다. 예를 들어 단 음식은 흥분된 간을 진정시키고, 매운 맛은 건조해서 병든 신장을 촉촉하게 한다.³ 6세기에는 음식을 '덥힘' 또는 '식힘'으로 구분하기 시작했다.⁴ 체온을 높이는 것으로 보이는 음식은 '덥힘'으로, 그 반대의 효과가 있는 음식은 '식힘'으로 분류했다.(이 시스템이 전혀 비합리적이지는 않은 것이, '덥힘'으로 분류되는 고칼로리 음식 중 일부는 실제로 영양실조 환자의 체온을 높인다.) 이들의 접근법은 근대 이전 서양의 체액설體液說과 놀라울 정도로 유사했다. 체액설은 신체의 불균형에서 오는 질병을 치료하기 위한 수단으로 식이요법에 관한 관심을 강조하던 그리스 의사 갈레노스의 연구에서 비롯된 것이다.(체액설은 중국처럼 다섯 가지가 아니라 네 가지의 체액과 맛과 기타 원소 간의 상관관계에 기반했다.)⁵ 하지만 유럽이 19세기 중반에 이르러 이 오래된 의학 이론을 완전히 버렸던 반면, 중국의 이론은 지금까지도 건재하다.

중국인들은 아주 일찍부터 과감한 약물 개입보다는 식이요법이 낫다는 결론에 이르렀다. 7세기 당나라의 문인이자 의사였던 손사막孫

思邈은 치료는 언제나 음식으로 시작하고 약은 마지막 수단으로만 사용해야 한다고 주장한 것으로 유명하다.

약의 성질은 황제의 군인들만큼이나 거칠고 폭력적이다. 군인이 이처럼 야만적이고 성급한데 어찌 이들을 경솔하게 동원할 것인가? 부적절하게 동원했다가는 곳곳에 피해와 파괴가 발생한다. 마찬가지로 질병에 무분별하게 약을 사용하면 과도한 폐해가 뒤따른다. 좋은 의사는 진단해서 질병의 원인을 찾은 다음, 먼저 음식으로 치료를 시도한다. 음식으로 치료되지 않으면 그다음에 약을 처방한다.[6]

이러한 태도는 오랜 세월 놀랄 만큼 일관적으로 이어져왔다. 현대에도 중국인들은 가벼운 증상이 있으면 약을 찾기 전에 식단으로 해결해보려 한다. 이들은 '약으로 보양하는 것은 음식으로 보양하느니만 못하다藥補不如食補'라고 말한다.

세월이 흐르며 중국 의사들은 특정 음식이 인체의 건강에 미치는 영향에 대한 좀더 면밀한 관찰을 통해 초기 의학 이론을 보강했다. 명나라 때인 16세기 말, 이시진李時珍이 30여 년에 걸쳐 완성한 『본초강목本草綱目』은 야생 약초에서부터 식용 야채, 조개류와 야생 짐승에 이르는 2000가지의 식재료, 식물, 동물 및 광물의 강장 효과를 체계적으로 설명하고 있다.[7] (예를 들어 여주는 쓰고 '식힘' 효과가 있고 독소가 없어, 열을 내리고 피로를 풀어주며, 마음을 안정시키고 눈을 밝게 하는 효과가 있다고 되어 있다.[8]) 오늘날 중국 서점에 있는 모든 요리 치료 책과 음식의 치료 효과를 다룬 책에도 식재료별로 덥힘-식힘의 정도와 속성, 치유 효과를 나열하고 있어 그 유산을 고스란히 느낄 수 있다.

『황제내경』이 등장한 지 2000년이 넘은 지금도 전 세계의 수많은 중국인은 여전히 그 핵심 원칙에 따라 먹고 산다. 질병은 몸이 균형을 잃을 때 나타나기 시작하고, 약을 쓰기 전에 적절한 식이요법이 건강한 균형을 되찾도록 돕는다는 원칙이다. 식이요법은 초기 증상이 더 심각해지지 않도록 다스리기 위해서만이 아니라, 애초에 질병이 발생하지 않도록 예방하려는 목적으로도 사용된다. 마른기침이나 얼굴에 반점이 생기는 것처럼 '체내의 열기'가 있다는 초기 증상을 발견하면 사람들은 식힘 효과가 있는 음식을 찾는다. 이들은 증상이 없더라도 겨울의 추위를 이겨내기 위해 '열기'가 있는 양고기를 먹거나, 무더운 여름에는 '식힘' 효과가 있는 녹차를 마신다. 쓰촨성 사람들은 제피(쓰촨 고추는 산초라고 알려져 있으나 제피라고 부르는 것이 정확하다.—옮긴이)나 고추를 중독된 듯이 먹는 이유가 건강에 해로운 현지의 습한 기후에 대한 대응으로 '따뜻하고' 매운 재료가 필요하기 때문이라고 설명한다.

음식과 약의 범주는 서로 겹쳐져 있다. 내가 저녁에 먹은 오리구이는 맛있는 음식이고 내 한의사가 처방해주는 뿌리와 약초로 만든 검고 쓴 탕약은 마시기 불편한 약인 게 분명하지만, 이 둘 사이에는 폭넓은 연속성이 존재한다. 약용 인삼과 구기자가 들어간 보양식 닭찜이 평범한 식당의 메뉴에 올라 있기도 하고, 평범한 무채가 일종의 약재로 쓰이기도 한다. 중국 서점의 요리책 코너에는 스랴오食療(식이요법)에 관한 책이 가득하고, 일반적인 요리책의 조리법에도 재료의 강장 효과에 관한 정보를 담고 있곤 하다.

1990년대에 처음 중국에 살기 시작한 이래로 나는 중국인들, 그중에서도 특히 노인 세대가 스스로 건강을 책임지고, 질병을 예방하며 치유하기 위해 식단을 조절하는 모습이 매우 인상적이었다. 이들은 임신부와 갓 출산한 산모에게 어떤 음식을 권해야 하는지 알고 있고, 전반적인 건강 개선이나 생식능력 향상에 어떤 음식이 좋은지 조언할 줄 안다. '열기가 오르는' 염증과 같은 가벼운 증상은 위험 신호로, 약물로 강경 진압해야 하는 이상 징후라기보다는 식단이나 습관을 조정해야 한다는 경고 정도로 여긴다. 타인에게 식이요법에 관해 조언하는 것은 관심과 배려의 일환이다. 하지만 정말 효과가 있을까?

물론 서양 의학에서 플라세보 효과를 인정하듯 중국의 식이요법에도 신앙과 주술적 사고의 요소가 존재한다. 예를 들어 발의 통증을 치료하려면 동물의 발을 먹어야 한다거나, 지능을 높이려면 뇌처럼 생긴 호두를 먹어야 한다는 식의 '동종 요법' 원리는 고대의 공감 주술에 그 뿌리가 있다. '덥힘'과 '식힘' 음식이라는 체계는 모호하고 주관적이며 그 세부 사항은 지역에 따라 다르다. 중국인들도 서양인과 마찬가지로 값비싸고 유행을 타는 '슈퍼푸드'의 유혹에 빠지기 쉬운데, 중국에서는 진주분, 말린 동충하초, 제비집(18세기의 유명한 소설『홍루몽』의 주요 등장인물인 임대옥은 쇠약해져가는 기력을 회복하기 위해 계속해서 제비집 탕을 마신다) 같은 것이 포함된다. 그리고 중국에는 기이하고 신비한 식단에 집착하는 돌팔이 의사와 추종자들이 언제나 넘쳐났다. 곡물의 섭취를 거부한 도교의 도사들이나, 희귀한 약초를 먹인 닭이 낳은 달걀과 제비집과 인삼탕으로 아침 식사를 하느라 막대한 재산을 탕진했다는 19세기 초 양저우의 황지운黃智雲 같은 이들이다.

20세기 초반에는 해외에서 교육받은 한 세대의 지식인들이 중국의 전통에 대해 새로우며 때로 달갑지 않은 태도를 취했다. 중국이 아편전쟁에서 서구 열강에 모욕당한 뒤 많은 이가 전통문화는 '후진적'이며 중국의 발전에 걸림돌이 된다고 여겼다. 최초의 혁명가들은 서양식 정장을 입고, 오랜 국가 제사를 폐지하고, 군주제를 뒤엎었다. 근대 작가 루쉰은 혐오로 가득한 단편소설 「약藥」에서, 아들의 말기 결핵을 치료하려고 불법적이며 미신적인 약에 전 재산을 쏟아붓는 한 노부부를 묘사한다. 그 약은 바로 처형당한 범죄자의 피에 적신 찐빵이다. 20세기 초의 많은 사상가가 중국의 미래는 서구식 '과학과 민주주의'에 있다고 주장했다.

내전에서 승리한 이후 중국 공산당은 구식 문화를 없애려고 각종 캠페인을 벌였으나, 서양식 교육을 받은 의사가 부족했고 전통 치료법의 가격이 상대적으로 저렴했던 탓에 전통 중국 의학은 살아남을 수 있었다. 더 최근이었던 코로나19 팬데믹 기간에는 중국 백신이 상대적으로 잘 듣지 않았던 문제와 외국 백신 사용에 대한 민족주의적 거부감 탓에 중국 정부가 전통적인 치료법을 권장하는 태도를 취하기도 했다. 하지만 중국 의학의 '후진성'에 대한 오래된 불안함은 여전히 남아 있다. 젊은 세대는 음식과 전통 요법으로 질병을 예방하고 치료하던 부모 세대의 지식을 상당 부분 잃어가고 있는 듯하다. 한 젊은 중국인 친구는 내게 이렇게 말했다. "우리는 무예보다는 스포츠를 선호하고, 한약보다는 알약을 선호해요."

그러나 중국의 식이요법은 늘 분별력과 절제를 강조해왔다. 이는 근본적으로 치료 체계가 아니라, 증상의 출현에 주목하고 균형 잡힌 식사로 그걸 다스림으로써 건강을 유지하고 질병을 예방토록 하는 마음가짐이다. 이를 '영양으로 삶을 관리한다'는 의미로 양생이라고 한다. 가벼운 초기 증상보다는 완전히 진행된 질병을 다루기 마련인 서양 의학이 과격하고 폭력적이고 반응적인 반면(손사막의 '병사'들처럼), 중국의 식이요법은 부드럽고 점진적이고 예방적인 접근을 꾀한다. 말기 암을 여주탕으로 치료할 수 있다고 하면 돌팔이겠지만, 식이요법으로 암의 발생 확률을 줄일 수는 있지 않을까?

중국의 식이요법을 평가하려는 시도에 따르는 문제는, 전체론적이고 주관적이며 인상주의적이어서 과학적 연구가 어렵다는 점이다. 중국의 식이요법은 대체로 개별 '슈퍼푸드'가 아닌 복잡한 관계망을 중시하고, 비타민이나 미네랄과 같은 건강 보조 식품이 아닌 전체적인 생활 방식을 본다. 당신이 먹는 모든 것, 전체 시스템에 관한 것이다. 과학인 동시에 예술이다.

과학자는 특정한 질병이나 건강 문제의 관점에서 하나 혹은 몇 가지 식재료가 가진 어떤 성분의 구체적인 특성을 연구할 수 있다. 하지만 모든 상황과 환경의 변화, 모든 사소한 증상에 대응하여 당신이 먹는 모든 것을 조정하는 일이 효과가 있는지 과연 누가 증명하거나 반증할 수 있겠는가? 중국의 식이요법은 질병의 맨 앞바다, 즉 심각한 질병이라는 깊이에 도달하기 전인 얕은 물가에서 사용되곤 한다. 식단의 변화를 통해 치료된 것으로 보이는 가벼운 증상이 하마터면 암이나 관절염으로 악화될 뻔했는지 아닌지를 누가 장담할 수 있을까?

중국에서 거의 40년을 살았던 스코틀랜드의 의사 존 더전은 런던 사람들에게 처음 중화요리의 맛을 선보였던 1844년 런던 국제 보건 전시회의 공식 문헌을 통해, 흥미롭게도 식단과 건강에 대한 중국식 접근법에 대해 찬사를 아끼지 않았다. 그는 중국식 시스템에는 부인할 수 없는 결함이 존재하지만, "우리 과학에 대한 중국의 무지함에도 불구하고 이들은 주변 환경에 훌륭하게 적응해왔고, 우리는 상상하지 못한 최대 수준의 안락과 건강과 면역을 누리고 있다"고 말했다. 그는 또 본인의 수십 년 경험에 비춰 볼 때, 중국인은 서양인에 비해 "병에 덜 걸리고, 걸려도 치료가 더 용이하며, 급성 및 염증성 질환이 진짜 존재하기는 할까 싶을 정도로 그런 것에 훨씬 덜 시달린다"고 덧붙였다.[9]

중국 식이요법의 효능에 대한 생각은 다를 수 있지만, 중국인만큼 식단을 통한 건강의 유지를 강조하거나, 보편적 '양생' 개념에 집착하는 사람은 없다는 사실에는 논란의 여지가 없다. 중국 음식에 대한 서양의 수많은 잘못된 고정관념 중에서도, 중화요리는 '몸에 좋지 않다'는 통념만큼 터무니없는 것도 없지 않을까.

중화요리가 몸에 좋지 않다는 '증거'의 대부분은 영미식 포장 전문 중식과 중국인 대부분이 실제로 먹는 음식이 비슷할 거라는 식의 오해에서 출발한다. 서양인은 맨밥보다 볶음밥을, 탕면보다 볶음면을, 찐 음식보다 튀긴 음식을 골라 먹으면서 중화요리는 기름지다고 한다. 이들은 젓가락으로 음식을 집어 기름을 그릇에 떨구는 대신, 기름진 음식을 숟가락으로 밥그릇에 퍼 담기 때문에 본래 요리의 의도보다 기름을 더 많이 섭취한다.(내가 아는 한 중국요리사는 미국 요리사가 으깬 감자에 버터를 통째로 넣어 휘젓는 걸 보고, "우리 음식을 갖고 기름지다고 하지만, 자기네 음식에 넣는 지방은 겉으로는 보이지 않을지라도 모두 입으로 들어가요!"라며 경악을 금치 못했다.) 서양인들은 풍미를 중화시키는 '판'인 흰 쌀밥을 외면한 채 강하게 양념된 요리만 마구 먹으면서 중화요리는 '짜다'고 낙인찍는다. 이들이 중화요리를 몸에 좋지 않다고 여기는 이유는 대개 자신들이 음식을 먹는 방식 때문이다. 즉, '몸에 좋지 않다'는 것은 거울에 비친 스스로의 모습이지, 중화요리의 모습이 아니다.

중국인들은 종종 자신들이 식생활 상식으로 여기는 것에 대한 외국인의 무지함에 어리둥절해한다. 항저우의 한 식당 직원들에게 강의한 적이 있는데, 이들은 서양인들이 자신이 먹는 음식 하나하나의 의학적 가치를 인식하지 못한다는 사실을 믿을 수 없어했다. 중국 강남 지역 출신의 친구는 나와 이탈리아의 피에몬테 지방에서 식사를 하다가, 근처 테이블에 앉은 사람들이 버터 소스로 조리한 아뇰로티(피에몬테의 라비올리—옮긴이)를 먹더니, 그다음으로 야채도 없이 소고기찜을 버터를 잔뜩 넣은 으깬 감자에 곁들여 먹고, 진한 애플 타르트로 마무리하는 걸 보고 눈이 휘둥그레졌다. 그는 "저렇게 먹으면 내면의 열기에 불을 지피게 됩니다! 보기만 해도 머리가 다 아프네요"라고 했다. 점심은 맛있게 먹었지만 이렇게 덧붙였다. "한 번쯤 이렇게 먹는 것은 괜찮아요. 하지만 중국인이라면 두 번은 견디기 힘듭니다."

또 한번은 영국의 스타 셰프 헤스턴 블루먼솔의 유명한 식당 '더팻덕The Fat Duck'에서 중국계 말레이시아인 친구와 저녁을 먹었다. 훌륭한 맛과 놀라운 기발함의 연속이었던 식사는 감탄스럽고 즐겁기 그지없었다. 하지만 마지막에 여러 기막힌 디저트를 먹고 나서 설탕에 취한 상태가 되자, 친구는 마지막 몇 가지 요리는 너무 진하고 달고 무거웠다며 이렇게 말했다. "중국식 연회라면 40가지 요리를 먹고 나서도 마지막은 가벼운 수프나 신선한 과일로 끝내. 그러면 집에 가도 속이 편하고(슈푸舒服) 잠을 푹 잘 수 있지."

친구의 말에는 일리가 있었다. '양식' 만찬을 실컷 즐기면 즐거운 시간을 보내겠지만 결국에는 포만감에 몸이 축 처진다. 매일 밤 그런 식으로 하다가는 통풍이나 소화기암 또는 당뇨병에 걸릴 수 있고, 실제로 많은 이가 그러하다. 수많은 서양인이 만찬과 단식 사이에서 씨름하게 된다. 베이컨과 치즈가 잔뜩 들어간 소고기 햄버거를 먹었다가 다음 날은 당근과 셀러리 스틱으로 때우며, 무절제한 탐닉에 대한 참회의 시간을 갖는다. 혹은 잔뜩 먹어서 염증에 시달리고 비만에 빠지거나, 끊임없이 경계하고 불안해하며 금욕하는 '깔끔하고' 날씬한 식사를 하려 애쓴다.

반면 중국 음식은 한 끼 식사에서 탐닉과 해독, 만찬과 단식을 동시에 이룰 수 있다. 돼지 뱃살(지방이 많을수록 좋다)을 술과 간장과 설탕으로 천천히 조린 화려하고 풍성한 요리 동파육을 예로 들어보자. 중국에서 동파육 한 접시를 통째로 먹는 사람은 아무도 없다. 먹음직스러운 한 덩어리를 맨밥과 야채, 국물과 함께 먹는 것이 동파육만 세 덩어리를 그냥 먹는 것보다 실제로 만족감이 더 크다. 기름진 돼지고기라도 이렇게 먹으면 닭가슴살구이에 으깬 감자와 케첩만 곁들여 먹는 것보다 건강에 더 좋다. 나의 중화 미식 투어에 참여하는 손님들은 훌륭한 요리를 그토록 끝없이 먹고도 몸 상태가 좋고 체중이 줄었다는 사실에 놀란다. 친구가 말했듯이 중국에서는 정말로 40코스 연회를 마치고도 집에 가서 달콤한 잠을 잘 수 있다.(고량주 건배 경쟁에 휘말리지 않아야 한다는 전제가 있지만, 그건 전혀 다른 이야기다.)

 '레스토랑restaurant'이라는 말은 '회복한다restore'라는 뜻의 프랑스 단어에서 나왔다. 18세기 파리에 여기저기 등장해 쇠약한 손님들에게 '레스토랑'이라 불리던 건강 수프를 팔던 업소에서 비롯되었고, 이것이 그대로 '레스토랑'이라고 알려졌다.[10] 유럽과 미국에서는 건강을 엄격한 절제, 감각의 박탈과 동일시하는 스파나 헬스클럽을 빼고는 레스토랑의 이런 치유적인 측면이 모두 사라지고 없다. 반면 중국에서는 원하기만 한다면 글자 그대로 약용 요리만을 취급하는 약선藥膳 레스토랑에 갈 수 있을 뿐 아니라, 제대로 주문하는 방법만 안다면 어느 곳에서라도 회복에 도움되는 식사를 할 수 있다. 정식 메뉴에 메인으로 고기와 야채가 나오고 밥과 국과 피클이 포함된 공항 카페에서도 가능하고, 정 안 된다면 '열기'가 있는 프라이드치킨 메뉴에 훌륭하게도 야채와 계란수프를 곁들여놓은 중국의 KFC에서도 가능하다. 그런 의미에서 유럽에서는 '레스토랑'이 사라진 지 오래지만 중국에는 여전히 살아 있다.

◆

나는 중국인 친구들 사이에 늘 배경음악처럼 오가는 대화 속에서 무의식적으로 중국요리의 치료 체계에 대해 배우기 시작했다. 이들은 내게 더운 날씨에는 여주를 먹고, 습도를 견디려면 고추와 제피를 먹으라고 조언한다. '차가운' 민물 게를 먹을 때는 '몸을 덥혀주는' 황주와 생강을 함께, '마른' 볶음밥은 촉촉한 국물과 함께 섭취하라고 일러주었다. 중국에서 친구들과 지내다가 몸이 아프면, 이들은 상황에 맞게 기운을 회복시켜주는 음식을 권했다. 나는 결국 내 내면에도 같은 목소리가 있음을 깨달았고, 스스로 중국식 식이요법을 활용하기 시작했다. '서양식'은 충격적일 만큼 균형이 깨져 있으며 몸의 건강을 무시하고 있다는 사실이 보이기 시작했다. 그렇게 몸이 아프거나 지칠 때면 중국 식이요법의 지혜를 찾게 되었다.

나는 몸의 만성 증상에 대해 불평하는 사람들을 만나면 이들의 식단에 중국식 접근법을 사용하는 게 도움이 되지 않을까 생각하곤 한다. 문제는 이게 설명하기 어렵다는 것이다. 여기에는 마법의 알약도, 만병통치의 '슈퍼푸드'도, 정해진 '식단'도 없다. 오직 오랜 세월의 노출을 통해서 습득할 수 있었던 본능이자 하나의 접근법일 뿐이다. 이제

나는 어느 정도 익숙해졌다. 중국식 요리를 통해 사람들의 고통을 다스려줄 수는 있지만, 그걸 간단한 몇 마디 말로 설명할 수는 없다.

이제 위험할 정도로 염증이 심했던 내 눈이 과연 어떻게 됐는지 궁금할 것이다. 병원을 방문했던 다음 날 저녁에 상태가 나아지기 시작해, 2주 뒤가 아니라 이틀 뒤에 안약 넣기를 멈췄다. 그다음 주에 병원을 찾았을 때는 정상적인 상태였다. 아무런 약도 먹지 않았다고 했더니 의사가 깜짝 놀랐다. 그걸로 끝이었다. 그 뒤 수개월 동안 과로하거나 과식하면 염증 부위의 가장자리에 증상이 슬며시 다시 나타나는 게 느껴졌다. 그러면 휴식을 취하고 '식히는' 식단으로 돌아간다. 그러면 괜찮았다. 증상은 결국 깔끔하게 사라졌다.

중국 전통의 식이요법에 의지해 질병의 악화와 약물 치료를 모두 피할 수 있었던 것은 이번 눈 염증 사건만이 아니다. 얼굴의 봉와직염(뇌에 염증을 일으킬 수도 있다), 절뚝거려야 했을 만큼 아프고 눈에 띄게 부어올랐던 발(초기 관절염일지도 모른다는 소견을 받아 병원을 찾았다), 천식으로 추정되는 증상, 무시무시한 만성피로 증상도 마찬가지였다. 정확히 알기는 어렵지만, 중국으로부터 영향받은 건강 습관이 나를 꽤 여러 번 심각한 질병의 위협에서 비껴날 수 있게 해주었던 것 같다.

넓은 의미에서, '서양'과 중국을 넘나든 오랜 세월이 나를 노련한 외교관이자, 문화 상대주의자이자, 중립주의자이자, 끝까지 판단을 유보하는 사람으로 만들었다. 타문화에 스스로를 몰입시킨다는 것은 그런 것이다. 나와 같은 사람들이 자신만의 획일적인 관점을 깨고, 곧

충의 프리즘과 같은 눈으로 사물을 다양한 각도에서 보는 것은 그 때문일지도 모른다. 나는 수십 년 동안 서양 사람들을 위해 중국 음식에 대해 글 쓰는 일을 주로 해왔지만, 회의적인 중국 사람들에게 '서양 음식'의 장점을 옹호하기 위해서도 최선을 다했다. 모든 서양 요리가 중국만큼 다양하지는 않지만, 나라마다 맛있는 음식과 매력적인 요리의 전통을 갖고 있다고 주장했다.

상호 존중과 인정에 대한 나의 사상적 신념에는 변함이 없다. 하지만 여느 영국인만큼 셰퍼드 파이와 피시앤칩스와 구운 치즈 샌드위치를 사랑하기는 해도, 수십 년간 중국 식문화의 특권을 누린 결과 내가 지독한 중화요리 속물이 되었음을 고백하지 않을 수 없다. 중화요리는 다른 어떤 요리와도 비교할 수 없다고 점점 생각하게 된다. 이는 꼭 중화요리의 다양성이나, 테크닉의 정교함이나, 대담함이나, 혹은 그저 뛰어난 맛 때문이 아니다. 물론 이 중 어느 하나도 빠지지 않고 훌륭한 근거가 될 수 있겠지만. 근본적으로 내가 그렇게 생각하는 이유는 분별심과 테크닉과 다양성과 쾌락에의 탐닉이, 건강과 균형이라는 원칙과 불가분의 관계로 엮여 있는 다른 어떤 요리도 떠올릴 수 없기 때문이다. 중국에서는 좋은 음식이 결코 그 순간의 육체적, 지적 즐거움만을 뜻하지 않는다. 좋은 음식은 식사 도중과 식사 후, 그다음 날, 나아가서는 평생 먹는 이를 기분좋게 만드는 것이기도 하다.

중국의 미식에서는 건강한 식습관과 감각적 쾌락 사이에 아무런 모순이 없다. 도널드 하퍼(미국의 중국학 교수―옮긴이)는 이렇게 설명했다. 재상 이윤이 음식과 정치에 관해 강의했던 기원전 3세기부터,

"미식의 예술이란 단순히 요리의 즐거움을 추구하는 것이 아니라, 근본적으로 음식이 사람의 육체적 안녕에 끼치는 영향에 관한 것이었다. 음식은 의약 자원에 속하는 것으로 여겨졌다. (…) 요리사와 약사는 비슷한 업에 종사했다".[11] 16세기의 고전 『본초강목』은 겉으로는 강장학을 다루지만, 중국 의학 전문가인 비비언 로가 밝혔듯이 요리에 관한 시시콜콜한 얘기로 가득하다. 풍미, 질감, 감각적 쾌락에 대한 암시 등 해당 물질의 의학적 효능과는 대체로 무관한 내용이다.[12] 서구 문화에서는 '건강한 식습관'이 쾌락과 탐닉의 반대인 것처럼 여겨지곤 하지만, 중국에서는 영양 보충과 치유에 분명한 목적을 두고 있는 음식조차 능숙하게 조리해 매혹적인 맛을 낼 수 있다.

나는 중국 음식을 요리하는 법과 먹는 법을 익히기 시작한 이래 어마어마한 미식의 쾌락을 누렸다. 게다가 훨씬 더 건강해졌음을, 나 자신과 타인의 삶을 건강하게 가꾸는 법을 훨씬 더 잘 알게 되었음을 느낀다. 나는 요리를 통해 사람들을 즐겁게 만들기도 하고, 사람들이 스스로에 대해 기분좋게 느끼게 할 수도 있게 되었다. 요리사가 되는 훈련만 받은 줄 알았더니 놀랍게도 일종의 식이요법 치료사가 되어 있었다.

농장 天地 :: 식재료의 선택

天
地

현지에서 나는
제철 식재료

안지 죽순과 진화 햄
훠먼볜순

나무 책장 안에는 종이 뭉치가 가득 쌓여 있었다. 구매 기록이다. 날짜, 시간, 장소, 농부의 휴대전화 번호와 서명, 재료의 종류와 수량이 적힌 구매 기록과 농부가 공급한 농수산물(살아 있는 새우가 담긴 그물, 완두콩이 담긴 바구니, 작은 오이가 담긴 항아리 등등)을 들고 농장에서 찍은 사진이 담겨 있다. 2008년 5월 24일의 기록을 들춰보니, 그날 먹었던 점심에 사용된 많은 식재료가 떠올랐다. 항저우에 있는 다이젠쥔의 식당 '룽징차오탕龍井草堂'을 처음 방문했던 날이다.

당시 나는 중화 미식 투어를 인솔하고 있었는데 원래는 항저우에 갈 계획이 없었다. 그러다가 쓰촨성에서 지진으로 참사가 일어나면서 급하게 일정을 변경해야 했다. 알고 지내던 항저우의 셰프가 "유기농 식당 같은 곳"이라며 한 곳을 추천했다. 우리는 룽징 마을의 푸른 차밭을 걸어들어가 월량문月亮門(담벼락에 둥그렇게 구멍을 낸 중국 정원의 문―옮긴이)을 지나 잘 가꿔진 정원으로 들어섰다. 졸린 듯이 살짝 기울어진 연잎으로 가득한 작은 호수가 있었고, 계화나무와 작고 부드러운 대나무에 둘러싸여 식사할 수 있는 정자들이 흩어져 있었다. 나비를 수놓은 보라색 치파오를 입고 진주 목걸이를 한 종업원이 작은 다리를 건너 조용한 정자 안으로 우리를 안내했다. 식탁에는 이미 냉채 요리들이 차려져 있었다.

특별한 식사가 될 것임이 분명했다. 맷돌로 간 신선한 두유와 현지 스타일로 간장 양념을 한 아삭한 장아찌를 포함한 다양한 절임을 먹으며 식사가 시작되었는데, 마치 행복한 꿈속에 있는 것만 같았다. 전채요리로는 그날 아침에 딴 작은 오이와 구운 잣을 뿌린 데친 산나물이 발효시킨 소스와 함께 나왔다. 3년을 키운 오리를 4시간 넘게 쪄서 국물에 깊은 풍미가 가득했는데, 그동안 먹어본 것 중 최고로 꼽을 만했다. 파를 넣은 계란볶음 같은 간단한 농가의 음식부터 쫀득한 자라의 치맛살이 들어간 고급스러운 탕 같은 연회의 메뉴까지 다양한 요리가 나왔다. 작은 민물 새우를 껍질 채 튀긴 후, 채썬 생강과 함께 웍에서 달달하게 볶아낸 요리는 바삭한 껍질 속 새우살의 감칠맛을 즐기며 통째로 먹었다. 이곳의 음식은 맛있을 뿐만 아니라 보기 드물게 요란하지 않은 고요함으로 가득 차 있었다.

식사를 마치고 식당의 주인과 이야기를 나눌 수 있을지 물었다. 그와 나눴던 그날 오후의 대화는 15년 넘게 계속되고 있다. 그가 바로 '아다이阿戴'로 불리는 다이젠쿤이다. 그의 식당은 세심하게 고른 제철 재료를 고집하는 것으로 유명하다.(아다이의 '아'는 친근함을 나타내기 위해 이름 앞에 붙이는 소리다.) 8년 전 아다이는 땅을 빌려서 전통 강남 스타일의 정원을 조성하고 셰프를 고용했다. 손님에게 '마음을 놓다, 안심하다'라는 뜻의 팡신차이放心菜'를 제공하겠다고 결심하고 중국의 전통 달력에 따른 제철 무공해 재료를 사용했다. 항저우 근방의 농부와 장인들로부터 신선한 재료를 직접 공급받았는데, 대부분 연로한 이들이자 사라져가는 민간 전통과 기술의 수호자였다.

중국의 전통 달력인 음력은 해와 달의 움직임에 따라 시간을 나타낸다. 한 해는 12개월(윤년에는 13개월)로 나뉘고 다시 24절기로 나뉜다. 절기는 '경칩驚蟄'(벌레가 깨어남), '청명淸明'(푸르고 맑음), '상강霜降'(서리가 내림) 등 그 시기에 나타나는 자연 현상을 따라 이름 지어졌고 약 2주 간격으로 나뉜다. 음력은 농부들에게 언제 파종하고 추수해야 하며, 언제 가축을 먹이고 언제 쉬어야 하는지 알려주는 역할을 했다. 음력에는 이사, 결혼, 혹은 장을 담기에 좋은 길일과 피해야 하는 흉일이 있어 문화적·사회적 차원의 의미도 더해졌다. 20세기 초반 중화민국을 세우면서 근대화에 대한 열망으로 양력을 공식 달력으로 채택했으나, 사람들은 여전히 음력에 맞춰 음식을 먹고 축제를 열었다. 아다이는 음력 절기에 맞춰 자신의 식당 메뉴를 바꾸고 식재료 공급업자들에게도 그렇게 해달라고 요청했다.

첫 만남 이후 세월이 흐르면서 아다이의 연로한 공급업자 중 상당수가 사망하거나 은퇴했고, 또한 도시화가 진행되면서 그들의 농장도 사라져갔다. 아다이는 전통 방식을 고수하는 농장, 오염되지 않은 땅과 숨은 장인을 찾아 점점 더 깊은 시골을 찾아다녀야만 했다. 결국 그는 저장성 남부의 외딴 지역에 땅을 빌려 농장과 휴양지를 세웠다. 처음에는 서양인이 유기농 농산품이라고 부를 법한, 그가 '원래의 생태原生態'에서 나온 먹거리라고 부르는 것을 확보하려는 목적이었으나, 점차 농촌사회와 전통 농업에 활력을 불어넣기 위한 넓은 의미의 문화 환경 프로젝트로 발전했다.

서구사회에서 반중 혐오가 극에 달했던 시기에 중국인은 항상 지저분한 구두쇠로 묘사되어, 중식당에서는 가능한 한 가장 형편없는 식재료를 사용한다고 여겼다. 심지어 중화요리가 해외에서 인기를 끌고 요리 종류도 다양해진 오늘날에도 중화요리와 최고급 식재료는 무관하다고 여긴다. 서양의 고객들은 대체로 유럽식 식당의 드라이 에이징 소고기, 이탈리아 어딘가의 트러플이 들어간 수제 파스타, 혹은 최고급 일본 스시에는 기꺼이 많은 돈을 지불하지만, 중화요리가 비싸야 한다는 말에는 발끈한다. 자유롭게 방목하여 키운 유기농 닭으로 만든 궁바오지宮保雞라는 말을 들어본 적이 있기나 한가?

서양의 중식당에서는 식재료의 원산지와 제철 식재료를 강조한 요리를 보기 어렵다. 고객이 마땅한 값을 지불할 생각이 없는데도 비싼 재료를 고집해야 할 이유가 있을까? 부유한 중국인이 자주 찾는 광둥 식당 몇 곳은 살아 있는 랍스터와 코끼리 조개로 만든 고급 요리를 내기도 하지만 이런 일은 드물다. 명절에 먹는 월병같이 특별한 경우를 제외하면 중식당의 메뉴는 보통 일 년 내내 똑같다. 이것이 고급 양식당이라면 모름지기 어렵게 채집한 야생 버섯, 제철에 갓 나온

아스파라거스, 희귀 품종의 돼지고기를 사용한다고 자랑스럽게 알리는 것이 필요한 시대에, 중화요리가 국제 미식계에서 문전박대당하는 이유 중 하나가 아닐까 싶다.

중화요리와 질 낮은 싸구려 식재료의 불행한 연관성은 중국 안팎의 근현대사에서 비롯된 부산물이다. 서방 세계로 이주한 초기 중국인 이민자 대부분은 전문적인 요리 기술이 없는 농민들이었고, 인종 차별 때문에 요식업에 종사할 수밖에 없었다. 고국으로부터 멀리 떨어진 곳에서 그들은 현지에서 조달할 수 있는 재료로 만든 저렴하면서도 당시 서양인 입맛에 맞는 새로운 중화요리를 만들어야 했다. 초기 샌프란시스코 차이나타운과 20세기 초반 런던에는 비교적 수준 높은 중식당이 있었지만, 미국과 영국 대부분의 지역에 있던 중식당의 수준은 높지 않았다. 중식당은 호화로운 만찬을 먹는 곳이 아니라 포장식 혹은 저렴한 가족 식사를 위한 곳이라는 인식이 강했다.

한편 중국 내에서도 공산 혁명과 내전, 일본의 침략과 문화대혁명 같은 정치적 혼돈 등 중화요리의 발전에 돌이킬 수 없는 부정적인 영향을 미쳤던 오랜 혼란기가 이어졌다. 1980년대부터 시작된 개혁개방 정책은 전 국민의 생활 수준을 극적으로 높이는 데 성공했으나, 심각한 환경 오염, 대량의 불량 식품, 개발로 인한 농지 감소라는 새로운 문제 또한 야기했다. 오늘날 전국 각지의 셰프와 식당들은 양질의 식재료를 구하는 일이 가장 어렵다고 토로한다. 미슐랭 스타를 받은 쓰촨의 셰프 란구이쥔蘭桂均은 내게 중국에서 식품 안전과 식재료의 진품 여부가 문제 되고 있으며, "진품을 구매하려면 골동품 수집가처럼 가짜 사이에서 진짜를 알아볼 수 있도록" 다년간의 구매 경험이 필요하다고 말한 적이 있다.

이 모든 것의 아이러니는 테루아라는 개념과 제철에 나는 최상의 식재료에 대한 집착이 사실상 모두 중국에서 발명되었다는 점이다. 중국의 부유하고 권력 있는 사람들은 2000년이 넘게 농수산물의 품질에 광적으로 집착해왔다. '룽징차오탕'을 '농장에서 식탁까지Farm-to-Fork' 운동의 선구자인 미국 캘리포니아의 식당 '셰 파니스Chez Panisse'의 중국식 버전이라고들 하지만, 셰 파니스를 고대부터 중화 미식의 핵심이었던 화두를 구현하고 있는 식당이라고 부르는 편이 더 정확할 것이다.

요리사이자 재상이었던 이윤은 장차 상나라의 시조가 될 탕왕에게 요리와 정치에 대해 강의하며, 앞으로 세워질 제국에서 먹게 될 온갖 별미에 대해 열정적으로 이야기했다.

> 최고의 생선은 둥팅호洞庭湖의 전어鱄…… 최고의 야채는 쿤룬산崑崙山의 사과와 서우무壽木의 과일…… 윈멍호雲夢湖의 미나리, 쥐취具區의 파, 토지의 꽃이라 불리는 진위안浸淵의 향채. 최상의 양념 재료는 양푸陽朴의 생강, 자오야오招搖의 월계수, 웨뤄越駱의 버섯……[1]

이어서 이윤은 전국 각지의 특산품인 이런 진귀한 음식들은 내적 자아를 완성하여 황제가 된 자, 즉 하늘의 아들 천자에게만 진상되는 것이라고 주장했다. "천자의 지위를 얻었으니 완벽한 진미를 맛보게

될 것이다道子止彼在己, 已成而天子成, 天子成則至味具."²

황제는 전국 각지의 음식을 시식하는 행위를 통해 자신의 영토를 글자 그대로 '맛볼' 수 있다는 이런 생각은 후대에 특정 지역에서 정성을 다해 선별된 제철 식재료를 황제의 주방으로 보내는 공식적인 공물 제도로 나아갔다. 적어도 기원전 5세기 초에 따뜻한 남부 지방의 귤과 유자가 북방의 궁정으로 보내졌다. 에드워드 셰이퍼에 따르면, 당나라 때 지방의 별미가 조정과 수도에서 호의적인 관심을 받으면 바로 지역 공물 목록에 올랐고, 정기적으로 황제의 주방으로 보내졌다. 산시성 남부의 여름 마늘, 간쑤성 북부의 사슴 혓바닥, 산둥성 해안지역의 모시조개, 양쯔강의 털게, 광둥성 차오저우의 해마, 안후이성 북부의 술에 절인 흰살생선糟白魚, 허베이성 남부의 독사인 '백화사'를 말린 뱀고기, 산시성 남부와 허베이성 동부의 막걸리에 절인 공과貢瓜, 저장성의 말린 생강, 산시성 남부의 비파와 앵두, 허난성 중부의 감, 양쯔강 계곡의 네이블 오렌지脐橙³ 등은 그 시대의 공식 공물 목록의 일부에 불과하다.

2000년 전인 한나라 때는 조정에 바치기 위해 희귀 야채를 기르는 온실이 있었으며,⁴ 한 저명한 중국학 학자는 심지어 당시의 미식가들 사이에 요즘의 방목 토종닭에 해당되는 '노천에서 키운 닭'에 대한 수요가 있었다는 증거도 발견했다. 이 닭은 "야생에 노출된 채 자라서 미식가들에게 그 맛으로 인정받았다"고 한다.⁵

18세기에도 공물 제도는 여전히 전국적으로 시행되고 있었다. 동북부의 사냥꾼과 어부들은 대량의 야생 사슴고기, 꿩, 철갑상어, 잉어

외에도 사슴 꼬리와 힘줄 같은 진귀한 진미를 황실로 보냈다. 양쯔강 생선 중 최고로 치는 준치鰣魚를 비롯한 다양한 최상급 식재료가 제국 전역에서 조정으로 진상되었는데, 살이 가장 맛있는 제철에 잡은 준치는 베이징까지 특송 편으로 보내기도 했다.[6] (적어도 명나라 때부터 한겨울에 얼음을 채취해 보관한 뒤, 냉장 기능을 갖춘 바지선을 이용해 양쯔강 남쪽의 희귀하고 신선한 식재료를 수도 베이징으로 정기적으로 운송하는 데 사용했다.[7])

중국인은 실용적인 이유에서뿐만 아니라 건강을 위해서도 항상 제철 음식을 먹어야 한다고 주장해왔다. 양생養生은 인체 내부의 조화뿐만 아니라 인체와 자연의 조화에 기반한다. 고대 문헌에는 계절별로 먹어야 할 음식과 먹지 말아야 할 음식에 대한 자세한 지침이 나와 있으며, 요리 및 의학 관련 문헌에는 효능과 풍미를 극대화하기 위해 적절한 시기에 수확하고 사냥하라며 권하고 있다. 음식에 대해 늘 까다로웠던 공자는 제철이 아닌 음식은 먹지 않았다("때가 아닌 것은 먹지 않는다不時不食").[8]

『예기』는 계절마다 자연에서 일어나는 변화를 자세히 설명하면서 밭을 갈고 제사를 준비하는 사람들이 시기에 맞춰서 해야 할 일과 황제가 마땅히 따라야 하는 식단에 대해 기술하고 있다. 봄의 첫 번째 달孟春之月에는 밀과 양고기를, 여름孟夏之月에는 콩과 가금류를, 가을孟秋之月에는 삼의 씨앗과 개고기를, 겨울孟冬之月에는 기장과 애저를 마땅히 먹어야 했다.[9] 황제가 계절의 법칙을 따르지 않으면 질병이 생기는 데 그치지 않고 흉작과 여러 재앙을 불러일으킬 수 있었기 때문이다. 또한 맹자가 지적했듯이 제철 음식을 먹는 데는 환경 보호의 측면도 있었다. "농부가 농사철을 무시하면 충분한 수확을 거둘 수 없다. 지나치게 촘촘한 그물을 사용해 물고기와 자라를 잡아들이면 그 씨가 마른다."[10] 예로부터 중국인은 "하늘과 인간은 하나다天人合一"라고 말했다.

제철 음식을 먹는 또 다른 이유는 물론 맛 때문이다. 제철 음식을 먹는다는 것은 우주와 조화를 이루고 최상의 건강을 유지하기 위해서였으며, 또한 음식이 가장 맛있는 시기까지 기꺼이 기다렸다가 즐기는 행위였다. 기원전 2세기의 철학자 동중서董仲舒는 "모든 음식에서 가장 중요한 원칙은 계절에 합당한 맛을 선택하는 것이며, 제철을 크게 벗어난 음식은 피해야 한다"고 기록했다.[11] 7세기 당나라 태종은 매해 봄 죽순 철이 되면 고위 관리들과 죽순 연회春笋宴를 열었다.[12] 18세기 소설 『홍루몽』의 주인공들은 아름다운 정원에서 그 시기에 가장 맛있는 민물 게를 먹으며 가을을 축하하는 파티를 열었다.

중국뿐 아니라 아마 세상 그 어디에도 강남의 미식가들만큼 최상급 식재료를 강력하게 옹호하는 사람들은 없었을 것이다. 12세기 이후 새로운 쌀 경제와 소금 무역에 힘입어 이 지역의 부와 그 중요성이 커졌다. 강남 지역의 화려한 도시들은 전 세계 선망의 대상이었다. 현대의 캘리포니아처럼 뛰어난 농산물, 번창하는 요식업, 여유로운 라이프 스타일로 이름을 알리게 되었다. 또한 중국의 뛰어난 고전 요리책의 대부분이 이곳에서 쓰였을 만큼 미식 문헌의 비옥한 온상이기도 하다. 시인들은 지역 별미를 찬미했고, 문인들은 요리법을 수집하고 음식에 대한 깊은 사유의 문장을 썼다.

기막히게 웃긴 음란 소설 『육포단肉蒲團』을 쓴 17세기 강남의 극작가 이어李漁는, 털게에 대한 자신의 열광을 묘사하며 스스로를 풍자하기도 했다. "나는 평생 털게를 갈망해왔다"며 "매년 털게 시즌을 기다리며, 털게를 먹을 날을 위해 돈을 모을 정도로 털게를 좋아한다"고 썼다. "털게 시즌의 첫날부터 털게가 다 팔리는 마지막 날까지 나는 (…) 털게를 먹지 않고는 단 하루 저녁도 보낼 수 없다. (…) 털게야, 털게야, 너와 나는 평생의 동반자란 말인가?"[13]

이어는 죽순의 품질에도 집착했는데, 그는 죽순은 청정 시골에서 채취해 바로 먹어야 진짜 제맛을 즐길 수 있다고 주장했다.

맛의 원천은 신선함이다. 산속에 사는 스님이나 직접 텃밭을 가꾸는 농부만이 이런 완벽한 맛을 얻을 수 있다. 야채 상인에게 의존하는 도시인은 도저히 얻을 수 없는 맛이다. 도시건 시골이건 채소를 수확하자마자 요리할 수 있도록 텃밭이 딸린 저택에 사는 사람이라면 때때로 이런 기쁨을 느낄 수 있을 것이다. 죽순은 반드시 산속에서 채집한 것이어야 한다. 도시에서 자란 죽순은 아무리 향이 좋더라도 결국 이류이기 때문이다.[14]

이어는 또한 완벽한 밥을 짓기 위해 하인을 보내 야생 장미, 계수나무 또는 유자 꽃에서 이슬을 모아 밥을 뜸 들일 때 넣기를 고집했다. 정원에서 자란 장미에 맺힌 이슬은 향이 너무 강하다는 것이 이유였다.

다른 미식가들도 숨이 멎을 정도로 정확하게 식재료의 맛에 대해 기록했다. 16세기 후반, 고렴高濂(아메리카 대륙으로부터 고추가 전래된 직후 고추에 대해 글을 쓴 최초의 중국인으로 알려져 있음)은 오나라의 생선회吳郡魚鱠에 대해 자세히 설명하며, 음력 8월이나 9월 "서리가 내릴 때" 잡은 길이 3척 이하의 생선으로 만들어야 하며, 잉어는 길이 1척, 붕어는 길이 8촌이어야 한다鯉一尺, 鯽八寸고 명시했다.¹⁵

18세기 문인 조정동曹庭棟은 죽 만드는 법을 상세히 설명했다. 향이 좋은 쌀이 제일 좋고, 최근 수확한 쌀은 가장 부드럽고, 수확한 지 좀 된 쌀은 2급, 오래 보관한 쌀은 입에 감기는 커우간口感이 부족하다며 쌀의 종류에 대해 논한 것은 물론이고, 어떤 물을 사용해야 하는지도 기록하고 있다. 흐르는 물이 웅덩이의 물보다 낫고, 이른 봄의 빗물이 장마철의 이슬이나 여름과 가을의 폭우보다 훨씬 더 좋다고 주장했다. 눈을 녹인 물을 사용하려면 음력 마지막 달에 채취해야 하며, 봄에 녹은 눈은 사용해서는 안 되고, 항아리에 물을 담아 보관할 때는 주사朱砂(붉은색이 나는 광물로 항균 작용을 한다고 함—옮긴이) 한 조각을 넣어야 독소를 없애고 오래 보관할 수 있다고 했다.¹⁶ 이 모든 것이 그저 제대로 된 죽 한 그릇을 만들기 위함이었다.

서양의 와인 애호가들이 포도가 자라는 정확한 지형과 토양, 기후를 따지는 것처럼 중국 차 애호가들 역시 차의 원산지에 대해 예민하게 반응해왔다. 피스타치오 향이 배어나는 제대로 된 룽징차龙井茶는 오로지 항저우 인근 룽징 주변의 완만한 언덕에서 채취한 것으로,

봄철 청명절 전에 딴 어린 찻잎으로 만든다. 원칙대로라면 룽징의 물을 떠다가 찻잎을 우려야 룽징차라 할 수 있다. 우롱차 중 하나인 향이 깊고 진한 우이옌차武夷巖茶는 푸젠성 우이산에서만 나는데, 수령이 300년 이상인 고목에서 채취한 최상급 '다훙파오大紅袍'는 오직 황제에게만 진상되었다. 8세기 당나라 때 차의 신茶神으로 불리는 육우陸羽가 쓴 세계 최초의 차 전문서『다경茶經』에는 찻잎을 우려내는 물의 등급을 매겼는데, 산수山水가 상급이고 강수江水는 중급이라 했으며, 산수 중에서도 최상급은 폭포에서 쏟아지는 물이 아니라 바위에서 천천히 흘러내리는 물이라고 했다.[17]

좋은 식재료의 중요성에 대해 누구보다 강력하게 주장한 사람 중 한 명은 18세기 시인이자 재치 있는 미식가였던 원매다. 그는 유명한 요리책인 『수원식단隨園食單』에서 성공한 연회는 60퍼센트가 요리사 덕이라면, 40퍼센트는 올바른 식재료의 선택이라고 주장했다. 예를 들어 좋은 햄과 나쁜 햄의 차이를 "가장 높은 하늘과 가장 깊은 바다의 차이와 같다"라고 한다든가 "호수와 개울에서 잡은 장어는 맛이 일품이지만 큰 강에서 잡은 장어는 등뼈와 가시만 가득하다"는 식으로 설명하며 식재료의 질이 요리의 성패를 좌우할 수 있다고 했다.[18] 제철이 지난 무는 바람이 들어 푸석하고, 웅어刀鱭의 뼈는 봄철에는 연하지만 여름이 되면 억세진다며, "소위 사계절의 부르는 순서를 따라 세상 만물은 절정에 달했다가 쇠퇴하고, 그 찬란한 정수는 모두 소진되어 치마를 걷어올리고 가버린다"고 했다.[19]

원매는 조미료의 품질도 마찬가지로 중요하다며, 조미료는 여인의 옷과 장신구 같아서 아무리 천상의 미녀라도 "너덜너덜한 누더기"를 입혀놓으면 그 아름다움을 제대로 드러내기 어렵다고 했다.[20] 아무리 뛰어난 요리사라도 조악한 재료로는 좋은 음식을 만들기 어렵다면서 이렇게 썼다. "사람이 본래 어리석다면 공자나 맹자에게 교육을 받아도 아무런 도움이 되지 않는다. 원재료가 형편없으면 전설적인 요리사 역아易牙가 요리해도 맛이 없다."[21] (역아는 앞서 언급한 이윤과는 다른 사람으로 기원전 7세기 춘추시대 제나라 환공의 요리사다. 완벽한 미각을 가졌고 맛의 조화에 뛰어났다고 전해지며, 주군을 위해 자신의 아들을 탕으로 만들어 진상했다는 안타까운 주장도 전해진다.[22])

20세기 중국 역사의 혼돈 속에서도 식재료의 원산지와 제철 재료에 대한 중국인의 오래된 애착은 살아남았다. 고대의 관광이 그래왔듯 현대의 관광도 쑤저우 인근 양청호陽澄湖의 값비싼 털게이건, 석회암 지대로 유명한 쓰촨 남부 시바西垻의 서민적인 두부이건, 그 지역의 별미를 맛보는 것이 중요한 일정이 된다. 난징을 지나는 기차에서는 난징의 유명한 소금에 절인 오리를 찬양하는 안내 방송이 흘러나오고, 출장을 마치고 집으로 돌아가는 비즈니스맨의 손에는 출장지의 유명한 과일이나 별미가 한 꾸러미씩 들려 있다.

이어가 좋아했던 음식이자 지금도 여전히 강남 지역에서 가장 인기 있는 음식 중 하나인 털게 철이 되면 상하이는 흥분으로 들썩인다. 주먹만 한 크기의 진녹색 민물 털게를 찌면 연한 붉은색으로 변하는데, 중추절이 지나면 통통하게 살이 꽉 찬다. 암게의 주황색 알蟹黃과 수게의 하얀 이리蟹膏는 특히 맛있다.(게의 다리에 뾰족한 노란 털이나 있어 '털게'라는 이름이 붙여졌다.) 털게 철이 되면 상하이의 식당은 털게 요리로 구성된 코스 메뉴를 내놓고, 게의 발을 짚으로 묶어 양동이째 파는 임시 가판대가 여기저기 생겨나는데, 강남 지역 도시의 공항에서도 살아 있는 털게를 파는 이런 가판대를 볼 수 있다.

쓰촨에서는 마파두부나 후이궈러우回鍋肉 같은 요리를 만들 때 필수인 정통 피셴 더우반장郫縣豆瓣酱은 반드시 피셴 현이라는 특정 토양에서 나와야 한다는 사실에 아무도 이견을 달지 않는다. 옛 기록에 보면 이 더우반장은 '천지의 정수를 흡수하고 쓰촨 대지의 기운을 머금는다'고 한다(혹은 과학의 언어로 풀자면 현지의 기후와 토착 미생물에 반응한다). 대나무 숲이 넘실대는 쓰촨성 남부를 방문하는 여행객들은 현지의 버섯, 죽순, 산나물과 대나무 잎으로 훈제한 야생 돼지고기를 먹으며 고대 이윤의 황제가 즐겼던 순간을 느낄 수 있다. 빈부와 상관없이 중국의 모든 사람은 겨울 야채는 서리가 내린 후 가장 달콤하고 맛있다는 사실을 알고 있다.

연중 어느 때라도 쑤저우나 상하이를 방문하면 제철 별미를 사려고 식품점 앞에 줄 서 있는 현지인을 볼 수 있다. 이른 봄이라면 쑥을 넣어 초록빛이 나는 쫄깃한 떡 칭퇀青團, 가을이라면 갓 출시된 월병일 것이다. 봄철 쑤저우에 있다면 흑옥잠나뭇잎을 끓인 물로 지은 보라색의 우미판鳥米飯 한 그릇을 먹는 행운도 누릴 수 있다. 상하이의 시장에도 차오터우草頭와 각종 죽순, 싱싱한 생선과 해산물 등 제철 농수산물이 항상 넘쳐난다. 가을에는 시안의 오래된 무슬림 거리를 산책하면서 신선한 감과 설탕을 넣어 조린 계화꽃으로 속을 채운 황금빛 황구이스쯔빙黃桂柿子餠을 맛볼 수 있다. 늦은 봄날 청두를 방문한다면 쓰촨 특유의 쌉싸름한 죽순을 맛볼 기회를 놓치지 말자. 선명하고 부드러운 맛을 느낄 수 있다.

중국 미식계의 최고봉이라 할 수 있는 강남의 미식가들은 선조들의 습관을 되살려 맛깔스럽게 재현하고 있다. 얼마 전 3월의 어느 저녁, 상하이의 한 미식 클럽 회원들과 함께 현지 별미로 구성된 만찬에 참여했다. 우리는 절인 돼지고기와 신선한 돼지고기, 봄 죽순을 넣고 끓인 상하이의 전통 요리 옌두셴腌篤鮮(삼겹살, 죽순, 중국 햄, 두부 등을 넣고 끓인 상하이의 대표적인 탕 요리—옮긴이)의 그윽한 국물을 마시고, 청명절 직전에 가장 맛있다는 민물 달팽이 요리를 즐기고, 유채꽃이 노랗게 피어나는 지금이 제철이라는 쑤저우식 거북이 요리를 맛보았다. 이 요리를 만들 때는 유채씨 기름을 써야 제맛이라고 했다. 18가지 요리가 나온 이 만찬의 하이라이트이자 그날 모임의 이유이기도 했던 요리는, 일 년에 겨우 몇 주 동안만 제철을 맞는 은색 생선 웅어였다. 셰프는 웅어로 만든 만두를 팬에 구워 마지막 코스로 냈다. 만찬이 끝나고 손님 중 한 명이 그랜드 피아노 앞에 앉아 다른 손님을 위해 즉석에서 작사·작곡한 시를 노래했다. 그 시를 헌정 받은 이는 중국에서 가장 뛰어난 예술가로 알려진 98세의 여성이었다.[23] 예술, 음악, 대화를 배경으로 현지의 관습과 계절을 기리는 즐거운 저녁이었다. 원매, 이어, 그리고 그들과 어깨를 나란히 한 미식가들의 영혼이 함께 빛나는 듯했다.

내가 처음 중국에 왔던 1990년대는 중국 경제가 오랜 침체에서

막 깨어나던 시기였다. 많은 유명 식당이 아직 명맥은 유지하고 있었지만, 실용성만 고려한 낡은 실내장식과 수십 년의 계획경제를 겪으며 남게 된 극도로 불친절한 서비스로 과거의 빛을 잃은 지 오래였다. 유명한 현지 음식은 더 이상 그 명성에 걸맞지 않았고, 최상급 식재료를 찾기가 지금보다 더 어려웠다. 재능은 뛰어나지만 주어진 식재료와 환경이 그에 미치지 못하는 요리사를 많이 보았다. 당시 먹었던 최고의 음식들은 대체로 시골에서 사람들이 직접 재배한 야채와 방목해서 얻은 고기 및 달걀로 만든 요리들로, 맛은 있었지만 세련되진 않았다. 중국은 식재료를 열정과 정교함으로 대하는 전통을 잃어버려 일종의 기억상실증에 걸린 나라 같았다.

이것이 2008년 5월의 첫 '룽징차오탕' 방문이 내 인생을 바꾼 이유의 일부다. 마르코 폴로가 극찬하고, 건륭제를 유혹했으며, 원매의 요리책과 이어의 집착을 낳은 중국 미식의 중심지에 드디어 도착했던 것이다. 그리고 그곳에서 처음으로 뛰어난 요리 실력뿐만 아니라 최고급 식재료가 결합된 강남 지역의 고전 요리를 맛보았다. 이것이 바로 원매와 이어가 글로 남긴 음식, 그들이 실제로 맛본 음식이었다. 우아한 맛의 죽순, 장인이 만든 간장과 쌀로 빚은 술, 강렬한 진화 햄金華火腿, 부드러운 제철 야채, 방목해서 키운 닭과 돼지고기와 햄으로 만든 육수까지, 그것은 유체이탈에 가까운 경험이었다. 중국 최고의 음식이란 무엇인지, 예전에는 무엇이었는지, 그리고 중국뿐만 아니라 전 세계에서 앞으로 어느 정도까지 이를 복원할 수 있을 것인지를 지적으로나 본능적으로 모두 깨달을 수 있었다.

그때 처음 떠올랐고 그 후로도 계속 마음에 남아 있는 생각은, 대부분의 외국인이 중화요리를 열등하게 보는 이유가 이런 종류의 실력과 식재료의 결합을 경험해본 적이 없기 때문이라는 것이다. 중국 음식은 값싼 정크푸드라고 주장하는 사람은 마치 타블로이드 잡지에 별자리 운세를 쓰는 사람이 천체물리학자 앞에서 별에 대해 떠벌리는 것처럼 자신의 경험 부족을 드러낼 뿐이다.

'룽징차오탕'에서 처음 점심을 먹은 후 10년이 넘도록 나는 계절마다 그 식당과 농장, 그리고 아다이의 수많은 농산품 및 전통 가공식품 공급 업체를 방문했다. 마치 황제처럼 강남의 테루아와 최고의 제철 풍미를 맛보았다. 이보다 더 맛있는 음식을 먹어본 적은 없는 것 같다. 가장 기억에 남는 음식은 2009년 6월 5일 저녁에 식당 직원들과 함께 먹었던 안지安吉의 죽순과 진화 햄을 함께 요리한 소박한 음식이다. 송나라 시대부터 저장성 남부의 진화에서 만드는 고급 햄은 스페인의 하몽처럼 선홍빛을 띠며 맛이 풍부하다. 죽순은 중국 남부 식탁에서 빼놓을 수 없는 뛰어난 식재료 중 하나다. 서양에서 중화요리의 오랜 상징처럼 여겨지는 죽순 통조림만 먹어봤다면 죽순을 제철 야채라고 생각하지 않을 수도 있지만, 이는 마치 베네치아 성당의 웅장한 틴토레토의 벽화를 그림엽서로만 본 것과 같다. 죽순은 다양한 품종이 있고 각각 최고의 풍미를 내는 시기가 다르다. 최상급 죽순의 아이보리색 과육은 아삭하고, 섬세하며, 우아한 감칠맛이 난다. 탕에 넣어 끓이면 부엌 전체가 죽순의 부드럽고 화려한 향으로 가득 찬다.

그날 저녁 항저우에서 우리는 땅속에서 수평으로 지그재그로 자라 늦은 봄과 여름이 제철인 신선한 볜순鞭笋 요리를 먹었다. 영화 「와호장룡」에 멋지게 등장했던 장쑤 안지의 대나무 숲에서 채취한 것이다. 분홍색 진화 햄 몇 조각과 상아색 죽순만으로 만든 소박한 음식이었지만 완벽했다. 죽순은 부드럽고 아삭하고 과즙이 풍부했으며, 말로 표현하기 어려울 정도로 맛있었다. 방목한 닭을 고아 만든 육수와 장인이 만든 햄 몇 조각이 죽순 본연의 풍미를 부드럽게 감싸며 돋보이게 했다. '오직 이곳에서, 오직 지금 이 순간'이라고 속삭이는 듯한, 런던이나 뉴욕, 심지어 베이징에서도 결코 맛볼 수 없는 요리였다. 요리에서 빛이 나며 노래가 흘러나왔다.

채소가 조연이라는 착각

제란생강볶음
장즈제란

한겨울, 아다이와 나는 그의 식당에 납품할 작물을 키우는 농부들의 협동조합을 찾아 무궁산穆公山으로 향했다. 차가 언덕을 올라가면서 우리는 창밖으로 대나무 숲과 눈 덮인 들판을 바라보았다. 회색빛 하늘이 음울했다. 마침내 차를 농가 옆에 세워두고 밖으로 나와 추위 속에 발을 구르고 손을 비볐다. 어떤 밭에는 허옇게 된 땅 위로 푸른 싹이 몇 개 돋아나고 있었지만, 대부분은 황량한 대지였다. 그중 한군데, 날씨에 시달려 잎은 검게 변하고 모양은 망가져 퇴비나 다름없이 지저분해 보이는 야채들이 줄지어 늘어선 이랑 사이에 농부 쉬화룽이 서 있었다. 그때 기적이 일어났다. 그가 야채 중 하나를 잡아 더러운 표면을 걷어내자 창백하고 아삭한 배추가 마치 어둠 속에서 할리우드의 작은 별이 반짝이는 것처럼 선명한 흰색과 노란색의 완벽한 자태를 드러냈다.

　농부는 자연 그대로의 배추를 지저분한 그루터기에서 잘라 집으로 가져갔고, 그의 아내가 그걸 썰어 직접 절인 돼지고기 조각들과 함께 끓였다. 우리는 거기에 밥과 몇 가지 요리를 더해 함께 점심을 먹었다. 리본처럼 길게 자른 배추가 고소한 고기의 풍미가 가득한 뜨거운 국물 속에 부드럽게 담겨 있었다.

　어린 시절 "야채 꼭 먹어라"라는 말은 어딘가 불쾌한 임무를 다 마치라는 지시처럼 들렸다. 조지 오웰의 『1984』를 읽은 사람이라면 윈스턴 스미스의 낡은 공동주택 건물 복도에 스며들어 있던 삶은 양배추의 고약한 냄새를 잊지 못할 것이다. 내 어린 시절 양배추는 학교 급식, 처벌, 반성, "이거 다 안 먹으면 디저트 없어"와 같은 의미였다. 방울양배추나 양배추 햇잎은 늘 좋아하는 편이었지만 영국의 겨울 야채는 잎이 가죽처럼 두껍고 뿌리가 크고 흙맛이 나서 어쩐지 투박한 구석이 있다는 점은 인정해야 한다. 별생각 없이 요리했다가는 진흙밭을 터덜터덜 걷는 것처럼 맛이 따분하고 별로일 수 있다. 하지만 중국의 겨울 야채는 어둠 사이로 비추는 빛과도 같아, 먹고 있으면 초원을 뛰노는 기분이다.

　중국인들은 배추를 좋아하고, 그중에서도 현지에서 다바이차이大白菜라고 부르는 중국 배추를 특히 좋아한다. 전통 예술과 공예에도 중국 배추의 이미지가 반복적으로 등장한다. 한때 황실 후궁이 가져갔던 혼수의 일부였으며 국민당이 내전에서 패하기 전 자금성에서 빼내 간 옥배추는 타이베이 고궁박물관에서 가장 귀하게 여기는 전시품 중 하나다. 무명의 창작자는 광물 소재의 다양한 결을 따라 안쪽의 녹색 부분은 배추의 구불구불한 겉잎으로, 가장 흰 부분은 부드럽고 싱그러운 줄기로 형상화했다. 옥으로 된 메뚜기와 여치가 배춧잎 위에 우아하게 앉아 있다. 창백한 줄기는 순결의 상징이고, 벌레들은 다산의 약속이다.

중국화에서 수채물감의 넓은 붓질로 표현하는 배추는 예술가의 현실적인 취향과 소박한 삶에 대한 갈망을 암시하는 인기 소재다. 바이차이白菜라는 이 야채의 이름은 '100가지 재물百財'처럼 들리기 때문에 길한 느낌을 준다. 엽서와 열쇠고리에도 흔히 등장한다. 런던에 있는 내 소파에는 현대적 버전의 배추가 있다. 부드러운 벨루어 소재로 된 배추 모양의 푹신한 쿠션인데, 디지털 프린팅한 진짜 같은 배춧잎을 똑딱이 단추로 떼어낼 수 있도록 되어 있다. 송나라의 시인 소동파가 "배추는 양고기나 새끼 돼지고기 같아서 투박한 척하지만 곰발바닥(최고의 진미)조차 뛰어넘는다"[1]고 한 것을 비롯해 수많은 문인이 시대를 넘어 배추를 칭송해왔다.

다바이차이만 해도 수많은 현지 품종이 있어 어떤 것은 짧고 뭉툭하고, 어떤 것은 커다랗고 길쭉한데, 이는 모두 십자화과 또는 겨자과에 속하는 방대한 배추 일족의 하나에 불과하다. '작은 하얀 배추(샤오바이차이小白菜)' 또는 박초이bok choy라고 불리는 청경채는 숟가락 모양의 잎이 달려 있는데, 어떤 것은 선명한 녹색이고, 어떤 것은 새하얀 줄기와 좀더 진한 색의 주름으로 이루어졌다. 매끈한 초이삼choy sum(菜心), 흐트러진 모양새의 갓芥菜, 한쪽 끝이 뾰족한 닭 염통 모양의 '지신바이雞心白', '겹겹이 싸인' 둥그런 양배추捲心菜, 중국 브로콜리라고도 불리는 에메랄드빛 제란芥蘭, 매운 겨자 싹도 있다. 상하이에서는 작은 청경채 잎을 특히 좋아해서 '닭털 야채'라는 뜻의 지마오차이雞毛菜라고 부른다. 배추속屬에 속하며 중국에서 수천 년 동안 먹어온 냉이薺菜의 조그만 잎도 마찬가지다. 냉이는 땅바닥에 넓은 꽃 모양으로 자생한다. 어리고 연할 때 땅에서 뽑아 먹는 현지의 수많은 배추 품종은 그저 '녹색 야채'라는 뜻으로 칭차이靑菜라고 부른다. 내 생각에 그중 쓰촨과 후난 사람들이 짧은 겨울철에 즐기는 차이타이菜薹보다 더 절묘한 것은 없다. 즙이 많은 유채 나물 새싹인데 자주색이나 녹색을 띤다. 서리가 내린 뒤 뽑으면 버터 같은 아주 기분 좋은 단맛이 나고, 거부할 수 없는 아련한 쌉싸름함이 균형을 잡아준다.

중국의 어떤 지역들은 연중 특정한 시기가 되면 글자 그대로 배추로 뒤덮인다. 한 세기 전 베이징 사람들은 오래된 후통 주택에 배추로 벽을 세웠다. 그 튼튼한 야채를 가득 쌓아놓고 겨울을 나기 위해서였다. 추수철이 되면 청두의 뒷골목은 온통 배춧잎으로 가득하다. 배춧잎을 빨래처럼 줄에 걸거나, 의자나 탁자, 심지어 세워둔 오토바이 위에 널어서 햇볕에 말린 다음, 소금과 향신료를 문질러서 항아리에 채워 저장한다. 발코니와 처마에 매달려 있는 수제 소시지나 바람에 말리는 고기처럼 겨울 풍경의 일부다.

십자화과의 대가족에 속하는 야채들은 잎사귀뿐 아니라 대와 두툼한 줄기까지 모두 생으로 먹거나, 말리거나 저장할 수 있어 귀한 대접을 받는다. 두툼하고 울퉁불퉁한 갓의 덩이줄기는 바람에 말린 뒤 양념하고 소금에 절여 기가 막힌 짜사이榨菜를 만든다. '눌러 짠 야채'라는 뜻의 이 음식은 충칭의 푸링涪陵이 유명하다. 녹색의 갓 잎은 통째로 소금물에 절인 뒤 나중에 끓여서 상큼한 신맛의 국과 조림으로 만든다. 이 품종의 다른 줄기들은 흑설탕과 향신료로 두 번 발효시킨 짙은 색의 야차이芽菜가 되어, 쓰촨의 콩줄기볶음乾扁四季豆과 탄탄몐에 특유의 감칠맛을 더해준다. 사오싱에서는 갓을 절인 뒤 햇볕에 말려 메이간차이霉乾菜를 만든다. 마마이트(맥주 이스트를 농축해서 만든 영국의 국민 스프레드—옮긴이)에 가까운 깊은 풍미의 이 저장식품은 아주 단순한 국물 요리나 볶음 요리도 맛을 확 살려주기 때문에 현지인들의 열렬한 사랑을 받고 있다. 절인 경수채는 '쉐차이雪菜'라고 불리며 상하이와 닝보 사람들이 국수에서 볶음 요리까지 두루 사용하는 겨울용 저장식이다.

방울양배추에 상응하는 쓰촨의 야채는 '아이 야채'라는 뜻의 '얼차이兒菜'다. 초록빛을 띠는 아삭한 '엄마' 줄기 위에 작은 '아이'들이 옹기종기 모여 있는데, 창백한 색의 섬세한 과육과 밝은 녹색의 머리 부분이 겨울철 별미다. 몇 년 전 청두의 기억에 남을 만찬에서 셰프 위보喻波가 또 다른 배추속 품종인 '곤봉 야채' 방차이棒菜의 각종 부분으로 실험한 네 가지 작은 요리를 정교한 중국 도기에 담아 차례로 선보였다. 창백한 방차이 과육을 얇게 썰어 새콤달콤한 드레싱을 곁들인 매끈하고 반투명한 요리, 쫄깃한 식감의 방차이 껍질 조각에 얼얼하고 매운 양념을 한 요리, 진한 국물에 방차이의 녹색 부분을 작게 깍둑 썰어넣어 끓인 조림, 그리고 마지막으로 방차이의 부드러운 끄트머리가 맑은 국물에 담겨 나왔다. 방차이에 대한 능숙하기 이를 데 없고, 경건하고, 맛있는 찬가였다.

배추속의 식물들은 신선한 야채와 절임으로 먹기도 하지만 매운 겨자로 만들기도 하고, 특히 쓰촨 지역에서는 유채씨를 구워 고소한 유채 기름을 추출한다. 지금까지는 배추속 식물에 관해서 이야기했을 뿐이다. 이외에도 중국인은 실로 엄청나게 다양한 풀과 야채를 먹는다. 상추는 어떤 것은 날로 먹기도 하고, 어떤 것은 볶아 먹기도 한다. 영어로 셀투스celtuce라고 부르는 대가 굵은 상추 품종 워순萵筍의 고소한 녹색 과육은 요리에 다양하게 쓰인다. 근대도 있고(근대는 '소가죽 야채牛皮菜'라는 달갑잖은 이름으로 알려져 있고, 한때 시골 음식으로 여겼다), 녹색과 자주색의 비름나물莧菜도 있다. 시금치도 보통의 시금치와 과육이 풍부한 황궁채落葵와 줄기가 빈 관 모양의 공심채空心菜로 나뉜다. 완두콩, 호박, 고구마, 구기자, 불수과 및 각종 식물의 연한 새순이 있고, 국화와 국화과의 식물인 마란터우馬蘭頭가 있다. 쇠비름도 있고, 명아주와 살갈퀴와 루콜라 같은 야생 풀도 있다.

고대 중국에서 가장 인기 있던 잎야채는 아욱(쿠이차이葵菜 혹은 둥한차이冬寒菜)이었다. 『시경』을 비롯한 여러 고전에 자주 등장한다. 당나라 시인 백거이가 「아욱을 삶으며烹葵」라는 시를 짓기도 했다.

가난한 집 부엌에 무엇이 있겠는가貧處何所有
밥 짓고 가을 아욱 삶는 정도다炊稻烹秋葵[2]

아욱은 나중에 배추에 밀려 현대 중국에서 거의 사라졌지만, 쓰촨에서는 아직도 소박한 국과 죽으로 끓여 먹는다. 아욱의 부채꼴 모양의 넓은 잎이 국물에 살포시 접혀들며, 그 부드럽고 미끌미끌한 식감은 마치 먼 과거의 한숨처럼 쓰촨 지역 테루아의 달콤한 숨결을 느끼게 한다. 코로나19로 인해 쓰촨에 갈 수 없던 시절, 런던 동부 집 근처 운하에서 아욱을 딸 수 있다는 걸 발견하고 나는 너무나 기뻐서 울음을 터뜨릴 뻔했다.

배추속의 배추 일족이 중국에서 가장 흔하고도 필수적인 야채라면, 양파와 마늘 일족인 톡 쏘는 파속屬이 그 뒤를 이어 높은 중요성을 갖는다. 배추속처럼 이 야채들도 수많은 품종으로 이루어진 대가족이다. 제일 중요한 실파小蔥는 영국의 파와 닮았지만 영국과 달리 뿌리 부분이 둥근 공 모양으로 자라지 않는다. 아직 가늘고 연할 때 잘게 썰어 고명으로 사용하며, 다 자라 굵고 거칠어지면 보통 요리에 향을 입히는 데 쓴다. 자오터우藠頭라고 부르는 염교는 뿌리가 둥글게 부풀며 보통 절임으로 만든다. 산둥성과 북방의 대파는 서양의 리크leek처럼 크지만 더 아삭하고 섬세하다. 캐러멜라이즈하여 현지의 유명한 해삼 요리蔥燒海參의 맛을 잡아주거나, 생으로 채썰어 베이징덕과 함께 먹기도 한다. 중국의 부추韭菜는 잎이 납작하고 파스타의 일종인 탈리아텔레 정도의 너비인데, 볶아 먹거나, 다져서 만두소로 쓰거나, 데쳐서 국수의 고명으로 올린다. 부추와 마늘의 꽃줄기는 모두 볶아 먹으면 맛있다.

다채로운 야채와 마늘류는 시작에 불과하다. 다양한 종류의 죽순이 있고, 감자, 토란, 무, 고구마, 참마, 곤약, 우엉과 같은 구근식물과 덩이줄기 식물이 있다. 호박과 마오과毛瓜와 같은 다양한 박과류도 있고, 목이와 송이 같은 버섯류도 있다. 해초도 먹는다. 질소를 잡아주는 작용으로 토양을 비옥하게 하는 식물 목서苜蓿의 클로버잎 같은 새순 차오터우草頭는 상하이 사람들이 사랑하는 식재료다. 백합의 꽃과 구근, 은행, 샹춘香椿나무 순, 염주말, 보랏빛의 고사리도 있다. 중국 역사 전반에 걸쳐 요리 전통은 해외로부터 수입된 식재료의 영향을 받아왔다. 밖에서 왔다는 뜻으로 여전히 '호胡'자를 넣어 후뤄보胡蘿蔔라고 부르는 당근, 토마토('서양 홍시西紅柿'), 고추(한때 '오랑캐의 고추'라는 의미로 판자오番椒라 불렸고, 쓰촨에서는 여전히 '바다 고추海椒'라고 부른다), 그리고 둥근 양파洋蔥('서양' 혹은 '바다 건너'의 파) 같은 것이 있다. 최근에 중국인들은 오크라와 아이스 플랜트와 불수과를 즐겨 찾는다. 중국에서 재배되고 소비되는 야채의 종수는 서양에 알려진 모든 야채와 과일을 합친 수를 훨씬 뛰어넘는다.³

중국인이 야채를 이토록 사랑하는 이유 중 하나는 어떻게 조리해야 하는지를 잘 알기 때문이다. 소설『1984』에 나오는 식으로 삶은 양배추보다 더 식욕을 떨어뜨리는 야채 요리도 없다. 야채의 색을 탁하게 하고 유황 냄새가 나는 불쾌한 속 맛을 끌어내는 방식으로 조리하기 때문이다. 서양에서는 야채를 너무 익히거나, 이상한 미덕을 보여준답시고 잔인하리만큼 날것으로 낼 때가 많다.(솔직히 케일이나 브로콜리를 날로 먹으면 뭐가 맛있나?) 무턱대고 삶거나 크림과 버터에 푹 절여서 내기도 한다. 하지만 중국에서는 야채의 고유한 속성에 맞게 조리법과 양념이 다양하고도 많다. 근대처럼 흙 맛이 강한 야채는 발효시킨 검은콩이나 더우반장으로 더 과감하게 양념을 하는 편이고, 옅은 맛의 배추는 고소한 육수, 진한 참깨장이나 향긋한 식초로 맛을 돋운다. 신선하고 연한 야채는 보통 살짝 데치거나 볶아서 열을 가하되 여전히 생기가 넘치도록 한다. 양념이 아삭한 느낌을 더해주되 압도하지는 않는다.

어쩌다보니 내 중국인 친구 중 한 명은 왜 중식당 메뉴에 있는 야채 요리가 그렇게 비싼지 영국인에게 설명하고 있었다. "여기 있는 야채들은 반찬이 아니라 요리예요." 좋은 중식당에서 볶은 야채 요리를 주문해보면, 보통 유럽 식당에서 요리 옆에 미안하다는 듯이 조금 곁들여 나오는 삶은 양배추나 시금치보다 양도 훨씬 더 푸짐하고 다른 요리만큼이나 정성 들여 조리해서 가져다준다. 살짝 조리한 녹색 야채는 그보다 더 진하고 요란한 요리를 잘 받쳐준다. 야채는 단순히 고기 한 덩어리에 곁들이는 이름 없는 '두 가지 야채'가 아니라, 거의 모든 식사에서 영양학적·미적 구조를 떠받치는 중요한 부분이다.

영국에서는 부유하고 교육 수준이 높은 사람들조차 정부가 권장하는 '하루에 다섯 가지' 과일과 야채를 제대로 먹지 못해 힘들어하곤 한다. 하지만 중국에서는 사람들이 그저 의무감으로 야채를 먹지 않는다. 맛있기 때문에 먹는다. 마늘과 발효 두부를 넣어 볶은 공심채를 마다할 사람이 어디 있을까? 생강이 흩뿌려진 제란은? 마른 고추와 식초를 넣어 불맛으로 볶아낸 배추는? 나는 중국에서 건설 현장의 이주 노동자들이 영국의 부유한 중산층 가정 사람들보다 훨씬 더 건강한 식사를 하는 모습을 보았다. 이들이 길거리 포장마차에서 가져온 점심 도시락에는 온갖 색의 신선한 야채를 포함한 열 가지가 넘는 요리가 담겨 있다. 고속도로 휴게소나 학교 식당의 식사도 마찬가지다. 19세기 스코틀랜드의 식물학자이자 채집가인 로버트 포천이 중국을 탐험하며 남긴 말은 오늘날에도 널리 적용될 수 있다. 그는 중국인의 음식은 단순하지만, "중국의 가장 가난한 계층도 음식 차리는 법만큼은 영국의 같은 계층보다 훨씬 더 잘 이해하는 것 같다"고 했다.[4]

중국인들은 또한 미식의 즐거움을 극대화하기 위해 야채를 고르고 재배하는 법을 아주 일찍부터 배웠다. 중국학자 프레더릭 모트 (1922~2005)가 설명했듯이 냉장 기술이 발명되기 전 유럽인들은 절인 양배추, 약간의 사과와 배와 덩이줄기, 케일이나 리크나 방울양배추 같은 내한성 작물만으로 "우울한 식사의 겨울"을 견뎠다. 반면 중국인은 다양한 야채를 겨울 내내 재배하는 법을 오래전에 터득해서 정기적으로 신선한 농작물을 먹을 수 있었다. "이들은 추위에 강한 채소를 찾아냈고, 집중 경작하는 채소밭을 서리로부터 보호하는 법도 생각해냈다. 짚 장판을 덮어두었다가 따뜻하고 볕 좋은 날에는 말아 올린다든지, 두껍게 깐 퇴비 위에 채소를 심는다든지, 그 밖에도 여러 방법이 있었다."[5] 19세기 중반 벨기에인들은 빛을 차단하고 치커리를 재배해 색을 연하게 만드는 방법을 발견했다. 중국인들은 이미 그보다 수 세기 전에 부추와 배추에 비슷한 방법을 써서 창백하고 빛나는 뛰어난 맛의 야채를 생산하고 있었다. 오늘날에도 중국 야채들은 전통 농산물 시장이건 슈퍼마켓이건 상관없이, 수상쩍을 만큼 누렇게 변하고 끝이 마른 채로 비닐 포장되어 있는 영국 슈퍼마켓 매대의 야채보다 대체로 더 신선하고 섬세하다.

  중국의 부자들은 항상 완벽한 과일과 야채를 구하는 데 집착해왔다. 황실에 사용하는 어떤 채소들은 적어도 한나라 때부터 24시간 불을 때 따뜻한 온도를 유지하는 기다란 헛간 같은 온실에서 키웠다. 온실에서 키운 작물은 열대 지역에서 근대 영국으로 공수되어오던 잘 익은 망고만큼이나 애지중지 다뤘다. 기원전 33년, 한나라의 관리 한 명이 이런 과도한 사치로 국고가 낭비되는 것을 우려해 제철이 아닌 실파나 부추와 같은 야채를 키우던 황실 온실을 폐쇄했고, 조정의 예산을 매년 수천만 금 절약할 수 있었다.[6] (현대 중국에서도 은밀한 유기농 농장들이 지배층과 부유한 엘리트들을 위해 농작물을 재배한다.[7]) 가장 악명 높은 사례는 당 현종의 후궁 양귀비가 기마병들을 이어 달리도록 시켜 따뜻한 남쪽으로부터 북방의 수도인 장안까지 자기가 먹을 과일, 리치를 가져오게 했다던 일이다.

  한번은 1월에 광저우에서 홍콩 친구들을 만나 만찬을 했는데, 식사가 끝날 무렵 식탁에서 감탄의 소리가 퍼져나왔다. 알고 보니 손님 중 한 명이 중국 북부에서 진귀한 요리를 갖고 날아온 참이었는데 그걸 맛볼 차례였던 것이다. 나는 무엇이 사람들에게 그토록 군침을 흘릴 만큼 기대감을 불러일으키는지 상상이 가지 않았다. 이미 뱀탕과 또 다른 두 가지 뱀 요리, 소금에 구운 닭, 탕수 숭어, 그리고 내가 그때까지 먹어본 것 중 가장 훌륭했던 생선 부레 요리를 즐긴 뒤였다.

초대 손님으로 나온 진미는 배추로 밝혀졌다. 물론 평범한 배추가 아니라 산둥성의 자오둥 반도에 있는 특별한 테루아에서 때마침 제철의 절정을 맞은 특별한 배추였다. 포장을 벗긴 배추는 마치 유명한 초대 손님처럼 전시되고, 얼러지고 칭찬받고 쓰다듬어진 뒤 조리를 위해 주방으로 보내졌다. 잠시 후 되돌아왔을 때는 갈색으로 변한 통마늘과 함께 부드럽게 끓여진 채로 커다란 뚝배기에 담겨 있었다.

서양의 중식당들은 중국 야채를 먹는 즐거움에 대해 제대로 알려주지 않는다. 메뉴에 있는 다양한 야채들은 하나하나 명시되어 있지 않고 종종 '제철 야채'라는 모호한 제목에 가려져 있다.(제철도 아니고 수입 야채일 때조차 그렇게 쓴다.) 그 이유 중 일부는 자기들 눈에 '곁들임으로 내는 배추'에 불과한 요리의 비싼 가격을 보고 멈칫하는 서양인이 아주 많기 때문이다. 한 중식당 주인은 제란과 각종 중국 야채들을 메뉴에 올렸더니, 온라인에 이 식당은 "맛이 쓰고 시든 야채"를 낸다는 비판적인 리뷰가 쏟아졌다고 했다. 부정적인 반응에 크게 데인 이 식당은 메뉴에서 흥미로운 야채를 모두 내리고 청경채 하나만 제공한다.

메뉴에서 내린 것 중 하나인 장즈제란姜汁芥蘭은 내가 오래도록 가장 사랑하는 요리 중 하나다. 제란의 선명한 녹색 줄기를 특유의 경쾌한 아삭함을 잃지 않을 정도로만 데친 다음, 은은한 사오싱주와 보석 같은 신선한 생강 조각들을 넣어 웍에서 센 불에 볶아낸다. 마지막으로 타원형 접시에 깔끔하게 쌓아 담으면, 짙은 잎사귀가 인어의 머리카락처럼 매끈하고 나긋하다. 그리고 그 맛이란! 다른 요리를 잔뜩 먹고 난 뒤 나오는 장즈제란의 섬세하고 파릇파릇하면서도 쌉쌀함이 느껴지는 풍미는 상쾌함을 안겨준다.

요즘 중국을 떠나 있을 때 가장 그리워하는 음식은 그 어떤 고급스러운 생선이나 해산물도 아니고 채소다. 쓰촨과 후난의 겨울 유채순, 상하이의 다진 냉이薺菜에 보이는 녹색 얼룩, 봄날의 자줏빛 비름나물莧菜에서 나오는 선명한 자홍색 즙을 간절히 그린다. 영국 우리 동네 슈퍼마켓의 한심하고 뻔한 농산물 코너를 살펴보고 있으면 더욱 그렇다. 1년 내내 지치지도 않고 브로콜리, 양배추, 어린 시금치뿐이다. 쓰촨의 동네 시장을 거닐고 있노라면 철마다 방금 수확한 아름답고 부드럽고 다양한 채소가 다소곳이 늘어서 있는 모습에 가슴이 뛴다.

강남 수향水鄉의 식재료

순채농어탕
춘루즈쓰

하얀 생선 조각이 작은 연두색 잎사귀와 함께 국물에 섞여 있다. 젓가락으로 잎사귀를 집어 들면 완전히 투명한 점액질로 덮여 있다. 입에 넣으면 윤기가 흐르고 매끄러운 것이 비단처럼 부드러운 생선 살과 완벽하게 어울린다. 강남 지역이 원산지인 수련과의 수초 순채莼菜의 어린잎은 오래된 별미로, 작은 타원형 잎이 호수와 연못의 표면을 덮고 자란다. 순채의 잎사귀는 매우 신선할 때만 독특한 점액에 싸여 있다. 순채농어탕, 즉 '춘루즈쓰莼鱸之思(순노지사)'라는 요리의 이름은 4세기 서진西晉 시기 이 지역 출신 관원인 장한張翰이 북방으로 파견되었을 때의 고사에서 유래한다. 고향인 쑤저우의 풍경 및 음식과는 매우 다른 북방의 넓은 밀밭과 기장밭에 둘러싸여 있던 그는 고향의 농어와 순채에 대한 그리움에 사로잡혀 관직을 버리고 고향으로 돌아갔다. 그 후로 '춘루즈쓰'는 단순히 탕 요리의 시적인 표현이 아니라 향수를 대변하는 단어가 되었다.

'춘루즈쓰'는 과거와 마찬가지로 오늘날에도 위미즈샹魚米之鄉, 물고기와 쌀의 땅이라 불리는 강남 지역에 잘 들어맞는 표현이다. 강, 운하, 개울, 습지, 호수, 논이 있는 강남은 온갖 종류의 수생 식재료와 지역 특산품으로 가득하다. 강남에서는 땅에만 농사를 짓는 것이 아니라 물에서도 경작한다.

하루는 아다이가 나를 데리고 장쑤성에 있는 공급 업체 한 곳을 방문했다. 도로 옆에 차를 세워두고 언덕으로 둘러싸인 광활한 평원으로 걸어 나갔다. 그곳은 전체가 길쭉한 형태의 큰 연못들로 나뉘어 있었다. 풀숲 두렁 사이로 잔잔하게 반짝이는 물이 펼쳐져 있고, 수면에 둥근 잎사귀들이 떠 있었다. 어떤 것은 위성 접시 안테나만 했고 어떤 것은 큰 탁자만 했다. 잎사귀마다 볼록한 주름이 잡혀 있어 마치 입체 산악 지도 같았다. 잎새 사이로 아래쪽 줄기가 슬쩍 보였는데, 줄기 끝마다 새 부리처럼 뾰족한 형태의 기묘한 둥근 열매가 달려 있었다. 풍경 전체가 너무 초현실적이어서 마치 다른 세상에 온 것 같았다.

밀짚모자를 쓰고 긴 장화를 신은 농부가 허벅지까지 물이 차오른 진흙탕을 헤치며 우리에게 다가와 웃으며 인사한다. 그의 팔에는 바구니가 들려 있었다. 그는 물속을 뒤적거려 열매를 확인한 다음 날카롭게 깎은 대나무 칼로 잘라냈다. 오렌지만 한 진흙투성이의 동그란 열매는 옅은 녹색의 '부리' 부분을 제외하고는 전체적으로 갈색빛을 띠고 있었다. 농부가 바구니를 가득 채운 다음, 우리는 여성들이 삼삼오오 모여 앉아 열매를 가공하고 있는 건물로 함께 걸어갔다. 여성들이 손으로 열매를 가르니 하얀 속살 안에 체리만 한 갈색 씨앗이 가득 들어 있었다. 또 다른 여성들은 긴 테이블에 앉아 엄지손가락에 뾰족한 금속 골무를 끼고 씨앗을 조심스레 열어 진주만큼 작은 상아색 알갱이를 뽑아내고 있었다. 테이블 위에는 '작은 진주'로 가득한 물그릇이 여러 개 놓여 있었다.

수확하는 데 품이 많이 드는 이 씨앗은 가시연Euryale ferox의 열매인 가시연밥 '첸스芡實'다. 중국에서는 수 세기 동안 수중 인삼으로 불린 강장식품이고, 영어로는 폭스 너트fox nuts 혹은 고르곤 열매Gorgon fruit라고 부른다. 열매의 '부리' 모양 때문에 '지터우미雞頭米'라고도 하며, '쑤저우 병아리콩'으로 잘못 번역되기도 한다. 과거에는 기근이 들었을 때 일반 곡물 대신 녹말이 많은 이 씨앗을 먹기도 했지만, 요즘에는 고급 강장식품으로 알려져 있고, 쫄깃한 식감으로 인기다. 보통 탕이나 죽에 넣어 먹는다. 우리가 방문한 농장의 주인인 장푸디는 "땅콩이랑 말린 대추를 물에 담갔다가 대추가 부풀어 오를 때까지만 뭉근하게 끓인 다음, 가시연밥과 약간의 설탕을 넣어 드세요. 이렇게 하면 땅에서 나는 땅콩, 나무에서 나는 대추, 물에서 나는 가시연밥을 모두 먹게 되는 겁니다"라고 말했다.

영국에서 일반적으로 먹는 유일한 담수 식물은 물냉이(크레송 watercress)뿐이다. 그러나 중국의 강남 지역에서 가시연은 수많은 수생 식물 중 하나일 뿐이며, 그중 어떤 것은 이 지역에서 수천 년 동안 식용되었다. 많은 식용 수생 식물이 놀랍도록 아삭하거나, 매끄럽거나, 쫄깃한 식감을 가지고 있다. 입안에서 펼쳐지는 하나의 완전한 아름다운 신세계다. 서양에서는 별맛 없이 아삭거리는 식감으로 익숙한 통조림 음식 물밤(비치荸薺)을 신선할 때 먹으면 천상의 아삭거림과 섬세한 단맛을 느낄 수 있다. 중국에서는 종종 광택이 있는 갈색 껍질을 벗겨내고 대나무 꼬치에 꽂아 과일처럼 먹기도 한다. 물밤에 비해 덜 아삭거리고 밤과 비슷한 맛이 나는 마름 열매(링자오菱角)도 있는데, 조각처럼 매끄러운 곡선에 양쪽 끝에 뿔이 솟아 있는 이상한 모양이 마치 흡혈박쥐처럼 보인다.(이 수생 식물의 원난 지역 품종은 더 작고 녹색이며, 매우 날카로운 가시가 있어 껍질을 깔 때 손을 베일 수 있다.) 마름 열매의 탄 찌꺼기가 중국의 신석기 시대 정착지 주변에서 발견되었다.[1]

가장 다재다능한 수생 식물은 연이다. 연못 바닥의 진흙에서 솟아오르는 순백의 연꽃은 불교의 깨달음을 상징하는 꽃으로 오랫동안 사랑받아왔다. 연은 거의 모든 부분을 먹을 수 있다. 진흙 속에서 파낸 뿌리인 연근은 쫄깃하고 아삭아삭하며 과즙이 풍부하고, 얇게 썰면 작은 구멍이 뚫린 아름다운 원형 무늬가 된다. 연꽃의 씨앗인 연밥蓮子은 '아들을 연달아 낳는다'라는 의미의 '렌쯔連子'와 발음이 같아서 다산을 기원하며 먹는다. 가느다란 꽃줄기는 볶아 먹거나 장아찌로 먹고, 향기로운 연잎은 쌀이나 고기를 싸서 찜 요리를 할 때 사용한다. 연꽃 자체도 먹을 수 있다.

강남 지역의 사람들은 물을 밭처럼 여기며 물 위를 떠다니거나 물

속에서 자라는 수중 작물을 수확한다. 순채 외에 당연히 물냉이도 있고, 중국 토종의 셀러리라고 할 수 있는 미나리水芹, 물쑥(루하오蘆蒿), 공심채 등도 있다. 부들의 어린싹인 부들나물(푸차이蒲菜)은 오래된 별미로, 탕으로 끓여 먹는다. 가장 놀라운 것은 아마 줄풀 줄기茭白, *Zizania latifolia*가 아닐까 싶다.[2] 먼 옛날에는 이 수초의 검은 씨앗을 곡물로 먹기도 했는데 줄풀 쌀 혹은 와일드 라이스라는 이름에도 불구하고 쌀과는 전혀 관련 없는 수생 식물이다. 약 2000년 전인 한나라 때, 사람들은 줄풀이 일종의 깜부기균에 감염되면 줄기가 굵은 새싹처럼 부풀어 오르는데 식감이 부드럽고 아삭해, 이 상앗빛이 나는 줄기로 다양한 요리를 만들 수 있음을 발견했다. 나중에 중국인은 줄풀 쌀을 거의 먹지 않게 되었지만, 줄풀의 통통한 줄기는 죽순의 부드러운 사촌쯤으로 여겨 중국 남부에서 인기 있는 식재료의 하나가 되었다.(줄풀의 줄기가 아직 연할 때 수확하지 않으면 깜부기균이 줄기 전체에 퍼져서, 껍질을 벗기면 모든 것이 검은 포자 가루가 되어 흩어져버린다.) 강남 이외의 지역에서도 다양한 수생 작물을 식용하고 있다. 예를 들어 윈난성의 얼하이洱海 호수 주변에서는 '하이차이海菜'라는 해조류를 먹는데, 작고 하얀 꽃이 핀 채 물에 유유히 떠 있는 줄기가 정말 길어서, 볼 때마다 '라푼젤 야채'라고 부르고 싶어진다.

 강남 사람들은 수생 식물 외에도 실로 다양한 식용 수생 생물을 먹는다. 닝보寧波와 저우산舟山 군도 주변 해역은 중국에서 가장 풍부한 어장 중 하나로 참조기, 은백색의 갈치와 병어, 고등어, 가자미, 청어, 매퉁이, 준치, 장어, '갯벌 바닥을 튀어오르는' 말뚝망둥어 등 수백

종의 어패류와 갑각류가 서식한다. 사나운 턱을 가진 봄베이덕Bombay duck은 영어 이름과는 달리 두부처럼 부드러운 살을 가진 생선으로, 현지에서는 '두부물고기豆腐魚' 혹은 '용머리물고기龍頭魚'라고 부른다. 갑오징어, 문어, 모래장어, 조개, 꼬막, 바지락, 홍합, 게와 갯가재. 심지어 개불海腸(영어로는 the spoon worm 또는 penis fish라고 불린다)과 현지에서는 '부처님의 손이라는 뜻의 포서우뤄佛手螺'로 불리는 거위목따개비 같은 호기심을 자극하는 해산물과 김, 파래, 다시마 같은 각종 해조류가 있다.(영국은 1840년대에 저우산을 식민지로 삼으려 했으나 결국 홍콩을 대신 가진다.)

내륙의 강에서도 다양한 종류의 잉어, 쏘가리, 메기, 은어, 거북이, 논장어와 미꾸라지, 거대한 민물조개, 민물 새우, 민물 게 등 많은 종류의 어패류와 갑각류가 잡혔다. 댐과 강의 오염으로 인해 더 이상 볼 순 없지만, 한때 양쯔강에는 웅어, 준치, 복어, 양쯔강 철갑상어, 심지어 양쯔강 돌고래도 서식했다. 중국에는 허셴河鮮이라는 분류가 있는데 영어에는 따로 용어가 없는 민물 수산물을 지칭하는 것으로, 바다 수산물인 하이셴海鮮과 구별하여 부른다. 인기가 많은 허셴 중에는 극작가 이어가 그토록 격하게 찬미했던 털게도 있다. 강남에서는 어류와 해산물을 말리거나 소금에 절이기도 하고, 일부 지방에서는 발효시켜 조미료로 만들기도 한다. 저장의 소금에 절여 말린 생선을 샹鯗이라고 부르는데 조림 요리와 찜 요리에 넣으면 톡 쏘는 향과 깊은 감칠맛이 더해진다. 다른 감칠맛 나는 조미료로는 말린 새우 알과 생선젓, 새우젓 등이 있다.

중국에서는 고대로부터 민물고기, 특히 잉어를 귀히 여겼다. 황허 강 유역의 신석기 시대 유적지에서는 물고기 도안이 장식된 항아리와 함께 낚시 도구가 발견되었다.[3] 고대 민간 시가 모음집인 『시경』에는 13종의 물고기가 언급되어 있다. 잉어는 주나라 때부터 연못에서 양식되었다. 후대의 작가들이 묘사한 바에 따르면, 주나라 궁정의 거대한 요식 관련 조직에는 300명 이상의 어부와 거북이, 조개 같은 어패류 및 갑각류를 잡는 담당관(볘런鱉人)이 있었다.[4] 물고기를 뜻하는 위魚와 '여유'를 뜻하는 위余의 발음이 같기 때문에 중국에서 물고기는 행운을 상징한다. 그래서 생선을 통째로 요리해내는 것은 새해를 축하하는 저녁 식탁에 빼놓을 수 없다.(새해 인사인 녠녠요위年年有魚, 年年有余는 각각 '매년 물고기 요리를 먹는다'는 말이자 '매년 (경제적으로) 여유롭다'라는 뜻이다.) 중국의 농가를 방문했을 때 생선 요리를 하고 난 후 행운의 상징인 물고기 꼬리를 트로피처럼 벽에 걸어둔 것을 본 적이 있다.

생선은 중국 전역에서 식용되지만 특히 남부에서는 식단의 중심이었다. 마을 주민들은 공동 연못에서 잉어를 기르며 1년에 한 번씩 물을 빼 물고기를 나눠 갖고, 연못 바닥에서 퍼낸 퇴적물은 밭에 거름으로 뿌렸다. 물이 가득한 논에는 장어, 게, 미꾸라지가 숨어 있었다. 담수 생물은 야생에서 잡히기도 했지만, 호수와 연못이 곳곳에 있고 강과 개울, 운하로 연결된 경작지 구석구석에서 집약적인 농업 시스템의 일부로 양식되기도 했다. "산에 살면 산을 먹고, 물가에 살면 물을 먹는다靠山吃山, 靠水吃水(자신이 처한 상황을 활용하여 대처한다는 뜻—옮간이)"라는 옛 중국 속담처럼 말이다.

마르코 폴로는 13세기 후반 항저우를 방문했을 때 "의심할 여지 없이 세계에서 가장 아름답고 화려한 도시"라고 묘사했다. 항저우는 시후호와 바다로 흘러가는 큰 강 사이에 위치해 있다. 사람들은 육로와 수로를 비등하게 활용하며 도시 곳곳으로 이동했고, 약 1만2000개의 다리가 있는 데다 셀 수 없이 많은 배가 다니며, 신선한 식재료가 넘쳐나는 시장이 있는 도시였다. "이 도시는 바다에서 40킬로미터 떨어져 있으며 매일 대량의 바다 생선이 강을 통해 도시로 운송된다. 또한 호수에서도 계절에 따라 다양한 종류의 담수어가 잡혀서, 마땅한 직업이 없는 이들에게 물고기를 잡는 일자리를 지속적으로 제공하고 있다. 판매되는 양 또한 어마어마해서 절대 다 팔 수 없을 거라고 생각했지만 몇 시간 만에 깨끗하게 다 팔렸다."[5]

한번은 아다이와 그의 동료들과 함께 식당에서 사용할 생선을 가지러 나갔다가, 여러 호수가 만나는 곳의 가장자리에 정박해 있는 긴 거룻배를 탄 어부 노인을 만났다. 그는 빛바랜 파란색 면옷을 입고 배 위에 앉아 긴 낚싯줄에 지렁이를 인내심 있게 매달고 있었다. 주름진 그의 구릿빛 얼굴은 온화하고 평온해 보였다. 그의 앞에는 이가 나간 법랑 찻잔이 놓여 있었고, 캐노피 지붕 아래로는 잘 개어놓은 침구류와 햇살과 비를 막을 수 있도록 구부러진 대나무 판들이 매달려 있었다. 선반 위에는 낡은 전자시계와 대나무로 만든 효자손, 껍질을 벗긴 콩 한 그릇이 놓여 있었고, 달력도 걸려 있었다. 그는 자기 아버지와 할아버지처럼 50년 넘게 어부로 살았다고 했다. 자기 부모처럼 평생을 배 위에서 살았고, 그의 자녀들 역시 모두 배 위에서 키웠다. 그리고 이제는 그와 아내만 남았다.

그는 그의 가계에서 마지막 어부일 뿐만 아니라 사라져가는 삶의 방식을 이어가는 마지막 한 명이기도 했다. 항저우의 시후호, 상하이의 쑤저우강, 쑤저우와 사오싱의 수많은 운하와 수상 도시에서 볼 수 있었던 선민船民과 수상 상인은 모두 사라졌고, 시골 오지에 소수가 남아 있을 뿐이다. 도시와 마을에서는 관광객과 추억을 남길 수 있는 경치 좋은 구간 몇 곳을 제외하곤 대부분의 운하가 메워진 지 오래다. 장쑤의 한 양어장 주인은 내게 아들이 그 또래들처럼 "투망질(사왕撒網)보다 인터넷 서핑(상왕上網)을 더 좋아한다"고 말했다. 하지만 강남의 음식에는 여전히 수향水鄕 생활의 유산이 남아 있다.

사람들은 "중국인은 하늘을 나는 모든 것, 땅을 뛰어다니는 모든 것, 물속을 헤엄치는 모든 것을 먹는다"고 농담하곤 한다. 나는 이렇게 말하고 싶다. 중국인은 하늘과 땅과 물에서 '자라는' 거의 모든 것을 먹는다. 중국의 모든 지역에서 사람들은 주변의 호수, 연못, 초원, 황토 평원, 사막, 숲 등에서 식용 가능한 것을 찾는다. 남부 지역의 수산물을 활용한 요리는 무한한 식도락 호기심과 극한의 생물 다양성이 만나면 어떤 일이 일어나는지 보여주는 하나의 예일 뿐이다. 해산물이라면 송어, 물냉이, 연어, 대구, 해덕haddock, 굴 정도만을 먹는 영국인에게는 분명 곱씹어 생각해볼 만한 일이다.

놀라운 보물상자
콩

마파두부
마포더우푸

중국에서 중화요리를 연구하다보면 남성들에게 둘러싸이는 일이 많다. 1990년대 쓰촨고등요리학교에 다닐 때 나는 우리 반의 연수생 50명 중 단 세 명뿐인 여성 중 한 명이었다. 그 이후로도 대부분의 시간을 대체로 남성 셰프들과 어울리며 보냈다. 여성은 냉채 요리를 준비하고 만두를 빚는 조용하고 인내심을 요하는 작업에 배치될 수 있지만, 활활 타오르는 불과 향신료를 사용해서 빠르고 드라마틱하게 요리하는 웍의 주인은 거의 늘 남성이었다. 역사적으로도 중국에서 가장 유명한 요리사와 미식가들 역시 대부분 남성이었다. 이런 이유로 나는 주방 위계질서의 정점에 오르거나 문학작품 혹은 전설에 등장하는 소수의 여성 요리사에게 특별한 애정을 품고 있다. 그중 한 명이 유명한 쓰촨 요리인 마파두부麻婆豆腐를 처음 만든 천 부인이다.

'마맛자국이 있는 천 부인이라는 뜻의 천마포陳麻婆'라는 애칭으로 불리는 그녀는 19세기 후반 청두 북쪽의 완푸차오萬福橋 근처에서 식당을 운영했다. 그녀의 식당은 도시의 시장으로 유채 기름을 실어 나르는 일꾼들이 식사하던 곳으로, 천 부인은 이들에게 루비처럼 붉은 고추 기름과 얼얼한 맛의 제피를 듬뿍 넣어 푸짐한 두부찜을 끓여주곤 했다. 이 요리의 인기가 매우 높아 현지에서 모르는 사람이 없게 되었다. 청두에는 아직도 천 부인의 이름을 딴 식당 체인이 남아 있을 정도로, 그녀는 사후에 의도치 않게 두부의 매력을 전 세계에 전파하는 데 누구보다 큰 공헌을 했다.

최근까지도 서양의 대다수 사람은 두부를 채식주의자가 고기 대신 어쩔 수 없이 먹는 따분한 음식 정도로 여겼다. 환경 문제로 인해 동물성 단백질의 섭취를 줄여야 한다는 인식이 확산되면서 더 많은 사람이 두부를 소비하고 있다. 하지만 마파두부는 동아시아 음식을 접해본 적이 없는 사람들에게 두부가 환경적으로 가치 있을 뿐 아니라 정말 맛있을 수 있다는 것을 꾸준히 보여주는 요리다. 과연 누가 천 부인의 창작품을 거부할 수 있을까? 강렬한 고추장, 발효 콩, 마늘, 생강이 섞인 진한 소스 속에서 살짝 떨리는 듯 부드러운 두부, 거기 얹은 다진 소고기 몇 조각, 마지막으로 입술 위에서 재즈를 연주하는 듯한 제피 가루를 뿌리는 것까지……. 온전한 사람이라면 이 두부 요리가 싱겁고 재미없다고 비난할 수는 없다. 언제나 고기를 먹어야 하는 우리 아버지조차 마파두부를 한껏 즐긴다.

마파두부는 중국의 음식 문화에서 콩의 중요성을 생생하게 보여주는 사례이기도 하다. 이 요리에 사용되는 콩을 나열해보자. 대두黃豆를 간 두유를 응고시켜 만든 두부, 누에콩을 발효시켜 만든 매콤한 쓰촨 더우반장과 검은콩을 발효시켜 만든 더우츠豆豉까지 세 종류의 콩이 사용된다. 어떤 사람들은 간장을 약간 넣기도 하는데, 간장 역시 대두를 발효시켜 만든다. 마파두부에서 콩은 단백질을 제공하는 주재료이자 풍미를 더하는 역할까지 한다. 원한다면 여기에 녹두의 새싹인 숙주나물볶음과 맛있는 콩나물국까지 곁들여 낼 수도 있다. 그러면 쌀밥을 제외하고 모든 주재료가 콩인 완전한 한 끼 식사가 된다.

중국인은 다양한 종류의 콩을 먹지만 대두의 중요성을 따라올 콩은 없다. 대두는 유제품과 같은 종류의 영양을 제공하지만 훨씬 더 경제적이다. 대두는 다른 콩류보다 단백질이 두 배나 많고 인체 건강에 필수적인 모든 아미노산을 우리 몸이 흡수하기에 적절한 비율로 갖고 있다. 또한 축산업에 비해 자연환경에 끼치는 악영향이 훨씬 덜하다. 1리터의 우유를 생산하려면 같은 양의 두유를 생산할 때보다 스무 배 이상의 물과 열두 배의 토지가 필요하다. 탄소 배출량도 두유보다 세 배가량이나 많다.[1] 최근 몇 년 동안 서방의 평론가들은 아마존 열대우림을 개간해서 유전자 조작 콩 같은 단일 작물을 재배하는 것에 대해 우려하고 있다. 이러한 파괴적인 농업은 육류를 갈망하는 전 세계적인 수요에 따른 결과로 전통적인 동아시아의 콩류 식품 생산과는 거리가 있다. 전 세계에서 재배되는 대두의 4분의 3 이상이 고기 생산을 위해 사육되는 소, 돼지, 닭의 사료로 사용되는데, 이는 매우 비효율적인 단백질 생산 방식이다.[2] 나머지 4분의 1의 대부분은 바이오 연료와 산업용 오일을 만드는 데 사용된다. 이와 대조적으로 중국에서 대두는 유제품이 거의 없고 육류 소비가 적은 전통 식단의 중심 역할을 해 영양의 균형을 잡아주었다. 또한 화학비료가 등장하기 전 중국의 농업 시스템이 어떻게 단위 토지당 더 많은 인구를 부양할 수 있었는가를 설명해주기도 한다. 기후변화라는 무서운 격변에 직면한 세상에서 대두는 우리 모두의 생존을 위한 해결책 중 하나가 될 수 있다.

대두는 또한 동아시아와 서양 음식 문화의 결정적인 차이를 보여준다. 콩과 렌틸콩이 널리 식용되고 있음에도 불구하고, 서양에서는 콩을 발효시킨다는 생각을 해본 적이 없는 듯하다.[3] 고대 유럽에서는 우유로 치즈를 만들고, 고기로는 다양한 종류의 가공육을, 야채로는 피클을, 포도로는 와인을, 곡물로는 맥주를 만들었지만, 콩·완두콩·렌틸콩은 가공하지 않은 자연 상태 그대로 신선한 콩을 요리하거나, 말린 콩은 물에 불려서 사용했다. 콩을 발효시켜 풍미를 더하는 방법을 연구한 적이 없었고, 17세기까지 대두에 대해 전혀 알지 못했다.

대두는 17세기 일본과 교역하던 네덜란드 상인들이 인도에 간장을 소개하면서 서양에 처음 알려졌다.(일본은 중국으로부터 간장 제조 기술을 습득했지만, 유럽의 모든 언어에서 대두를 뜻하는 'soybean'이라는 단어는 간장을 뜻하는 일본어 '쇼유醬油'에서 유래했다.) 19세기 초에 드디어 대두과 식물이 유럽에 소개되었으나 몇몇 식물원에서 원예적 호기심으로 재배되었을 뿐이고, 서양에서는 20세기 초에 이르러서야 기름

추출이나 동물 사료를 주목적으로 작물로 재배했다. H. T. 황이 지적했듯이, 작물로서 대두를 보는 서양의 관점은 수천 년 동안 대두를 활용해왔던 동아시아의 방식과는 아무 상관이 없다.

중국에서는 기원전 1000년경부터 대두를 재배하기 시작했으나, 중국뿐 아니라 결국 일본과 한국의 식단까지 완전히 뒤바꾼 것은 대두를 발효시킨다는 대담한 혁신, 그리고 훨씬 나중에 두부의 제조가 이루어져 생겨난 결과였다.

대두 자체는 식재료로서 전혀 매력적이지 않아 보인다. 어린 녹색 콩은 간단하게 익혀서 먹을 수 있지만, 다 익은 대두는 방어성 화학 물질이 가득해 소화가 거의 되지 않는다. 말린 대두는 몇 시간 동안 불리고 삶아야 겨우 맛을 낸다. 제대로 익히지 않으면 콩에 함유된 화합물이 영양 흡수를 방해하고, 복부 팽만감을 유발하며, '풀, 페인트, 판지, 썩은 지방'을 연상시키는 냄새가 난다.[4] 고대 중국인들은 처음에 대두를 죽을 쑬 수 있는 곡물의 하나로 여겼지만, 주로 가난한 사람들이 먹었고, 아무도 대두를 우선적으로 택하지 않았다. 그러나 이 보잘것없던 콩은 뛰어난 맛과 식감과 함께 지구상에서 가장 풍부한 식물성 단백질의 공급원이 될 수 있는 놀라운 보물상자였다. 중국인에게 대두는 그저 곡물이 아니라 단백질, 야채, 장아찌, 양념, 조미료, 음료, 심지어 푸딩도 될 수 있다.

현대의 간장은 중국을 대표하는 조미료가 되어 전 세계 주방에서 볼 수 있다. 간장을 만들려면 먼저 대두 또는 검은콩을 불린 후 쪄서 통밀가루와 섞어 메주로 만들어 띄우는데, 어둡고 따뜻하며 습한 환경에 두어 누룩곰팡이나 고초균이 자라게 한다. 항아리에 곰팡이가 핀 메주와 소금과 물을 섞어 그대로 두면, 발효와 숙성을 거치면서 곰팡이가 효소를 만들어내고 효소가 콩 단백질은 맛있는 아미노산으로, 콩기름은 지방산으로, 전분은 당으로 분해한다.⁵ 간장이 숙성되면서 더 많은 화학반응이 연쇄적으로 일어나 맛있는 풍미의 집합체가 만들어진다. 간장의 특성은 간장을 만드는 데 사용되는 대두와 밀의 비율에 따라 달라진다. 중국의 전통 간장에는 대두가 더 많이 사용되어 색이 짙고 진한 맛을 낸다. 반면 일본간장은 대두와 밀을 거의 같은 비율로 사용하기 때문에 더 밝고 달콤하며 톡 쏘는 맛이 난다.

발효가 다 되면 메주를 걸러내는 전통적인 방법은 메주 항아리 중앙에 대나무로 엮은 통을 넣어 메주를 가장자리로 밀어내고, 통에 무거운 추를 달아 떠오르지 않도록 하는 것이다. 그러면 간장이 대나무 통 안으로 스며들어 밑으로 모이고, 국자로 퍼낼 수 있게 된다. 광둥 사람들은 처음에 나온 묽은 간장을 성처우生抽('갓 뽑아낸 간장' 또는 옅은 간장), 나중에 나오는 진한 간장은 라오처우老抽('숙성된 간장' 또는 진한 간장)라고 부른다. 간장은 판매 전에 발효를 멈추기 위해 일반적으로 저온 살균한다.

간장의 기원은 명확하지 않지만, 공자 시대 이전인 2000여 년 전, 통칭해서 '장醬'이라 부르는 걸쭉한 발효 소스를 만드는 전통문화에서 발전한 것으로 알려져 있다. 전설에 따르면, 중국의 여신 서왕모西王母가 처음으로 간장을 만들었다고 하는데, 그녀는 한 무제에게 '연주운

장連珠雲醬' 및 기타 이국적인 조미료 만드는 법을 가르쳐주었다고 한다.6 장은 고대 중국에서 가장 중요한 조미료로, 고전 문헌인 『주례周禮』에는 100가지 장류가 언급되어 있다. 장 외에도 고대 중국인들은 더우츠豆豉를 즐겨 먹었다. 더우츠는 현대 중국의 슈퍼마켓에서 쉽게 구할 수 있는데, 검은콩을 통째로 발효시킨 것으로 마파두부나 더우츠장豆豉醬을 만드는 데 사용된다. 현대 중국에서 엄청난 인기를 누리고 있는 '라오간마老乾媽' 브랜드의 각종 조미장에도 더우츠를 사용한다. 약 2000년 전인 한나라 때, 더우츠는 '장'과 마찬가지로 중요한 상품 중 하나였으며,7 놀랍게도 그 시대의 무덤에서 출토된 검은콩은 오늘날 판매되는 것과 똑같이 생겼다.

원래 걸쭉한 형태의 장은 잘게 다진 고기나 생선에 술, 소금, 그리고 때로 곡물에 곰팡이균을 띄운 발효제를 섞은 후 항아리에 담아 밀봉해서 발효시킨 것이다. 이렇게 발효시킨 장은 기장이나 다른 주식과 함께 곁들이는 반찬이나 렐리시로 먹었다. 시간이 지나면서 사람들은 고기 대신 곧잘 콩으로 장을 만들었고, 식탁에 올리는 렐리시가 아닌 부엌에서 조미료로 더 많이 사용했다. 간장이 등장하기 전까지 걸쭉한 형태의 장은 중국의 부엌에서 최고의 위치를 차지하고 있었다. 7세기 학자 안사고顏師古는 음식에서 '장'의 역할은 장수가 군대를 이끄는 것과 같다고 주장했다. 나중에 '장'은 장작, 쌀, 식용유, 소금, 식초, 차와 함께 '일곱 가지 생필품'으로 자주 언급된다. 주로 대두나 밀로 만든 다양한 형태의 '장'이 중국에서 여전히 사용되고 있지만, 요즘에는 간장에 비해 그 역할이 크게 줄어들었다.

대두로 만든 메주를 소금물에 담가 발효시킨 후 걸러내어 만든 풍미 가득한 액체인 간장이 언제부터 조미료로 사용되기 시작했는지는 분명하지 않다. 6세기 북위北魏의 관료였던 가사협이 편찬한 농업서 『제민요술齊民要術』에는 간장의 전신이라고 할 수 있는 세 가지 조미료가 언급되어 있으나, 아쉽게도 구체적으로 어떻게 만들어졌는지에 대해서는 전혀 언급이 없다.[8] 간장('장요醬油'는 문자 그대로 '장의 기름'이라는 뜻이지만 기름은 아니다)이라는 명칭이 처음 등장한 기록은 13세기 송나라 시인 임홍林洪이 쓴 요리책 『산가청공山家淸供』이다. 임홍은 이 책에서 부추, 죽순, 고사리 등의 식재료를 간장으로 조리하는 네 가지 방법을 소개하고 있다.[9] 송나라 말기에 이르면 간장이라는 용어가 널리 통용된다. 현대 중국요리의 많은 주요 특징이 집대성되던 화려한 요리 혁신의 시기였다. 상대적으로 '신예'였던 간장은 이후 몇 세기 동안 중국의 주방에서 기존의 '장'을 대신해 사용되기 시작하다가, 18세기 말에는 완전히 그 자리를 차지했다.

발효시킨 대두와 기타 콩류는 단백질의 훌륭한 공급원이었을 뿐 아니라 풍성하고 거의 고기와 같은 풍미를 요리에 더해, 채식 위주의 식단을 전반적으로 맛있게 만들었다. 찐 가지를 간장에 찍어 먹는 것만으로 메인 요리가 될 수 있다. 더우츠를 넣고 잎사귀 야채를 볶으면 풍성하고 만족스러운 요리가 만들어진다. 이런 요리들은 강한 맛의 짠 발효 식품과 부드럽고 신선한 재료를 함께 요리해 풍미를 높이는 일상적인 중화요리 기술의 전형적인 사례다. 중국식 표현으로 '선함합일鮮咸合一' 즉 '신선함과 짠맛이 결합된' 요리다. 마파두부에 약간의 다진 고기를 넣는 것이 전통적인 조리법이긴 하지만, 넉넉하게 넣은 쓰촨 더우반장과 더우츠가 충분히 맛을 내고 있기 때문에 다진 고기가 없더라도 무방하다.

▼

쓰촨성의 성도인 청두에서 멀지 않은 화이위안懷遠에 사는 왕슈팡과 그녀의 남편 푸윈중은 전통적인 방식으로 두부를 만들고 있다. 커다란 철제 냄비 위에 나무 막대기를 가로질러놓고 그 위에 무거운 돌 두 장을 포개놓은 맷돌이 올려져 있다. 왕이 물에 불린 대두와 물을 국자로 떠서 윗돌 위 뚫린 구멍에 붓고 나무 손잡이를 돌린다. 윗돌과 아랫돌 사이에서 콩은 으깨지고 갈리면서 두유가 아랫돌의 측면을 따라 천천히 흘러내려 나무 막대기 아래 냄비에 잔거품을 내며 고인다. 왕이 콩을 모두 갈고 나면, 푸는 맷돌을 치우고 아궁이에 장작을 넣어 불을 붙인다. 장작이 바스락거리는 소리를 내며 타오르고, 왕은 리드미컬하게 두유를 저으면서 끓인다.

둘은 함께 뜨거운 두유를 무명천 주머니에 걸러내고, 다시 냄비에 담아 끓인다. 두유가 부글부글 뭉근하게 끓기 시작하면 왕은 젓가락으로 표면에 생긴 나이피奶皮를 건져내고, 간수를 조금씩 넣으면서 저어준다. 그러자 구름처럼 몽글몽글 응어리가 만들어지기 시작했다. 왕이 냄비를 뚜껑으로 덮고 몇 분 더 있으니 두부가 완성되었다. 젓가락을 화살처럼 냄비에 던져서 두부 덩어리 사이에 꽂혀서 똑바로

서 있으면 다 된 것이라고 푸가 내게 알려줬다. 왕은 커다란 칼로 두부에 다이아몬드 모양으로 선을 그은 다음, 점심으로 먹을 두부를 조금 폈다.

곧 우리는 다 같이 식탁 주위에 모여 앉았다. 식탁 중앙에는 두부 덩어리가 가득 담긴 커다란 도자기 그릇이 놓여 있었다. 두부는 옅은 황금색 유청에 담긴 달처럼 창백했다. 각자의 그릇에 두부를 던 다음 젓가락으로 조금 떼어내어 고춧가루와 제피, 다진 파를 섞은 진한 간장 소스에 찍어 먹었다. 미네랄 소금이 들어간 두부는 약간의 탄성이 생겨서 젓가락으로 집을 수 있었다.(황산칼슘을 응고제로 쓰면 신선한 두부는 훨씬 부드럽게 응고되어, 숟가락으로 먹는 것이 가장 좋다.) 신선한 두부는 우유의 노린내가 나지 않는 시칠리아 리코타처럼 부드러웠고, 함께 먹은 양념장은 전형적인 쓰촨 스타일이었다.

중국인들이 언제 어떻게 대두를 갈아서 '두유'를 만들고, 그 두유를 응고시켜 두부를 만들었는지는 아무도 모른다. 전설에 따르면 두부는 기원전 2세기, 오늘날 안후이성 북부에 있던 회남왕 유안劉安이 장수 약을 개발하려고 연금술 실험을 하던 중 발명되었다고 한다. 그러나 이 이야기를 뒷받침할 증거는 없다. 또 다른 학설은, 중국 학자들이 다년간 논쟁을 벌이고 있는 허난의 한나라 무덤에서 발견된 석조 벽화에 근거하고 있다. 벽화에는 주방의 모습이 묘사되어 있는데 어떤 사람들은 두부를 만드는 과정을 묘사한 것이라고 주장하지만, 술을 빚는 과정을 묘사한 것이라고 주장하는 이들도 있다. 이렇게 오래전부터 두부를 만들었다는 주장은 설득력이 떨어진다. 왜냐하면 두부가 역사 기록에 등장하기 시작한 것은 한나라 이후 수백 년이 지난 다음이기 때문이다.

중국 문헌에서 두부에 대한 명확한 최초의 언급은 10세기경 북송의 관리 도곡陶谷이 쓴 『청이록清異錄』에 나온다. 이 책에는 검약의 일환으로 사람들에게 고기 대신 두부를 먹으라고 권유한 지방 관리에 대한 이야기가 있다. 송나라 시기에 이르면 두부 조리법이 요리책에 등장할 정도로 두부는 일반적인 음식이었고, 당시의 한 문인은 항저우의 식당에서 제공되는 요리 중 튀긴 두부와 두부로 만든 경이 있다고 서술했다.[10] 두부를 만드는 방법에 대한 상세한 기록은 16세기에 편찬된 약학서 『본초강목』에 처음 등장한다.

가장 흥미로운 가설은 중국인이 제국의 북방에 살았던 유목민족의 치즈 제조법을 관찰한 후 두부 만드는 방법을 익혔을 수도 있다는 주장이다. 또는 중국 두부 백과사전에 인용된 한 일본 학자에 따르면, 중국 북부 평야에 정착한 유목민들이 과거 그들에게 익숙한 전통적인 유제품을 쉽게 구할 수 없어서 대신 두부를 발명했다는 설도 있는데, 이는 또 다른 흥미로운 가능성이다.[11] 확실히 두유는 고소한 맛과 풍부한 영양, 마시고 난 뒤에 탐스러워 보이는 하얀 '콧수염' 자국을 남기는 것까지 꼭 닮은 우유의 모방품이라고 할 수 있다. 요즘 중국의 부모들은 아이에게 우유를 먹인다고 하지만 이는 최근의 유행이다. 대부분의 중국인은 여전히 어미 소가 만드는 우유가 아닌 대지의 여신이 만드는 두유를 마신다.

부드러운 두유로 버터를 만들 수는 없지만 두부를 만들 수는 있다. 그리고 두부의 제조 과정과 간단한 치즈의 제조 과정은 놀랄 만큼 비슷하다. 몇 년 전, 중국 서남부 윈난의 이족彝族을 방문해 염소젖을 짜는 방법과 현지의 신선한 치즈인 루빙乳餠을 만드는 법을 배웠다. 그 제조 과정이 두부를 만드는 과정과 믿을 수 없을 정도로 유사했다. 농부인 뤄원즈는 신선한 염소젖을 큰 냄비에 넣고 끓여 식초로 응고시켰다. 신선한 응유와 유청을 한 숟가락씩 떠먹어보니, 그 맛이 마치 막 만든 시골 두부를 떠올리게 했다. 뤄 부인은 응유를 무명천으로 싸서 눌러 한 덩어리로 뭉쳤는데, 그 모습이 마치 단단한 두부를 만들기 위해 몽글몽글한 두유 응어리를 짜는 것 같았다. 중국인이 밀가루를 갈 때 사용하던 맷돌로 물에 불린 대두를 갈았더니 그 결과물이 '유백색 우유'와 비슷하다는 것을 알아채고, 이웃 유목민의 치즈 만드는 방법을 차용해 두유를 굳히는 방법을 알아냈을 것이라는 가설은 충분히 그럴듯하게 들린다.

기원전 3세기, 중국의 초대 황제 진시황은 제국의 최북단에 띄엄띄엄 있던 장벽을 연결하여 만리장성을 건설했다. 만리장성은 '야만인' 오랑캐가 침입하는 것을 막기 위한 것이었지만, 실제로는 만리장성을 넘어오는 일들이 있었고, 중국 북방 지역은 늘 대초원 유목민족의 영향을 많이 받았다. 중국 북부를 지배했던 북위(4~6세기)를 비롯해, 몽골족이 세운 원나라(1271~1368), 그리고 동북쪽의 만주족이 세운 마지막 왕조 청나라(1644~1911)까지 유목민족에 의해 세워진 여러 왕조가 있었다. 북방 유목민의 영향은 낙농업 전통에 반영되었으며, 유럽처럼 낙농업이 중국인의 삶의 중심은 아니었지만, 이후 여러 왕조를 거치며 쇠퇴와 부흥을 거듭하다가 대부분의 지역에서 거의 잊혔다.

6세기 가사협의 농업서 『제민요술』에는 한 장 전체를 할애해 소와 양을 기르는 법과 우유를 가공해 신선한 요구르트, 생치즈와 훈제 치즈, 버터 등 다양한 유제품을 만드는 방법에 대해 기술하고 있다. 프랑수아 사반은 가사협이 제시한 방식이 곡물 생산과 낙농업이 결합된 지중해식 농업 방식에 가깝다고 설명하고 있다.[12] 당나라 시대의 기록에 두부가 처음 불쑥 등장하는데, 북방의 유목민족과 결혼을 통해 밀접하게 연결된 상류층이 두부와 흡사한 루푸乳腐, 발효된 쿠미스kumiss(말 혹은 낙타 젖으로 만든 술. 마유주—옮긴이), 고형 크림 또는 고형 버터의 일종인 수酥, 인도의 액상 버터 기Ghee와 비슷한 티후醍醐 등 다양한 유제품을 즐겼다고 한다.[13] 중국에서 유제품 소비가 급증했던 이 시기 이후에도, 사람들이 생각하는 것보다 더 많은 우유 관련 식품을 소비해왔다는 것을 사반과 미국 학자 미란다 브라운이 밝혀냈다. 중국 의료인들은 우유를 영양가 높은 식품으로 여겼고, 일부 지역과 특정 시대에는 특히 강장제로 소량 생산되어 현지에서 소비되었다.[14] 그러나 청나라 말기에 이르면 낙농업은 거의 사라졌다.

중국의 소수민족, 특히 유목민 출신 소수민족은 요구르트와 간단히 만들 수 있는 치즈 등 유제품을 항상 먹어왔다. 티베트인들은 야크 버터를 소중히 여겨서 뜨거운 차에 타 마시거나 정교한 종교용 조각으로 만들기도 한다. 몽골인들은 말의 젖을 발효시켜 만든 약한 알코올음료인 쿠미스를 즐겨 마신다. 위구르족, 카자흐족, 신장 위구르 자치구의 키르기스족은 요구르트와 간단히 만들 수 있는 치즈를 먹는다.(나는 신장 위구르 자치구의 수도 우루무치에서 열린 카자흐족 할례 축하연에서 난생처음 발효시킨 낙타젖을 먹어보았다.) 윈난에는 두부와 비슷한 신선한 치즈 루빙乳餅을 먹는 이족彝族 외에도, 다리大理의 무슬림들이 모차렐라 치즈 만드는 방식과 유사하게 응유를 문지르고 잡아당겨서 길고 얇게 만든 다음 햇볕에 말린다. 이 황금색 '루산乳扇'은 바삭하게 튀겨 먹거나 그릴에 구워 장미 꽃잎 잼을 발라 돌돌 말아 막대사탕처럼 먹기도 한다. 윈난에 남아 있는 이 두 종류의 치즈 제조법은 13세기 몽골 침략의 유산으로 여겨진다.[15]

비교적 최근까지도 한족은 동물성 우유를 거의 섭취하지 않았다. 질그릇 병에 담아 빨대로 마시는 부드럽고 약간 단 요구르트는 특히 북방지역에서 인기 있는 간식이다. 한편 1940년대부터 상하이에서 생산된 진한 우유 맛이 나는 사탕 '다바이투 나이탕大白兔奶糖'은 중국 전역의 어린이들에게 사랑받았다. 베이징에는 한때 유목민이었던 만주족이 세운 청나라의 영향으로 나이뤄奶酪 같은 궁중 디저트가 있었다. 나이뤄는 우유와 찹쌀을 재료 삼아 감주醪糟로 만든 푸딩 혹은 하얀 커스터드다. 서부 지역인 란저우蘭州에는 특이한 현지 음료가 있는데, 펄펄 끓는 우유에 찹쌀로 만든 감주와 달걀을 넣고 저어준 다음, 구운 견과류와 말린 과일을 뿌려 먹는다.(뉴나이 지단 라오자오牛奶鷄蛋醪糟.)

한번은 광둥 남부의 차오저우潮州에서 저녁 산책을 하던 중, 놀랍게도 '도시의 염소치기'를 만났다. 그는 자전거 카트에 젖이 불룩한 하얀 염소 네 마리를 태우고 있었는데, 염소들이 교통 체증과 네온사인을 무심히 바라보는 동안 그 자리에서 바로 젖을 짜 비닐봉지에 담아 행인들에게 팔고 있었다. 가장 주목할 만한 이들은 광둥 남부의 순더順德 사람들로, 지금도 물소 젖으로 만든 원형의 짭짤하고 얇은 치즈를 만들어 밥이나 죽에 곁들여 먹는다. 우유와 달걀을 섞은 혼합물에 새우와 다른 재료를 넣어 볶아내는 '차오뉴나이炒牛奶'라는 요리도 있다. 그러나 이것들은 대부분 예외에 속하거나 부수적인 관심사일 뿐이다. 순더의 '차오뉴나이'는 유제품을 중국식으로 조리해 중국 식사의 일부로 제공하는 매우 드문 경우다.

중국인은 창의력을 아낌없이 발휘하여 수많은 식재료를 다뤄왔는데, 왜 우유의 가능성에는 그리 무심했던 것일까? 아시아에는 젖당불내증이 있는 이가 많다는 것이 그 이유라고 하지만, 프랑수아 사반이 지적했듯이 젖당불내증이 있는 이들도 보통 요구르트나 치즈는 소화할 수 있으며, 많은 사람이 부작용 없이 적당량의 우유를 섭취할 수 있다고 한다.[16] 일부 학자는 한족이 유제품을 먹지 않았던 것은 북방의 유목민과 자신들 사이에 문화적 선을 그은 것이라고 주장한다. 동물성 우유를 먹지 않는 것으로 물리적 만리장성과 쌍을 이루는 개념적 장벽을 쌓은 것이다.

그러나 무엇보다 활용도가 높고 경제적인 대두라는 대안이 있었기 때문은 아닐까. 현대 서구에서 하는 것처럼 넓은 목초지에 대두를 재배해서 소에게 먹이고 사람이 마실 우유를 얻는 대신, 중국인은 소라는 중간 단계를 배제하고 대두에서 바로 두유와 치즈 같은 두부를 만들어냈다. 이 역사적인 선택의 파급 효과, 즉 하나의 특정 갈래를 택한 결과는 엄청났다. 그로 인해 광활한 목초지가 아닌 복잡한 밭으로 이루어진 중국만의 독특한 풍경이 만들어졌고, 경작할 수 있는 땅이 제한된 중국에서 인구의 급격한 증가도 가능했다. 또한 중화요리의 특유의 특성과 풍미를 형성하는 데에도 영향을 미쳤다. 환경적인 면에서도 미식적인 면에서도 대두는 중국인의 삶 속에 깊숙이 자리 잡고 있다.

중국인은 우유에 대해 창의성이 빈곤했던 반면 두부로는 믿을 수 없을 정도로 다양하고 재미있는 시도를 했다. 커스터드 같은 두부는 기계적, 미생물학적, 예술적으로 변형되어 수많은 흥미로운 음식이 탄생했다.

중국의 시장에는 유럽의 치즈 노점상처럼 두부 노점상이 어디에나 있고, 다양한 두부 제품을 판매한다. 압축하지 않아 크림 캐러멜처럼 부드럽고 비단결 같은 두부는 달콤한 시럽과 함께 먹거나, 자극적인 조미료와 향신료를 섞어서 먹는다. 무명천으로 덮인 나무 틀에 두유 응어리를 넣고 눌러 만든 일반적인 흰 두부는 다양한 정도의 단단함(예를 들어 마파두부는 흔들거릴 만큼만 부드럽게)으로 만들어져 용도에 맞게 판매된다. 스위스 치즈처럼 단단한 두부 조각은 그대로, 혹은 훈제시켜서, 혹은 양념으로 만들어 판매하는데, 얇게 썰어 볶거나 샐러드에 넣어도 모양이 유지된다. 황금색으로 튀긴 두부를 탕이나 소스에 넣으면 국물을 흡수해서 그 맛을 한껏 머금게 된다. 두유를 낮은 온도에서 끓일 때 만들어지는 얇은 막을 걷어내어 만든 나이피奶皮는 요리에 넣거나 얇게 펴서 쌈으로 사용할 수 있다. 십자 모양으로 잘라 튀긴 란화더우푸蘭花豆腐는 와플처럼 생겼는데, 요리의 풍미를 잘 흡수한다. 압축해서 만드는 '더우푸피豆腐皮'는 매듭처럼 묶어 조림에 넣거나 얇게 잘라서 샐러드에 곁들여 먹는다.

지역 특산품도 있다. 중국 북부에서는 하룻밤 동안 얼린 두부인 '둥더우푸凍豆腐'를 먹는다. 냉동 두부를 녹이면 수분이 자연스레 빠지고 벌집 모양의 스펀지처럼 되는데 이 두부를 탕과 찜에 넣으면 국물을 흡수해서 풍미를 한껏 머금게 된다. 따뜻하고 습한 지역에서는 주변의 미생물을 활용해 기발한 발효 두부 제품을 만든다. 안후이의 유명한 '마오더우푸毛豆腐'는 갓 내린 눈처럼 하얗고 부드러운 곰팡이로 덮여 있으며, 신기하게도 형태가 없는 것처럼 부드럽다. 냄비에 볶아서 매운 소스辣醬를 찍어 먹으면 치즈와 구별할 수 없다. 윈난 남부 전역에서는 소금에 절인 두부 조각을 숯불에 구워 매운 양념에 찍어 먹는다. 저장에서는 얇은 두부를 돌돌 말아서 노란색으로 변해 거의 부패 직전까지 놔두는데, 마치 숙성과 부패의 경계에 있는 블루 치즈 스틸턴처럼 강렬하고 거친 맛이 난다. 귀저우貴州 서부에서는 여성들이 볏짚으로 겹겹이 쌓은 냄새 나는 두부인 '취두부臭豆腐(처우더우푸)'를 판다. 취두부는 마치 프로방스에서 만든 수제 염소 치즈 같다. 후난과 강남 지역의 취두부는 더 심한 냄새가 나는데, 특정 야채를 골라 썩힌 소금물에 두부 덩어리를 담갔다가 발효시켜 만든다. 보통 튀겨서 먹는데 후난의 취두부는 화산 용암처럼 검고, 강남의 것은 황금색이다. 둘 다 50미터 밖에서도 고약한 냄새를 맡을 수 있을 만큼 강렬하지만 맛은 훌륭하다.

현지에서나 맛볼 수 있는 수제 두부 제품은 그 지역을 벗어나면 구하기 어렵지만, 병에 담아 파는 발효 두부는 중국 내 모든 슈퍼마켓은 물론 해외의 중국 식재료 판매처에서도 구할 수 있다. 더우푸루豆腐乳 혹은 메이더우푸霉豆腐는 두부 조각에 특정 곰팡이가 피도록 유도한 다음, 이를 소금과 향신료에 굴리거나 소금물에 담가서 만든다. 이 과정에서 독특한 풍미가 만들어지며 두부는 블루 치즈 로크포르 같은 밀도와 매우 짭짤하고 진한 감칠맛을 갖게 된다. 한 조각씩 병에서 꺼내 조금씩 먹는데 보통 밥, 찐빵, 죽에 곁들여 그대로 먹거나, 양념장, 찜 요리, 볶음 요리 혹은 디핑 소스에 넣어 먹는다. 지역별로 다양한 종류가 있으며, 나는 칠리 오일에 담근 쓰촨 발효 두부, 말린 향신료와 함께 나뭇잎으로 말아 숙성시키는 매운 윈난식 발효 두부를 좋아한다.

과거에는 모든 마을에 두부 상점이 있었다. 친구인 판쿤의 가족과 함께 후난의 시골에 머물렀을 때 그곳의 수제 두부상은 어떤 노인이었는데, 매일 양 끝에 바구니가 달린 막대를 어깨에 지고 아침에 만든 차가운 흰 두부를 팔러 동네를 돌아다녔다. 불교에서는 육식을 금하고 채식을 권했던 반면, 일반인들은 마파두부처럼 두부에 고기나 생선, 말린 해산물, 고기 육수 또는 돼지기름을 넣고 조리했다. 18세기 원매의 요리책에는 그의 상류층 친구들 및 불교 사원의 부엌에서 채집한 두부 요리법이 열 가지 넘게 포함되어 있다. 대부분은 두부를 다른 동물성 식재료와 함께 조리하는 방법을 서술하고 있다. 잉어두부탕, 돼지기름이나 닭고기 육수로 조리한 두부, 새우, 전복, 닭고기 또는 햄을 넣어 조리한 두부. 훈제 두부와 훈제 베이컨을 함께 볶으면 환상적인 맛이 난다. 홍샤오러우紅燒肉를 만들 때 튀긴 두부를 넣으면 본래의 요리가 주는 만족감을 전혀 해치지 않으면서도 고기의 맛을 돋보이게 해준다.

본래 소박하고 저렴한 식재료인 두부도, 더 고급스러운 재료와 함께 요리한다거나 요리사가 고도의 솜씨, 즉 궁푸功夫(흔히 '쿵푸'라고 음역되고, 무술을 포함 어떤 영역에서든 정밀하고 까다로운 기술을 가리키는 말)를 발휘하면 그 사회적 지위를 높일 수 있다. 요리사들의 칼솜씨로 유명한 양저우에서는 '다주간쓰大煮干絲'라는 유명한 연회 요리가 있다. 더우푸간豆腐乾을 주방 칼로 아주 가늘게 채썰어 작은 민물 새우, 죽순, 햄과 함께 진한 육수에 끓인 요리다. 청두의 쓰촨 식당 '쑹윈쩌松雲澤'에서는 서양의 현대 요리 기법을 연상케 하는 테크닉을 사용해 전통의 고전 요리 '커우다이더우푸口袋豆腐'를 재해석한 요리를 만든다. 두부를 작은 조각으로 썰어 튀긴 후 알칼리성 용액에 담근다. 그러면 튀긴 두부 조각의 속만 부드럽게 변해 젓가락으로 집어올렸을 때 마치 작은 천 주머니가 매달린 것처럼 된다. 마지막으로 이것을 콜라겐이 풍부한 육수에 끓여낸다.

물론 두부의 전신인 두유도 있다. 중국에서 가장 흔한 아침 식사 중 하나다. 포장해서 파는 두유는 개인적으로 좋아하지 않지만, 갓 갈아 만든 두유는 놓치지 않고 마신다. 스스로를 대접하고 싶을 때는 집에서 직접 두유를 만든다. 말린 유기농 콩을 하룻밤 불리고, 믹서기에 넣고 갈아 무명천으로 걸러낸 두유를 약불에 끓인다. 어떤 사람들은 두유를 달게 마시는 것을 좋아하기도 하지만, 대부분은 맨 두유에 황금색으로 튀긴 유탸오油條를 찍어 먹는다.(콘플레이크에 우유를 넣는 영국식 아침 식사와 상응하는 중국식 아침 식사가 아닐까.) 내 생각에 가장 맛있는 것은 강남의 방식이다. 두유에 간장 한 방울과 말린 작은 새우, 다진 파, 피클, 크루통(빵을 작은 주사위 모양으로 잘라 기름에 튀기거나 버터에 구운 것. 샐러드나 수프에 넣어 먹음—옮긴이)을 넣고 수프처럼 떠먹는다.

　　　　　　　　　　◉

　두부에 대해 처음으로 글을 남긴 유럽인은 17세기 말 중국에 살았던 스페인 선교사 도밍고 페르난데스 나바레테로 추정된다. 대중의 많은 사랑을 받았던 모험담에서 그는 이렇게 말했다. "황제로부터 가장 천한 중국인까지 제국 내 모든 사람이 먹는 가장 흔하고, 평범하고, 값싼 음식이다. 황제와 고관은 별미로 먹고, 백성은 필수 음식으로 먹는다. 그것은 'teu fu'라고 불리며, 강낭콩을 갈아 만든 음식이다. (…) 그들은 강낭콩에서 우유를 짜내고, 그 우유로 치즈 같은 케이크를 만든다. 크기는 체만 하고 두께는 손가락 다섯 개에서 여섯 개 정도다. 이 케이크 덩어리는 눈처럼 하얗고, 이보다 더 섬세한 것은 본 적이 없다. 날것으로 먹기도 하지만, 보통 허브, 생선 혹은 다른 식재료와 함께 삶아 먹는다. 단독으로 먹으면 맛이 없지만, 다른 식재료와 섞어 먹으면 맛있고, 버터에 튀기면 아주 맛있다. 말리거나 훈제해서 먹기도 하고, 캐러웨이 씨앗과 함께 먹으면 가장 맛있다. 중국에서 얼마나 많은 양이 소비되는지 믿을 수 없을 정도다. 중국에서 이렇게 많은 양의 강낭콩을 재배한다는 것을 상상하기 어렵다."[17]

나바레테의 열정에도 불구하고, 서구에서 콩의 가능성을 인지하기까지는 350년이 더 걸렸다. 오랫동안 콩은 음식이라기보다는 사료로 여겨졌다. 서양 식단에 두부가 소개된 것은 동아시아의 별미로서가 아니라 채식주의자를 위한 단백질 대체재로서였다. 그리고 리코타 치즈와 모차렐라 치즈처럼 하얀 두부는 지루하고 어쩐지 고기에 비해 덜 남성적이라는 낙인이 찍혔다. 게다가 아주 최근까지 서양인들이 그나마 알고 있는 두부는 오로지 하얀 두부뿐이었다.

서양에서 콩의 창의적 잠재력을 누구보다 먼저 알아차린 듯한 이가 카탈루냐의 식당 '엘 불리El Bulli'의 천재 요리사 페란 아드리아라는 사실은 그리 놀랍지 않다. 그는 2009년 '콩 문화soya culture'라는 코스요리를 선보였다. 여기에는 콩나물, 두유, 발효 두부, 순두부, 바삭하게 튀긴 대두, 끈적끈적한 낫토, 부드럽게 익힌 대두, 콩기름, 두유 아이스크림, 두 종류의 된장, 두부 껍질, 그리고 분자 요리 기법을 활용한 공 모양의 간장이 포함되어 있었다. 나머지 서양 사람들은 이제야 대두의 잠재력을 알아보고 있다. 그리고 아이러니하게도, 중국에서 우유와 육류 소비가 급증하는 것처럼 서양 소비자들은 콩의 즐거움과 이점에 주목하기 시작했다. 지구의 기후변화라는 위기의식이 널리 퍼지면서 과도한 육류 섭취가 건강에 좋거나 남성적인 것이 아니라 생태계를 파괴한다고 여겨지고 있다. 반면 채식은 점점 더 '친환경적'이고 윤리적이며 궁핍해져가는 지구의 미래 식단에서 필수적인 부분으로 간주되고 있다. 차이나타운뿐만 아니라 일반 슈퍼마켓에서도 다양한 형태의 두부를 더 쉽게 구할 수 있게 되었다. 한때 거부당했던 이 소박한 두부는 이제 엄격한 채식주의자뿐만 아니라 플렉시테리안flexitarian(반半채식주의자.―옮긴이)에게도 매력적인 식재료다. 그리고 물론 마파두부가 있다. 천 부인의 활기찬 정신이 깃들어 있는, 풍부한 맛을 가진 마파두부야말로 두부 먹는 습관을 들이고 싶은 이라면 누구나 쉽게 시작할 수 있는 요리다.

고기 중의 고기
돼지고기

―

동파육

긴 축사에 암돼지가 짚으로 만든 침대에 옆으로 누워 있고, 일곱 마리의 새끼 돼지가 서로 엎치락뒤치락 씩씩거리며 엄마 젖을 필사적으로 빨고 있다. 새끼 돼지들은 사슴 눈과 부드러운 귀를 가진 작은 생명체다. 옅은 핑크색 몸통이 거무스름한 머리와 꼬리 사이에 샌드위치처럼 끼어 있다. 여기 저장성 무궁산의 농부들은 껍질이 얇고 고기가 맛있기로 유명한 진화 돼지金華豬, 혹은 '양 끝이 검은兩頭烏' 돼지로 알려진 오래된 품종을 키운다. 진화는 강남 지역에서 가장 잘 알려진 식재료 중 하나인 진화 햄이 생산되는 곳이다. 돼지 뒷다리살로 만드는데, 햄이라는 이름에서 짐작했겠지만 전통적으로 숙성을 시킨다. 축사의 다른 방에는 다소 무신경하게도 지역 농업협동조합에서 생산한 수제 햄이 걸려 있다. 그러나 꿈틀거리는 새끼 돼지들은 밥먹는 데 몰두하느라 다행히 아무것도 모르고 있다.

사람들은 흔히 개가 인간의 제일 친한 친구라고 말한다. 중국에서는 그게 아마도 돼지이지 않을까.(물론 따지고 보면 제일 친한 친구를 먹는 게 흔한 일은 아니지만.) 개와 돼지는 중국에서 신석기 시대에 제일 먼저 길들인 동물이다. 처음에는 둘 다 고기를 얻기 위해 키웠겠지만 한나라 사람들은 개가 집을 지키고 사냥하는 데 쓸모가 있음을 발견한 뒤로 사실상 식용으로는 여기지 않게 되었다.[1] 하지만 돼지는 비록 소모품이더라도 대부분 중국 가정의 필수적인 구성원이 되었다. 집안의 음식 찌꺼기와 거친 야채를 먹고 밭을 비옥하게 하는 거름을 제공하다가 결국 먹잇감이 되었다. 우선은 조상에게 돼지고기를 바칠 때 가상의 먹잇감이 되고, 다음에는 살아 있는 가족들에게 실제 먹잇감이 된다. 돼지는 중국의 가정 경제에서 없어서는 안 될 존재였기에 '집家'이라는 글자도 지붕 아래 돼지가 있는 모습을 상징한다.

중국인들은 개와 돼지를 길들이고 나서 소, 양, 닭, 말도 길들이게 되었다. 이들을 합쳐서 '육축六畜'이라 부른다.[2] 하지만 말은 주로 군사 이동 수단으로 사용했고, 소는 주요 제례의 제물로 잡거나 간혹 부자들이 잡아먹기는 했어도 대개 농부를 도와 밭일하는 가축으로 인식했다. 소를 먹지 않은 것은 소의 노동에 대한 감사의 표시였다. 어떤 시대에는 소를 농업에 없어서는 안 될 동물로 여겨 식용으로 잡는 것을 황제의 칙령으로 금지했다.[3] 고대 중국의 문헌에는 노루, 토끼, 곰, 오소리, 호랑이, 표범, 여우, 영양 등 수많은 동물을 잡아먹는 얘기가 나오지만,[4] 귀족 계층 사람들이 사냥감을 먹는 일이 간혹 있기는 했어도 대부분의 중국인에게 고기는 드문 음식이었으며, 고기를 먹었다고 하면 돼지고기였다. 고기를 뜻하는 중국어 러우肉는 따로 설명을 붙이지 않으면 돼지고기를 뜻한다.(다른 고기는 뉴러우牛肉, 양러우羊肉처럼 러우 앞에 글자를 붙여 표시한다.)

1990년대 학생이던 시절 내가 중국 시골에서 가장 먼저 놀란 것은 생산이 조금이라도 가능해 보이는 땅은 모조리 경작에 사용하는 듯 하다는 사실이었다. 쓰촨의 시골에서는 논의 가장자리를 따라 뽕나무를 심었다. 밭에는 거의 사계절 내내 야채가 빽빽하게 심어져 있었다. 대나무 숲이 농가를 둘러싸고 있어, 죽순도 얻고 공예와 건축에 쓰이는 대나무도 구했다. 심지어 언덕조차 시선이 닿을 수 있는 모든 경사면에 복잡한 형태로 작물을 심어, 아주 작은 마지막 땅 한 조각까지 세심하게 경작했다. 유럽처럼 양이나 소가 풀을 뜯는 초원은 없었다. 오직 적은 인구와 광활한 지형을 가진 티베트 고원과 신장과 네이멍구의 드넓은 하늘 아래에서만 야크 무리와 양 떼를 볼 수 있었다.

대부분의 중국 역사에서 농업의 주목적은 곡물 생산이었고, 그다음은 야채였다.[5] 고기나 우유를 위해 소를 기르는 일은 드물었고, 따라서 전통적으로 중국요리에서 소고기가 차지하는 역할은 아주 작다.(청나라 말기에 소고기를 습관적으로 먹는 한족 중국인은 거의 없었다. 특히 상하이와 같은 개항 도시에 거주하는 외국인들이 소고기를 먹는 행위는 이를 관찰하는 중국인들을 격분시켰다. 이들 중 일부는 소고기 기피를 '외국의 야만성과 대비되는 중국 문명의 특징'으로 꼽기도 했다.)[6] 내륙에서는 곡물과 야채 위주의 식단을 보완하거나 돈을 조금이라도 더 벌기 위해, 밭에서 쪼아대고 물에서 헤엄치는 닭이나 오리를 키웠다. 어떤 이들은 양이나 염소를 길렀다. 그리고 거의 모든 집에서 돼지를 한두 마리 키웠다. 돼지는 얌전하고 온순하고 협조적인 동물이었다. 마지막이 되면 돼지는 세상에서 가장 맛있는 고기를 주었다. 어느 시골 잔치에 가도 주인공은 달콤하고 연한 돼지고기였다.

음식물 쓰레기를 재산으로 바꿔주는 능력 때문에 돼지는 행운과 재물의 상징이 되어, 때로 '검은 금烏金'이라 불리기도 했다.7 아주 옛날에는 멧돼지를 용이나 호랑이처럼 강한 동물로 여겨 숭배하기도 했다. 고대의 옥으로 된 부적과 제사 때 바치는 청동 제물에도 돼지가 등장한다. 부자들을 매장할 때 사후세계를 위해 물품을 함께 묻던 한나라 때는 종종 도자기로 된 돼지가 부장품에 들어 있었다. 돼지만 있는 것도 있었고, 도자기로 만든 돼지우리 안에 돼지 무리가 있기도 하고, 가끔은 내가 무궁산의 겨울 아침에 봤던 것처럼 새끼 돼지들과 함께 누워 있는 어미 돼지의 모습이기도 했다. 당나라 때부터는 무덤 앞에 쇠로 만든 돼지상을 세웠다. 친근한 동물인 돼지는 여전히 종이공예나 기타 민간 예술품에 등장한다. 십이간지 동물 중 하나이기 때문에 특히 돼지해에는 전면에 나선다.(최근 돼지해 설날에 중국에 있었을 때는 주렁주렁 장식이 달린 골판지로 만든 돼지를 샀다. 빨간 몸통은 반짝이는 꽃으로 장식하고 안에 달린 갖가지 색 조명이 반짝였는데, 연휴가 끝나고 후난에 버리고 온 걸 두고두고 후회한다!)

설이 다가오면 농촌의 가정들은 명절을 위해 돼지를 살찌웠다가

동파육

음력 마지막 달이자 '겨울 제사의 달'인 납월臘月에 도축한다. 이 시기에 외진 시골 지역을 방문하면 사람들이 새해 돼지를 공개적으로 잡아 해체하는 모습을 볼 수 있다. 공용 돌판과 대야를 사용하고 각종 고기 부위를 나무틀에 널어놓는다.(저장성에서는 돼지 전문 도축자 궈郭씨 삼 형제를 만났다. 이들은 서른 곳의 마을과 마흔 곳의 작은 동네에 도축 서비스를 제공하는데, 요청이 들어오면 전문용 도축 칼을 갖고 집집마다 찾아간다.) 두부 같은 질감으로 응고시킨 피와 내장은 보통 도축 당일에 먹고, 나머지 고기는 소금을 친 다음 훈제하거나 바람에 말린다. 지방은 라드로 만들고 뼈는 국물을 낸다. 향을 피우는 연기와 폭죽이 파바박 터지는 가운데 돼지머리나 최고급 살코기 한 덩어리를 제물로 바치기도 한다.

설 연휴 기간, 특히 가족이 모이는 섣달그믐 저녁에는 돼지고기를 마음껏 먹는다. 간쑤성 시골에 있는 친구의 농가를 방문했을 때는, 큼직한 조각의 삶은 돼지고기, 돼지고기 소를 넣은 만두, 야채와 함께 볶은 돼지고기, 돼지 껍질로 만든 형형색색의 편육을 배불리 먹었다. 친구 가족은 이때가 아니면 1년 내내 고기를 거의 먹지 않는다. 쓰촨에서는 전통적으로 두껍게 썬 삼겹살을 진하고 향이 강한 발효 야채와 함께 삶거나, 찹쌀과 단팥과 설탕을 넣어 달달한 버전을 만들기도 한다. 후난 사람들은 유명한 훈제 베이컨을 대접하길 좋아한다. 베이컨을 썰어 훈제 닭고기, 생선 조각과 함께 대접에 쪄내기도 한다. 한편 안후이를 비롯한 일부 지역에서는 커다란 웍에 야채를 깔고 그 위에 메추리알, 돼지고기 경단, 돼지고기 만두와 쑤러우酥肉(달걀 반죽에 튀긴 손가락 길이의 돼지고기)와 같은 모듬 진미를 얹은 화려한 설 요리 '이핀궈一品鍋'를 맛볼 수도 있다.

2000년 전 요리사 이윤이 왕에게 했던 말에서 나오듯 돼지에는 요리할 때 반드시 제거해야 하는 불쾌한 고기 냄새가 있다. 고기가 신선하지 않아서 그런 게 아니다. 사실 중국 시장에서 팔고 있는 고기의 대부분은 당일에 도축한다.(최근까지는 확실히 그랬다.) 중국인의 입맛에는 모든 동물성 식재료에 안 좋은 맛이 섞여 있다. 일반적인 잡맛인 '이웨이異味', 각종 생선과 고기에서 나는 비린내 '싱웨이腥味', 양고기와 염소고기의 '산웨이膻味', 내장의 '싸오웨이騷味' 같은 것이다. 현대 과학은 돼지고기와 더 두드러지게는 새끼 양과 양고기에서 나오는 스카톨 같은 화학 성분을 밝혀냄으로써 이런 맛에 대한 고대 중국인의 인식을 뒷받침하고 있다.[8] 돼지고기 냄새는 양고기보다 부드럽고 순하지만 중화요리사라면 누구나 알고 있듯 사오싱주, 생강, 파와 같이 냄새를 잡아주는 효과가 있는 재료를 넣어 데치거나 양념에 재워서 요리하면 맛이 좋아진다.

어느 셰프는 중성화하지 않은 '생돼지生豬'보다 거세한 '육돼지肉豬'의 살코기가 확연히 더 부드럽고 좋은 맛이 난다고 얘기해주었다. 수많은 지역에서 전통적으로 고기 맛을 좋게 하고 공격성을 억누르기 위해 돼지를 거세하지만, 영국과 같은 곳에서는 동물복지 문제 때문에 거세를 달갑게 여기지 않는다. 중국인들은 내게 영국의 돼지고기는 '싱웨이'가 강하다고 많이 불평한다. 영어로 '웅취boar taint'라고 알려진 이 맛은 남성 호르몬 안드로스테론과 일부 거세하지 않은 수컷이 가진 스카톨의 대변 냄새가 축적되어 생겨난다.⁹ 내 입맛은 중국화되었으므로 나도 이 냄새에 민감해졌다. 중국요리 기법을 사용해 이 강렬하고 지독한 냄새를 억누를 수는 있지만 늘 완전히 없애기란 불가능하다. 영국의 중화요리 셰프와 식품 제조업자들이 식용 수퇘지를 으레 거세하는 유럽 국가들로부터 수입한 돼지고기를 선호하는 것은 그래서다. 짜증 나는 일이지만 생돼지고기만 봐서는 싱웨이가 얼마나 심할지 가늠할 수 없기에 영국에서 돼지고기를 사는 일은 언제나 복불복이다.

중국인 입맛에 돼지의 최고 부위는 부드러운 지방과 껍질이 감싸고 있는 고기다. '눠糯(주둥이와 족발처럼 폭신하고 끈적하고 찰짐)'하고 '유룬油潤(기름기가 풍부)'하다고 표현한다. 무엇보다 이런 부위들은 제대로 요리하면 '비이불니肥而不膩', 기름지되 느끼하지 않다. 껍질과 지방과 살코기가 고급스럽게 층을 이루고 있는 뱃살(삼겹살)보다 뛰어난 것은 정말 없다고 보지만, 쓰촨 사람들에게는 현지에서 '이도육二刀肉'이라 부르는 지방 반 살코기 반인 엉덩이 부분의 고기도 막상막하다. 이걸 얇게 썰어 볶으면 완벽한 '후이궈러우回鍋肉'가 된다. 이외에도 사람들은 지방과 살코기와 껍질이 섞여 있거나, 찰기가 있으면서도 미끌미끌 오독거리는 귀나 꼬리 부분의 복잡한 식감을 즐긴다. 가장 재미없는 것은 영국인들이 전통적으로 선호하는, 천편일률의 기름기 없는 살코기 부위들이다. 하지만 중국에서는 이런 부위조차도 퍽퍽해지지 않도록 고기를 잘게 썰어 볶는다든지 국물에 빠르게 삶아낸다든지 하는 식으로 공들여 조리한다. 영국식 구운 폭찹은 특히 지방을 제거했다면 중국인들이 '장작 같다柴'고 표현하는 질긴 식감을 갖는다. 중국에서는 돼지를 통통하게 키우지만, 서양에서는 베이컨과 삼겹살조차 실망스러울 만큼 지방이 적을 수 있다. 중국요리에 쓸 수 있을 정도로 기름기 많은 돼지고기를 찾아 런던의 정육점을 한 군데 이상 찾아 헤맨 적이 여러 번이다. 한번은 살코기가 약간만 섞여 있고 거의 완전히 지방으로만 된 돼지고기가 필요했는데, 세 번째 방문한 정육점에서야 적당한 걸 발견했다. 정육점 주인이 유럽 출신인데, 지방이 너무 많아 미안하다며 그걸 반값에 주었다!

돼지고기를 먹는 전 세계 다른 나라 사람들처럼 중국인들도 소금과 연기로 고기를 숙성시켜 풍미를 보존하고 강화한다. 기후가 적당히 서늘하고 건조한 진화와 윈난 북부의 쉔웨이宣威에서는 스페인과 이탈리아 햄의 감칠맛에 버금가는 햄을 만든다. 전설에 따르면 진화 햄의 기원은 송나라 때로 거슬러 올라간다. 한 무리의 지방 사람들이 동향 출신 관리를 중상모략으로부터 지키기 위해 북방의 수도로 길을 떠났던 일에서 비롯되었다. 이들은 갖고 간 돼지고기가 긴 여정 중에 상하지 않도록 소금에 절였는데, 목적지에 도착하고 나니 태양에 건조되고 바람에 마른 고기에서 뛰어난 맛이 났다. 관리는 향수에 젖어 이 고기에 '가향육家鄉肉'이라는 이름을 붙였고, 진화에서는 염장 돼지고기를 여전히 이렇게 부르곤 한다. 한편 관리의 추종자들은 숙성된 돼지 뒷다리의 선홍빛에 감탄해 '훠투이火腿'라고 불렀다. 햄을 가리키는 중국어 단어의 유래라고 한다.

햄의 또 다른 유명한 생산지는 윈난성 서부의 눠덩諾登이다. 2000

년 된 염전으로부터 곧장 캐낸 소금으로 햄을 염장한다. 계곡 아래쪽에서는 염정 인부들이 땅에서 소금물을 퍼내 가열한 팬에 넣고 말린다. 테라코타 벽돌로 지은 집들이 빽빽하게 몰려 있는 위쪽 경사면에서는 사람들이 통풍이 잘되는 위층 방에서 햄을 숙성시킨다. 중국에서는 햄을 보통 날것으로 먹지 않고 작은 조각으로 잘라 다른 재료와 함께 요리해 맛을 끌어올리고 화려한 색채감을 더한다. 강남의 요리사들은 요리에 기분좋은 색의 조화가 이뤄졌는지를 까다롭게 따진다. 핑크빛 햄은 황금색 지단, 짙은 나무색 목이버섯, 녹색 잎야채, 아이보리색 죽순과 더불어 이들의 식재료 팔레트에 없어서는 안 될 색조다. 작은 조각의 햄을 흩뿌리면 마치 분칠한 얼굴에 립스틱을 바르듯 창백한 색의 두부나 죽순을 꾸며준다. 항저우에서는 돼지의 좁은 발끝 부분 햄을 잘라 오리 위에 얹고, 이 두 재료를 끓여 호화로운 수프를 만든다. 쑤저우의 진정한 사치는 요즘에는 거의 볼 수 없는 오래된 요리 '미즈훠팡蜜汁火方'이다. 돼지 다리 가운데의 최상급 부위를 잘라 공들여 염분을 빼고, 얼음 설탕을 넣어 푹 끓인 다음, 마지막으로 황금빛 고구마와 연꽃 씨앗으로 장식한다. 시럽이 묻어나는 두꺼운 핑크빛 돼지고기를 연잎 빵 사이에 끼워 먹는다.

몇 달도 아니고 몇 년에 걸쳐 끈기 있게 숙성시킨 값비싼 햄은 언제나 사치품이었다. 겨울이 춥기는 해도 영하로 내려가는 일은 거의 없는 중국 남부에서는 대부분의 사람이 햄 대신 바람에 말린 소시지, 염장 돼지고기, 훈제 베이컨, 그리고 간장이나 발효된 장에 숙성시킨 뒤 걸어놓고 말리는 고기에 의존한다. 겨울이 되면 후난성 전역의 안뜰은 차갑게 훈제시키는 베이컨과 각종 고기 향으로 가득 찬다. 쓰촨성의 마을에는 고추와 제피가루를 듬뿍 발라 바람에 말리는 고리 모양의 소시지가 즐비하다. 광둥 사람들은 이와 대조적으로 달달한 소시지를 선호한다. 강남 사람들은 돼지고기, 가금류, 생선을 소금과 제피로 절인 다음 연기 없이 바람에 말린다. 강남의 셴러우鹹肉(소금에 절인 돼지고기)는 햄보다는 풍미가 덜하지만 수프와 스튜와 찜 요리에 사용한다. 그중 가장 맛있는 것은 아마도 겨울이 끝나갈 때 그해 남은 마지막 셴러우를 신선한 삼겹살, 두부, 봄에 나는 첫 죽순과 함께 기가 막히게 끓여낸 옌두셴탕이 아닐까.

중국 남부 사람들 입맛에 소고기와 양고기는 둘 다 조금 맛이 거칠고 식감이 세련되지 못하기 때문에 잘 먹지 않는다. 맛있을 수도 있지만 세심하게 조리한 뒤에야 가능하다. 소고기는 보통 고깃결을 가로질러 잘라 섬유질의 질긴 느낌을 최소화하고, 소와 양 모두 술, 생강, 파와 각종 향신료를 많이 넣어 강한 냄새를 잡는 게 일반적이다. 그러나 돼지고기는 제대로 익히기만 하면 숭고하리만큼 맛있다. 신선하거나 숙성한 돼지고기를 아주 조금만 넣어도 요리에 깊은 감칠맛을 더해준다. 일상적인 중국요리는 야채에 약간의 고기를 넣어 조리하곤 한다. 현대 중국인이 저녁에 먹는 전형적인 요리를 꼽으라면 아마 돼지고기 몇 조각을 부추와 죽순 혹은 아무 다른 야채와 함께 볶은 것이 아닐까.

돼지고기는 살짝만 넣어도 야채의 맛을 더해주기 때문에 많이 필요하지도 않다. 돼지고기 육수를 조금 넣거나, 돼지껍질을 뿌려주거나, 라드를 한 숟갈 넣는 정도만으로도 음식 맛이 달라진다. 식량 배급을 받던 고된 시절, 야채를 요리하기 전에 비계 낀 돼지고기 한 조각을 뜨거운 웍에 쓱 문질러 고기 향만 살짝 입히고, 고기 조각은 보관했다가 다음에 또 썼다는 이야기를 들은 적도 있다. '룽징차오탕'에서는 셰프들이 말린 죽순을 기름진 돼지고기와 간장과 사오싱주와 설탕을 넣어 붉게 졸여낸 요리를 만든다. 돼지고기의 빼어난 풍미가 고스란히 배어든 죽순은 손님들에게 별미로 제공되고, 영양분이 거의 빠져나간 돼지고기는 직원 식사로 먹는다. 이런 요리에서 돼지고기는 주재료가 아니라 풍미의 원천이 된다. 위의 두 방법은 각각 소박하고 사치스러운 형태로 '러우벤차이肉邊菜(고기와 함께 조리한 야채)', 혹은 '쑤차이훈쭤素材混做(고기처럼 조리한 야채 재료)'의 정신을 보여주는 사례다. 평범한 야채에 화려함을 입히는 요리다. 이러한 요리 스타일이야말로 중화요리의 몇 가지 요령만 익혀두면 뭔가를 크게 희생한다는 느낌 없이도 고기 섭취를 줄이는 일이 어렵지 않음을 잘 보여준다.

 돼지의 다른 부위는 어떻게 할까? 우선 목살과 갈비는 특별한 날을 위해 조린다. 껍질은 편육 같은 젤리 형태의 전채 요리를 만들거나 입술이 달라붙을 정도로 끈적한 콜라겐 성분이 가득한 탕으로 만든다. 바람에 말리거나 튀겨서 수포가 있는 황금색 편으로 만들기도 하는데 탕과 찜 요리에 넣으면 맛있다. 상온에서 젤리처럼 굳는 선지는 철분이 많은 자주색 두부처럼 요리해 먹거나 찹쌀을 섞어 순대로 만든다. 간과 콩팥은 섬세한 식감을 유지하기 위해 흔히 강한 불에 볶는다. 귀는 향신료를 넣어 조리한 다음 냉채로 먹으며 혀와 코와 꼬리도 마찬가지다. 얇게 썰어서 고추와 제피가루에 찍어 먹으면 환상적인 맥주 안주가 된다. 소장(소창)에는 고기를 채워 소시지를 만들고, 대장(막창)과 위(오소리감투)는 꼼꼼하게 세척한 뒤, 쓰촨식 길거리 음식인 '내장 고구마 국수肥腸粉'부터 도교의 연금술에서 이름이 유래한 산둥의 대표요리 '구전대창九轉大腸'까지 온갖 방법으로 조리한다.

돼지 염통은 볶거나 데쳐서 냉채로 먹을 수 있다. 광둥에서는 돼지의 허파를 살구씨와 함께 탕으로 끓여 진정 효과가 있는 강장제로 먹는다. 돼지머리는 때로 통째로 삶아 시선을 확 끄는 아이템이 된다. 특히 남방 지역에서는 어린 돼지나 새끼 돼지를 통째로 구워서 내놓곤 한다. 족발로는 보양 찜을 만들고, 돼지 뼈를 고아 육수용 국물을 만든다. 전통적으로 광둥 지역의 여인들은 아이를 낳은 다음 기력을 회복하기 위해 식초와 생강을 넣고 뭉근하게 오래 끓인 족발을 먹었다. 돼지 뇌는 커스터드 같은 식감으로 명성이 높다. 아직도 기억에 남는 광둥의 한 식당에서는 뚝배기에 담겨 나온 흔들흔들하고 미끌거리는 돼지 나팔관을 먹어본 적도 있다. 이와 눈과 뻣뻣한 털을 빼고는 사실상 돼지의 모든 부위를 어딘가에서 먹는다. 중국에서는 돼지 내장이 고기보다 더 비쌀 수도 있다. 돼지 귀의 가격이 비싸다보니 최근 수십 년 동안 가장 기괴한 먹거리 공포를 일으킨 사건의 배경이 되기도 했다. 올레산 나트륨과 공업용 젤라틴으로 추정되는 물질로 가짜 돼지 귀를 만들어 판 것이다.[10] 돼지 내장에 대한 중국의 수요가 얼마나 높은가 하면, 2012년 중국과 영국 사이에 성사된 화제의 5000만 파운드 규모 '돼지고기' 계약에 영국인들이 기피하는 돼지의 위와 귀 및 기타 부위를, 휴대폰 등 물품을 영국에 싣고 온 컨테이너에 담아 대량으로 중국에 수출하는 내용이 실제로 포함되어 있었다.[11]

◆

문화대혁명의 고된 세월 동안 사람들은 돼지고기를 간절히 원했다. 20세기 후반의 개혁으로 생활 수준이 높아지면서 양돈 경제는 당연히 호황을 맞아 일인당 육류 소비량이 세 배로 늘었다. 이제 세계 돼지의 절반 이상이 중국에 있다. 돼지고기 가격은 정치적으로 매우 민감하기 때문에 중국 정부는 전략적으로 돼지를 비축한다.[12]

그러나 돼지고기는 중국에서 가장 사랑받는 고기임에도 사회적 지위는 다소 모호하다. 많은 이들이 고기 중에서 가장 맛있다는 데 동의하겠지만, 돼지고기는 사슴고기처럼 희귀하지도 않고 해산물처럼 비싸지도 않으며 곰발바닥처럼 이국적이지도 않다. 아무 동네 시장에 가도 구입할 수 있다. 환심을 사야 할 고위 공직자나 중요한 비즈니스 상대에게 대접할 수 있는 음식은 아니다. 캘리포니아의 식당 주인 시실리아 치앙은 베이징의 부유한 가정에서 보낸 어린 시절을 회상하며 돼지고기는 연회에 절대 등장하지 않았다고 했다.[13] 중국의 국회인 인민대회당 외교 만찬에 메인으로 나올 만한 식재료는 여전히 아니다. 맛있을지언정 고급스럽지는 않은, 어쩌면 좀 저속하다고 할 수도 있다. 돼지고기는 집에서 게걸스럽고 행복하게 먹는 식재료다.

소식蘇軾으로도 알려진 송나라 시인 소동파는 「저육송豬肉頌: 돼지고기 찬가」라는 몇 줄의 해학시로 중국인의 돼지고기에 대한 복잡하고 모순된 감정을 묘사했다.

> 솥 씻고 물 조금 부어 장작불 뭉근하게 피운다
> 淨洗鐺, 少著水, 柴頭罨煙焰不起
> 알아 익으니 보채지 마소 불 때 맞으면 어련히 맛있을까
> 待他自熟莫催他, 火候足時他自美
> 황주의 돼지고기 참으로 좋은데 가격은 형편없는 똥값일세
> 黃州好豬肉, 價錢如泥土
> 귀하신 분들은 먹으려 않고 가난한 이들은 삶는 법 모르는구나
> 貴者不肯吃, 貧者不解煮
> 일찍 일어나 두어 그릇 먹으면 식구들 배부른데 남이사 뭐라건
> 早晨起來打兩碗, 飽得自家君莫管[14]

중국에서 가장 유명한 돼지고기 요리 중 하나인 동파육은 적절하게도 그의 이름에서 따왔다. 소동파는 11세기 말 항저우 태수로 재직하면서 진흙과 잡목으로 엉망이 된 항저우의 아름다운 호수 시후호의 정비 작업을 감독했다. 전설에 따르면 지역 주민들이 그의 노고에 감사하는 마음으로 소동파가 좋아하는 돼지고기를 설 선물로 보냈다고 한다. 주민들의 너그러움에 감동한 소동파는 하인에게 돼지고기를

푹 조려 집집마다 술 선물과 함께 돌리라고 지시했다. 하인은 돼지고기를 술과 함께 조리라는 말로 잘못 이해하고, 그만 실수로 영원히 잊지 못할 훌륭한 요리를 만들어냈다.

동파육을 만들려면 지방이 많은 뱃살을 껍질이 붙어 있는 채로 큼직하게 깍둑 썰어, 사오싱주를 잔뜩 붓고 약간의 간장과 설탕을 넣은 뒤, 젓가락이 쑥 들어갈 정도로 연해질 때까지 약불에 천천히 조리한다. 보통 손님마다 각자의 도자기 냄비에 한 조각씩 담아 제공하는데, 육즙이 졸아서 매끈하고 유혹적인 유약처럼 광택이 난다. 돼지고기는 단단해 보이지만, '입구즉화入口則化', 입에 넣는 순간 녹아버린다고 할 정도로 부드럽다.

돼지고기를 물이 아닌 사오싱주에 조린 이 요리에는 가정식인 홍샤오러우紅燒肉에 비해 특별한 날 접대하기 좋은 무언가가 있다. 요즘 항저우의 셰프들은 숙련된 칼질을 통해 동파육의 위상을 더 높인다. 이들이 '바오타러우寶塔肉'라고 부르는 요리는 우선 삼겹살을 삶은 뒤 식혀서 완벽한 정사각형으로 깎는다. 한쪽 면을 얇게 자르고 정사각형을 돌려서 같은 크기의 슬라이스를 또 자른다. 정사각형을 돌리고 돌리며 계속 잘라나가면 전체 덩어리가 풀려서 하나로 쭉 이어진 고기 리본이 된다. 그리고 그걸 다시 말아서 피라미드 모양의 틀에 껍질이 아래쪽으로 가도록 눌러 담은 뒤, 전통적인 동파육 소스를 사용해 쪄낸다. 마지막으로 녹색의 작은 야채와 함께 접시에 담아낸 돼지고기는 마치 건축물 조각처럼 깔끔하고 층진 탑 모양을 하고 있다. 아무리 오만한 관리나 사치스러운 재벌이라도 이처럼 공들인 작품을 서민의 요리라며 거부하지는 못한다.

그러나 이처럼 화려하게 변신한 둥파러우이 제아무리 세련돼 보여도 역사상 발명된 돼지고기 요리 중 가장 충격적으로 맛있는 오리지널 버전만 못하다. 방목해 키운 돼지를 장인이 만든 사오싱주와 간장과 설탕으로 요리한 '룽징차오탕'의 것보다 더 맛있는 둥파러우은 아직 먹어보지 못했다. 하루는 이 식당의 창업 멤버이자 항저우의 전설적인 식당 '루외루樓外樓'에서 평생 둥파러우을 만들었던 베테랑 셰프 둥진무董金木가 내게 조리과정을 보여주었다.

거친 목소리에 짙은 눈썹이 삐죽삐죽한 둥 셰프는 "눌어붙음을 방지하고 약간의 풍미를 더하기 위해" 커다란 웍 바닥에 돼지 갈비뼈를 몇 개 쌓고, 그 위에 자투리 고기와 껍질을 벗기지 않은 대량의 생강을 겹겹이 얹었다. 그리고 그 위에 커다란 조각으로 썬 삼겹살을 껍질이 위로 가도록 한 층 쌓았다. 주방 항아리에 있던 화댜오花雕 사오싱주를 넉넉히 붓고 매듭 모양으로 묶은 파, 적정량의 진간장, 약간의 물과 설탕, 그리고 그만의 비밀 재료인 팔각 한 조각과 작은 계피 두 조각을 넣었다. 비밀 재료는 완성된 요리에서는 존재를 눈치챌 수 없지만 특별한 향을 더해준다고 했다. 둥 셰프는 불을 세게 올려 돼지고기 주변으로 액체가 끓고 거품이 보글보글 올라와 깊은 색을 내도록 한 뒤, 뚜껑을 닫고 불을 낮춰 소동파의 말대로 조급해하거나 서두르지 않고 자기만의 속도로 알아서 익게 놔두었다. 조리법은 놀라울 정도로 간단했으나 결과물은 신비할 정도로 맛있었다.

둥파러우은 타이베이 고궁박물관에 있는 '육형석肉形石'이라는 베이징 자금성에서 가져온 유명한 보물에 영감을 주었음이 분명하다. 줄무늬 벽옥이라 불리는 작은 준보석인데, 원석 자체가 마치 고기의 '지방'과 '살코기'처럼 보이는 층 무늬를 갖고 있다. 누가 이걸 이토록 애정을 담아 만들었는지 원석을 숭고하리만치 완벽하게 졸여진 상태의 돼지고기와 닮은 모습으로 조각했다. 캐러멜색 껍질에는 모공이 점처럼 찍혀 있고, 비계는 감미롭게 늘어져 있다. 생동감 넘치는 이 실물 크기 작품은 유리 케이스와 황금색 받침대만 아니었다면 거의 먹을 수 있을 것처럼 보인다. 귀한 재료를 깜짝 놀랄 만큼 소박한 주제로 형상화한 이 보물의 존재 또한 중국인의 돼지고기 사랑에 대한 역설적인 품평으로 볼 수 있다.

다문화의 용광로 중화요리

쏸양러우

혹독하게 추운 베이징의 겨울날, 창백하고 옅은 하늘에 태양이 핼쑥하게 빛나고 있다. 회색 벽면의 좁은 후통에서 털모자와 패딩 점퍼 차림의 행인들 사이를 전동 자전거들이 헤쳐 지나간다. 작은 가게들이 삶은 양고기를 팔고 있다. 양의 머리부터 발굽과 허파까지 없는 게 없다. 옥수수 찐빵, 검붉은 산사나무 열매, 감과 호두도 판다. 인기 많은 젠빙煎餠 가판대에는 손님들이 줄 서서 애타게 기다리는 가운데, 조그만 출입구 뒤쪽에서 한 노인이 녹두 반죽을 국자로 떠서 철판에 붓고 그 위에 계란을 깨뜨려 펼친 다음, 그렇게 만든 팬케이크를 휙 뒤집어 라장과 다른 양념들을 바른다.

산산과 나는 훠궈 식당 '라오진 쏸러우 老金涮肉' 입구에 걸린 두껍고 투명한 비닐 차양 사이를 헤치고 들어가는 순간 금세 흥겨운 분위기에 휩싸였다. 테이블마다 놓여 있는 구리로 된 훠궈 냄비 가운데의 굴뚝에서 연기가 피어오르고, 그 주변으로 작은 접시와 사발, 담뱃갑, 맥주병들이 무수히 널려 있다. 종업원들은 음식이 가득한 쟁반과 구리 주전자를 들고 작은 주방을 분주히 들락거리며 훠궈 냄비에 끓는 물을 붓는다. 뒷벽의 높은 창으로 들어오는 햇살이 모락모락 피어오르는 김을 비추고 있다. 이곳의 공기는 베이징 사투리의 투박하고 유쾌한 억양으로 가득하다.

우리는 곧 자리로 안내받아 보글보글 물이 끓는 훠궈 냄비 앞에 앉았다. 냄비의 굴뚝 안에는 숯불이 활활 타고 있다. 칼로 얇게 썬 양고기, 뾰죽뾰죽한 표면의 내장, 삼각형의 둥더우푸凍豆腐, 알배추를 주문했다. 종업원이 참깨 소스가 담긴 작은 사발들과 절인 마늘을 가져온다. 우리는 사발에 다진 고수, 대파의 흰 부분, 기름에 볶은 고추를 넣어 간을 맞춘다. 이제 요리해서 먹을 차례다. 젓가락으로 생양고기 조각을 집어 끓는 물에 몇 초 휘저은 다음, 소스에 찍어 고기의 부드러움을 음미하며 먹는다. 이렇게 계속하다가 나중에는 내장과 야채로 넘어갈 것이다. 베이징의 추운 겨울날에 이보다 더 안성맞춤인 점심은 떠올릴 수 없다.

◆

영어로는 흔히 '몽골 핫팟'이라고 알려진 '솬양러우涮羊肉(육수에 헹궈 먹는 양고기)'는 베이징의 가장 잘 알려진 요리 중 하나다. 13세기에 중국을 정복했던 몽골인들이 양고기를 즐기기는 했지만, 이 요리가 몽골에서 기원했다고 알려진 바는 없으며 고기를 얇게 써는 것은 전형적인 중국 방식이다. 젓가락을 사용해 다 같이 먹는 냄비에 작은 조각의 음식을 요리해 먹는 방법이 처음 등장한 문헌은 13세기 시인 임홍의 요리책으로, 야생 토끼를 조리하는 법을 서술했다.[1] 요리도 하면서 몸도 따뜻하게 할 수 있는 이 방법은 강변의 판잣집, 대저택, 궁궐을 막론하고 중국의 많은 곳에서 즐겨 사용하게 되었다. 만주족이 중국을 점령한 17세기가 되면 훠궈에 고기를 데쳐 먹는 것은 청나라 황실의 겨울철 인기 요리가 된다. 18세기 후반 가경제의 취임 만찬에는 1550여개의 손님용 훠궈가 마련되었다.

중국의 대표적인 고기는 돼지고기다. 무슬림이 아니라면 그렇다는 얘기다. 도교, 유교, 불교, 기독교와 같은 주류 종교와 더불어 중국이 이슬람 국가이기도 하다는 사실은 잘 알려져 있지 않다. 최근 몇 년 동안 신장의 먼 서북부 지역에 거주하는 투르크 계열의 위구르족이 겪고 있는 고통이 국제적으로 널리 보도되었다. 옛 실크로드의 광활한 지역인 신장은 인도에서 몽골까지 남아시아와 중앙아시아의 8개국과 국경을 맞대고 있다. 캅카스 지방 외모에 투르크 언어를 쓰며, 중국식 국수와 중앙아시아식 케밥과 난을 결합한 식문화를 가진 위구르족은 지리적으로나 문화적으로도 중국과 서방 사이에 위치하고 있다. 하지만 위구르족이 중국의 유일한 무슬림은 아니다. 상대적으로 수가 많기는 해도 위구르는 카자흐, 둥샹, 키르기스스탄, 타지키스탄, 우즈베키스탄, 바오안, 타타르, 후이 등 공식적으로 인정된 열 개의 중국 무슬림 집단 중 하나일 뿐이다.

무슬림은 당나라 때인 7세기에 중국에 정착하기 시작했다.[2] 아라비아, 페르시아, 중앙아시아, 몽골로부터 중앙아시아의 육로를 따라 동남부 연안 항구와 서북부에 자신들만의 이슬람 사원과 공동체를 세웠다. 이들 무슬림 이민족은 원래 위구르를 일컫던 중세의 중국어 단어(후이후回鶻 또는 후이허回紇)를 빌려, 자신들을 후이후이回回로, 자신들의 신앙은 후이교回教로 불렀다. 이들은 또 스스로의 신앙과 삶의 방식을 설명하기 위해 '순수하고 진실하다'는 뜻의 '청진淸眞(칭쩐)'이라는 용어를 채택했다. 예식의 청결함과 종교적 정통성 모두를 가리키는 말이다.(일부 학자는 이 개념이 중국의 유대교에서 유래했을지도 모른다고 한다.)[3]

20세기 중반 중화인민공화국이 설립된 이후, 새 정부는 중국의 인구를 집계하고 분류하기 시작했다.[4] 수십 개의 인종 집단, 혹은 '민족'을 파악해 한족, 티베트족, 몽골족 등의 이름을 붙였다. 위구르족, 카자흐족, 키르기스족 같은 중국의 여러 무슬림 집단은 자신들만의 고유 언어를 갖고 있었고, 따라서 별개의 민족으로 분류되었다. 중국 전역에 흩어져 이제는 이웃 소수민족들과 더불어 현지의 중국어 방언을 사용하는 나머지 무슬림 대부분에게는 후이족이라는 이름이 붙었다. 현대에도 중국 정부 당국, 후이족 자신들, 그리고 일반 국민이 여전히 그 이름을 사용한다.

오늘날 후이족은 한족과 남방의 좡족壯族에 이어 공식적으로 세 번째로 큰 소수민족이다. 2010년도 통계에 따르면 1000만 명이 조금 넘는다.(위구르족보다 살짝 많다.)⁵ 하지만 모스크와 할랄 식품점과 식당을 갖추고 있는 후이족 공동체는 주로 신장에 거주하고 있는 위구르족과 달리, 라싸에서 상하이, 베이징에서 미얀마 국경에 이르기까지 중국 방방곡곡에서 찾아볼 수 있다. 네이멍구 자치구와 북부의 세 개 성 사이에 샌드위치처럼 끼어 있는 한 자락의 땅 닝샤성 후이족 자치구가 명목상의 고향이긴 하지만, 이들 대부분은 중국의 다른 지역에 거주한다. 중국의 모든 소수민족 중 가장 널리 흩어져 있다. 대다수 중국의 마을과 도시에는 후이족 국수 가게와 식당들이 모여 있는 구역이 최소한 한 군데 이상 있다. 거의 모든 시장에서 소나 양의 사체가 철제 고리에 걸려 있는 후이족 정육점을 한두 군데 발견할 수 있는데, 그곳의 어두운색 고기는 막대 사탕처럼 분홍과 흰색이 뒤섞인 돼지고기와 매우 대조적이다. 후이족의 많은 사람, 특히 젊은 세대들은 한족과 다를 바가 없지만, 일부는 여전히 전통 자수를 새긴 모자(남성용)와 히잡(여성용)을 착용한다. 특히 노인 세대가 그렇다. 대부분 돼지고기를 먹지 않으며, '청진淸眞'이라는 글자를 가게와 식당에 새겨놓았다.

후이족의 음식은 그걸 만드는 사람들의 뿌리를 생각하면 짐작할 수 있겠지만 중동과 중앙아시아와 중국의 문화적 영향이 기가 막히게 융합되어 있다. 중국 각지에서 후이족은 현지 음식을 할랄식으로 만든다. 쓰촨성을 예로 들어보자. 청두의 황청 청진사皇城淸眞寺 옆에 있는 식당 '톈팡러우天方樓'에서는 전형적인 '마라麻辣(얼얼하고 매운)' 맛이며 쓰촨의 맛들을 찾아볼 수 있지만, 돼지고기로 만드는 전통 요리를 대신해서 양고기, 소고기, 닭고기를 사용해 '소고기후이궈러우回鍋牛肉'와 '어향소고기魚香牛肉絲' 같은 하이브리드 요리를 만든다.

하지만 어느 지역에 있건 후이족의 음식은 중앙아시아의 영향을 받았다는 공통점도 갖고 있다. 전형적인 후이족 요리의 대부분은 국수와 빵과 (또는) 양고기를 특징으로 하는데, 밀가루와 제분 기술과 양은 모두 고대에 서쪽에서 중국 북부로 들어왔다. 오늘날에도 중국 북부는 베이징에서 지중해까지 걸쳐 있는 밀과 양을 먹는 거대한 지역의 일부에 속한다. 많은 후이족 식당이 '서우좌러우手抓肉(손으로 집어먹는 고기)'를 파는데, 이는 삶은 양고기를 양념에 찍어 손으로 먹는 단순한 전통 요리로, 오래된 유목민 풍습의 유산이다.

후이족의 음식은 '중국요리'가 대두를 발효시킨다거나 칼을 정교하게 쓴다거나 젓가락을 사용하는 것과 같은 오랜 토착 전통의 기록일 뿐만 아니라, 2000년이 넘는 활발한 문화 교류의 기록이기도 하다는 사실을 끊임없이 상기시켜준다. 밀가루와 제분과 양고기는 서역에서 가장 먼저 수입된 것들에 속한다. 약 2000년 전 한나라 때는 후추, 오이, 깨, 당근과 같은 수많은 다른 재료가 중앙아시아로부터 들어와 중국인의 식단에 확고히 자리잡게 된다. 일부는 황제가 서역으로 보냈던 사신인 장건張騫이 들여온 것으로 추정된다. 고대 중국어로 서북쪽의 이방인들 혹은 '오랑캐'를 후胡라고 불렀는데, 그 기원에 대한 언어학적 흔적이 현대 중국어에도 남아 있다. 후추는 여전히 '오랑캐 고추' 후자오胡椒이고, 당근은 '오랑캐 무' 후뤄보胡蘿蔔이며, 어떤 지역에서는 오이를 '오랑캐 박' 후과胡瓜라고 부른다. 서역의 새로운 음식들은 한나라 시절 중국을 휩쓸었던 '후 문화'에 대한 열광 속에서 도착했다. 18세기 영국의 귀족들이 저택에 중국풍 물건들을 채워넣던 것처럼, 한나라 영제(재위 168~189)는 "후의 복식, 후의 천막, 후의 의자, 후의 음식, 후의 하프, 후의 피리, 후의 춤을 좋아해, 수도에 사는 황실의 친척과 귀족들이 모두 이를 따라하려고 했다"고 한다.[6]

한나라는 서역으로부터 들어온 문물이 중국 음식과 문화를 근본적으로 변화시킨 여러 시대 중 하나에 불과했다. 이후 당나라 시대의 중국은 다문화주의의 온상이 되어 인도의 불자, 페르시아의 사제, 일본의 순례자, 터키의 왕자, 네스토리우스파 기독교도, 오만의 보석상, 소그드의 상인, 그리고 서역 여러 나라에서 온 무슬림들을 끌어들였다.[7] 일부는 바다로, 일부는 육로를 통해 왔고, 모두 이국적인 물건과 풍습을 가져왔다. 남쪽의 도시 양저우와 광저우에는 수많은 외국인이 거주했고, 북쪽의 수도 장안(오늘날의 시안)도 마찬가지여서 터키인, 아랍인, 페르시아인, 힌두인의 커뮤니티가 형성되어 있었다.[8] 에드워드 셰이퍼에 따르면 당시의 중국 남녀들은 터키와 이란식 패션을 즐겨 입었다고 한다. 중국의 한 왕자는 터키 문화에 매료된 나머지 "궁궐 경내에 제대로 된 터키식 병영을 설치하고 (…) 삶은 양고기를 본인의 칼로 잘라 먹었다".[9] 도시에는 외국의 케이크, 그중에서도 특히 참깨를 뿌려 찐 케이크와 기름에 튀긴 케이크가 인기 있었고, 값비싼 수입 향신료가 부자들의 식탁을 빛냈다.[10] 송나라 때는 북방의 수도 카이펑開封(당시에는 벤량汴梁이라고 불렀다)에서 양고기의 인기가 대단했다고 한다.

이후 몽골이 중국을 통치했던 원나라(1271~1368) 때 궁궐의 의원 홀사혜忽思慧가 편찬한 요리책 『음선정요飮膳正要』(황제에게 마땅히 필요한 음식 지침서)에 보면 깜짝 놀랄 정도로 다국적 중국요리를 선보이고 있다.[11] 홀사혜 본인도 아마 터키계 혈통으로 추정되고, 그의 중국어 문헌에는 터키어, 위구르어, 몽골어, 아랍어, 페르시아어의 단어와 표현들이 스스럼없이 등장한다. 1330년에 완성된 이 책(폴 부엘과 유진 앤더슨에 의해 영어로 번역되었다)은 주로 식이요법에 관한 얘기지만, 한 장 전체가 "여러 맛이 섞인 기이한 별미 요리들聚珍異饌"이라는 제목의 조리법 모음이다. 책의 많은 조리법이 양고기를 중심으로 한 목축 전통에 뿌리를 두고 있으나, 당시 몽골 초원과 중국뿐 아니라 이슬람 세계의 상당 부분을 망라하고 있던 몽골 제국 전역으로부터의 영향이 드러나 있다. '염장鹽腸'과 '버드나무 양고기찜柳蒸羊'과 같은 간단한 몽골 음식들을 만드는 방법이 투르크 빵과 국수, 중동식 샤베트, '가랑갈 소스 돼지머리猪頭薑豉' 같은 중국 돼지고기 요리들의 조리법과 나란히 실려 있다. 대다수의 조리법에는 페르시아, 메소포타미아, 인도를 포함한 다수의 원산지에서 온 재료와 조리 기법이 뒤섞여 있다.

만리장성은 치즈의 중국 유입과 기마 민족의 침입을 막는 데는 꽤 성공했을지 몰라도, 문화적 장벽으로서는 전혀 목적을 달성하지 못했다. 중국은 차, 비단, 복숭아, 화약, 그리고 훨씬 뒤에는 대두를 제국 밖으로 보냈다. 반면 한나라 때의 후추로부터 명나라 때의 멕시코 고추, 10세기경 인도 불교로부터 20세기의 마르크스주의까지 식재료, 악기, 기술, 종교, 사상들이 중국으로 흘러들어왔다. 이론상 북방의 중국인들은 장벽 너머의 미개한 이웃 민족들과 완연히 구별된다고 했지만, 실제로는 이들도 양과 밀을 먹었고, 이민족의 관습을 수용했고, 이민족의 신앙을 받아들였으며, 이민족과의 혼인으로 태어났거나 가계에 그런 혈통을 가진 경우도 흔했다. 부엘과 앤더슨이 원나라에 대해 지적했듯이, 중국은 개념적으로는 단일민족이었으나 실제로는 다문화와 다종교 사회였고 지금도 여전히 그러하다.

중국 북부 지방의 음식은 요리와 문화에 있어 국경이라는 것이 얼마나 자의적인가를 보여주는 생생한 사례다. 수없이 많은 중국의 특산 요리, 그중에서도 특히 북방의 요리는 중앙아시아와 중동의 전통에 명확히 뿌리를 두고 있다. 달고 견과 맛이 나는 할바(깨와 꿀로 만든 터키의 과자—옮긴이), 참깨가 박혀 있는 납작빵(한때 후빙胡餅이라고 알려지기도 했다), 달달한 시럽을 듬뿍 바른 튀김인 베이징의 탕얼둬糖耳朵 등인데, 탕얼둬는 인도와 중동의 사탕을 연상시킨다. 중국 서북부의 대표적인 요리와 간식 중에는 후이족이나 위구르족이 토속적인 요소와 이국적인 요소를 융합해 만들어낸 것이 많다.

후이족의 대표 요리인 소고기 육수에 담은 수타면은 란저우의 자랑이며 이제는 중국 전역과 해외에서까지 유명한데, 삶은 고기에 대한 유목민의 애정과 중국의 면을 결합한 것이다. 과거 왕조의 수도였던 시안의 미식 중심지는 구러우鼓樓 뒤편의 '후이족 거리回民街'로, 이제는 셰프들이 요리 솜씨를 뽐내는 것을 구경하고 시안의 대표 요리인 '양러우 파오모羊肉泡饃'를 맛볼 수 있는 번화한 관광지구다. '양고기(또는 소고기) 국물에 적신 납작빵'이라는 뜻의 양러우 파오모는, 작고 단단한 빵을 잘게 찢어 녹두 국수와 고깃점들이 들어 있는 맑은 국물에 넣고, 고추 소스와 달게 절인 마늘을 곁들여 내는 요리다. 유목민의 요리와 중국의 요리가 조화를 이루는 또 다른 퓨전이다. 카이펑의 야시장은 후이족 노점상들이 저마다 맛있는 음식으로 호객하는 가운데 지글거리는 소리와 함성으로 활기가 넘친다. 이 간식들과 요리를 만드는 것은 후이족이지만, 한족을 비롯해 모든 이가 열광한다.

서북부 지방의 시장에서는 후이족 정육점 주인들이 가판대 위에 매달린 양의 사체를 해체한다. 고기를 어찌나 능숙하게 마지막 한 점까지 발라내는지 하얗게 빛나는 척추가 만화에 나오는 생선 뼈처럼 깨끗하다. 양의 내장은 북방의 큰 별미다. 후이족뿐만 아니라 한족 사이에서도 그렇다. 후이족은 할랄 법에서 부정하다고 여겨 양의 피를 먹지 않지만, 북방의 한족은 돼지고기와 마찬가지로 양의 거의 모든 부위를 다 먹는다. 산시성 다퉁의 전형적인 아침 식사는 양, 선지, 허파, 위, 내장 모둠을, 미끌거리고 탱탱한 감자국수와 약간의 고추가 들어 있는 말간 국물에 담아 내는 '칭둔양자淸燉羊雜'다. 테이블에 놓인 식초를 살짝 뿌려 먹는다. 카이펑에서는 놀랍게도 한족이 운영하는 식당에서 아침으로 양의 태반과 내장을 끓인 조림을 먹은 적이 있다. 납작빵을 찢어 담가 먹는데, 그릇 가득 절임야채를 곁들여 내는 것으로 유명한 시안 대표 요리의 비非할랄 사촌 같았다.(사학자 미란다 브라운은 때로 자수이雜碎라고 불리는 이런 양 내장 스튜가 미국식 중화요리 찹수이의 기원 중 하나라고 본다.[12]) 양고기와 밀에 진심인 북방의 한족들은 생선과 쌀을 먹는 남부의 중국인들과 비슷한 것만큼이나, 음식에 관해서라면 만리장성 너머의 이웃들과도 공통점이 많다.

지난 세월 나는 중국 전역을 다니며 후이족의 궤적과 마주쳤다. 티베트의 외딴 마을에서 후이족 사람들이 요리한 국수를 먹었고, 시안에서 대청진사大淸眞寺의 아름다움에 흠뻑 빠졌으며(여전히 전체 중국을 통틀어 가장 좋아하는 건축물 중 하나다), 간수와 윈난의 변화한 후이족 거리를 탐험했다. 양저우에서는 13세기의 예언자 모하메드의 후손인 푸하딩이 묻힌 무슬림 묘지를 방문했고, 청두에서는 유명한 '푸치페이펜夫妻肺片(부부가 파는 내장고기 모듬)'을 즐겼다. 후이 정육점 주인들, 제빵사, 수타면 기술자들과 시간을 보내며 그들의 조리법에 대해 토론했고, 반죽 덩어리에서 국수를 한 타래 뽑으려다 망신을 당하기도 했다. 무엇보다 나는 수도 베이징에서 그들의 음식을 먹고 그들과 함께 보낸 시간이 좋았다.

10세기에 세워진 뉴제 청진사牛街淸眞寺는 베이징에서 가장 오래된 이슬람 예배의 중심지로, 기도실을 중심으로 하는 복합 건물이다. 대부분의 중국 모스크가 그렇듯 기도실은 이슬람의 모티프가 중국의 전통 건축 양식과 결합되어 있다. 뉴제는 한때 그저 '칭전쓰제淸眞寺街(청진사 거리)'라고 불리던 시절도 있었지만, 이 지역이 할랄 소고기 거래지로 유명해지면서 거리도 모스크도 이름을 바꾸었다. 지금도 모스크 주변의 후퉁은 여전히 후이족 사람들이 운영하는 가게와 식당으로 북적북적하다. 슈루輸入 후퉁(원래는 익힌 고기라는 뜻의 '슈러우熟肉 후퉁'이라고 불렸다)에는 날것 익힌 것을 가리지 않고 정육점과 식료품점에서 풍겨 나오는 양고기와 소고기 냄새가 공기 중에 가득하다. 손님들은 달콤한 페이스트리, 젠빙, 양념한 소고기를 채워 겉에 참깨를 뿌린 납작빵을 사려고 길게 줄 서 있다. 뉴제를 방문해보면 얼핏 후이족들은 일종의 소수민족의 거주지역에 갇혀 살고 있나보다라고 생각할 수도 있지만, 사실 이들의 음식과 문화적 영향력은 중국의 수도에 널리 퍼져 있다.

어느 맑고 화창한 겨울날, 한때 만주족 귀족들의 유흥지였던 옛 베이징의 아름다운 호수 허우하이後海 옆에 있는 식당 '카오러우지烤肉季'에서 친구들을 만났다. 몇 층의 계단을 올라 안내받은 개별실의 커다란 유리창을 통해, 후퉁의 그림 같은 회색 기와지붕들 너머 저 멀리 고루와 종루가 내다보였다. 방의 한가운데에는 허리 높이의 커다란 원형 철판이 놓여 있고, 철판 밑에는 소나무 장작이 활활 타고 있다. 철판의 둘레를 따라 장작불보다 살짝 낮게 설치된 단 위에는 음식이 담겨 있는 그릇이며 접시와 함께 지휘자들이 사용하는 지휘봉만큼 큰 젓가락들이 놓여 있었다.

장작불의 열기 속에 우리가 검게 탄 철판 주위에 둘러서자 셰프가 간장으로 양념한 양고기를 철판 위에 올려놓았다. 고기가 지글지글 익어가며 그을린 향이 장작 연기와 뒤섞이는 가운데 우리는 양고기 조각들을 커다란 젓가락으로 뒤집었다. 고기가 거의 다 익으면 은색의 아삭한 대파를 썰어 넣고 마지막으로 고수 잎을 한 줌 뿌린다. 셰프의 지도에 따라 작은 양고기 더미들을 철판 가장자리로 밀어낸 뒤, 더미마다 가운데에 빈 공간을 만들었다. 그 안에 비둘기 알들을 깨어 넣고 알이 다 익을 때까지 그릇을 덮어둔다. 그리고 나서 보통의 젓가락을 사용해 육즙이 많고 부드러운 고기를 먹었다. 일부는 전통적인 습관에 따라 한쪽 발을 낮은 벤치에 올리고 먹는다. 마지막으로, 노릇노릇하고 향이 가득해진 남은 고기를 철판 가장자리에 데워두었던 참깨빵과 함께 먹어치웠다.

철판구이, 카오러우烤肉는 솬양러우와 더불어 후이족의 특산물이자 베이징의 대표 요리 중 하나다. 몇 년 전 베이징의 한 할랄 식당에서 저녁을 하면서, 후이족의 베테랑 셰프 아이광푸艾廣福는 후이족 거리의 상인들이 수레 뒤에 설치한 철판에 소고기나 양고기를 구워 팔던 것이 카오러우의 시작이라고 내게 말해주었다. 나중에 그것을 전통적 방식으로 굽거나 웍에 볶기도 하면서 식당의 특별 메뉴가 되었다.(웍에 구우면 '대파에 빠르게 볶아낸 양고기蔥爆羊肉'라고 부른다.) 영국의 작가 존 블로펠드는 1930년대 베이징에서 보낸 몇 년간을 환상적으로 기록한 글에서 내가 친구들과 먹었던 것과 거의 똑같은 음식을 묘사하고 있다. 다른 점이라면 그의 일행은 "발이 빠질 만큼 잔뜩 쌓인 눈"으로 둘러싸인 안뜰에서 요리해 먹었다는 사실뿐이다. 그는 구운 쇠고기가 "내가 맛본 그 어떤 음식보다 맛있었다"고 했다.

블로펠드의 일행 중 한 명이었던 경극의 명창은 그에게 이렇게 설명했다. "우리 중국인들은 주변 민족으로부터 빌려온 것을 항상 우리 입맛에 딱 맞도록 세련되게 만들기를 좋아했습니다. (…) 만리장성 너머 유목민들은 바람 부는 사막에서 가축의 배설물을 말린 연료로 피운 불 위에 칼이나 꼬챙이에 끼워 원시적인 카오러우-(케밥)를 만들었어요. 우리가 그걸 이렇게 탈바꿈시켰죠!"[13]

서태후가 가장 좋아했던 요리 중 하나는 후이족의 별미 '타쓰미它似蜜'(꿀처럼 달콤하다는 뜻)였다. 전설에 따르면 궁중 요리사가 양고기를 발효된 장과 설탕을 듬뿍 넣은 생강 소스에 볶아 급히 대접했는데, 서태후가 그 향긋한 단맛에 매우 기뻐하며 그런 이름을 붙였다고 한다. 이 요리는 청 말에서 중화민국 시기에 명성을 얻은 가장 뛰어난 베이징의 후이족 식당 중 하나인 '둥라이순東來順'의 대표 메뉴가 되었고, 지금도 여전히 먹을 수 있다. 청나라 궁중 요리에는 늘 다양한 음식 문화의 영향이 융합되어 있었다. 지배층 만주족이 물려받은 유목민으로서의 유산, 산둥성 동북부 요리사들의 예리하고 비범한 테크닉, 그리고 18세기 후반 건륭제가 남방을 여행하고 강남 요리에 반한 이후에는 섬세하고 세련된 양저우와 쑤저우의 풍미도 그 일부가 되었다.

지난 수 세기 동안 수많은 후이족 사람이 베이징에서 요식업에 종사해왔다. 솬양러우나 카오러우, 타쓰미처럼 특별한 때 먹는 요리 외에도, 베이징에서 가장 흔하고 사랑받는 길거리 음식 중 상당수가 후이족이 발명했거나 대개 후이족 요리사와 장인의 손으로 만들어진다. 한나라 때 중국에 왔던 중앙아시아인들에 의해 처음 만들어진 샤오빙燒餠(참깨를 뿌린 빵, 안에 참깨 페이스트를 넣은 것도 있고, 달콤한 흑설탕을 넣은 것도 있다)과 더불어 양의 내장을 빠르게 삶아 참깨 소스와 내는 요리, 삶은 양 머리 요리, 그 외에도 각종 케이크와 페이스트리가 있다. 베이징 옛 시가지의 서북쪽에 있는 길거리 음식의 성지 '호국사 간식 거리護國寺小吃街'는 할랄 식당으로, 주민들과 여행객 모두에게 향수를 불러일으키는 현지 음식들을 판다.

모든 사회에는 현지인들은 열광하지만 외부인들은 이해할 수 없는 식습관이 몇 가지씩 있다. 런던의 장어젤리, 프랑스의 앙두예트(돼지 내장으로 속을 채운 일종의 소시지—옮긴이), 사오싱의 '삭힌 비름나물 줄기臭苋菜梗' 같은 것이다. 베이징에서는 발효 녹두즙으로 만든 재미있는 음료인 더우즈豆汁가 있는데, 이 또한 후이족의 유명한 음식이다. 외부인들은 대개 이 탁한 녹회색 액체의 냄새를 불쾌히 여기고 그 맛에 경악하지만 진정한 베이징 사람들은 이걸 애정한다. 특히 아침 식사로 바삭바삭한 링 모양의 반죽 자오쥐안胶卷과 절인 야채와 함께 이걸 꿀꺽꿀꺽 마실 때면 그렇다. 더우즈의 부산물은 발효 콩의 침전물이다. 후이족들은 이 걸쭉한 재료를 대두, 절인 갓, 부추와 함께 양고기 기름에 볶은 뒤, 그 회색빛 덩어리에 기름에 태운 고추를 한 순갈 넣어 대접한다. 헛갈리게도 마더우푸麻豆腐라고 불리는 이 음식은 (마파두부와는 전혀 다르다) 마음을 편안하게 해주고, 약간 치즈 같으며, 내 생각에는 무엇과도 비교할 수 없을 정도로 엄청나게 맛있다. 베이징덕과 더불어 내가 가장 좋아하는 베이징 음식이며, 세계 그 어느 곳에서도 맛볼 수 없기 때문에 더욱 흥분되는 요리다. 베이징에 돌아올 때마다 제일 먼저 먹고싶은 음식이다.

언젠가 '라오진솬러우老金涮肉' 주인의 아버지인 연로한 후이족 셰프가 톈차오에 있는 자기 집에 나와 친구를 초대해 점심을 대접했다. 톈차오는 한때 사람들이 외식하고 서커스나 경극을 보러 가던 유흥

지역이다. 아파트 대문에는 아랍 문자와 한자로 알라의 축복을 기원하는 에나멜 간판이 걸려 있었다. 자주색 티셔츠와 흰 자수 모자 차림의 진 셰프가 우리를 따뜻하게 맞아주었다. 80대 중반의 나이임에도 훨씬 젊은 사람처럼 열정과 활력이 넘쳤다. 그는 은퇴한 할랄 요식업계의 베테랑으로, 한때 청나라 마지막 황제의 동생인 푸제溥傑를 위해 요리하기도 했다. 우리가 집 안으로 들어가자마자 그는 부엌으로 돌아가 이제는 식당에서 더 이상 판매하지 않는 음식들을 포함해서 옛 후이족 특선 요리로 구성된 오찬 준비를 이어갔다. 요리를 하면서 그는 여전히 주방을 지휘하는 사람의 강인하고 딱딱 끊어지는 어투로 내게 이야기했다.

우리는 곧 마루의 테이블에 둘러앉았다. 마루 벽면에 늘어선 유리문이 달린 찬장에는 장식품이 가득했고, 벽에는 검은색 배경에 금색으로 유려하게 쓴 이슬람 서예작품의 액자가 자랑스레 걸려 있었다. 상상할 수 있듯이 점심 식사는 맛있으면서도 생각을 자극하는 경험이었다. 고수를 넣어 빠르게 볶아낸 리본 모양의 위芫爆百葉, 스크램블 계란에 흑초를 살짝 넣어 볶아낸 양고기醋溜木須, 탕수 소스로 볶은 생선, 산사나무 젤리가 들어간 달콤한 찹쌀떡將米燒餅, 탕과 납작빵, 마지막으로 달게 찐 쌀과 단팥이 층층이 들어간 케이크를 먹었다. 우리는 식사를 하며 진 셰프의 인생과 그가 살았던 시대, 후이 요리와 그가 알았던 베이징의 옛 식당들에 대해 얘기했다.

점심을 먹고 나니 피시앤칩스가 떠올랐다. 바람 부는 해변 산책로에 앉아 발가락 사이의 모래를 느끼며 신문지에 싸 먹는 피시앤칩스보다 더 영국적인 것은 없지 않을까. 하지만 음식 학자들은 튀김옷을 입혀 튀긴 이 생선이 유대인 이민자들이 이베리아반도에서 가져온 것이라고 믿는다. 그리고 오랜 세월에 걸쳐 영국인에 의해 채택되고 변형되어 자랑스러운 국민 요리의 하나가 되었다. 마찬가지로 후이족의 음식은 고대에 이루어졌던 이민, 중앙아시아와 그 너머 민족들과의 교류가 남긴 흔적을 지니고 있지만, 본질적으로 중화요리다. 솬양러우, 구운 양고기와 소고기, 마더우푸, 그리고 이 모든 후이족 요리와 간식은 피시앤칩스가 영국 음식인 것만큼이나 중국 음식이고, 베이징 생활의 씨줄과 날줄을 이루고 있어 그게 없는 베이징과 베이징의 음식은 상상할 수 없을 정도다.

생각해보면 무엇이 '중화요리'일까? 중국 음식은 중국의 다수 민족인 한족의 문화 및 특성과 너무 자주 혼동된다. 한족 민족주의의 시대라 특히 더 그렇다. 그러나 중국은 언제나 다양한 민족과 언어와 입맛의 집합체였다. 고대 중국 북부와 서북부에는 이미 외래의 영향이 스며들어 있었고, 남부에는 여러 종족이 살고 있었다. 청나라 대제국과 그 뒤를 이은 공화국은 황허강 계곡의 옛 한족 중심지뿐만 아니라 티베트와 신장과 몽골의 광활한 지역을 아울렀다. 현대 중국의 서남부 윈난성은 다양한 문화와 음식이 정교하게 모여 있는 곳으로, 이들의 상당수는 가령 북쪽의 시안 사람들보다는 국경 너머의 베트남, 라오스, 미얀마 사람들과 더 많은 공통점을 가진다. 그리고 물론 후이족은 중국 전역에서 살고, 일하고, 먹고 있다.

'라오진촨러우'의 벽에는 4대에 걸친 진씨 가문 가장들의 초상화가 걸려 있다. 모두 한때 후이 요식업에 종사했던 사람들이다. 산산과 나는 식사를 끝마쳐간다. 손으로 썬 양고기와 위를 해치우고, 배추와 국수와 두부를 천천히 먹는 중이었다. 종업원이 배를 채울 참깨빵을 가져다주었다. 아주 전형적인 베이징의 이 식사는 다양함으로 점철된 '중화요리'의 역사를 생생하게 보여주는 스냅숏이다. 물론 양고기를 빼놓을 수 없지만 참깨 페이스트리, 알이 굵은 마늘, 참깨 씨와 고수도 있다. 모두 한나라 때 서역으로부터 들어와 '후胡'라는 이름이 붙기도 했던 식재료다. 그리고 마지막으로 명나라 말기 아메리카에서 해로를 통해 처음 들어와 후추처럼 '오랑캐 고추'라는 뜻의 판자오番椒라고 불렸던 고추가 있다. 판番은 바다 건너 온 사람들을 가리키는 옛말이다.

베이징의 외국인이자 중화요리를 오랫동안 공부해온 학생으로서 이 점심이 물리적으로나 정서적으로나 만족스러웠다. 나는 쑹 부인의 생선국과 천 부인의 유명한 두부 이야기를 늘 좋아했다. 중국 음식의 역사에서 여성이 해온 역할을 상기시켜주기 때문이다. 마찬가지로 나는 후이족과 그들의 맛있는 간식 및 요리에서 위안과 동지애와 영감을 얻는다. 중국의 다문화적인 과거와 현재를 떠올리게 되어 반갑다. 이곳에는 나를 위한 자리도 있다는 뜻이 아니겠는가. 만리장성은 늘 그 물리적 웅장함에도 불구하고, 사실은 한 번도 존재하지 않았던 중국과 야만인 사이의 구분선이 실재한다고 암시하는 일종의 환영이었다. 우리는 모두 뒤섞여 있다. 중국의 수도인 베이징조차 중국인뿐 아니라 중앙아시아인의 도시이고, 농사짓는 평야의 도시일뿐 아니라 초원의 도시다. 돼지고기를 먹는 나라에서 돼지고기를 거부하는 것은 후이족이 다수인 한족과 근본적으로 다르다는 표시이지만, 이들 또한 중국인이다. 돼지고기는 확실히 중국 음식이다. 하지만 양고기도 그렇다.

발효 음식의
마법

술에 담근 게
쭈이셰

사오싱주를 만드는 양조장을 방문하면 구멍이 많이 뚫린 재료로 만든 거칠고 멀건 색의 푸석푸석한 벽돌 더미를 지나치는 일이 있다. 부주의한 건축업자가 남기고 간 것인가 생각하기 쉽지만, 이 볼품없는 벽돌, 이 물질이야말로 중국에서 가장 중요한 식재료 중 하나다. 그릇에 담겨 눈으로 볼 수 있는 것도 아니고 직접 냄새를 맡거나 맛볼 수도 없지만, 거의 모든 중국 음식에 보이지 않는 형태로 들어 있는 존재다. 그냥 식재료가 아니라 요리 전 단계의 재료이자 중국 식문화에서 가장 중요한 요소의 조상이다. 마치 마법사 지니처럼 중국의 음식과 음료에 생명을 불어넣어준다.

벽돌은 취麴(누룩)라고 부르는 물질로 만들어져 있다. 건조된 미생물, 효소, 곰팡이, 효모로 가득한 일종의 산호초 형태이며, 수분과 만

나면 온갖 종류의 음식, 특히 전분이 함유된 음식에 작용할 준비가 되어 있다. 중국을 통해 취에 대해 알게 된 일본인들은 이걸 '고지こうじ'라고 부르고, 영어로는 '퍼멘트ferment'라고 번역하기도 한다. 이 미생물들은 깨어나면 삶은 콩과 쌀 등의 곡물을 마법처럼 변화시켜 단단히 뭉쳐 있던 전분을 단순 당분으로 분해하고, 그 과정에서 온갖 흥미로운 맛을 발산한다. 대두를 간장과 장醬으로 탈바꿈시키는 것이 바로 누룩이다. 쌀과 기장과 기타 곡물을 발효시켜 알코올음료와 곡물 식초를 만드는 촉매제가 누룩이다. 누룩은 중국 음식을 중국 음식답게 만드는 핵심 요소 중 하나라고 해도 지나치지 않다.

중국인들은 신석기 시대부터 쌀과 기장으로 술을 빚어왔다. 곡물을 주酒(와인, 에일 및 기타 주류를 가리키는 중국의 일반 용어), 즉 술로 탈바꿈시키는 데는 특별한 어려움이 따른다. 포도나 여느 과일들과 달리 곡물에는 효모가 흡수하여 알코올로 변할 수 있도록 해주는 당분이 없기 때문이다. 발효 전에 곡물의 전분을 효모가 소화할 수 있는 당분으로 가수분해하는 당화 과정을 거쳐야 한다. 곡물로 알코올을 만드는 일은 포도를 와인으로 발효시키는 것보다 언제나 더 복잡한 다단계의 과정이다. H. T. 황이 얘기한 것처럼, 포도의 발효는 과일의 당분과 껍질에 있는 효모 때문에 자연적으로 발생하는 '거의 불가피한' 현상이다.[1] 곡물은 포도와 달리 발효하고자 하는 자연스러운 열정이 없기 때문에 격려가 필요하다. 북유럽에서는 곡물을 맥주로 만들기 위해 맥아를 사용한다. 그러나 중국에서는 아주 오래전부터 누룩의 힘과 그 안에 있는 아스퍼질러스(국균), 리조퍼스(빵곰팡이), 뮤코

르(털곰팡이)속에 속하는 곰팡이들을 포함한 강력한 작용제들의 집합을 활용하는 방법도 알아냈다.²

중국에서 술과 식초를 양조하는 데 사용하는 누룩은 날것이나 익힌 상태의 간 곡물, 콩류 또는 그 둘을 섞은 것으로 만든다. 아로마가 있는 허브들을 넣어 최종 산물에 향이 남도록 하기도 한다. 이 혼합물을 적셔서 블록 모양으로 만든 다음 곰팡이와 효모가 잔뜩 번식할 수 있는 어둡고 습한 조건에 보관한다. 블록에 곰팡이가 적당히 생기면 말려서 오랫동안 보관할 수 있다. 누룩에는 많은 종류가 있다. 동네의 중국 슈퍼마켓에 가면 집에서 새콤달콤한 막걸리를 만드는 데 사용할 수 있는 희멀겋고 가루가 묻어나는 작은 알약이 적어도 하나쯤 있을 것이다. 사오싱의 유명한 황주를 발효시키는 데 쓰이는 누룩은 밀을 갈아 만들고, 쓰촨의 바오닝 식초保寧醋는 기장, 밀, 고구마로 만든 누룩에 20여 종의 약초를 주입해 만든다. 어떤 종류의 누룩들은 발효 식품의 주원료인 식재료의 표면에 직접 자라기도 한다. 예를 들어 매콤한 쓰촨 더우반장을 만들 때 누에콩을 데친 후 밀가루를 뿌려 거기 곰팡이가 생기도록 놔둔다거나, 간장, 장, 더우츠豆豉를 만드는 과정에서 익힌 대두를 밀가루에 넣고 흔들어 누룩층이 자라게 하는 식이다.

중국인이 누룩의 경이로움과 술 제조 과정에서 누룩이 담당하는 역할을 어떻게 발견했는지는 미스터리로 남아 있지만, 역사와 고고학적 증거에 따르면 4000년 전, 어쩌면 그보다 훨씬 더 전에 발견이 이루어졌던 것으로 보인다. H. T. 황은 중국에서 만들어진 최초의 쌀 술과 기장 술은 신석기 시대까지 거슬러 올라가고, 오늘날 맥주를 만드는 것처럼 발아 곡물의 효소에 의해 당화되었을 것으로 추정한다.³ (중국에서 발아 곡물은 술을 만드는 데는 더 이상 쓰이지 않지만, 수천 년 동안 그래온 것처럼 전분질 곡물을 맥아당으로 바꾸는 데는 여전히 사용된다.) 사람들은 곧 곰팡이가 핀 곡물을 익혀서 술을 만들면 향이 무척 좋다는 것을 발견했고, 그런 곡물을 말려서 저장해도 효능을 전혀 잃지 않는다는 사실을 알아냈을 것이라 그는 말한다.

어쨌든 6세기에는 가사협의 농업서 『제민요술』에 누룩을 배양하는 상세한 소개가 등장한다.⁴ 가사협은 아홉 종의 누룩을 만들고, 그걸 37종의 양조주로 만드는 방법을 네 장에 걸쳐 설명하고 있다. 한 종류의 누룩만 기장으로 만들고, 나머지는 날것과 익힌 것을 다양한 비율로 섞은 밀을 갈아서 물을 넣어 만들었다. 때로 허브 향을 입히기도 하는 이 곡물 반죽을 떡 모양으로 만들어 위생과 주변 환경에 세심한 주의를 기울인 특별한 창고에서 발효시킨다. 가사협은 누룩이 가진 신비한 탈바꿈을 주술적인 측면으로 인식해서, 신령 앞에 제물을 드리고 주문을 외우고 엎드려 절하는 의식을 양조 과정에 포함시켰다. 어느 탁월한 종류의 누룩은 심지어 '기적의 누룩'이라는 뜻으로 신국神麴이라 부르기도 했다. 가사협의 누룩은 술을 빚고 콩 제품을 발효시키는 데뿐만 아니라 고기와 생선을 발효시키는 데도 사용되었다.

중국의 음식 문화는 매혹적이지 않은 면이 하나도 없지만, 나는 쌀로 만든 부드러운 술, 수수로 만든 불타는 독주, 기타 알코올 음료를 발효시키고 음미하는 방대한 분야인 주酒, 술이라는 주제에 관해서는 문외한이다. 중국 친구와 지인들은 내가 술에 관심을 기울이지 않는다고 질책하곤 한다. "우리는 먹을 것과 마실 것을 다룬다는 의미에서 음식 문화飮食文化라고 불러. 이 두 가지는 서로 완전히 얽혀 있는데 어떻게 먹을 것에만 집착하고 술은 무시할 수 있지?" 내가 술에 관한 것을 회피하는 데는 두 가지 이유가 있다. 첫째는 지적인 이유다. 중국의 먹을 것은 나를 죽을 때까지 사로잡을 너무나도 풍부하고 방대한 주제다. 내 머릿속에는 음식만큼이나 방대한 주제인 술을 탐구할 여유가 남아 있지 않다. 둘째는 현실적인 이유인데, 술에 취해서는 음식에 관해 깊이 생각하고, 함께 식사하는 이들과 토론하고, 자세한 메모를 할 수 없기 때문이다.

중국인이거나 중국에 살았던 외국인이라면 누구나 알겠지만, 중국 연회에서 술을 적당히 마시기란 어렵다. 첫 번째 건배에 동참했다면 (보통 불타는 듯한 곡물 증류주인 바이주白酒로 건배한다), 불가피하고도 가차 없이 건배가 건배를 불러오다 결국 정신을 잃는다. 중국의 만찬에서 자기만의 속도로 술을 홀짝거리는 것은 대개 무례한 행동으로 여겨진다. 하지만 내게는 여성으로서 한 가지 커다란 이점이 있으니, 여성에게는 남성보다 사회적 압력이 아직 덜해서, 만찬을 시작할 때 술을 입에 대지 못한다고 말하면 보통은 그냥 넘어가준다는 것이다. 몇 년 전 산둥성을 여행할 때가 예외였는데, 산둥의 건배는 내가 아는 그 어느 곳보다 훨씬 더 정열적이고 의례적이고 거부할 수 없는 분위기여서 거의 매 끼니 만취하지 않을 수 없었다. 여행에 가져갔던 수

첩의 페이지는 필획이 미끄러지고 글씨가 엉망진창인 혼돈 상태로 남아 있어 그때의 요란했던 밤낮을 영원히 떠올리게 해준다.

하지만 술은 요리와도 깊은 관련이 있다. 강한 독주는 절임을 만들 때 박테리아의 성장을 막는 데 쓰인다. 쓰촨의 할머니들은 누구나 야채절임 항아리에 바이주를 조금씩 넣는다. 바이주는 상하이 사람들이 사랑하는 '술 향으로 볶은 차오터우酒香草頭'에서처럼 조리할 때도 쓰인다. 중국의 어느 슈퍼마켓에서나 볼 수 있는 평범한 사오싱주와 같이 좀더 순한 요리술 랴오주料酒 한 병은 많은 지역에서 부엌의 필수품이다. 셰리주와 비슷한 알코올 도수를 가진 이런 술들은 이윤이 수천 년 전에 얘기했고, 쓰촨의 요리학교에서 내 선생들이 수업 때마다 얘기했던 생선과 고기의 '불쾌한 잡내—이웨이異味'를 잡는 데 일상적으로 쓰인다. 쌀로 만든 술은 소금, 생강, 파와 함께 생선, 고기, 가금류를 재울 때 쓰이고, 불쾌한 냄새가 더 심한 붉은 고기와 신장 및 각종 내장과 같은 식재료에는 특히 듬뿍 넣는다. 사오싱주를 살짝 넣으면 확실히 생선찜의 향을 세련되게 해주고, 돼지고기 육수나 스튜의 풍미를 잡아준다. 야채 요리에는 거의 넣지 않는다.

달콤한 요리에 은은한 향을 더해주고 집에서도 쉽게 만들 수 있는 또 다른 종류의 술이 있다. 쓰촨의 라오자오醪糟, 후난의 톈주甜酒, 강남 지역의 주냥酒釀이라 부르는 찹쌀 발효주다. 누룩의 마법을 체험하는 방법 하나는 집에서 직접 라오자오를 만들어보는 것이다. 약간의 찹쌀을 물에 불렸다 쪄서, 아직 온기가 남아 있을 때 누룩 가루와 섞고(효모 한 덩어리를 사서 절구에 넣고 빻으면 된다), 깊고 깨끗한 항아리에 넣은 다음, 찹쌀 가운데에 우물 모양의 구멍을 만들고 뚜껑을 덮어 며칠 동안 따뜻한 곳에 놔두기만 하면 된다. 그렇게 보관하는 동안 기적이 일어난다. 누룩에 있는 미생물이 쌀을 활발하게 소화하여 멀건 전분을 당분, 젖산, 아미노산, 알코올, 그리고 다양한 풍미를 더해주는 향기로운 분자들의 배열로 바꿔준다. 요리 과학자인 해럴드 맥기는 이때 생기는 향기로운 액체 속에 떠다니는 부드러운 쌀 알갱이를 쌀의 '유령'이라고 묘사했다.[5] 이 술은 가끔 생선을 찌거나 돼지고기를 재울 때도 사용하지만, 중국인이 사랑하는 톈탕甛湯이라는 디저트에서 가장 자주 볼 수 있다. 그중 하나로 강남 지역의 별미인 '주냥 위안쯔酒釀圓子'는 계란을 푼 탕에 조그만 황금색 계화꽃과 둥근 찹쌀떡이 떠다니는 달달하고 살짝 술맛이 도는 수프다. 쓰촨의 여성들은 여기에 수란을 추가한 비슷한 요리로 출산 후에 영양을 보충한다.(중국에서는 이처럼 거르지 않은 탁한 술을 수천 년 동안 마셔왔다. 옛 당나라의 수도 시안의 식당들에는 당 현종의 후궁인 양귀비가 즐겨 마셨다고 하는 술이 있다.)

쌀로 만든 술은 중국 전역에서 요리에 사용되지만, 강남 지역에서는 단순히 불쾌한 고기 맛을 없애거나, 단 음식에 들어가는 조미료가 아닌 그 자체로서 중요한 풍미로 자리잡았다. 그리고 짐작했겠지만 요리에서 술의 용도를 탐구하기에는 2000년 이상 중국 술 생산의 중심지였던 황주黃酒의 도시 사오싱紹興(소흥)보다 더 좋은 곳은 없다.

몇 년 전 사오싱의 '탕쑹唐宋 양조장'을 방문했을 때, 직원인 한젠룽의 안내를 받아 견학했다. 그는 사오싱주는 특정 테루아의 산물이며, 그 재료로는 찹쌀과 미네랄이 풍부한 인근 젠후鑒湖호의 물에 우물물을 배합한 것 그리고 물론 마법의 누룩이 들어간다고 설명했다. 양조장에서는 매년 겨울 생산 시즌이 되면, 술에 매료된 것으로 유명한 당나라의 '주선酒仙' 이백에게 제사를 지낸다고 한다. 술을 만들 때는 쌀을 15일간 불려서 찌고("옛날에는 장작불에 쪘지요"), 대나무 돗자리 위에 펼쳐서 말린 다음 누룩으로 발효시킨다. 그걸 압착해 액체를 추출해서 저온 살균한 뒤 손으로 빚어 만든 항아리에 넣어 30년까지 숙성시킨다. 양조장의 커다란 창고에는 탄쯔壇子라고 불리는 이 항아리들이 잔뜩 쌓여 있다. 항아리의 겉면에는 위생을 위해 바른 석회의 줄무늬가 있고, 입구는 연잎과 대나무 잎으로 덮은 뒤 벼 껍질을 섞은 점토로 밀봉되어 있다. 한젠룽은 "흙으로 만든 항아리가 필수예요. 차를 끓일 때 쓰는 항아리처럼 어떤 향을 더해줍니다"라고 했다.

완성된 술은 호박색에서 석류색까지 다양한 색을 띠기 때문에 '황주'라고 불린다. 양조장 견학이 끝난 뒤 한젠룽은 우리를 시음장으로 초대했다. 그는 "사오싱주는 단맛, 신맛, 알코올 도수의 밸런스가 일본의 사케와 비슷합니다. 발효과정 중 생성되는 다양한 아미노산에서 비롯된 복합적인 감칠맛도 그렇죠"라고 설명했다. 사오싱주는 드라이한 맛부터 단맛까지 크게 네 종류로 나뉜다. 재미있게도 종류별로 테이블에서 블렌딩해 마셔볼 수 있다. 예를 들어 단것을 좋아하는 손님을 위해서라면 드라이한 사오싱주에 약간 단 사오싱주를 섞는 식이다. 한젠룽은 미디엄 드라이의 사오싱주가 신맛, 단맛, 쓴맛, 쏘는 맛, 매운맛, 떫은맛의 밸런스가 가장 조화롭기 때문에 보편적으로 마시는 술이고, 특정 요리에도 쓰인다고 한다. 그는 "술에 담근 게醉蟹를 만들 때는 8년산 화댜오花雕를 추천한다"고 했다.

중국인은 늘 알코올이 혈액을 활성화하는 약이라고 여겨왔으며, '탕쑹 양조장'에서도 각종 약초를 주입하고 전통 요법을 사용한 약주를 만든다. 그러나 일상적으로 마시는 사오싱주에도 약효가 있다. 예를 들면 사오싱주는 털게를 먹을 때 필수다. 전통 영양학에서 사오싱주의 '덥히는' 특성이 털게의 잠재적으로 위험한 한기를 퇴치한다고 여기기 때문이다. 곡주는 종류에 상관없이 주식과 함께 마시는 일이 거의 없다. 술과 곡물의 조합이 위장에서 건강에 좋지 않은 발효를 촉진한다고 한다. 중국의 연회에서 건배주가 다 돌고 요리인 차이菜를 다 즐기는 식사의 마지막까지 곡물 음식을 내지 않는 이유는 그래서다. 공식적인 중국식 만찬의 마지막에 밥이나 국수를 먹겠냐는 제안을 수락하면, 술은 이제 충분히 마셨다는 신호로 해석된다.

사오싱은 수십 년에 걸친 무분별한 도시 개발과 과도한 관광산업의 폐해에도 불구하고 옛 운하 마을의 운치가 여전히 남아 있는 강남의 몇 안 되는 도시다. 회색 기와에 하얗게 칠한 집들이 늘어선 거리를 걸을 수 있고, 좁은 골목을 따라가면 운하의 둑 끝에서 돌계단이 물속으로 사라진다. 고풍스러운 상점에서는 목재 약장에서 약초를 꺼내 팔거나, 사오싱주와 메이간차이霉乾菜를 제공한다. 안뜰에는 누군가 대나무 돗자리 위에 작은 은빛 물고기를 떼로 펼쳐놓고 밝은 햇살에 말리고 있다. 향신료로 졸여 오래된 대리석처럼 금이 간 거위 알과 바싹 튀긴 생선을 간식으로 파는 할아버지도 보인다. 저 아래 운하 옆에는 토마토와 가지와 밝은색 꽃을 심은 화분으로 둘러싸인 그늘진 물가 테라스에 주민들이 앉아 있다. 물가에 늘어선 지붕 덮인 기둥의 그늘에는 노점상이 검게 그은 숯불 철판에 과자를 굽는다. 과자가 식어서 단단해지기 전에 땅콩과 설탕을 채워넣는다. 반대편에는 한 사내가 대야에 빨래를 하고 있다.

현지인들은 사오싱에 '삼항 문화三缸文化'가 있다고 말한다. 술 항아리, 간장 항아리, 직물용 염료 항아리가 그만큼 이들의 삶과 생계의 중심에 있다. 오래된 거리에는 발효 냄새가 떠나지 않는다. 특히 갓을 염장한 뒤 햇볕에 말려 만드는 현지의 저장식품 메이간차이의 자극적인 향이 가득하다. 상점에는 여러 종류의 빈티지 메이간차이, 건어물, 발효 두부를 판매한다. 대나무를 엮어 만든 바구니에 담긴 사오싱주 항아리들이 있고, 어떤 것에는 길한 상징을 밝게 칠해놓았다. 과거 사오싱에서는 술로 삶을 기록했다. '티터우주剃頭酒'는 한 달이 된 아기의 머리를 처음으로 깎을 때 잔뜩 마시는 술이다. 딸이 태어나면 미래의 결혼식에서 마시기 위해 술항아리를 묻어놓는다.(어떤 사오싱주 브랜드는 '붉은 딸'이라는 뜻의 '뉘얼훙女兒紅'이라는 이름을 아직 쓴다. 붉은색은 결혼식 등 축하 행사의 잔치 색이다.)

저명한 근대 작가 루쉰의 고택 주변으로 학생들이 시끌벅적하게 모여드는 관광의 중심인 구 시가지조차 옛 정취가 어느 정도 남아 있다. 한 서예가가 주문을 받아 부채에 시구를 써주고 있다. 검게 칠한 대나무로 엮은 차양을 단 삼판들이 운하 위를 유유히 지나간다. 앞면을 개방한 전통식의 낮은 건물에는 '셴헝주뎬咸亨酒店'이라고 쓴 커다란 간판이 있다. 이곳에서는 나무 테이블에 앉아 사오싱주를 홀짝거리며 팔각 향을 입힌 누에콩인 '회향두茴香豆'와, 영국 펍의 감자튀김과 돼지껍데기 튀김에 해당되는 윤기 나게 조린 참새 날개鹵山雀腿를 안주로 먹을 수 있다. 이 선술집은 냉소적이고 가난한 서생 쿵이지孔乙己의 삶을 그린 루쉰의 소설에 나온 주점의 이름을 그대로 딴 곳이다.

처음 사오싱을 방문했을 때 셴헝주뎬의 헤드 셰프가 친구들과 나를 점심에 초대했다. 겸손하고 절제 있는 신사 마오톈야오茅天堯는 사오싱 요리 문화 옹호의 최전선에 있는 인물이다. 현지인들이 사랑하는 메이간차이에 대해 책을 썼고, 자기 고향의 음식에 대해 전염성 강한 열정을 갖고 있다. 식사를 하기 전 우리는 물고기 장식이 있고, 찻주전자처럼 뾰족한 주둥이가 달린 고풍스러운 양철병 시후錫壺로 사오싱주를 따라 마셨다.

그날 마오가 우리에게 대접한 요리는 지난 15년 동안 중국요리를 탐험하며 맛봤던 그 무엇과도 달랐다. 사오싱의 맛에 대한 오래도록 지속될 애정과 매혹을 불러일으키는 요리였다. 우리는 루쉰의 소설에 등장해 상징적인 지위를 얻은 회향두 외에도, 짙은 메이간차이와 함께 쪄서 거의 마마이트 같은 강렬한 맛이 나는 삼겹살, 대나무 잎으로 묶어 찐 다음 젤리처럼 식혀서 내는 돼지고기를 먹었다. 흔들흔들 커스터드처럼 부드러운 어묵을 죽순·햄과 함께 끓인 탕을 알싸한 맛의 발효 렐리시와 먹는 요리도 있었다.

몇 가지 요리는 사오싱주를 넣어 만들었다. 사오싱주에 절인 검은

색의 스모키한 대추는 알코올이 들어간 랍상소우총正山小種 홍차 같은 맛이 났고, 말린 생선을 비슷한 방식으로 술에 담근 요리에는 독특한 '술 취한' 향이 있었다. 그때까지 본 적이 없던 또 하나의 조미료는 주자오酒糟라고 불리는 사오싱주의 찌꺼기였는데, 술이 발효된 뒤에 항아리 바닥에 남아 있는 짙은 갈색의 앙금이다. 말려서 염장 생선 위에 올리면 황홀한 향을 더해준다. 주자오를 물과 소금과 기타 양념을 넣고 끓여서 졸인 것이 자오루糟鹵인데, 이 황금색 진액에서는 꽃향기와 생선 소스를 연상시키는 강렬한 감칠맛이 난다. 내장, 해산물, 신선한 야채 같은 재료를 요리해서 여기에 담근다. 이날 마오는 닭을 데쳤다가 짭짤한 술지게미에 담근 노오란 껍질의 짜오지糟雞를 선보였다. 질그릇에 담겨 차갑게 나온 닭은 육질이 탄탄하고 향긋했다. 그는 이 닭이 "춘절에 빠져서는 안 될 요리"라며, "원래는 닭을 일주일 정도 보존하려고 이런 식으로 만들었습니다. 요즘에는 맛을 위해 이렇게 하죠"라고 설명했다.

사오싱주의 향은 강남과 그 밖의 지역에서도 더욱 간접적이고 창의적인 방식으로 사용된다. '거지닭叫化雞' 겉에 바르는 진흙에 술지게미를 섞으면 그 독특한 냄새가 닭을 감싸고 있는 연잎의 향과 맛있게 어우러진다. 오래된 와인 오크통이 포도주를 숙성시킬 때 향을 더해주는 것처럼, 푸젠의 연회 음식 '불도장佛跳牆'을 요리할 때는 꼭 사오싱주를 담았던 도자기 항아리를 그릇으로 사용한다. 말린 전복, 상어 지느러미, 해삼과 기타 고급 재료가 들어간 이 사치스러운 요리의 냄새가 절담을 넘어 퍼지면 스님이 채식의 서약을 저버리게 할 정도로 유혹적이라고 한다. 물론 동파육의 맛을 그토록 절묘하게 만드는 핵심도 듬뿍 넣은 사오싱주다.

원나라가 들어서기 얼마 전 새로운 종류의 누룩이 재배되었다.[6] 특정 조건이 맞으면 자줏빛홍국균Monascus purpureus, 紅麴霉이 쌀알에 피면서 '홍국紅麴'이 만들어진다. 홍국은 훗날 동남부 푸젠성의 특산품이 되어, 양조 과정에서 나온 불그레하고 무른 찌꺼기를 넣어 조리한 고기찜 등의 요리와 일부 현지 술에 장밋빛 색조를 더해준다. 홍국은 또한 난루南乳라고 부르는 발효 두부를 숙성하는 데 쓰는 소금물에도 넣어 두부를 짙은 핑크색으로 만든다. 달콤한 페이스트리와 만두에 점을 찍거나 길한 무늬를 넣기도 하는 전통적인 식용 색소이기도 하다. 서양에 있는 대부분의 중국 슈퍼마켓에서는 '홍국미'를 쌓아놓고 판다. 자줏빛 곰팡이층이 덮힌 말린 쌀알을 물에 불리면 자홍색으로 변한다.

사오싱 요리에 푹 빠져버린 내 관점에서 보자면, 사오싱주 및 그와 관련된 요리들은 사오싱 미식이 주는 매력의 시작에 불과하다. 현지인들의 발효 식품과 보존 식품에 대한 사랑은 독특한 방향으로 발전해 '처우메이 요리臭霉菜'라고 부르는 하나의 장르가 되었다. 발효 야채로 만든 소금물에 흰 두부를 판째 담가 만드는 취두부는 강남 전역에서 볼 수 있지만, 사오싱에서 이 정도의 공정은 진짜 기이하도록 강렬한 맛으로 가는 모험의 첫 단계에 불과하다. 이곳 사람들은 뻣뻣하게 웃자란 비름나물 줄기莧菜梗를 수확해 1.5센티미터 길이로 자른 다음 질그릇에 넣어놓고 하수구가 막힌 것처럼 역겨운 냄새가 날 때까지 부패시켜 악취가 나는 소금물을 만든다. 비름나무 줄기 자체는 역하고도 자극적인 향을 띠게 되는데, 현지인들은 이걸 부드러운 두부나 다진 돼지고기 패티 위에 올려놓고 쪄서 그 골 때리는 냄새를 입히고, 관 모양의 줄기로부터는 남아있는 껍질과 과육을 빨아먹는다. 비름나물을 발효시킨 소금물은 두부뿐만 아니라 녹색 야채와 호박덩어리 같은 재료를 담글 때도 쓰이는데, 이때 더해지는 경계를 오가는 오싹한 향은 농익은 카망베르 치즈만큼이나 유혹적이다. 절인 야채와 말린 생선, 그리고 이 냄새나는 음식들이 사오싱주의 부드러움과 이루는 독특한 조화는 중국의 다른 요리에서는 찾아볼 수 없다.

술지게미에 담근 닭고기 비슷한 것으로 사오싱주 베이스의 소금물에 담근 '취계醉雞'가 있다. 토기 항아리에 담아 서빙하는 이 요리는 일련의 '취醉' 요리 중 하나다. 이 중 어떤 요리에서는 식재료가 글자 그대로 취해 있다. 1990년 말 상하이의 친구가 내게 처음으로 '술에 담근 게醉蟹'를 맛보게 해주었다. 살아 있는 민물게를 우선 강한 바이주에 푹 담갔다가, 간장과 설탕으로 맛을 내고 향을 첨가한 사오싱주에 하루이틀 담가서 만든다. 이제 생명이 다한 만취한 게는 전통적으로 날것으로 먹는다. 중국인들은 익히지 않은 음식을 피한다는 일반율에 대한 지방도시의 예외다.(알코올이 위험한 박테리아를 막아주고, 일종의 절임 효과를 통해 재료가 날것의 상태에서 변형된다는 핑계를 댄다.) 술에 담근 게와의 그 첫 만남은 내 혀에 영원히 남아 있을 것이다. 얼음처럼 차갑고 생생하게 미끌거리는 게의 살과 내장이 술의 톡 쏘는 맛에 섞여 나를 전율케 했다. 푸아그라만큼이나 크림 맛이 풍성하게 나면서도, 동시에 생굴처럼 활기 있고 매혹적이었다. 일생 동안 먹어본 모든 맛있는 음식 중에, 날것으로 먹은 술에 담근 게를 미식이 줄 수 있는 즐거움의 정점 근처에 올려놓고 싶다.

술에 담근 게는 최근 보건상의 이유로 상하이 당국에 의해 금지되었다. 알고 보니 날것의 게도 다른 민물의 날것과 마찬가지로 간디스토마와 같은 불쾌한 기생충을 옮길 수 있었다. 인간이 어째서 '여모음혈茹毛飮血', 피를 마시고 깃털을 먹지 않는지 일깨워주는 일이었다. 요즘 상하이의 식당들은 법을 준수하기 때문에 술에 담근 게를 찐 후에만 판매한다. 여전히 맛있기는 하지만 황홀경으로 이끄는 원초적인 한 방이 없다. 날것의 술에 담근 게는 개별실에서 특별히 주문해야만 먹을 수 있는 흥분되고 위험한 불법의 쾌락이 되었다. 이곳 상하이의 세련된 이들은 여전히 날게의 촉촉하고 짭짤한 내장을 빨아먹으며 야성의 일면을 맛본다. 문명이라는 고삐에 사로잡혀 있지만 발가벗고 숲속을 뛰어다니고자 갈망하는 일면이다. 나로 말하자면, 바이주의 취기는 되도록 피하려고 하지만 술 취한 요리, 특히 게가 주는 도취의 즐거움은 받아들인다. 지금까지는 (다행히도) 간디스토마와 기타 불청객을 피할 수 있었다. 나도 17세기의 극작가 이어처럼 게를 꿈꾼다. 꿈속의 게는 취해 있다.

식재료
무한도전

새우알을 넣은 유자 속껍질찜
샤즈유피

이 요리에 대한 사전지식이 없다면, 지금 먹으려고 하는 음식이 무엇인지 짐작조차 할 수 없을 것이다. 매끈한 갈색 소스 속에 부드러운 반구 모양의 무언가가 한두 개 놓여 있고, 그 위에 짙은 색의 작은 새우알이 점점이 흩뿌려져 있다. 서빙 스푼으로 조금 떠서 개인 그릇에 옮겨 담고 한입 먹는다. 뭔지는 모르겠으나 모양이 그대로 유지되면서도 식감은 으깬 감자처럼 포근하다. 먹는 순간 순수한 위안이 된다. 부드러움, 따뜻함, 그리고 그레이비 소스(고기나 야채를 조리할 때 나오는 육즙에 밀가루 등을 넣어 걸쭉하게 만든 소스—옮긴이)의 깊은 맛이 마치 엄마가 아기인 내게 숟가락으로 떠먹여주는 기분이다.

새우 알을 넣은 유자 속껍질찜, 샤즈유피蝦籽柚皮는 광둥의 별미로, 이 요리는 워낙 인기가 많아 광둥의 농부들이 속껍질은 두껍고 과육이 거의 없는 전용 유자 품종을 개발했을 정도다.(마치 날개와 연골만 있는 닭을 개발한 것과 비슷하다고 할 수 있다—이것도 할 수만 있다면 하리라 확신한다.) 요리를 만들기 위해 유자 속껍질을 준비하는 과정은 품이 많이 들고 시간도 많이 걸린다.[1] 먼저 얇고 윤기 나는 유자의 겉껍질을 벗겨내거나 불에 그슬려 제거한다. 그런 다음 유자를 반으로 잘라 찬물에 이틀 이상 담가두고, 수시로 짜주면서 물을 갈아 쓴맛을 제거한다. 그런 다음, 물기를 짜내고 남아 있는 지저분한 섬유질 부분을 깔끔하게 제거한다.(이 단계에서 일부 요리사는 라드에 속껍질을 데쳐서 최종적으로 특유의 풍성함과 녹는 듯한 식감을 더한다.) 다음으로, 말린 도다리 구운 것과 돼지고기 그리고 신선한 황어, 마른 새우, 햄과 마늘이나 파 같은 향신료로 만든 고급스러운 육수를 넣고 몇 시간 동안 조린다. 유자 속껍질이 육수의 풍미를 거의 다 흡수할 때까지 조린 후 접시에 담고, 남은 육수에 약간의 굴 소스와 맛있게 볶은 새우 알을 넣어 소스를 만들어, 접시에 담긴 반구형의 유자 속껍질 위에 부어준다. 마지막으로 새우 알을 살짝 뿌려 장식한다.

 도대체 누가, 어떻게, 왜, 전혀 매력적이지 않은 마치 탈지면 같은 유자의 속껍질을 가지고 이렇게 멋진 요리를 만들 생각을 해낸 걸까. 누구였든 간에 그 사람은 중국인이었고, 이런 놀라운 요리적 상상력과 기술적 독창성이야말로 중화요리의 전형적인 특색이다.

 숙련된 중화요리사라면 식재료가 비싸든 평범하든 상관없이 모두 훌륭한 요리로 만들 수 있다. "암퇘지 귀로는 비단 지갑을 만들 수 없다You can't make a silk purse out of a Sow's ear(변변찮은 재료로는 대단한 것을 만들 수 없다는 뜻—옮긴이)"는 영국 속담이 있지만, 중화요리사의 마법 같은 손을 거치면 암퇘지의 귀도 입맛을 돋우는 무침 요리나 쫀득한 돼지껍데기, 오독오독 씹히는 흰 연골, 투명한 젤리가 모자이크처럼 섞인 편육이 된다. 흰 무 껍질을 벗겨서 아삭아삭한 장아찌를 만들기도 한다. 일부 쓰촨 사람들은 매콤한 기름에 절인 돼지 입천장豬上顎을 '천국天堂'이라고 부르며 즐겨 먹는다. 나는 어메이산峨眉山 근처의 한 식당에서 가느다란 호두나무 줄기로 만든 맛있는 요리를 먹은 적도 있다. 광활한 중국 전역에서 웃자란 비름나물 줄기, 민어 부레, 생선 내장 등 온갖 종류의 기이한 식재료로 요리를 만든다. 이 요리들은 먹을 만한 정도를 넘어 경이롭기까지 하다.

그렇다면 '식재료'란 무엇일까? 대다수의 사람은 식재료란 '먹을 수 있는 것'이라는 데 동의할 것이다. 하지만 먹을 수 있다는 건 또 뭘까? 물론 이 질문에 대한 답은 매우 주관적이며 문화적 맥락에 따라 달라진다. 전형적인 영국 사람이라면 많은 중국인이 질색할 썩은 블루 치즈를 먹을 수 있다고 여긴다. 하지만 동시에 프랑스 사람들이 좋아하는 달팽이와 개구리 다리는 끔찍하게 생각할지도 모른다. 우리는 모두 '이거 먹을 수 있을까?'라는 질문에 대해 자기만의 답변을 가지고 있다.

하지만 이러한 문화적 차이 외에도, 숙련된 중화요리사에게는 답변뿐만 아니라 질문 자체가 일반적인 서양인의 그것과는 완전히, 심지어 철학적으로도 다른 것이 아닐까 오랫동안 생각해왔다. 중화요리사가 던지는 질문은 '이걸 먹을 수 있을까'가 아니라, '이걸 어떻게 하면 먹을 수 있게 만들까'다. 유자 속껍질 같은 희한한 식재료는 마치 주방 테이블에 던져진 도전장과도 같다.

중국인은 언제나 음식에 대해 개방적인 태도를 취해왔다. 돼지고기를 먹지 않는 무슬림이나 엄격한 채식을 고수하는 불교도와 같은 일부 소수의 종교 집단을 제외하면, 중국인에게는 금기시하는 음식이 없다. 중국에는 무엇을 먹을 수 있고, 누가 먹어야 하는지를 규정하는 복잡한 카스트 제도 같은 규제도 없다. 역사상 중국의 통치자들이 여러 차례 소고기를 금하는 포고령을 내렸으나, 그것은 종교적인 이유가 아니라 농부에게 소가 너무나 유용한 존재였기 때문이다. 마찬가지로 날음식에 대한 기피가 일반적이었어도 절대적이지는 않았으며, 날음식을 먹으면 질병을 유발할 수 있다는 실질적인 염려 때문이었다. 이는 인분을 비료로 사용했던 문화적 맥락에서 매우 합리적인 것이었다. 합리적인 이유로 선호하거나 기피하는 음식이 있긴 했어도 절대적인 금기는 없었다. 일부 유제품은 중국인의 식생활에서 늘 일정한 역할을 해왔기 때문에, 유제품에 대한 중국인의 혐오감도 과장된 측면이 있다.

중국 역사 전반에 걸쳐 식재료의 개념은 규칙보다는 가능성에 더 중점을 두었다. 흉작과 기근이 닥쳤을 때 가난한 사람들에게는 먹을 수 있는 야생 식물에 대한 지식이 생명줄이 되었다. 부자들에게는 다양한 종류의 식재료를 먹어보는 것이 즐거움의 일부였고, 예상치 못한 특이한 식재료일수록 더 큰 즐거움을 느꼈다.

시인 크리스토퍼 이셔우드는 1938년 전쟁으로 황폐해진 중국을 방문한 경험을 기록하면서, "의자를 만드는 데 사용하는 가느다란 대나무 조각을 비롯해 모든 형태의 대나무를 요리에 사용하는 식당에 들렀다. 나는 그게 바로 이 나라의 전형적인 모습이라고 생각했다. 먹을 수 있는 것과 먹을 수 없는 것 사이에 명확한 경계가 없다. 모자를 씹거나 벽을 한입 베어 물 수도 있다. 마찬가지로 점심에 제공된 음식으로 오두막을 지을 수도 있다. 모든 것이 어떤 식으로든 사용될 수 있다"고 했다.[2] 그는 농담처럼 말했지만, 이 말에는 진실이 담겨 있다. 중국에서는 어떤 것도 본질적으로 먹을 수 있다거나 먹을 수 없다고 정해져 있지 않기 때문이다. 11월의 털게나 봄철의 갓 나온 죽순과 같은 완벽한 식재료도 있다. 그러나 불완전한 것, 버려진 것, 너덜너덜한 것도 쓰임새가 있을 수 있다. 중요한 것은 그것이 무엇이냐가 아니라, 그것으로 무엇을 하느냐다.

　잘 익은 복숭아를 더 맛있게 만드는 방법은 거의 없기 때문에 복숭아의 원산지인 중국에서는 보통 그대로 먹는다. 마찬가지로 운 좋게 (어류 자원이 점점 고갈되고 있는 요즘 같은 때) 야생 황조기를 구했다면, 다른 요리를 만들 수도 있겠지만 그대로 쪄 먹는 것이 최고의 조리법이다. 절인 갓雪菜을 얹을 수도 있겠다. 그러나 대부분의 식재료는 그렇게 완벽하지 않다. 고기나 생선은 보통 결함이 있게 마련이다. 고대의 요리사 이윤은 모든 고기는 불쾌한 냄새가 있으며 이를 개선하기 위해 요리 기술이 필요하다고 했다. "악취 나고 못생겼을지라도 맛있을 수 있으며, 이 모든 것에는 다 이유가 있다臭惡猶美, 皆有所以."[3] 현대의 중화요리에서도 같은 접근 방식을 따르고 있다. 1990년대 쓰촨고등요리학교 시절, 선생님들은 대부분의 동물성 식재료와 일부 야채에는 불쾌한 냄새가 나기 때문에 데치거나, 양념하거나, 특정 조미료를 잘 판단해서 사용해야 한다고 일러주었다.

일반적이지 않은 식재료도 적절하게 조리하면 맛있는 요리가 될 수 있다. 현실에서도 정리정돈에 서툰 사람이 수학에 뛰어날 수 있고, 훌륭한 엔지니어가 춤에는 형편없을 수 있다. 하지만 그들의 장점을 살리고 단점을 보완해준다면 모두 소중한 친구나 직원이 될 수 있다. 주방에서도 마찬가지다. 모든 식재료에는 아무리 미미하더라도 나름의 특징이 있다. 중화요리사의 역할은 식재료가 가진 단점을 이유로 이를 외면하지 않고, 그 특징을 면밀히 살펴 어떻게 하면 살려낼 수 있는지 고민하는 데 있다. 가장 간단한 예를 들자면, 힘없는 늙은 암탉은 풍부한 맛의 육수를 만들기에 적합하고, 통통한 어린 수탉으로는 육즙이 풍부한 닭고기찜 요리를 만드는 것이 훨씬 더 좋다. 대부분 동식물 부위는 어떤 식으로든 쓸모가 있다. 하얀 솜뭉치처럼 밍밍한 유자의 속껍질이라고 해서 식재료로 쓸 수 없는 건 아니다. 닭발은 살코기가 거의 없는 부위지만 별미로 먹지 않는가. 모든 것은 조리 기술과 창의성과 상상력에 달려 있다.

중화요리사는 해파리 같은 전혀 매력적이지 않은 식재료를 보면 궁리한다. 이걸 어떻게 하면 먹을 수 있을까? 어떤 점을 없애고 어떤 점을 극대화하면 좋을까? 확실히 해파리는 투명할 만큼 무색이고 바다 비린내를 제외한 어떤 맛도 나지 않는다. 하지만 다른 특징은 없나? 아마도 중국인이라면 모두 좋아할 탱탱하고 오독거리는 식감이 있다. 그렇다면 질문은 이렇게 이어진다. 해파리의 단점을 감추고 장점을 극대화할 수 있는 요리법은 무엇일까? 해파리를 다룰 때는 보통 철저히 손질해 비린내를 없애고 본래의 오독한 식감을 살린 뒤, 부족한 면을 보완할 재료와 함께 조리하는 것이 정답이다. 맛을 위해 소금과 참기름 또는 식초를 넣고, 색감을 위해서는 오이나 파를 채썰어 올리기도 한다. 이렇게 해서 전 세계 식문화권에서 거들떠도 보지 않던 재료가 아주 맛있는 샐러드 요리가 된다. 이런 식의 냉정하고 분석적인 시도가 모든 것에 적용될 수 있다.

사실 생소한 식재료일수록 요리사에게는 더 큰 도전이고, 먹는 사람에게는 더 큰 감동이다. 중국인들은 오래전부터 오늘날 서양의 유명 모더니스트 셰프들이 연상될 법한 독창적인 요리 발상을 높이 평가해 왔다. 13세기 항저우의 식당에서는 전혀 다른 식재료를 가지고 맛과 식감을 흉내낸 일종의 트롱프뢰유trompe l'oeil(착시 현상을 이용해 실제처럼 생생하게 구현해내는 미술 기법 혹은 속임수—옮긴이) '복어'나 '오리구이'를 맛볼 수 있었다.[4] 오늘날에도 영민한 요리사가 생선 살로 국수를 만들고, 섬유질이 많은 버섯 줄기로 '매콤한 육포'를 만들고, 싱거운 유자 속껍질로 놀라울 정도로 맛있는 요리를 만들어낸다면 얼마나 재미있을까? 프랑수아 사반에 따르면, 중국인은 "요리의 성공은 기본 재료의 속성보다는 재료를 탈바꿈시키는 데 들어간 인간의 능력과 지식에 달려 있다"고 생각하는 경향이 있다.[5]

18세기의 미식가 원매는 자신의 개인 요리사 왕소여에 대한 찬가에서, 평범한 재료로 맛있는 요리를 만들어내는 그의 능력에 대해 이렇게 썼다. "그가 희귀하고 값비싼 재료로 이런 멋진 요리를 만들어냈다면, 나는 그 결과물에 대해 그러려니 할 것이다. 경이로운 것은 그저 계란 몇 알로 그 누구도 만들 수 없는 훌륭한 요리를 만든다는 사실이다. (…) 재능이 있다면 셀러리나 소금에 절인 배추로도 경탄할 만한 요리를 만들 수 있다. 그러나 재능이 없다면 육지나 바다나 하늘에서 나는 가장 좋은 진미와 희귀한 재료도 모두 무용지물이다."[6]

유명한 중화요리의 대부분은 평범한 식재료에 특별한 기술, 즉 궁푸功夫가 더해진 결과다. 18세기 후반 양저우에서 열린 만한전석에 나온 요리 중 하나인 문사文思 스님의 더우푸겅豆腐羹은 부드러운 두부를 양저우 요리사의 전설적인 칼솜씨로 머리카락만큼 가늘게 수천 가닥으로 잘라 섬세하게 육수에 띄운 요리다. 열린 마음과 분석적인 안목에 더해 몇 가지 조리 기술만 마스터하고 있다면 사실상 거의 모든 재료로 맛있는 요리를 만들 수 있다.

중국 민간 설화에는 우연히 발견하게 된 음식에 대한 이야기가 넘쳐난다. 보통 절망적인 상황에 처한 누군가가 버려진 음식을 용기 내어 먹어보고, 예상치 못한 맛을 발견한다는 내용이다. 서양에서 '1000년 된 달걀'로 알려진 피단皮蛋의 유래가 전형적인 예인데, 우연히 기르던 오리가 잿더미에 낳은 알을 먹어봤더니, 재 속의 알칼리성 물질이 화학반응을 일으켜 오리알이 까맣게 되고 내부의 화학 성분도 재구성되었다는 식이다. 쓰촨의 유명한 더우반장豆瓣醬은 푸젠에서 온 한 이민자가 배낭에 들어 있던 곰팡이 핀 누에콩을 먹어봤던 것에서 유래했다고 하며, 사오싱의 페이훙차이焙紅菜는 인색한 주인이 던져준 소금에 절인 야채를 가지고 창의력을 발휘해야 했던 하녀의 이름에서 유래했다고 한다. 일반적으로 중국인들은 겉보기에 전혀 식욕을 돋우지 않는 잠재적인 음식에 대해 쉽게 포기하기보다는 실제로 먹어볼 때까지 판단을 유보하는 경향이 있다.(이런 그들이 두리안을 좋아하는 것도 당연하다.)

아마 영국의 대표적인 요리라고 할 수 있는 감자와 야채를 곁들인 구운 고기는, 각각의 재료를 단순하고 직관적인 방식으로 조리해 원래 모습을 알아볼 수 있다. 영국 요리사는 익숙한 재료를 구할 수 없다면 곤란해진다. 해파리를 그냥 구울 수도 없고, 유자의 속껍질을 그대로 끓일 수도 없다. 하지만 중화요리의 근본은 변형시키고, 섞고 조합하고, 이질적인 재료 간의 조화를 만들어내는 데 있다. 어떤 재료를 선택하든 적용할 수 있는 조리 기법과 접근 방식의 체계다.

중화요리의 연보에는 상반되지만 보완적인 식재료를 조합해서 만든 훌륭한 사례가 가득하다. 무미한 생선 부레에 진하고 콜라겐이 풍부한 육수를 곁들이고, 육내 나는 소고기에는 생생한 샐러리를, 담백한 동과冬瓜에는 감칠맛 나는 건새우를, 기름기 풍부한 삼겹살찜에는 아삭한 물밤을, 풍미가 강한 양고기 요리에는 부드러운 무를, 아무 맛 없는 해파리에는 향기로운 식초를 사용한다. 각자 서로의 단점을 보완해주는 멤버로 구성된 좋은 팀 같다. 내향적인 데이터 관리자와 친절하고 사교적인 안내원, 조용한 사람과 수다스러운 사람, 수줍은 사람과 대담한 사람, 정신없이 창의적인 사람과 엄격하게 규칙을 따르는 사람처럼 말이다. 미식의 다양성을 옹호하는 논리는 문화적, 생물학적, 신경학적 다양성을 옹호하는 논리와 동일하다. 즉, 가능성의 표본이 클수록 더 유용하고 풍요로운 결과를 가져온다는 것이다. 요리사의 역할은 어떤 가능성도 배제하지 않고 자신의 조리 기술로 '조화로운 경羹을 만드는' 데 있다.

다년간 중화요리를 먹고 마시고 배우면서 예전에 가졌던 영국식 고정관념에서 벗어나 식용 가능성이 있는 모든 것을 냉정하고 차분한 눈으로 바라볼 수 있게 되었다. 거친 맛을 은은하게 바꾸는 법, 무미의 재료에 풍미를 더하는 법, 다양한 식감을 최대한 활용하는 법, 입맛을 돋울 수 있도록 재료를 써는 법, 더 넓게는 대부분의 유럽 요리사가 쓰레기통에 던져버리는 식재료의 요리적 가능성을 깨닫는 법을 배웠다. 이제 이셔우드가 묘사했던 중국인처럼, 비유적으로 말해 나도 모자를 씹거나 벽을 한입 베어 물 수 있게 되었다.

요즘은 중화요리를 배운 덕분에 마음만 먹으면 낡은 신발도 맛있게 만들 수 있을 것 같다. 다소 과장되게 들릴 수 있지만, 그저 과장만은 아니다. 중국의 조리 기술을 사용하면 가죽신도 먹을 수 있다. 실제로 옛 쓰촨의 연회 요리 중에는 소머리 가죽으로 만든 호화로운 별미가 있어 그 가능성을 보여준다. 식재료에 대한 나의 접근법도 이제 더 이상 문화적이거나 정서적인 데 그치지 않고 기술적이다. 잠재력 있는 새로운 식재료는 풀어야 할 퍼즐과 같다. 이제 내가 스스로에게 던지는 질문은 '어떻게 하면 이것을 먹을 수 있게 만들까'다. 이런 태도를 가지면 세상은 '타불라 라사 tabula rasa(정해진 게 없는 백지 상태—옮긴이)'가 된다. 이셔우드의 말처럼 모든 것이 잠재적으로 먹을 수 있는 식재료다. 실로 근사한 해방이다.

여기에는 중화요리의 창의성이 인간이 느낄 수 있는 즐거움의 가능성을 확장한다는 주장 외에도(사실이다) 더 중요한 측면이 있다. 기후변화의 시급함과 생태계 붕괴의 압박이 점점 더 현실화되면서 우리는 식단을 바꾸고 상상력을 더 발휘해 먹어야 할 것이기 때문이다. 그렇지 않으면 중세 시대 그린란드에 살았던 노르웨이 정착민들의 전철을 밟게 될지도 모른다. 이들은 생선과 물개를 먹는 원주민을 따르고 싶지 않아, 소고기와 유제품 위주의 전통적인 식단을 고집했다. 그리고 취약한 현지의 자연환경에서 더 이상 가축 사육이 불가능해지자 굶어 죽고 말았다.[7]

오늘날 서양의 요리사와 기업들은 동물성 식품에 대한 인간의 끝없는 욕구를 충족시키기 위해 곡물, 견과류, 콩류, 심지어 곤충을 변형해 새로운 형태의 맛있는 음식으로 바꾸려고 많은 노력을 하고 있다. 하지만 중국인이 수 세기 동안 혁신적인 요리를 선도해왔다는 사실을 아는 사람은 거의 없는 듯하다. 무엇보다 중국인의 즐겁고 지적이며 심지어 유머러스한 접근 방식은 해파리든 과일 속껍질이든 우리가 가진 잠재적 식재료를 최대한 활용하는 방법을 배울 수 있는 교과서다. 식량 시스템을 변화시키고 미래에 대비하고자 한다면 이제 동쪽으로 눈을 돌려야 하지 않을까.

맛만큼이나
중요한 식감

―

명예를 누리는 메기, 토보노렴
투부루렌

비가 내리던 9월의 어느 오후, 룽징에 도착했다. '룽징차오탕' 입구에서 우산을 든 누군가가 나를 맞이했다. 주변 차밭은 안개 속에 가려져 있었다. 빗물에 흠뻑 젖은 정원과 빗줄기가 수면에 격렬한 무늬를 그리는 연못을 지나 계속 걸어 들어갔다. 돌계단을 올라 본당에 들어선 다음, 나무 받침대에 올려진 기묘한 돌들이 늘어선 방으로 들어갔다. 그곳에서 아다이가 나를 기다리고 있었다. 요리사가 우리 둘을 위한 특별한 저녁 식사를 준비해주었다. 민물새우볶음, 작은 민물 게, 줄풀 줄기를 채썰어 살짝 쌉쌀한 맛이 나는 야채와 함께 넣은 진한 국물도 좋았지만, 나는 마지막 요리에 홀딱 빠져들었다.

항저우의 특산물인 '홍사오화수이紅燒劃水'는 거대한 잉어의 꼬리 지느러미찜으로 잉어가 물살을 힘차게 가르며 헤엄치는 모습에서 그 이름이 유래되었다. 사오싱주, 진간장, 설탕과 육수를 넣고 꼬리 지느러미 가장 안쪽의 체액이 국물에 녹아들 때까지 푹 조려서, 마호가니처럼 검고 더블 크림처럼 진한 소스를 만든다. 종업원이 성인 남성의 손만큼 긴 꼬리 지느러미의 절반을 각각 접시에 담고 매혹적으로 빛나는 소스를 뿌려주었다.

  이 요리는 친한 사람하고만 먹어야 한다. 왜냐하면 꽤나 지저분하게 먹을 수밖에 없고, 지느러미를 쪽쪽 빨아먹는 소리를 피할 수 없기 때문이다. 실제 생선 살은 꼬리 지느러미의 끝 부분 연골 곡면에 껴 있는 작은 덩어리뿐인데, 이건 젓가락으로 어떻게 해볼 수 있다. 하지만 이 손쉬운 작업 다음에는 손가락으로 꼬리 지느러미를 집어 들고 두 겹의 지느러미 가시 사이를 헤집어야 한다. 거기에 끈적끈적하고 맛좋은 젤리 같은 얇은 이음새가 끼어 있다. 이건 꿀처럼 핥아먹어야 한다. 이로 훑어가며 혀로 쪽쪽 빨면서 이 맛있는 걸 마지막까지 깨끗하게 먹고 나면, 접시에는 깔끔한 지느러미 가시만 남는다.

  "물론 보통의 외국인한테는 이런 음식을 안 내죠"라고 아다이가 말하며, 건너편에서 소스를 덕지덕지 묻힌 채 황홀해하는 나를 바라본다. 나는 입술을 쓱 훔치고 다시 보물찾기에 돌입한다.

  다 먹고 나자 우리 손과 입술과 뺨은 검고 윤기 나는 젤리 같은 소스로 얼룩덜룩했다. 밖에는 여전히 계화나무 사이로 부드럽게 빗방울이 떨어지고 있었다.

중국인은 음식의 물성에서 큰 즐거움을 느끼며, 이것이 그들이 식재료에 대해 모험적인 태도를 취하는 이유 중 하나이기도 하다. 중국에서 좋은 음식이란 맛만큼이나 촉감도 중요한데, 촉감은 음식과 입술, 치아, 혀 사이의 생생한 대화다. 요리학교 선생님들이 늘 말씀하셨듯이, 좋은 요리는 색色, 향香, 맛味, 형태型의 모든 부분에서 만족스러워야 한다. 요리는 먼저 눈으로 보아 그 아름다움이 즐거움을 주고, 그다음에는 향기가 코를 즐겁게 하고, 맛으로 혀를 즐겁게 하며, 입 안 가득 식재료의 질감을 느낄 수 있어야 한다. 커우간口感, 말 그대로 '입안에서 느껴지는 느낌'은 먹는 즐거움의 필수적인 부분이며 모든 감각을 아우르는 경험이다.

전통적인 서양 요리를 먹으며 자란 사람이라면 번거로운 오리 혀나 생선 꼬리 지느러미를 도대체 왜 먹는지 의아해할 법도 하다. 오리 혀에 있는 살코기의 양은 생선 꼬리 지느러미보다 훨씬 적다. 사실 전혀 없다고 할 수 있다. 나의 아버지가 "붙들고 씨름해야 하는 음식"이라고 부르는 오리 혀는 먹기에 성가실 만큼 작고, 고무 같은 껍질에 싸인 몇 개의 뼈와 연골이 전부다. 이걸 먹는 과정은 일종의 협상이다. 그냥 우적우적 씹어 삼키기는 불가능하다. 번잡함을 피하고 깔끔한 살코기를 선호하는 서양 요리의 관점으로는 전혀 말이 되지 않는다. 고작 그걸 먹기 위해 왜 그렇게 애쓰는 걸까? 몇 년 전 홍콩에서 열린 와인 시음 행사에서 한 프랑스인 와인 메이커가 점잖게 칼과 포크를 사용해 오리 혀만큼이나 복잡한 음식인 거위발찜을 먹으려고 하는 걸 봤다. 불가능한 작업이다. 오직 이빨과 입술을 사용하면서 젓가락으로 보조해야만 얇은 껍질과 연골을 벗겨가며 먹을 수 있는 음식이기 때문이다.

어린 시절 나는 영국식 전통 예절에 따라 식사할 때는 최대한 조용히 해야 한다고 배웠다. 접시에 담긴 음식은 한입 크기에 맞게 잘라 먹어야 하며, 음식을 커다랗게 잘라 포크로 찍어 한입 베어 먹고 나머지를 다시 접시에 내려놓는 것은 예의에 어긋나는 행동이다. 뼈를 뱉어내거나 접시를 들어 그걸 받아도 안 된다. 동물의 꼬리, 혀, 발톱 같은 복잡한 부분은 그저 먹을 수 없는 정도가 아니라, 강제로 방해를 하고 있어서 점잖게 먹을래야 먹을 수가 없다. 영국식 저녁 파티에서 삼키기 어려운 것을 입에 물고 있는 것은 당혹스러운 일이다. 뼈나 연골 조각을 눈치채지 않게 뱉어 식사용 칼 혹은 포크 아래나 옷주머니에 숨겨야 한다. 홍콩의 불쌍한 프랑스인이 그 상황에서 얼마나 불안하고 당황했을지 짐작이 가고도 남았다. 그는 칼과 포크로 몇 번 찔러보다가 접시 위의 비싼 식재료를 포기해버렸다.

중국에서는 훨씬 편안하게 식사할 수 있다. 식사 예절은 상당히 단순하고 직관적이다. 식사 도구도 여러 개의 칼, 포크, 숟가락 대신 젓가락 한 쌍만 있으며, 탕이 나올 때는 옆에 숟가락이 따라 나오기도 하지만, 원한다면 대접을 들어 바로 마실 수도 있다. 우아한 식사란 형식적인 규칙이 아닌 다른 사람들을 배려하는 태도다. 식탁에서 누릴 수 있는 확실한 즐거움을 누리는 것은 품위 없는 일이 아니다. 격식을 차려야 하는 장소에서도 쩝쩝 후루룩 소리가 들린다고 불쾌해할 사람은 없으며, 일반 식당에서는 뭐든 가능하다. 어떤 곳에서는 토끼의 머리나 가재를 쉽게 찢어서 뜯어먹을 수 있게 일회용 비닐장갑을 주기도 한다.

최근 몇 년 동안 중국의 먹방은 놀라울 만큼 감각적이고, 심지어 선정적이다. 젓가락으로 회를 집어들거나 새우튀김을 뜯어낼 때의 촉촉하고, 질퍽하고, 난잡한 듯한 소리를 마이크에 생생하게 담고 카메라 앵글로 강조하는 것을 보고 있으면 놀라울 지경이다. 몇 년 전 차오산潮汕의 미식가들과 점심을 같이 먹었는데, 그들이 내는 황홀한 소리는 솔직히 난교 파티의 사운드트랙처럼 들렸다. 중국에서는 먹는 것에 대한 욕구를 부끄러워하지 않는다. 고대의 현인 고자告子의 말씀처럼 "식욕과 성욕은 인간의 본성이다食色, 性也".

물고기 꼬리 지느러미나 거위 발을 먹는 것은 연인과 장난스럽게 몸싸움을 하는 것과 같다. 음식이 죽은 물고기처럼 팔에 안겨 늘어져 있기보다는 약간 장난스러운 저항을 하길 원한다. 그래서 중국의 미식가들은 동물의 발이나 꼬리처럼 특별히 수고스러운 음식이 주는 즐거움 외에도, 물고기 꼬리처럼 헤엄치며 휘저어서 근육을 단련시킨 '살아 있는 고기活肉'를 선호하곤 한다. '살아 있는 고기'는 어느 정도 인장력이 있어서, 공장형 양계장에서 키운 닭가슴살 같은 '죽은 고기死肉'보다 훨씬 더 매력적이다. 마차에 앉아 나른하게 부채질하는 애첩보다는 격투기 선수처럼 활력이 넘치는 고기, 생선, 가금류가 맛있다. 닭의 머리, 발, 날개가 함께 나오는 '자오탸오페이叫跳飛'라는 특별한 요리도 있다. 18세기의 미식가 원매는 생선을 과도하게 익히지 말라고 조언하며 "생선은 알맞게 익었을 때, 색깔이 옥처럼 하얗고, 부서지지 않고 서로 잘 붙어 있으면 살아 있는 고기이고, 색깔이 밀가루처럼 하얗고 살이 흩어지면 죽은 고기다"라고 했다.[1]

 친구 폴의 어머니는 캐나다 선교사의 딸로, 어린 시절을 쓰촨에서 보냈다. 중화민국 치하의 격변기에 그녀의 가족은 가끔 캐나다에 돌아오곤 했는데, 배를 타고 양쯔강을 따라 상하이로 내려가는 길에 해적들과 마주칠 위험을 감수해야 했다. 당시의 농담에 의하면 멀리 숨어 있는 해적들이 스파이를 보내 배의 승객들이 식사하는 모습을 살폈다고 한다. 왜냐하면 승객들이 생선을 먹는 습관을 보면 얼마의 몸값을 요구할지 어림잡을 수 있었기 때문이다. 머리 주변의 까다로운 부위를 선호하는 승객이라면 상류층의 세련된 취향을 가졌으므로 틀림없이 납치할 가치가 있다. 꼬리 근처의 근육질 살을 선호하는 승객도 좋은 값을 받을 수 있을지 모른다. 반면 식감의 차이를 신경 쓰지 않고 닥치는 대로 먹는 승객은 그냥 강에 던져버려도 무방하다.

 복잡한 부위가 주는 촉각적인 까다로움을 즐기는 것은 질감을 중시하는 중화 미식의 한 부분에 불과하다. 중국인이 먹어본 음식에 대해 토론할 때는 식감에 대한 묘사가 반드시 포함된다. "죽순은 신선해서 아삭거리고 연(嫩)하던가요, 아니면 웃자라서 老 좀 질기던가요?"라든가 "거위 내장은 맛있게 바삭脆거리던가요?" 같은 식이다. 광둥의 미식가들은 새우교자 안에 들어 있는 새우가 충분히 탱글거리지 않으면 만족하지 못한다. 탱글거리는 식감을 얻으려면 차갑고 세찬 수돗

물로 새우를 세척한 후 찬물에 담갔다가, 소금에 절이고, 녹말을 입혀, 냉장고에 차갑게 보관해야 하는 등 오랜 준비 과정을 거쳐야 한다. 만두피도 눅눅하지 않고 충분히 쫄깃해야 한다. 서양에서 파는 딤섬은 탱글거리는 식감이 부족한 경우가 허다한데, 소파에 누워 운동경기를 보는 사람과 올림픽 선수 사이의 격차만큼 광둥 딤섬 본래의 맛과 차이가 난다.

제대로 된 요리사라면 누구나 완벽한 식감 만들기에 신경 쓴다. 고전적인 광둥 바이체지白切鷄를 만들려면, 닭을 정확히 계량한 끓는 물에 넣고 살짝 덜 익게 삶은 다음 바로 얼음물에 식혀서, 껍질과 살 사이의 육즙을 젤리 상태로 굳히고 껍질을 탄력 있게 만든다. 나머지 부분은 자체 잔열에 의해 뼈에 살짝 분홍빛이 보일 정도로 익도록 두는 것이 완벽한 조리법이다. 이 요리의 매력은 탱탱하고 살짝 쫄깃한 껍질과 고급스러운 젤리층, 그리고 부드럽고 육즙이 풍부한 살코기가 서로 보완하며 조화를 이루는 데 있다. 여기에 비하면 일반적인 서양식 로스트 치킨의 식감은 톱밥처럼 푸석하다.

양저우의 돼지고기 완자 스쯔터우獅子頭는 비계가 골고루 섞이도록 완자를 빚는 것이 핵심이므로, 돼지고기를 갈지 않고 칼로 잘게 다져서 그릇에 넣고 거듭 치대야 살짝 탄력이 느껴지면서도 입안에서 살살 녹는 완자를 빚을 수 있다.(현지의 셰프 장하오는 무심결에 서양식 입맛을 폄하하며 "살코기를 너무 많이 넣으면 스테이크처럼 질겨진다"고 했다.) 반대로 중국 동남부 차오저우의 소고기 완자牛肉丸는 실제로 아삭함 때문에 입안에서 서걱거리는 소리가 날 만큼 탄력 있는데 금속 망치로 생고기를 힘차게 두들겨야 이렇게 할 수 있다. 유럽의 이탈리아인이 파스타는 알 덴테al dente로 익혀야 한다고 주장하듯이 중국인은 모든 음식의 식감을 까다롭게 따진다.

대부분의 전문 요리 서적에는 요리의 맛뿐만 아니라 정확한 식감도 명시되어 있다. 내가 갖고 있는 한 요리책에는 제대로 익힌 수탉의 고환에 대해 이렇게 설명한다. "절묘하게 곱고 매끄럽고, 섬세하게 부드럽고 연하지만 약간의 탄력이 있고, 매우 아름다운 육즙의 풍미와 감촉을 지녔다." 특정한 요리에 대한 식감이 몇 문장, 심지어 한 단락에 걸쳐 묘사되기도 한다.(서양인들에게는 대개 이런 미묘함이 잘 전달되지 않는다. 서양에서는 식감을 다양한 색조와 음영이 아닌 원색만을 사용해 표현하는 것이 보통이기 때문이다.) 중국요리 책에서 식감에 대한 설명을 읽는 것은 18세기 영국 소설 『패니 힐』(소설의 원제목은 Memoirs of a Woman of Pleasure. 1748년 출판된 존 클리랜드의 에로틱 소설―옮긴이)의 섹스에 대한 상세한 묘사를 읽는 것만큼이나 짜릿할 수 있는데, 즐겁고 창의적이며 생동감 넘치는 언어를 사용하여 감각적 쾌락의 무한한 가능성을 표현하고 있다.

식감은 상류층만 심취해 있는 것이 아니라 대부분의 중국인에게 중요하다. 예를 들어 청두의 원슈위안文殊院 근처 한 구멍가게에서 파는 호떡의 일종인 궈쿠이鍋魁는 겉은 놀랍도록 바삭한 반면, 속은 짜릿한 향신료로 버무린 매끌거리는 젤리 같은 면발로 채워져 있는데, 바삭함과 매끄러움, 매운맛과 얼얼한 제피의 맛이 놀랍도록 잘 섞여 있다. 중국 전역에서 간식거리를 파는 가게들은 서로 자신들이 파는 어묵이나 버블티의 타피오카 펄이 얼마나 쫄깃한지를 놓고 경쟁한다. 쫄깃함의 정도를 'Q'라는 용어로 표현하는데, 원래는 타이완 사투리에서 유래한 말로 지금은 전 세계 젊은 중국인들 사이에서 보편적으로 사용되고 있다. 만족스러운 수준의 탄력이 있으면 'Q'로, 극도의 탄력이 있으면 'QQ'로 표시한다.

중국인도 새우 튀김옷의 부서질 듯한 바스락함, 구운 닭고기 껍질의 향긋한 바삭함, 커스터드의 크리미한 흔들림, 무스의 가벼운 풍성함 등 서양인이 선호하는 식감을 모두 즐긴다. 하지만 아시아인의 입맛이 아니면 대개 기피하는 오크라, 토란, 아욱의 미끈거리는 식감도 즐긴다. 한편 중국인은 아주 좋아하지만 서양인 대부분이 받아들이지 못하는 또 다른 범주의 식감이 있는데, 바로 미끌미끌하거나 수분이 많고 오독거리는 동물성 식재료다. 일반적으로 서양인은 오이나 샐러리 스틱 또는 사과처럼 수분이 많으면서도 아삭함을 가진 야채나 과일은 좋아하지만, 닭의 연골 뼈 같은 동물 부위에는 강한 거부감을 느낀다.

중국인이 가장 좋아하는 음식 중 일부는 촉촉하고 오독오독한 식감을 가진 동물 부위로 만든다. 서민적인 음식으로는 매끄럽고, 벌집 모양 혹은 오래된 책처럼 주름진 모양의 내장, 닭발이나 족발, 오리나 거위 창자, 미끌미끌한 해파리 등이 있다. 최상류층에서 맛볼 수 있는 음식은 상어 지느러미, 해삼, 사슴 힘줄, 민어 부레, 제비집 같은 중화요리의 오랜 최고급 진미들이다. 이러한 식재료는 매우 비싸고, 손질하는 데 많은 시간과 노동력이 필요하다. 건조 상태의 재료를 손질하면 미끌거리고 오독한 상태가 되며, 조리가 완전히 끝나기 전까지는 아무런 맛도 느껴지지 않는다. 식감이 이 음식의 가장 큰 매력이다. 약간 미끌미끌하고 고무 같기도 한 흰목이버섯이나 입안에서 와사삭 부서지는 식감 때문에 최근 유행하는 '아이스 플랜트' 같은 몇몇 야채도 마찬가지다.

언젠가 런던에서 운하 옆에서 채취한 신선한 목이버섯 사진을 소셜미디어에 올렸더니, 한 서양인이 "정말 맛있다고 생각하느냐"며 호기심 가득한 댓글을 단 적이 있다. 그 질문에 나는 당황했다. 그런 생각을 해본 적이 없기 때문이다. 목이버섯에는 아무런 맛이 없다. 하지만 아삭하고 매끄러운 젤리 같은 아름다운 식감을 가지고 있다. 중국어로 표현하자면 '메이웨이美味'가 아닌 '커커우可口'라고 할 수 있고, '맛있는delicious'이라는 단어가 '즐거움delight'을 뜻하는 라틴어에서 유래한 것을 감안하면, 목이버섯은 맛있다. 서양인은 무의미하게 여기지만, 중국인의 입맛을 사로잡는 수많은 별미도 대부분 촉각적이기 때문이다.

중국인은 대부분의 서양인보다 폭넓게 식감을 즐길 뿐만 아니라 질감의 대비 또한 좋아한다. 질감의 모순만큼 짜릿한 것도 없다. 부드러우면서도 탱탱하고, 미끌거리면서도 아삭거리는 음식이라거나, 스쯔터우에 물밤을 썰어넣어 부드러운 고기완자를 씹을 때 아삭거리는 맛도 함께 느낄 수 있는 것처럼 허를 찌르는 농담 같은 맛을 추구한다. 닭다리의 연골은 처음에는 고무 같은 느낌이 들지만 씹다보면 오독오독 끊어지며 경쾌함을 준다. 먹는다는 행위가 주는 익살이다. 강남의 요리사가 약간의 소금과 물을 넣고 생선 살을 치대어 만든 어묵은 제대로 하면 커스터드처럼 부드러우면서도 약간 바삭한 기적 같은 식감을 가지고 있다. 언젠가 홍콩의 '록위 티하우스陸羽茶室'에서 먹었던 조찬 딤섬은 절대 잊지 못한다. 탱글거리면서 동시에 육즙이 가득한 새우 완자가 새하얀 구름 같은 민어 부레 위에 올려져 있었다. 민어 부레는 매끄럽고 폭신하면서도 쫄깃했고, 돼지기름처럼 번들거렸지만 기름기가 전혀 없었다. 유혹하는 듯한 맛과 질감의 조화가 황홀했다.

이러한 식감에 대한 창의적인 탐구 덕분에 중국인은 대부분의 서양인보다 폭넓게 식재료를 활용하며, 훨씬 더 다양한 부위를 먹는다. 해파리의 매끄러운 반원형 몸통 부분海蜇皮은 초보자들도 쉽게 먹을 수 있다. 해파리가 먹이를 잡아 입으로 가져갈 때 사용하는 울퉁불퉁한 촉수海蜇頭는 좀더 자극적인데, 입안에 넣고 씹으면 도발적이고 거의 공격하는 듯 오독오독 요란한 소리가 머리 전체를 울린다. 충칭 사람들은 돼지와 소의 대동맥을 포함해 거의 씹을 수 없는 온갖 종류의 고무 같은 음식을 훠궈에 넣어 먹는다. 서양에서는 질감이 복잡한 동물의 부위를 잘라내어 균일하게 분쇄한 다음 값싼 소시지로 만들거나 애완동물 사료로 사용하는 반면 중국에서는 거의 모든 부위를 고유한 특성 그대로 즐긴다. 베이징의 고급 베이징덕 전문 식당에서는 오리발부터 혀, 심장, 모래주머니까지 '부리를 제외한 오리의 모든 부위'를 부위별로 다른 방식으로 조리한 만찬全鴨席 코스를 내놓기도 한다.

서양에서는 전통적으로 중국인이 가난해서 절망적으로 동물의 특수 부위까지 먹는다고 생각해왔다. 오리 가슴살을 먹을 수 있는 사람이 왜 그 작은 혀를 가지고 씨름하겠는가? 하지만 중국인의 관점에서 보면 오리 혀를 먹을 수 있다는 것은 특권이다. 꼴찌에게 던져주는 참가상이 아니라 금메달이다. 몇 년 전 옥스퍼드에서 시연을 위해 350개의 오리 혀를 요리해야 했을 때, 그냥 중국 슈퍼마켓에 가서 냉동 오리 혀 몇 팩을 저렴한 가격에 구입할 수 있었다. 아마도 영국 오리 로스팅 업체가 필요 없다고 처분한 것이 아닐까 추정된다. 하지만 냉장 기술 및 세계화 이전의 시대에는 350마리 오리 혀를 모으는 일을 상상도 할 수 없었을 것이다.

요즘은 냉장 기술의 발달과 공장식 축산 농장 덕분에 동물의 특수 부위를 예전보다 쉽게 구할 수 있다. 하지만 '룽징차오탕'처럼 전통적인 방식으로 천천히 가축을 사육하는 현지 농장의 고기를 사용하는 식당에서는 여전히 공급이 제한적이다. 주인인 아다이는 다량의 돼지 귀와 거위 발을 매일매일 제공할 수 없다는 사실에 실망하는 손님들을 종종 응대해야 한다며 "돼지는 귀가 두 개뿐이고, 거위는 발이 두 개뿐이라는 사실을 모르는 것 같다"고 말했다. 중국 대부분의 지역에서는 여전히 살코기보다 내장 같은 특수 부위가 더 비싸게 팔린다.

'룽징차오탕'에는 정해진 메뉴가 없다. 주방에서는 그날 들어온 재료를 차례대로 요리해서 각 룸으로 내보낼 뿐이다. 그날 잡은 모든 거위의 발이 정성스레 뼈를 발라 미끄럽고 아삭아삭한 상태로 조리되어 화려한 청화백자 접시에 담겨 나왔다면, 당신은 최고의 테이블에 앉아 있는 것이다. 다른 모든 손님은 평범한 오리고기에 만족하는 동안, 당신의 테이블은 로또에 당첨되었다. 그날 저녁 만찬의 주인공은 바로 당신이다. 그날 식당에 있는 가장 귀하고 희귀한 재료를 먹도록 선택받은 사람이 나라는 걸 아는 데서 오는 짜릿함은 중국 미식가들이 누리는 은밀한 즐거움 중 하나다.

이런 식당에서 동물의 각 부위를 나누어 먹는 방식은 호의와 특권, 사회적 서열을 강력하게 드러낸다. 돈을 가장 많이 내거나 식당 주인의 존경을 받는 사람은 가장 희귀한 부위를, 다른 손님들은 괜찮은 부위를, 식당 직원은 자투리를 먹는다. 그리고 세계화된 현대에서는 영국인이 버리는 수많은 동물의 특수 부위가 머나먼 바다를 건너 중국으로 가서, 마치 완벽한 대칭을 이루듯 최고의 진미로 환영받는다.

처음 중국에 왔을 때 나 역시 다른 서양인처럼 고무 같은 질감을 가진 요리나 난해한 부위를 먹게 되면 낭패감을 느끼고 당혹스러웠다. 그러나 시간이 지나면서 내 마음과 내 입맛은 요리의 질감과 그걸 즐기는 수고로움이 주는 쾌락에 눈을 떴다. 매끄럽고 오독오독한 해파리 촉수, 딱딱한 생선 머리 속에 숨겨진 젤라틴처럼 부드러운 부분, 주머니처럼 작고 부드러운 생선 볼살을 좋아하게 되었다. 뼈만 발라내고 생선 머리를 깔끔하게 먹는 법을 배웠고 복잡한 오리 혀를 즐기는 법을 익혔다. 그리고 무엇보다, 가장 희귀하고 가장 귀한 특수 부위를 맛볼 수 있는 흔치 않은 특권을 감사히 여기게 되었다.

음식의 질감이라는 멋진 세계를 발견하는 나만의 여정은 여러 해에 걸쳐 서서히, 즉흥적인 방식으로 전개되었다. 이 세계를 알게 된 후 나는 다양한 매체를 통해 중국 식재료의 질감에 대한 글을 쓰고, 각국의 행사에서 이 주제에 대해 이야기하고, 중화 미식 투어를 통해 외국인 손님들에게 중화요리의 다양한 질감을 소개하면서, 중국 식재료의 질감을 알리는 일종의 선교사 역할을 해오고 있다. 내가 이 분야에 열정을 쏟는 이유는 식감을 즐기는 방법을 배우면 원래 즐거운 식사를 한층 더 흥미롭게 만들어줄 뿐만 아니라, 중화요리의 모든 면을 더 완벽하게 이해하도록 해주기 때문이다. 물론 식감을 알아야만 중화요리를 즐길 수 있는 건 아니다. 일반적인 서양인의 입맛에 맞는 중국의 별미는 충분히 많다. 그러나 질감이 주는 즐거움과, 거기에 더해 그걸 누린다는 특권이 주는 심리적 쾌감이 없다면, 일상적이거나 진귀한 중국의 수많은 별미가 이해할 수 없는 대상으로 남는다.

많은 서양인이 질감이라는 미식 세계의 또 다른 차원에 대해 알게 된 후 이를 적극적으로 받아들이는 모습을 보는 게 즐겁다. 셀 수 없이 많은 이가 음식의 질감을 의식적으로 추구한다는 생각조차 해본 적이 없었다고 내게 말해 주었다. 중화요리에서 질감의 중요성을 깨닫는 것만으로도 새로운 인식의 문이 열리고, 이전까지 당혹스럽기만 하던 각종 진미가 갑자기 이해된다.

다른 무엇보다, 미식을 공부하는 과정에서 식감을 즐기는 법을 배우며 나는 중국인 친구들과 함께 먹는 기쁨을 온전히 누릴 수 있게 되었다. 식탁에서 더 이상 나만의 경계와 편견을 지닌 외국인이 아니었고, 그 자리에 함께하는 사람이 되었다. 그리고 마침내 내 인생에서 아마도 가장 커다란 미식의 호의를 누리는 순간이 찾아왔을 때, 나는 기쁘게도 준비가 되어 있었다.

그 순간은 또다시 '룽징차오탕'이었다. 몇몇 사람과 저녁 식사를 하고 있는데, 손잡이 받침이 달린 자기 그릇 하나가 청화백자 접시에 담겨 나왔다. 자기의 손잡이에는 날것으로 반짝이는 작은 야생 메기가 감겨 있었다. 메기는 장식용이었다. 자기 그릇 안에는 황금색 국물에 뽀얗고 작은 조각들이 가득 떠 있었다. 알고 보니 그것은 200마리 메기들의 작은 볼살이었다. 모두 합해 400개의 볼살. 테이블에 메기가 한 마리뿐이었고 연회의 호스트가 그 메기의 볼살을 집어 내 접시에 놓아 주었더라면, 영광으로 여겼을 것이다. 그러나 무려 400개의 메기 볼살이라니! 식당 안의 다른 테이블에서는 이 수많은 메기 떼의 나머지 부위로 만든 탕을 먹고 있었지만, 우리는 메기의 볼살을 몽땅 받았다. 나의 마음은 황홀했고, 놀라움과 기쁨에 웃음이 나왔다. 이 요리는 '명예를 누리는 메기(투부루롄土步露臉)'라는 시적인 이름을 가지고 있다. 누군가 중국인은 가난과 절박함 때문에 특수 부위를 먹는다고 말할 때마다 나는 이 요리가 생각난다.

〖식감을 나타내는 짧고 특이하고 불완전한 중국어 어휘집〗

단일 문자

嫩(넌): 부드럽고, 섬세하고, 여린(신선한 완두콩 순, 찐 관자)

软(루안): 부드러운(알 덴테가 아닌 푹 삶은 국수, 반숙 달걀)

滑(화): 미끄럽고, 부드러운, 끈적거리는(해파리, 토란, 순채, 아욱, 닭고기살 또는 생선 살 페이스트)

潺(싼): 끈적거리는 것을 뜻하는 광둥어(토란, 오크라 내부의 점액)

脆(추이): 바삭바삭하고 씹을 때 오독오독 소리가 나는 것(닭의 연골 뼈, 생 오이, 셀러리, 땅콩). 광둥어로는 땅콩이나 감자칩 같은 물기 없고 바삭한 튀김을 먹을 때 나는 소리를 의성어 복복추이卜卜脆라고 표현

酥(수): 물기가 없고 잘 부서지는(바삭바삭한 오리, 튀김, 바삭바삭한 반죽으로 만든 음식), 또는 거의 부서질 만큼 부드러운(천천히 익힌 삼겹살)

鬆(쑹): 헐렁한 질감(녹두떡, 러우송肉鬆(고기나 생선 살을 말려 양념한 후 보송보송하게 잘게 찢어 놓은 것—옮긴이), 솜사탕, 잉글리시 스콘)

爛(란): 거의 또는 완전히 부서질 때까지 삶거나 찌거나 조린 것(오래 익힌 양지머리, 펀정러우粉蒸肉(고기에 쌀가루를 입혀 찐 요리—옮긴이), 삶은 감자)

爽(솽): 시원하고, 톡 쏘는 듯하고, 입안에서 상쾌한 느낌을 주는, 최신 유행 단어, 매우 주관적인 느낌(당면, 목이버섯 샐러드, 배, 수

박). 이 단어는 음식 이외에도 깨끗하고 바삭하며 끈적거리지 않는 느낌을 묘사할 때도 사용(예: 활석 가루—보디 파우더). 광둥어로는 쌍을 의성어 쏙쏙셍嗦嗦聲이라고 표현

彈(탄): 탄력 있고 튕기는 느낌(차오저우 고기완자, 구운 오징어)

靭(런): 인장력, 유연하지만 강하고 근육질의 느낌(거위 내장, 알 덴테로 익힌 파스타)

Q 또는 QQ: 쫄깃하고 탄력 있는, 타이완에서 유래되어 현재 중국 전역에서 사용되는 단어(버블티의 타피오카, 어묵, 경수로 만든 국수硬水麵)

糯(눠): 찹쌀처럼 찐득하고 달라붙는(닝보 찹쌀떡, 찹쌀)

潤(룬): 촉촉하고 육즙이 많은(닭다리구이, 이탈리아식 그릴 소시지)

胶(자오): 끈적끈적하고, 쫄깃한(돼지껍데기조림, 돼지꼬리)

粘(녠): 끈적끈적한(탕에 들어간 찹쌀알심이, 전복)

緊(진): 탄탄한, 팽팽한(아주 신선한 고기, 데친 닭고기)

淸(칭): 맑고 시원한(맑은 국물)

稠(처우): (액체가) 진한, 된(죽, 진한 마요네즈)

稀(시): (액체가) 옅은, 가벼운, 묽은(죽, 묽은 국물)

粉(편): 밀가루 같은, 가루 같은(삶은 물밤[비치荸荠], 구운 밤, 견과류나 콩을 빻아 만든 달콤한 케이크)

한 쌍의 문자

滑嫩(화넌): 미끄럽고 부드러운(순채, 부드러운 순두부, 크림 캐러멜)

軟嫩(루안넌): 연하고 부드러운(다리앙大良의 우유볶음, 스크램블드에그, 커스터드)

鮮嫩(셴넌): 신선하고 부드러운(찌거나 볶은 관자 또는 새우살)

細嫩(시넌): 섬세하고 부드러운(닭고기 고환, 부드러운 순두부, 크림 캐러멜)

油潤(유룬): 기름기가 있는 촉촉함(라드에 찐 생선, 이탈리아식 그릴 소시지)

滋潤(즈룬): 촉촉한 육즙이 가득한(손으로 다져 만든 스쯔터우)

酥脆(수추이): 바삭바삭하고 부서질 듯 아삭한(구운 애저 껍질, 돼지 껍질)

有勁(유진): 약간 탄력 있고 근육질이 있는, 씹을 때 탄성이 느껴지는(양저우 어묵, 광둥식 완탕)

嚼勁(자오진): 쫄깃하고, 팽팽하고, 단단한(삶은 닭 껍질, 돼지 대동맥, 차오저우 고기완자)

脆嫩(추이넌): 바삭하면서도 부드러운(튀긴 돼지 콩팥, 튀긴 민물 새우)

勁道/筋道(진다오/징다오): 단단하고, 쫄깃하며, 알 덴테(특히 국수의 상태를 설명할 때 사용, 북방 방언)

柔軟(러우루안): 부드러운(커스터드, 여러 재료가 혼합된 탕)

軟糯(루안눠): 부드럽고 찰진(곰발바닥조림, 찹쌀 경단, 특정 방법으로 조리된 해삼)

淸爽(칭솽): 입안에서 맑고 상쾌함이 느껴지는(새콤하고 매운 당면, 목이버섯 샐러드, 미역 샐러드)

膨松(펑쑹): 부풀어 있고 헐렁한 질감(영국식 크럼핏 빵)

몇 가지 일반적인 질감 표현

入口即化(루커우지화): 입에서 녹는(동파육, 아이스크림)

肥而不膩(페이얼부니): 지방이 풍부하되 느끼하지 않은(동파육)

爽口彈牙(솽커우탄야): 입안에서 느껴지는 딱딱하지만 상쾌한, 알 덴테 같은(彈牙는 문자 그대로 '이빨을 튕기는 느낌'을 의미함)

질감을 비난하는 표현

硬(잉): 단단하고 나무 같은 느낌(바삭하게 부서지지 않는 돼지껍질, 질긴 야채 줄기)

柴(차이): '장작같은'(바짝 마른 칠면조 가슴살, 너무 익힌 스테이크)

綿(몐): 투박한, 퍼석퍼석한(너무 익힌 콩팥이나 곱창)

老(라오): 쇠한 것(섬유질이 많은 또는 가죽처럼 질긴, 너무 익혀 건조해진 음식을 표현할 때)

膩(니): 기름지고 질척거림(너무 낮은 온도에서 튀긴 음식, 느글거릴 만큼 달달한)

미식의 극단,
이국적 식재료

곰발바닥을 능가하다
싸이슝장

'명예를 누리는 메기(투부루렌)'가 놀랍기는 했지만, 아무리 엄청나게 많았다고 해도 그것은 그저 평범한 물고기의 볼살이었다. 오리 혀 요리가 평범한 오리의 혀인 것처럼. 훨씬 더 극단적인 미식의 특권을 경험하고 싶다면 물론 곰발바닥처럼 희귀하고 이국적인 생물의 특수한 부위를 먹을 수도 있다. 중국의 초상류층 미식가들은 2000년 넘게 그렇게 해왔다. 한때 비교적 무해했던 이런 미식 성향은 환경 위기와 대량 멸종의 시대에는 더 이상 옹호받지 못한다. 여기에 코로나19의 첫 불씨가 한 중국 시장의 야생동물 가판대에서 시작되었을 수도 있다는 우려로 동물성 질병의 위험이 더해지면서, 야생동물의 각종 부위를 먹는 행위는 중화요리에서 가장 논란이 되는 주제 중 하나가 되었다.

신비한 식재료에 대한 열병은 중국 역사에 깊숙이 흐른다. 기원전 4세기의 인물 맹자는 그의 선학先學 공자가 창시한 철학을 확장했다. 도덕적 선택에 대해 이야기할 때 생선과 곰발바닥이라는 두 가지 진미를 비유로 주장을 펼친 것으로 유명하다. "둘 다 가질 수 없다면 생선을 포기하고 곰발바닥을 택하겠다. 나는 삶을 원하지만 의로움 또한 원한다. 둘 다 가질 수 없다면 삶을 포기하고 의로움을 택하겠다."[1] 그는 인간의 본성이 본질적으로 고귀하다는 믿음에 따라 어떤 가치는 목숨을 바쳐 지킬 만하다고 했다. 그리고 궁극의 미식인 곰발바닥은 지고한 도덕적 선에 들어맞는 상징이었다.

곰발바닥의 매력은 황제를 제외하고는 맛볼 기회가 거의 없는 진귀한 재료라는 신비함에서 비롯된다. 고대 중국에서 사냥은 상류층의 활동이었고, 가끔씩 가축의 고기를 보충하기 위해 토끼, 사슴, 꿩, 학, 비둘기, 거위, 자고새, 까치, 표범, 올빼미 같은 사냥감을 먹곤 했다.[2] 곰은 그중에서도 가장 상서로운 동물이었기에, 사냥꾼이 곰을 잡으면 군주에게 바치고, 군주는 '곰고기 잔치'를 여는 것이 관습이었다. 곰고기는 대체로 다 먹었지만, 앞발을 최고의 진미로 쳤다.[3] (앞발은 두 개밖에 없고, 어떤 베테랑 셰프는 내게 앞발이 뒷발보다 더 맛있다고 했다.)

이시진의 약학서 『본초강목』에서 자세히 설명하고 있듯이 지방, 고기, 쓸개, 피, 뼈, 척수 등 곰의 각종 부위에는 다른 모든 잠재적 식재료와 마찬가지로 약효가 있다고 봤다. 이시진은 곰발바닥이 바람과 추위를 막고 활력을 증진시킨다며 술과 식초와 물을 넣어 조리할 것을 권한다.[4] 식재료의 감각적 매력을 떠나 그 치유 효과는 중국의 식단이 그토록 모험적으로 된 또 하나의 이유다. 맛없거나 식감이 흥미롭지 않더라도 약효가 있다면 여전히 먹을 가치가 있는 재료다. 중국의 탕에 어린 수사슴의 반쯤 자란 녹용편이라든지, 울퉁불퉁하고 쓴 뿌리처럼 그 약효가 아니라면 전혀 매력이 없는 재료들이 들어 있는 것은 그래서다. 『본초강목』은 흔한 약초와 야채로부터 호랑이와 코뿔소와 낙타까지, 알려진 거의 모든 동식물의 약효를 체계적으로 분석하고 있다. 야생 식재료는 언제나 그 치유 효과가 농장에서 기른 것보다 뛰어나다고 여겼기 때문에, 중국에는 천산갑 비늘이나 코뿔소 뿔(둘 다 현재 멸종 위기)처럼 야생동물로부터 추출한 약재에 대한 수요가 꾸준히 있어왔다.

강한 동물의 신체 부위를 먹으면 먹는 이가 그 위엄을 흡수하고 그 힘과 장점을 취할 수 있다고 생각했다. 홀사혜가 14세기에 편찬한 궁궐 요리책 『음선정요』는 호랑이 고기의 매력에 대해 기술하고 있다. 호랑이 고기를 먹고 산속에 들어가면 호랑이들이 두려움에 몸을 사리고, 질병을 일으키는 악귀도 물리칠 수 있다고 했다.[5] 요즘에야 호랑이를 먹는 사람이 거의 없겠지만, 다른 종류의 사냥감들은 여전히 비슷한 매력을 갖는다. 런던에서 친구들에게 수사슴의 음경으로 만든 수프를 만들어 대접한 일이 있는데, 그중 한 명은 중국요리사였다. 그는 이게 스코틀랜드의 고원을 뛰어다니던 야생 사슴의 성기로 만든 수프라는 사실에 흥분했다. 수프 안에 든 고무 같은 고깃점들은 그에게 아름답고 험준한 풍경을 떠올리게 하고, 사슴의 남성적인 기운을 불러일으켰다.(전통 의학의 지식을 믿는다면 일종의 천연 비아그라로 기능한다는 점은 말할 나위 없고.)

곰발바닥의 핵심은 맛이 아니다. 제비집과 상어 지느러미 같은 다른 고급 중국 음식과 마찬가지로, 곰발바닥도 날것 상태에서는 요리사에게 버거운 재료다. 야생 고기인 만큼 불쾌한 누린내가 있어 재우고 데치는 등 각종 정화과정이 필요하다. 털로 뒤덮여 있을 뿐 아니라, 뼈와 힘줄이 단단히 뭉쳐 있어 오랜 시간 조리해야 그나마 먹을 만해진다.(상나라의 마지막 왕이자 폭군이었던 주왕은 제대로 요리되지 않은 곰발바닥이 나오자 격분해서 요리사를 처형했다고 한다.)[6] 객관적으로 말하자면 발바닥은 딱히 매력적인 음식이 아니다. 중국인이라면 빈부에 관계없이 아마 삶은 족발이나 삼겹살이 그 맛과 즉각적 쾌감에서 훨씬 더 뛰어나다고 인정할 것이다. 순전히 영양 공급 측면에서 보자면 곰발바닥을 먹는 것이나 400개의 생선 볼살을 먹는 것이나 다를 바 없다. 곰발바닥 요리가 주는 전율은 심리적인 것이다.

곰발바닥 및 기타 이국적인 요리에 대한 사랑은 모험적인 식사야말로 세상을 경험하고 살아가는 즐거운 방식의 하나라고 여기는 문화에서 비롯되었다. 죽음으로 떠나간 영혼을 다시 불러오기 위해 지은 굴원의 시 「초혼招魂」에 표현된 음식에 대한 순수한 즐거움은 2300여 년이 지난 지금도 여전히 생생하다.

온 집안이 모두 모여 갖은 음식 차린다네室家遂宗, 食多方些
쌀 기장 보리 좁쌀 한데 섞어 밥을 짓고稻粢穱麥, 挐黃粱些
쓰고 짜고 신 맛에 매콤달콤도 함께 넣어大苦鹹酸, 辛甘行些

살찐 소의 힘줄 끓이니 향기롭기 그지없네肥牛之腱, 臑若芳些

신맛 쓴맛을 섞어 오나라 국물이 따로 없다和酸若苦, 陳吳羹些

자라 삶고 양을 굽고 사탕수수즙을 내어胹鱉炮羔, 有柘漿些

고니는 새콤하게 물오리는 국 끓이고鵠酸臇鳧

기러기와 왜가리는 기름 둘러 지진다煎鴻鶬些

닭고기는 삶아내고 자라는 고아내니露雞臛蠵

그 맛이 농후한데 거슬리지 않는구나厲而不爽些

고리떡에 꿀 경단에 강정 엿 한가득粔籹蜜餌, 有餦餭些

꿀 같은 옥빛의 술 깃털 잔에 가득 채워瑤漿蜜勺, 實羽觴些

지게미 거른 찬술 시원하게 들이키시라挫糟凍飲, 酎淸涼些

화려한 잔칫상을 차려놓고華酌旣陳

옥처럼 맑은 술 준비해두었도다有瓊漿些

돌아오라 그대여 옛집으로 다시 오라歸來反故室

모두가 공경하여 거리낄 것 없으리니敬而無妨些[7]

굴원은 가축과 야생동물을 가리지 않고 거의 마법처럼 다양한 식재료를 거론하며 유혹적인 풍요로움의 풍경을 떠올리게 한다.

굴원의 글이 등장하기 천여 년 전, 요리사 이윤은 상나라의 건국 황제가 될 탕왕에게 장차 그가 통치하게 될 영토의 음식에 대해 구두로 강의한다. 이윤은 과일과 야채뿐만 아니라 이국적인 동물들에 대해서도 얘기했다. 이 중에는 실재하는 동물도 있었고 서양의 유니콘처럼 중국인의 상상 속에 존재하던 동물도 있었다. 어떤 동물들은 특정 부위를 놓고 칭송하기도 했다.

고기 중의 최고는 오랑우탄의 입술, 오소리의 구운 살코기, 살 오른 제비 꼬리, 수당逃蕩(고대의 상상 속 짐승—옮긴이)의 손목, 마오샹旄象의 짧은 꼬리다. (…) 생선 중의 최고는 둥팅호의 대두어鱅魚, 동해의 치어鮞, 이수醴水에 사는 주별朱鱉이라는 이름의 발이 여섯 개 달리고 진주를 뱉어내는 물고기, 관수藿水에 살고 날개 달린 잉어를 닮았으며 밤중에 서해에서 동해로 날아가는 야오鰩라는 이름의 물고기다.[8]

이윤은 왕이 통치자에 어울리는 도덕적 자질을 구현하면, 대제국을 지배하게 될 뿐만 아니라 그걸 맛볼 수 있게 되리라고 했다. 또 다른 철학자인 순자는 이렇게 말했다. "천자는 가장 중요한 권력의 자리를 차지하고 있으면서도 그의 몸은 극도로 편안하다. (…) 그의 음식에는 희귀하고 이국적인 별미와 가장 세련된 맛과 향이 나는 제물용 고기가 가득하다."[9]

진미라는 개념은 아주 오래전에 생겨났다. 주나라 왕실 주방의 궁인을 이상적으로 묘사한 『주례周禮』에는 군주의 음식이 팔진八珍, 즉 여덟 가지 진미를 포함해야 한다는 구절이 있다.(그러나 그게 무엇인지 구체적으로 나와 있지는 않다.)[10] 『예기』에는 존경받는 노인들에게 대접해야 할 여덟 가지 특별한 요리를 나열하고 있는데, 그중에는 '순오淳熬'(볶은 고기장을 얹은 기름진 덮밥), '포돈炮豚'(대추를 채워넣은 정성스레 구운 새끼돼지), '도진搗珍'(다진 고기 반죽) 등이 있었다.[11] 주나라 사람들은 여덟 가지 진귀한 요리라는 의미로 팔진이라는 말을 사용했지만, 후대에 '팔진'은 중요한 잔치에 빠져서는 안 되는 호화로운 '식재료'들을 가리키는 말이 되었다(중국인에게 8은 최고 행운의 숫자).[12]

곰발바닥도 그중 하나였다. 고대의 진미 중에는 현대인에게는 끔찍하게 들리겠지만 표범의 태아도 있었다. 한나라 때부터 6세기까지 문헌에 자주 언급되어 있어 그 시기에 특히 즐겨 먹었던 것으로 보인다.[13] 여러 세기에 걸친 중국의 문헌에서 먹을 수 있는 희귀 식재료에 대한 묘사는 종종 현실과 환상의 경계를 모호하게 만들었다. 이윤은 자신의 강연에서 구운 올빼미나 대나무쥐와 같이 실제 구할 수 있는 것뿐만 아니라 용의 간, 오랑우탄 입술, 봉황의 알과 날아다니는 물고기와 같은 '식재료'도 언급하고 있다.[14] 이 중 적어도 일부는 실제로 먹지 않았던 것이 분명하다. '용의 간'은 말의 간을 그럴듯하게 부른 이름일 수 있고, 원나라의 또 다른 '진미'였던 '매미'는 일종의 치즈로 만든 것이다. 진미의 일부는 평범한 식재료로 만든 특이한 형태의 음식이었을 수도 있음을 보여준다.[15] 곰발바닥처럼 진짜건, 봉황의 알처럼 상상의 산물이건, 이 일련의 기이한 진미들은 대부분의 사람은 상상조차 못 할 극도의 화려함과 미식의 즐거움이 존재했음을 보여준다.

명청 시대에는 해삼과 상어 지느러미 같은 말린 해산물이 미식의 전당에 들어오면서 다른 나라와의 해상 무역이 증가했음을 반영했다. 북방으로부터는 낙타 혹, 사슴 힘줄, 아시아풀개구리*Rana chensinensis*의 나팔관에서 채취한 지방으로 만든 '하스마哈什蟆'와 같은 식재료가 들어왔다.¹⁶ 18세기 말의 문인 이두李斗가 묘사한 양저우 만한전석의 메뉴에는 '모조 표범 태아假豹胎'뿐만 아니라 붕어의 혀와 함께 요리한 진짜 곰발바닥도 있었다.¹⁷ 진귀한 동물 부위를 좀더 평범한 생선의 희소 부위와 함께 페어링한 여러모로 대단한 요리였다. 이두는 붕어의 혀가 몇 개나 들어갔는지는 밝히지 않았으나, 혀의 조그만 크기를 생각해보면 무척 많았으리라고 추정할 수 있다.

팔진의 목록에 꼭 진귀한 동물의 부위가 있어야 하는 것은 아니었으나(최근 몇 세기 중국의 문헌에는 새우와 훈제 닭, 혹은 죽순과 흰목이버섯 같은 평범한 진미도 들어 있다) 보통은 포함되어 있었다.¹⁸ 특별한 음식으로 손님을 감탄케 하는 것은 중국 상류층 식사의 즐거움 중 하나인데, 이는 서양의 고급 요리 문화에서 희귀한 빈티지 와인이 주는 놀라움과 비슷하다. 그리고 대부분의 보통 중국인은 좋은 제철 재료를 아름답게 요리한 것에 만족하지만, 특정 그룹에서는 여전히 이국적인 식재료를 사용해 식탁에서 경이로움을 불러일으킨다.

중국의 미식 그룹 속으로 떠난 내 여정은 그동안 초대받아 맛본 음식들이 심화되어온 과정이다. 값싼 국숫집에서 유명한 식당으로, 유명한 식당 내부의 방에서 프라이빗 다이닝 클럽으로, 거기서 또 개인 셰프가 있는 친구들의 다이닝룸으로. 돼지고기와 가지에서 털게와 손으로 깐 민물새우로, 해삼과 전복과 제비집으로 발전해왔다. 한겨울 간쑤성의 한 마을에서는 주민들이 특별한 날을 위해 농가 처마 밑에 보관해온 얼린 멜론을 나눠주었다. 그 계절에만 먹는 드문 사치품이었다.(존 프랜시스 데이비스 경이 1857년에 이야기한 것처럼 특별한 음식이 주는 즐거움은 중국의 상류층에게만 국한되어 있지 않다. "부자들의 식단에 올라 있는 음식들이 환상적으로 보이겠지만, 가난한 이들이 먹는 것도 이에 질세라 가릴 것 없이 다양했다.")[19]

돌이켜보면 나의 미식 여정에는 내가 정말 저런 걸 먹었나 싶을 정도로 믿을 수 없는 많은 순간이 있었다. 때로는 바늘구멍에 들어갈 정도로 가늘게 뽑은 수타면처럼 기교적으로 경악할 만한 것도 있었고, 때로는 400개의 생선 볼살처럼 지적으로 놀라운 요리도 있었다. 어떤 때는 식재료 그 자체가 경이롭기도 했다. 한번은 허난성 북부의 정저우鄭州에서 친구가 '기린 얼굴 간장조림紅燒麒麟面'이라는 요리를 대접했다. 기린은 상서로운 신화 속 생물로 영어로는 유니콘이나 드래곤 호스라고 부르기도 한다. 사향노루의 몸통에 소의 꼬리, 늑대의 머리에 말의 발굽을 하고 있고 머리에는 외뿔이 달려 있다고 묘사하기도 하고, 말의 몸통에 둥그렇게 말린 두 개의 뿔이 있고 물고기 비늘로 덮여 있다는 설도 있다.[20] 기린 자체는 존재하지 않으므로 그걸 먹을 수는 없었고 요리의 이름은 그저 시적 상상일 뿐이었다. 하지만 실제 요리도 그만큼이나 이국적이었다. 무스의 얼굴로 만드는 동북부의 오래된 만주족 별미에서 영감을 받았지만, 무스 대신 엘크의 얼굴을 사용했다.

그리고 거기 진짜 엘크의 얼굴이 있었다. 아니 얼굴이라기보다는 기괴하고 놀라운 커다란 코가 큼직한 원형 접시를 가득 채운 소스 안에 놓여 있었고, 나는 그 거대하게 벌어진 콧구멍 속을 들여다보았다. 그 옆으로는 작은 청경채의 녹색 머리 부분으로 만든 '생선'이 두 줄 늘어서 있었는데, 검은 눈과 황금빛 당근 혀까지 있는 것이 꼭 초현실주의 판타지에나 나올 법한 모습이었다. 친구가 콧구멍 한쪽을 덜어주었다. 살코기도 지방도 껍질도 아닌 것이 탄력과 찰기가 있으면서도 버터처럼 부드러운 그야말로 대단한 맛이었다. 나는 아마도 이런 걸 다시는 먹어볼 수 없으리라는 생각에 한입 한입 음미해가며 먹었다. 세상에는 요리해서 먹어볼 특별한 음식이 너무나 많다는 충격 속에 숙소로 돌아온 저녁이었다.

중국에서는 계층이 높을수록 더 고급스러운 진미를 먹을 수 있었다. 과거에는 고기를 먹으려면 부자여야만 했다. 부유한 사람들은 간혹 상어 지느러미나 제비집을 맛볼 수 있었을지 몰라도, 붕어 혀와 함께 요리한 곰발바닥을 먹을 수 있는 이는 아마도 황제뿐이었을 것이다. 현대 중국에서는 중국의 전통 진미 외에도 보르도 와인이나 푸아그라, 와규를 소비하는 데서 특권이 드러난다. 중국인의 관점에서 부자와 권력자가 가진 강력한 매력 중 하나는 돈과 힘이 미식의 기회를 극적으로 넓혀준다는 데 있다.

희귀하고 값비싼 진미의 높은 가격과 문화적 위상은 순전히 거래적 성격을 띠는 온갖 종류의 음식 교환을 만들어낸다. 왕조 시대에 황제는 먹고 싶지 않더라도 호화로운 요리가 가득한 식탁에 신음하고 앉아 제국을 다스리는 통치자의 면모를 드러내야만 했다.(학자 추이메이 호는 청나라 궁중의 일일 메뉴를 살펴보다가 건륭제와 그 일가가 원하는 것은 무엇이든 먹을 수 있었음에도 '곰발바닥, 노루궁뎅이 버섯, 노루

얼굴, 사슴뿔, 해삼, 인삼 같은 유명하고 값비싼 만주의 여러 진미가 실제 이들의 일상 식단에는 거의 등장하지 않는다는 것을 발견했다.')[21]

현대 중국에서는 음식이 비즈니스 상대 및 권력을 쥔 공무원들과 관계를 형성하기 위해 전략적으로 활용된다. 중추절이 다가오면 보란 듯이 포장에 담긴 월병 상자들을 사회 곳곳에서 선물로 주고받는다. 나도 한번은 어떤 부유한 사업가로부터 요란한 월병 상자를 선물받았는데, 나중에 보니 상해서 곰팡이가 피어 있었다. 어쩌면 수년 동안 유통되던 물건이었을지도 모른다. 이런 것은 음식이 아니라 음식 형태의 화폐에 불과하다. 조그만 찻잎 꾸러미 두어 개를 서류 가방만 한 고급 상자에 넣기도 한다. 최상류층에서는 같은 무게의 금에 버금가는 비싼 음식을 선물한다. 먹을 수 있는 뇌물이나 다름없는데, 마치 권력자들을 끈끈한 의무의 망으로 붙드는 거미줄과도 같다. 말린 동충하초나 제비집이 담긴 선물 상자는 그 맛이나 심지어 약효보다도 가격과 상징이 더 중요하다. 20세기의 음식 작가 왕쩡치汪曾祺는 거의 멸종 단계에 처한 양쯔강 준치鰣魚에 대해 이렇게 말했다. "이제는 뒤로 몰래 선물하는 물건이 되어버렸다. '먹는 사람은 돈을 내지 않고, 돈을 내는 사람은 먹지 않는다.'"[22]

이런 거래가 오가는 연회에서 중요한 것은 음식의 가격과 위상이다. 중국에서 고급 연회를 위한 식당들은 보통 개별실에 정가의 코스요리를 시키도록 한다. 가격이 낮을수록 흔한 음식이 나오고, 돈을 많이 낼수록 요란하고 이국적인 재료를 낸다. 과거에는 고급 연회를 열면 코스에 포함된 온갖 요리와 무관하게 메인 요리의 주재료로 연회의 이름을 짓곤 했다. 그래서 '해삼 연회海參席'나 '곰발바닥 연회熊掌席' 같은 곳에 초대받을 수도 있었다. 중국 지방 수도의 고급 호텔에서 일하는 한 광둥성 셰프가 내게 어떤 기업가가 지방 정부 관리들을 위해 개최한 연회를 담당했던 일을 얘기해줬다. 그가 요리해본 가장 비싼 식사였다고 했다. "여덟 가지 간단한 코스요리"였다는데, 재료에는 70만 원에 달하는 말린 전복부터 상어 지느러미, 제비집, 큰 양놀래기蘇眉魚라고 알려진 귀한 생선이 포함되어 있었다. 이런 맥락에서 보면 이국적인 음식은 귀중한 화폐가 된다. (연회를 열 때 예산을 미리 정하고 식당이 그에 맞춰 재료를 준비해 요리해주기를 기대하는 관행은 중국에서 오랜 역사를 갖고 있다. 1320년대에 중국에 살았던 프란체스코회 수사 오도릭은 연회를 주최하는 사람이 식당 주인에게 "얼마를 지불할 테니, 친구 ○○명이 먹을 저녁 식사를 만들어달라"고 요청할 수 있다고 했다.)[23]

▼

20세기를 거치며 옛 중국의 이국적 음식에 대한 사랑은 글로벌 환경 위기와 충돌했다. 멸종을 불러온 주원인은 사실 인간의 식습관이 아니라 동물 서식지의 대대적인 파괴였지만, 그러잖아도 (많은 경우 아주 심각한) 멸종 위기에 처해 있는 생물들의 특정 부위를 먹고 싶어하는 일부 중국 미식가의 열망은 점점 더 옹호하기 어려워졌다. 1975년 처음으로 '멸종 위기에 처한 야생 동식물의 국제 거래에 관한 협약CITES'이 발효되었고, 멸종 위기에 처한 것으로 확인된 동식물의 국가

간 거래가 금지되었다. 중국도 1981년 여기 서명했다. 1989년에는 중국 최초의 야생동물 보호법이 발효되어 멸종 위기종에 대한 규제를 시행했고, 이때 여러 동물 중에서도 오랜 세월 발바닥을 식용으로 취급해온 불곰과 흑곰이 국가 2급 보호 동물로 지정되었다.

1980년대까지만 해도 곰발바닥은 해외 귀빈을 위한 국빈 연회용 레시피 모음집을 비롯한 각종 요리책에 수록되는 귀하고도 완전히 합법적인 진미였다.[24] 그러나 새로운 법적·윤리적 환경이 등장하면서 곰발바닥과 기타 멸종 위기 동물 부위의 노골적인 소비는 더 이상 허용되지 않았다. 그럼에도 중국의 부유한 식도락가들은 여전히 그런 걸 먹고 싶어했고, 이들이 천문학적인 가격도 기꺼이 지불하고자 하면서 거래가 지하로 숨어 들어갔을 뿐이다. 1990년대의 중국 경제 호황으로 인해 더 많은 이가 미식 판타지를 충족시킬 수 있는 재력을 갖게 되면서 문제는 악화되었고, 한편으로는 글로벌 운송이 쉬워지면서 중국 시장을 겨냥한 야생동물 불법 거래가 그 지리적 범위를 넓혀 갔다. 거북이, 천산갑, 코뿔소 뿔, 곰발바닥 및 기타 야생 식재료들이 아프리카에서 갈라파고스 군도에 이르는 전 세계에서 중국으로 흘러 들어왔고, 지금도 여전히 그렇다. 중국은 현재 세계 최대의 야생동물 제품 밀거래 시장이라는 불명예를 안고 있다.[25]

중국 안팎의 매체에서는 간혹 곰발바닥과 기타 불법 식품 및 의약품 압수에 대해 보도한다. 2013년에는 네이멍구 세관원들이 러시아에서 입국하던 밴 차량의 타이어에 숨겨져 있던 곰발바닥 213개를 발견하는 충격적인 사건이 있었다. 뉴스 보도에서는 바닥에 털이 뒹구는 피투성이 화물의 사진을 공개했고 법률 전문가들은 암시장에서의 가치를 45만 달러 이상으로 추정했다.[26] 이처럼 떠들썩한 사건에도 불구하고 야생동물법과 규정을 집행해야 할 최종 책임자인 중국 관리들이 종종 위반에 연루되곤 한다. 중국의 『글로벌타임스』는 2013년의 곰발바닥 단속을 다룬 보도에서 익명의 야생동물 딜러의 말을 인용해, 곰발바닥을 소비하는 사람들은 주로 "기업 경영진과 정부 관리들"이라고 했다.[27] 나도 식당 주방에 들어갔다가 근처 개별실에 있는 정부 관리들의 접대를 위해 코브라, 자이언트 거북, 거대 도롱뇽 같은 불법 식재료들을 준비하는 광경을 여러 번 봤다.

야생동물 보호법조차 허점이 가득하다. 이 법의 표면적인 목적은 야생동물을 보호하고 희귀 생물의 멸종을 막는 것이지만, 사육을 통해 야생동물 '자원'을 소위 '합리적으로' 착취하는 것은 허용한다.[28] 환경보호론자들이 오랫동안 지적해온 것처럼, 야생동물을 과학적·경제적 목적으로 가둬놓고 사육하도록 허용하면 야생동물 밀매업자들이 밀수품을 세탁할 절호의 기회를 제공하는 꼴이라 밀렵과 밀수를 부추기게 된다. 코로나19 초기이던 2020년, 우한 시장의 야생동물 가판대가 최초 감염 장소로 의심받자 중국 정부는 육지 야생동물을 식용으로 소비하는 것을 즉각 금지하고 야생동물 불법 거래 단속에 나서는 동시에 야생동물 보호법을 강화하겠다는 계획을 발표했다. 그러나 전문가들은 이러한 조치가 과연 취약하고 멸종 위기에 처한 생물들을 밀매와 소비로부터 제대로 보호할 수 있을지 여전히 회의적이다.[29]

파괴를 불러오는 것은 불법 식재료의 소비만이 아니다. 많은 지역에서 여전히 합법이고 오랜 역사가 있는 일부 진미도 이에 못지않은 문제가 있다. 이 중 가장 악명 높은 것은 상어 지느러미다. 민간 전설에 따르면 상어 지느러미는 어부들이 상어 고기를 팔고 남은 음식으로 처음 먹었다고 전해지지만, 어부들은 결국 연골성 지느러미가 더 맛있고 잠재적으로 수익성도 더 좋다는 결론에 도달했다.[30] 상어 지느러미는 명나라 말기에 이르면 대단히 인기 있는 음식이 된다. 1990년대에 상어 지느머리를 특히나 귀히 여기는 중국 남부 광둥성의 급속한 경제발전으로 그 수요가 급증하면서, 전 세계 상어 개체 수에도 치명적인 영향을 미쳤다. 중국의 미식가들만 상어를 위협하는 것이 아니다. 상어는 거대한 트롤 어망에 잘못 걸려 엄청난 수가 죽기도 한다.[31] 그렇지만 상어 지느러미에 대한 중국의 애착은 전 세계 상어 개체 수가 위험에 처하게 된 주원인으로 여겨진다. 환경운동가들은 어부들이 살아 있는 상어의 값비싼 지느러미만 자르고 훼손된 상어를 다시 물에 던져 죽게 만드는 '피닝finning' 행위의 잔인함을 강조하기도 한다.

타문화권의 미식가들도 중국과 마찬가지로 희귀하고 비싼 진미에 애착을 갖고 있는데, 이 중 상당수가 현대에 이르러 윤리적으로 모호해졌다. 영국에서는 전통적으로 구운 뇌조(이 작은 새를 사냥하는 행위가 환경 파괴를 일으킨다), 야생 스코틀랜드 연어(현재 희귀하다), 캐비어(전통적으로 철갑상어에서 얻지만, 지금은 심각한 멸종 위기에 놓였다), 갈매기 알(알을 거의 볼 수 없게 되었다)을 좋아한다. 스페인 사람들은 유럽의 장어가 멸종 직전임에도 여전히 앙굴라(장어의 치어 혹은 새끼 뱀장어)에 열광한다. 일본에서 가장 사랑받는 초밥은 멸종 위기의 참다랑어 살로 만든 초밥이다. 프랑스의 미식가들은 오르톨랑(회색머리멧새)이라 불리는 멸종 위기에 처한 노래하는 작은 새를 여전히 법을 어겨가며 먹는다.(1996년 프랑수아 미테랑 전 대통령의 마지막 식사에 올랐던 것으로 악명 높다.) 수많은 종이 멸종 직전이거나 취약한 상태에 놓여 있는 고래 고기는 아이슬란드와 노르웨이와 일본에서 인기가 높다. 더 나아가 현대사회에서 고기와 생선을 먹는 사람 대부분은 어디에 살고 있든 지속 가능하지 않은 식습관을 갖고 있으며 생태계 악화에 일조하고 있다. 전 인류를 풍자하기에 알맞은 캐리커처는 아마도 노아의 방주에 담긴 모든 것을 목구멍으로 밀어넣는 대식가의 모습이지 않을까.

하지만 인류의 집단적 책임이 무엇이든 간에, 파괴적인 미식의 문제는 중국에서 가장 두드러진다. 신비한 음식을 좋아하는 중국의 전통과, 동식물을 가리지 않고 거의 모든 것을 식재료로 대하는 중국의 적극적인 개방성 때문이다. 중국에서는 오르톨랑이나 장어나 고래 고기뿐만 아니라 합법 불법을 가리지 않고 망측할 정도로 많은 종류의 의심스러운 식재료를 먹는다. 북극의 원주민들은 고래 고기를 먹는 전통이 자신들의 문화와 생계형 경제에 필수적이라고 주장할 수 있지만, 중국에는 멸종 위기의 종을 대신할 수 있는 맛있는 음식이 너무 많기 때문에 진미로서의 역사적 중요성이 어떻든 간에 그 소비를 정당화하기 힘들다. 기후 붕괴의 시대에 개인 제트기를 타고 다니는 것은 특히나 혐오스러운 일이 되었다. 마찬가지로 멸종의 거대한 물결이 밀려오는 와중에 일부러 가장 희귀한 생물을 찾아 재미로 먹는 것보다 더 괴기스러운 일이 있을까?

중국인 대다수는 값비싼 이국적인 음식을 먹을 방법도, 그럴 생각도 없다는 점을 밝혀두는 것도 중요하다. 그러나 현대사회에서 중국인의 음식 소비는 의심의 여지 없이 중화요리라는 거대한 낭만의 지저분한 이면을 드러낸다.

외부인들은 이국적인 음식을 먹는 것이 중국 내에서도 항상 논란거리였다는 사실은 잘 알지 못할 수도 있다. 묵자(기원전 5~기원전 4세기)가 옛 성현들의 규범을 인용했듯이, 현인들은 술과 음식 모두를 절제하라고 권유해왔다.

> 빈속을 채우고 정신을 유지하며, 사지에 힘을 줄 수 있고 눈과 귀를 밝고 날카롭게 할 정도면 충분하다. 거기서 멈추어라. 다섯 가지 맛을 섞거나 다양한 향의 조화를 이루는 데까지는 가지 마라. 먼 땅의 희귀하고 기이하고 색다른 것을 찾지 마라.足以充虛續氣, 强股肱, 耳目聰明, 則止. 不極五味之調, 芬香之和, 不致遠國珍怪異物[32]

상나라의 마지막 군주였던 악명 높은 주왕의 잔인하고 퇴폐적인 생활 방식은 '주지육림'에서뿐만 아니라, 한 철학자에 따르면 표범 태아와 같은 이국적인 요리를 먹을 때 사용했던 도구인 요란한 상아 젓가락 같은 데서도 드러난다.[33] 음식에 대한 집착적인 열정은 끔찍한 행동으로 이어지기도 한다. 정나라 영공이 선물받은 자라를 맛보지 못하게 하자 아들들이 홧김에 아버지를 살해한 일도 있었다. 현대 중국에서 호화롭고 이국적인 음식은 정치적 부패와 관리들의 탐욕과 관련 있다. 2013년에 있었던 공산당 고위 관리 보시라이의 부패 혐의에 대한 재판에서는 그의 아들 보과과가 아프리카 여행을 다녀온 뒤 아버지에게 (이름을 알 수 없는) 희귀 야생동물의 고기를 선물로 가져왔다는 눈길을 끄는 디테일이 있었다.[34] 같은 해 시진핑 주석이 시작한 엄격한 반부패 운동이 가져온 긍정적 효과 중의 하나는 상어 지느러미와 불법 진미들을 먹는 호화로운 거래형 연회에 철퇴를 내린 것이었다고들 얘기한다.

남송의 한 익명의 문인이 말했듯이, 타인이 굶주리고 있는데 신비한 음식에 탐닉하는 것은 부도덕한 행위로 보일 수도 있다.

애석하도다! 대지의 풍성한 수확을 거두는 사람은 먼저 가난한 이들의 슬픔을 달래주어야 한다. 그러지 않으면 우리는 부자들의 과도한 진미는 고사하고 가장 단순한 음식도 맛볼 자격이 없다. 예를 들어 양고기의 뺨과 생선의 볼살만 취하는 관행을 보라. 게로 만두를 만들거나 과일 속을 채운 수프를 끓일 때 집게발의 살만 취하는 관행을 보라. 나머지는 귀족의 식탁에 어울리지 않는다는 말과 함께 버려진다. 누가 그걸 주워 먹으면 개라고 부른다.[35]

16세기의 문인이며 미식가이자 생활 예술의 대가 고렴高濂은 이렇게 말했다. "생을 유지하기 위해 먹는 음식은 소박하고 건강한 것을 장려해야 한다. (…) 나는 실용적인 것을 취하고 이국적이며 기괴한 것은 삼간다."36

현대의 중국인들도 이국적인 식습관에 대한 거부감을 표현한다. 최근에 만난 한 여성은 윈난에서 휴가를 보내던 중 친구들이 현지 식당에서 불법 야생동물을 먹는 모습에 경악해 그들과 연을 끊었다고 했다. 또 다른 친구는 내게 부끄러운 얼굴로 이국적인 음식이 가득한 "동물원 같던" 만찬 테이블을 묘사했다. 상어 지느러미는 여전히 사회의 특정 계층에서 좋은 음식으로 여기지만, 내 중국 친구들 중 상당수는 상어 지느러미 소비에 대해 매우 비판적이고 그런 기이한 음식을 먹으려는 사람들의 과도한 욕망을 이해하지 못한다.

◆

상어 지느러미 및 기타 멸종 위기 식품의 소비를 비판하는 현대 서양인들의 문제는 이들도 인종차별주의에 오염되어 있다는 사실이다. 상어 지느러미, 곰발바닥과 기타 희귀 동물의 부위를 먹는 일은 전 세계의 생물 다양성이 이토록 위협받는 시대에 분명 비윤리적인 일이다. 하지만 그런 걸 한 번도 먹고 싶어한 적이 없던 서양인들이 그걸 비난하기란 아주 손쉬운 일이다. 상어 지느러미 소비에 반대하는 서구의 캠페인은 늘 편파적이었다. 2011년 캘리포니아주가 상어 지느러미의 소비를 금지하려고 했을 때, 일부 아시아계 미국인이 자신들의 인종 그룹을 차별하는 일이라며 불만을 제기했다. 중국인 외에는 아무도 상어 지느러미를 즐겨 먹지 않았기 때문이다.[37] 상어 지느러미 소비를 옹호하지 않더라도, 왜 중국인만 환경과 동물 복지를 위해 문화적 희생을 해야만 하는가 하는 질문에는 일리가 있다. 서구의 그 많은 식탁에 공급되는 산업형 소고기를 사육하기 위해 저지르는 잔인함, 환경오염, 아마존 열대우림의 파괴와 현대 어업이 상어를 비롯한 다른 어종에 끼친 막대한 폐해는 또 어떤가.

상어 지느러미가 "반투명하고 아무 맛 없는 면발 조각"이라고 폄하한 것만 빼면 상어에 관한 훌륭한 책을 쓴 한 미국의 저자는 상어 지느러미 수프가 "역사상 가장 커다란 사기 중 하나이며, 가장 핵심적인 재료가 최종 요리에 아무런 실질적 가치를 더하지 않는 그저 지위의 상징일 뿐"이라고 했다. 그녀는 상어 지느러미를 먹는 것은 맛있는 푸아그라처럼 윤리적으로 불편한 다른 음식을 먹는 것보다 훨씬 더 비난할 만한 일이라고 했는데, "아무런 미식적 보상이 없기" 때문이며, "[상어 지느러미 수프는] 요리로서의 아무런 가치가 없고, 그저 상징일 뿐 실체가 없다"고 했다.[38] 푸아그라 같은 잔인한 요리를 먹는 행위가 프랑스 사람들이 좋아하니까 덜 부도덕할 수 있다는 주장은 서구 문화 우월주의를 숨 막히게 보여주는 사례다.

서양인들은 적어도 19세기부터 중국인이 특이한 식재료를 먹는다는 이유로 경멸하곤 했다. 중국인은 원래 절박한 배고픔 때문에 이상한 것을 먹게 되었다는 생각이 깊게 자리잡고 있는 듯하다. 그러나 저명한 인류학자 시드니 민츠가 말한 것처럼 "필요가 발명의 어머니는 아니"며, 중국인들이 절박해서 닥치는 대로 먹었다는 생각은 그저 "내려다보는 태도"에 불과하다.[39] 곰발바닥은 고대 중국과 좀더 근대에 엘리트들이 즐겨 먹는 음식이었다. 상어 지느러미는 중국의 세련된 남부 도시에서 어쩌면 그때까지 세계에서 가장 풍요로운 식문화를 이루었던 송나라 때 인기를 끌었다.[40] 사오싱의 독특한 발효 음식처럼 분명 가난과 검약이 낳은 중국의 요리 전통도 있으나, 값비싼 낯선 음식을 선호하는 전통은 풍요로움과 특권에서 비롯되었다.

요즘 덴마크의 셰프 르네 레드제피가 자신의 식당 '노마'에서 개미나 순록 음경을 메뉴에 올리면, 그는 천재 요리사 취급을 받고 사람들이 그걸 맛보려고 전 세계에서 비행기를 타고 날아온다. 런던의 퍼거스 헨더슨이나 시드니의 조시 닐란드가 소 내장이나 생선 부레를 요리해 선풍을 일으키면 이들은 전 세계에 수많은 팬을 거느린 선구적인 예술가가 된다. 그러나 중국 셰프가 오리의 혀나 엘크의 얼굴로 놀라운 요리를 만든다면 그는 절박한 농민이나 잔인한 야만인일 뿐이다. 영국의 신사들이 '사냥감'을 먹는다면, 중국인들은 늘 '야생동물'을 먹는다. 환경 파괴적인 식습관에 관해서도 운동장은 기울어져 있다. 중국인이 상어 지느러미를 먹는 행위가 일본인이 고래나 참다랑어를 먹거나 영국 셰프가 장어를 요리하는 행위보다 더 맹비난을 받기 때문이다. 이런 이중 잣대가 중국계 사람들을 속상하고 분노하게 만들며, 실제 상어 지느러미를 먹는 사람들이 서구의 훈계를 안 들으려고 손가락으로 귀를 막고 싶어 하는 것도 이상한 일은 아니다.

서양의 중국 식습관에 대한 편견은 코로나19 초기이던 2020년, 과학자들이 바이러스가 우한의 재래시장 가판대에서 유래했을 가능성을 제기하면서 새로운 정점을 찍었다. 중국의 시장들은 별안간 국제 언론에서 끔찍한 중세 동물원이나 질병의 소굴처럼 묘사되었다. '웻마켓wet market', 즉 재래 시장은 그저 신선한 농수산물을 파는 시장이라는 사실은 아무도 신경 쓰지 않는 듯했다. 이 이름은 신선한 해산물을 물이 뚝뚝 떨어지는 얼음에 올려놓고 팔며, 위생을 위해 바닥을 주기적으로 물로 닦아내는 홍콩과 싱가포르에서 비롯되었다.

 농수산물 시장은 중국살이의 기쁨 중 하나다. 산처럼 높이 쌓인 신선한 제철 식품을 최소한의 플라스틱 포장에 넣어 판매한다. 일상적인 사교의 중심지이기도 하다. 이러한 시장이 계속해서 존재한다는 사실은 (비록 도시 개발로 인해 줄어들고는 있지만) 많은 중국인이 여전히 건강한 식생활을 하는 이유이기도 하다. 한때 일부 지역에서 흔히 볼 수 있었던 야생동물 고기는 요즘에는 극히 찾아보기 힘들다. 대부분의 중국 시장에서는 생물을 판다고 해도 생선과 조개류, 그리고 일부 지역에서 가금류를 파는 정도다. 코로나19가 일부 중국 시장에서 야생동물을 인간 근처에 두는 것의 위험성을 공론화시켰지만, 위생 문제, 사냥감 거래 규제, 동물성 질병의 위험에 대한 정당한 우려보다는 공포 조장과 과장된 주장이 휩쓸었다.

 서양의 운동가들이 멸종 위기에 처한 음식의 소비를 그만두라고 촉구할 때 경멸을 배제할 수 있다면, 그걸 먹는 중국인들이 더 귀 기울일 준비가 되어 있을지도 모른다. 왜 그런 음식을 전통적으로 귀하게 여겼는지 이해하려 애쓰고, 상호 존중의 입장에서 보존 문제를 논의하고, 수많은 서양의 식습관도 덜 분명해 보일지는 몰라도 똑같이 파괴적이라는 사실을 인정하는 것이 이 문제를 대하는 좀더 생산적인 접근법이지 않을까. 이국적 음식에 대한 중국인들의 오랜 애정을 이해하고 존중하면서도 멸종 위기종 소비의 중단을 촉구할 수 있다. 육류를 식단의 중심에 놓는 서양의 음식 전통을 폄하하지 않으면서도 식물성 식습관을 장려할 수 있는 것과 마찬가지다. 넓은 의미에서 우리 모두는 새롭고도 가혹한 환경이라는 맥락 안에서 전통적인 식습관과의 관계를 재정립해야 하는 똑같은 처지에 놓여 있다는 사실을 인정하는 것이 도움이 될 수 있다.

오랜 세월 중국의 요리와 미식 문화를 따랐던 추종자로서 이 주제에 대한 내 견해는 복잡하고 나의 이력 또한 간단치 않다. 중국에 살던 젊은 여성으로서 나는 모든 걸 먹어보겠다고 다짐했다. 나의 문화적 편견을 버리고 중국인의 관점에서 중국의 음식이 어떤 맛인지 이해해보려고 했다. 나는 중국 음식에 대한 서양의 이중 잣대와 폄하가 불편했다. 쓰촨에서는 토끼 머리와 거위 내장을 먹었고, 광저우에서는 뱀을, 베이징에서는 낙타 발을 먹었다. 나는 중화요리가 주는 즐거움과 낭만과 모험성에 매료되었다. 많은 서양인이 싫어하는 미끌거리는 젤라틴 식감을 사랑하게 되었고, 민어 부레의 쫄깃한 식감과 해삼의 오독오독한 탱탱함을 즐기게 되었다. 나 또한 이국적 음식의 유혹에 빠져든 것이다.

중국인이 과연 얼마나 많은 식재료를 실제로 먹을까 궁금하긴 했다. 중국 미식의 참고문헌인 『식경食經』에는 "불완전한 통계에 따르면 중국요리에는 1만 가지가 넘는 식재료가 있고, 그중 약 3000가지가 일반적으로 쓰여 전 세계 어느 나라보다 많은 수의 식재료를 사용한다"고 쓰여 있다.[41] 나는 중국에서의 개인적 경험을 바탕으로 그 말을 믿는다. 지금도 여전히 중국을 방문할 때면 거의 매번 전혀 새로운 동물이나 식물의 식재료를 맛본다. 나는 종종 지금까지 중국에서 먹어본 모든 식재료의 목록을 만들어볼까 하는 생각을 한다. 예술가 트레이시 에민의 유명한 작품 「나와 함께 잤던 모든 사람들」처럼, 모든 식재료의 이름으로 텐트의 안쪽 지붕을 수놓는 것이다. 하지만 그러려면 대형 천막이 필요할 것 같다.

나는 지난 사반세기 동안 상어 지느러미를 포함해 누구도 더 이상 먹어서는 안 될 여러 식재료를 먹었고 이를 후회한다. 어떤 때는 몰라서 먹었고, 어떤 때는 너그러운 선의의 선물인 줄 알기에 거절함으로써 결례를 범하는 것이 싫었다. 한심하게도 어떤 때는 그저 일종의 무모한 잡식성 입맛에 휩쓸렸던 적도 있다. 순전히 내 잘못이었다. 그러다 점차 내가 단순히 중국 문화에 대한 개방성을 보여주고 있는 게 아니라 어쩌면 가장 나쁜 과도함을 묵인하고 있다는 깨달음이 나를 무겁게 짓눌렀다. 종국에는 그러한 행위에 대한 죄책감과 자기혐오가 그 어떤 쾌락이나 예의 바르게 보이려는 욕구보다 커졌고, 나는 명확히 선을 그어 그런 음식은 영원히 먹지 않겠다고 다짐했다.

이와 마찬가지로 나는 중국의 식도락가 미식 엘리트들도(나도 가끔 당당히 그 객원 멤버가 된다) 끔찍하고 유서 깊은 진미를 소비하는 행위에 선을 긋고, 오리 혀와 유자 속껍질과 죽순과 두부의 자랑스러운 옹호자가 되었으면 좋겠다. 중국요리의 경이로움에 대한 국제사회의 인정은 진작에 이뤄졌어야 하지만 그러지 못했고, 멸종위기종을 먹는 행위는 그 명분을 훼손할 뿐이다. 상어 지느러미와 곰발바닥은 중국의 전통 진미일지 모르나, 한때 애착이었던 것이 이제는 변태적 집착이 되었다. 이러한 음식을 거부하는 것은 사실 애국적인 행위로 받아들여질지도 모른다. 가치와 환경이 변해도 사회가 소중한 전통을 포기할 수는 없다고 주장하는 사람은 전족을 생각해보면 된다. 중국 남성들은 기형이 돼버린 여성의 '연꽃 발三寸金蓮'을 탐닉했지만 그런 야만적인 풍습을 되살리자고 말하는 사람은 아무도 없다.

그리고 아직도 1만 가지 식재료가 있지 않나? 중국요리의 아주 훌륭한 점은 경이로운 먹을거리가 절대로 부족하지 않다는 것이다. 미식의 스릴을 추구하는 사람들은 일상에서도 이국적인 음식을 찾을 수 있다. 생선이나 새의 혀, 그 지역만의 재료나 제철에 잠깐만 나오는 재료, 평범한 재료를 고도의 기교를 사용해 비범하게 만든 요리 같은 것이다. 과거의 '팔진'에 해당되는 현대의 단어는 산진해미山珍海味(산해진미), 산의 보물과 바다의 풍미라는 뜻이다. 여기에는 한때 곰발바닥도 들어 있었지만, 야생 버섯과 지속 가능한 야생 사슴고기 같은 다른 맛있고 양심적인 진미도 포함하고 있다. 잡식성 입맛은 파괴적이지 않으면서도 즐거울 수 있다.

더 구체적으로 살펴보면 옛 이국적 진미의 모양과 맛과 식감을 흉내낸 전통 레시피가 많이 있다. 1000년 이상 거슬러 올라가는 모조 식품 전통의 일부다. 황실의 전통에 경의를 표하고 싶다면 인터넷에서 곰발바닥 모양의 틀을 구입해 거기 양고기나 채식 재료를 채워넣으면 된다. 저장성의 주인펑 셰프는 내게 '곰발바닥을 능가한다'는 뜻의 '싸이슝장賽熊掌'이라는 요리를 만드는 법을 가르쳐준 적이 있다. 돼지족발의 뼈를 공들여 발라낸 다음 질그릇에 넣고 육수를 부어 몇 시간이고 끓인다. 그렇게 만들어진 숭고한 황금색 결과물은 입술에 키스하듯 닿고 녹아버린다. 황제라고 해도 진짜 곰발바닥 대신 이걸 먹었다고 만족하지 못했으리라고는 상상하기 어려웠다.

주방 庖廚 :: 조리의 기술

庖
廚

MSG에 가려진
육수 문화

이핀궈

상하이의 화려하기 그지없는 옛 강변 와이탄, 택시가 그 한쪽 끝에 위치한 웅장한 식민지 시대 건물 앞에 멈춰 섰다. 한때 상하이 최초의 전신 사업을 하던 이곳은 지금은 거의 버려진 건물처럼 보인다. 거대한 철문을 힘겹게 밀어 대리석으로 된 로비를 또각또각 지나 안내데스크로 향했다. 경비원이 나를 맞이해 잠시 어딘가 전화를 걸더니 철제 케이지로 된 엘리베이터로 안내해 5층으로 올려보냈다.

 나는 비디오 촬영 전의 국수 한 그릇 정도의 가벼운 점심을 생각하고 왔다. 그러나 크랩 씨는 흰색과 금색으로 정교하게 장식한 아치형 천장에 크리스털 샹들리에가 매달려 있는 웅장한 식당에서 나를 기다리고 있었다. 양쪽 창문 밖으로 상하이의 스카이라인이 그림 같았다. 크랩 씨는 상하이의 전통 전채 요리들이 눈부시게 펼쳐져 있는 커다란 원탁 앞에 앉아 있었다. 원탁은 두 사람을 위해 준비되어 있었다.

자리에 앉으며 요리들을 훑어보았다. 짙은 간장 색 소스를 매끄럽게 바른 통민물 새우, 어슷 썰기한 밝은 녹색의 갓 줄기, 상아처럼 새하얗게 절인 죽순, 작은 황금색 계화꽃을 흩뿌린 부드러운 아기 토란, 사탕수수 위에 훈제한 오리고기 편채. 크랩 씨는 "모두 가정식 현지 요리인 번방차이本幇菜입니다"라고 했다. 번방차이라는 단어는 역시 다언어 도시답게 유럽과 러시아 및 중국 각 지역의 영향이 뒤죽박죽된 '상하이 스타일' 요리인 '하이파이차이海派菜'와 구분해서 쓰는 말이다. "하지만 우리는 이걸 가장 좋은 제철 재료로 만들죠."

이 요리에 손을 대기도 전에 식당 문이 활짝 열리더니 흰 요리모를 쓴 셰프가 거대한 항아리가 놓인 트롤리를 밀고 들어왔다. 크랩 씨가 의자에서 일어나며 "이리 오세요, 이리 오세요"라고 말한다. 우리 둘은 트롤리 주위에 모여 섰다. 셰프가 뚜껑을 열자마자 우리는 구름처럼 피어오르는 황홀한 연기에 휩싸였다. 항아리 안에는 통닭 한 마리, 돼지 통족발, 커다란 진화 햄 한 덩어리가 투명하게 맑은 국물 속에서 네 시간 넘게 끓고 있었다. 약간의 사오싱주와 생강 한 조각 외에는 더 넣은 것이 없었다.

셰프가 작은 그릇 두 개에 국물을 조금 떠주었고, 우리는 먼저 그 섬세한 향을 들이마신 뒤 한 모금 맛보았다. 크랩 씨는 "이 맛을 기억하세요"라고 말하고는 셰프에게 계속하라는 손짓을 했다. 셰프는 닭을 해체하고 나서 우리의 수프 그릇을 다시 채웠다. 국물을 맛보니 이제 닭의 독특한 풍미가 그득하다. 셰프는 돼지 족발과 진화 햄도 똑같이 해체해서 작은 그릇에 담아주었다. 매번 국물의 구성이 달라진다. 마치 교향곡의 앞부분을 듣는 것 같다. 처음에는 현악기의 부드러운 소리로 시작했다가, 목관악기의 깊은 음색이 뒤따르고, 금관악기의 대담함이 등장한다. 그리고 우리 입안은 마침내 이들이 만들어낸 종합적인 음악으로 가득하다.

이 수프는 화려하지만 어떤 의미에서는 보이지 않는 존재이기도 하다. 식재료의 투명한 그림자이고, 연인이 방 안에 남기고 간 향기이며, 부재가 일으킨 파문이다. 분명히 그 안에 닭이 어렴풋이 보이고 진화 햄과 족발도 있지만, 이들은 모두 소진되었다. 중요한 것은 황금색 미스터리와도 같이 이들을 감싸고 있는 액체, 이들의 정수와 기와 생명력을 빨아들인 물이다. 아무것도 아니면서 모든 것이기도 하고, 비어 있으면서 가득하다. 우리의 수프, 이 가볍고 맑은 국물이야말로 중국인들이 재료 본연의 맛, '본미本味'라고 부르는 것을 완벽히 체현하고 있다. 그 무엇도 주의를 분산시키거나, 뭔가를 가리거나, 무언가와 경쟁하지 않는다. 오직 고기의 잡내를 잡아주는 약간의 사오싱주와 생강이 있을 뿐이다. 우리가 지금 먹고 있는 것은 일종의 추상적 완벽함으로 승화되어 있다.

크랩 씨의 수프는 '이핀궈一品鍋'라고 알려진 강남의 오래된 요리다. '품品' 자는 입을 세 개 쌓은 모양으로, 한때는 제사 음식이 그득한 그릇을 형상화한 것이었으나 여기서는 국물에 들어간 세 가지 재료를 가리킨다. 이 한자는 아주 적절하게도 현대 중국어에서 '맛보다

品嘗'라는 의미로도 쓰인다. 이핀궈의 국물은 아무런 간섭 없이 좋은 식재료 '본연의 맛'을 표현하려고 시도하는 방대한 중국요리 장르에서도 특이나 호화로운 사례다. 이런 요리들은 귀한 동물들을 잘게 썰어서 기가 올라올 때까지 끓여 영혼을 유혹하던 무미한 옛 제사용 겅羹의 후예이지만, 이제는 육신을 가진 존재의 입맛에 맞게 세련되게 변모했다.

중국인들은 2000년 넘게 '본미'를 이야기해왔다. 기원전 3세기에 편찬된, 상인 여불위가 요리사 이윤과 상나라 탕왕의 전설적인 만남에 대해 남긴 이야기의 실제 제목은 「본미편本味篇」이다. 요리에 관한 대화로 구성된 이 윤리적이고도 정치적인 우화에서 이윤은 탕왕에게 요리가 가져다주는 변화가 식재료의 거친 면을 세련되게 다듬을 수는 있지만, 본연의 특성을 보존하는 것이 중요하다고 말한다.[1] 쓰촨의 요리학교에 다니던 시절, 이와 마찬가지로 급우들과 나는 좋은 식재료 '본연의 풍미'를 드러내는 조리 기술을 배웠다. 잡스러운 모든 것을 제거하고, 이미 거기 아름답게 존재하는 맛을 부드럽게 돋우는 방법이다.

중국요리사들은 늘 '본연의 맛(본미)'과 '혼합된 맛' 또는 '조화로운 맛(조미調味)' 사이의 균형을 맞추려고 한다. 조미는 달고 신 '탕수'처럼 조미료를 더해서 만들어진다. '본미'를 강조하는 요리에서 조미료는 그 자체로 주목을 끄는 게 아니라 오로지 주재료를 돋보이게 하는 것을 목적으로 신중하게 넣는다. 이런 요리들은 주재료의 성격이 외부 요소들 때문에 방해받지 않고 맑고 밝게 빛나야 한다는 점을 상기시키기 위해, 이름에 '칭淸'자가 들어가곤 한다. 예를 들어 '칭정淸蒸' 생선은 보통 비린내를 없애기 위해 약간의 소금, 술, 생강, 파 외에는 아무것도 넣지 않고 쪄낸 요리이고, '칭둔淸燉' 닭고기탕은 투명하게 고아 닭의 참맛을 표현한 요리다.

물론 '본미'를 강조하는 요리는 재료의 품질과 신선도에 따라 달라진다. 양식 물고기의 탁한 맛은 요란스럽게 매운 소스로 감출 수 있지만, '칭정'으로 요리하면 그 불쾌감이 명백히 드러난다. 숨기려야 숨길 도리가 없다. 인공 치킨 에센스와 MSG로 만든 묽은 육수를 사용해 쏸라탕을 만들면 그럴듯하겠지만, 형편없는 재료로 이핀궈를 만들었다가는 먹을 가치가 없을 것이다. '본미'에 집중하는 요리를 만들려면 최상의 재료를 조달해야만 하고, 이는 중국에서 가장 고급 요리가 종종 가장 절제된 요리이기도 한 이유다.

일부 지역의 요리는 '혼합된 맛'을 더 강조한다. 예를 들어 쓰촨 요리는 발효 조미료, 고추, 제피, 설탕, 식초가 어우러져 자극적인 효과를 내는 복잡한 풍미가 있는 것으로 유명하다. 중국요리 속물들이 쓰촨 요리를 저급하거나 심지어 시골뜨기 음식으로 여겨온 이유 중 하나다. 밥과 함께 먹을 반찬이 별로 없어서 강렬한 조미료에 의존해야 하는 사람들이 원할 법한 종류의 음식이라는 것이다. 강렬한 향신료를 사용하는 후난, 윈난, 귀저우, 장시의 요리도 마찬가지다. 반면 지위가 높은 요리는 주로 고급 식재료와 담백한 풍미로 알려져 있다. 강남 지역과 남부 광둥의 부유한 도시의 요리들이다. 한 지역 안에서도 사회적 지위가 높을수록 맛이 담백해진다. 쓰촨을 예로 들자면 마파두부 같은 유명한 민간 음식은 저렴한 재료를 대담하게 양념해서 만들지만, 전통적인 연회의 진미 중에는 '칭정 메기淸蒸江團'와 닭가슴살 퓌레로 만든 두부를 맑은 국물에 띄운 온화한 요리 '지더우화雞豆花'가 있다.

중국의 미식가들은 자연적인 맛은 찬양하고, 멋대로 때려넣은 재료를 강하게 양념한 혼돈스러움에 불과해 보이는 요리에는 격분함으로써 좋은 맛의 본보기를 보이려고 해왔다. 요리의 순수성을 까다롭게 고집했던 18세기의 미식가 원매는 캐러멜로 색을 내고 향이 있는 재료로 음식을 꾸미는 것은 음식에 화장품을 바르는 것이나 마찬가지며, 맛의 완성도를 해칠 뿐이라고 주장했다. 특유의 신랄함으로 "요즘의 저속한 요리사들은 닭, 오리, 돼지, 거위를 한꺼번에 삶아 1000개의 손이 한꺼번에 박수를 치는 것 같은 불협화음을 만들어내서, 그 흐리멍덩한 맛은 차라리 양초를 씹는 게 나을 정도"라고 비난했다. 그는 만약 닭, 돼지, 거위, 오리에게 영혼이 있다면 "억울한 죽음의 도시枉死城"에서 요리사들을 상대로 소송을 제기할까 두렵다고 했다.[2]

원매는 이와 반대로 좋은 요리사라면 다양한 종류의 냄비와 웍을 구비해서 각각의 재료가 본연의 특성을 드러내고 각각의 요리가 고유의 맛을 낼 수 있도록 해야 한다고 주장했다. 그렇게 해야만 "음식에서 즐거움을 느끼는 이들의 혀가 (…) 완전히 몰입"하고, 이들의 "기쁜 마음이 한순간 꽃처럼 피어나는 듯한 느낌"을 받을 것이라고 했다.[3] '본미'를 체현하는 요리는 여전히 요리사의 기술이 만들어낸 결과였다. 자연이 제공한 것을 수정하고, 조정하고, 조화롭게 만들려면 조리 기술이 필요했기 때문이다. 그러나 그렇게 만들어낸 변화는 알아차리기 힘들 만큼 은은했고 그 효과는 자연스러웠다.

원매라면 '룽징차오탕'의 요리, 그중에서도 특히 대표 요리인 오리탕을 인정했을 것이 틀림없다. 3년 정도 방목해 키운 성숙한 오리를 사용해, 슈퍼마켓에서 파는 오리는 말할 것도 없고 그 어떤 어린 오리와도 비교할 수 없이 깊은 풍미가 뛰어나다. 도자기 그릇에 오리를 넣고 소량의 물, 사오싱주 한 순갈, 소금 약간, 파, 생강을 더해 밀봉한 다음, 고기가 부드러워지고 육즙에 흠뻑 익을 때까지 네다섯 시간 약불에 쪄낸다.(중탕, 둔燉이라 불리는 조리법이다.) 오리에서 나오는 국물의 양은 얼마 안 되지만, 깊고 풍부한 향이 일품인 최고의 오리탕이다. 이 오리탕은 중국어 표현을 빌리자면 '원즙원미原汁原味', 즉 오리 본연의 육즙과 풍미를 보여주는 요리다. 테루아와 사육 방법을 완벽하게 체현하고 있다. 이렇게 조리된 오리라면 요리사에게 소송을 거는 대신 금메달을 수여하지 않을까 싶다.

가벼운 수프는 거의 모든 중국식 식사에서 빼놓을 수 없다. 실제로 기본적인 식사를 줄임말로 '사채일탕四菜一湯'이라고 부른다. 영어의 '고기와 두 가지 야채meat and two veg'에 해당되는 말로, 중국의 서민 식당이나, 중국 단체여행의 일정표, 맨해튼의 차이나타운 같은 곳에서 볼 수 있는 관용적인 표현이다. 1960년대에 마오쩌둥은 심지어 예산과 국가 자원의 낭비를 막기 위해 '사채일탕'을 국빈 연회의 기본 메뉴로 정하기도 했다.[4](국빈 연회의 요리는 당연히 퀄리티도 높고 기본 메뉴에 아마 모듬 전채 같은 걸 추가했겠지만, 과거 왕정 시대의 곰발바닥이나 낙타혹, 그 외 호화로운 진미와는 확실히 거리가 멀었다.)

중국 가정의 소박한 저녁 식사에서는 가벼운 수프는 입가심을 해주는 유일한 음료로서, 양식의 물이나 와인 한잔 같은 역할을 한다. 맹물에 야채 몇 가지를 넣고 끓인 것부터 통째로 넣은 오리 한 마리에 호되게 비싼 동충하초를 넣은 것까지 뭐든 가능하다. 맑은 국물 안에 초록잎 덩어리, 토마토 조각, 황금빛으로 푼 달걀 등 중력을 벗어난 식용 물체들이 떠다니는 모습이 마치 삼차원의 추상화 같다. 산뜻한 국물은 야채를 물에 삶아 만들 수 있다. 내가 가장 좋아하는 호박국은 연한 오렌지색이 돌고 깍둑 썬 호박 조각들이 은은한 단맛을 더해준다. 중국 남방의 시골에서는 쌀을 살짝 삶은 부드러운 액체 '미탕米湯'을 전통적으로 간단한 수프처럼 내고, 때로 야채를 몇 점 넣기도 한다. 북방에서는 물만두를 먹은 다음, 만두 삶은 물인 '면탕麵湯' 한 그릇으로 마무리한다. 실제로 중국인이라면 누구나 어떤 서양인보다 수프를 필요로 하고 원한다. 중국식 식사에 푹 빠진 이후 나도 국물에 대한 끝없는 갈망이 생겼고, 집에서도 자주 만들어 먹는다.

식재료의 본질을 전달하는 매개체로서 수프는 종종 약효를 갖는다. 닭고기 수프는 다른 문화권에서도 영양식이지만, 중국인들은 마치 처방전처럼 특정 질환, 개인의 체질, 또는 계절에 맞는 약초나 야채를 국물에 추가하곤 한다. 대부분의 중국 슈퍼마켓에서는 말린 둥굴레 뿌리, 꿀대추, 살구씨, 연자, 말린 백합 구근, 흰목이버섯이 들어 있는 '맑고 윤기를 돌게 하는 흰목이버섯탕淸潤銀耳湯'과 같이, 수프에 넣을 모든 약초가 포장되어 있는 브랜드 상품을 판다. 중국의 여러 지역 중 덥고 습한 기후에서 사는 광둥 사람들은 건강을 유지하기 위해 치료 효과가 있는 수프를 만드는 전문가들이다.⁵ 주로 돼지고기 베이스지만 닭발이나 돼지 위 및 다른 재료를 쓰기도 하고, 거기에 쓴맛, 풀맛, 꽃향을 더해주는 뿌리와 약초 뭉치를 넣어 우려낸 아름다운 수프 '량탕靚湯'은 광둥 요리의 대표적인 특징 중 하나다. 광둥인들 사이에서는 애정과 배려의 의미가 있기도 하다. 광둥의 량탕은 서빙하기 전에 걸러서, 재료의 효능을 가득 흡수해 영양이 가득한 국물을 작은 그릇에 담아내고, 양분이 다 빠져나간 건더기는 버린다.

식탁 위 요리로서의 역할과 온갖 종류의 질환을 치료하는 목적 외에도, 국물 혹은 더 정확히는 육수는 고전 중국요리에서 가장 중요한 조미료 중 하나다. 재료의 맛있는 풍미로 가득한 '셴웨이鮮味(감칠맛을 뜻하는 중국어)'를 체현한다. 좋은 육수는 당연히 탕면의 핵심이자 실로 수많은 탕의 핵심이 되는 요소다. 하지만 찜이나 볶음 요리에 육수를 조금 넣기만 해도 '티셴웨이提鮮味', 즉 풍미를 끌어올릴 수 있다. MSG가 중국요리계를 휩쓸기 전에는 셰프들이 육수에 의존해 요리의 풍미를 살렸다. 일상적인 육수는 돼지뼈를 우려 만든다. '상탕上湯'이나 '가오탕高湯'이라 부르는 좀더 호화로운 고급 육수는 통닭과 돼지뼈를 끓여 만들고, 오리와 진화 햄 혹은 말린 해산물을 추가해 풍미를 더한다.

정확한 재료의 배합은 셰프만의 비법이다. 육수는 셰프가 하는 요리의 품질과 개성에서 너무나 중요한 요소이기 때문에, 경극 가수의 목소리나 마찬가지라고 했다廚師的湯, 唱戲的腔. 자신의 기예를 표현하는 수단이라는 뜻이다. 산둥의 한 나이 많은 셰프는 내게 과거에는 주방에 육수가 없으면 요리를 하지 않았다고 했다沒有湯, 不做菜. 현지의 음식 작가 쑨룬톈孫潤田에 따르면 중화민국 시절의 카이펑에서는 모든 연회가 항상 수프 한 그릇으로 시작되었고, 이를 통해 전체 코스의 질을 정확히 가늠할 수 있었다고 한다. 제대로 된 식당에서는 육수가 떨어지면 그날 하루의 나머지는 문을 닫고 "육수가 끝났으니 손님을 사절합니다湯畢謝客"라는 팻말을 걸어놓기도 했다.[6]

◆

1908년, 일본의 한 화학자가 중국요리의 미래에 심각한 영향을 미칠 발견을 했다. 이케다 기쿠나에池田菊苗는 다시마로 만든 국물 맛에 매료되어 그 화학적 성분을 규명하고자 했다. 그가 국물에서 분리해낸 맛있는 화합물은 모노소디움 글루타메이트, MSG였다. 일본 회사 아지노모토가 그의 발견을 상품으로 개발했고, 산업적으로 대량 제조하기 시작해 오늘날까지 이어지고 있다. MSG는 고난과 배급의 시기이던 1960년대와 1970년대, 고기를 구하기 어려웠던 중국에서 인기를 얻은 것으로 보인다. 제대로 된 육수 재료는 대부분이 엄두도 못 낼 만큼 비쌌지만, 중국인들이 '맛의 정수' 웨이징味精이라고 이름 지은 곱고 하얀 가루는 맛을 내는 지름길이었다. 지극히 평범한 재료도 MSG를 넣으면 확 살아났고, 넣지 않았다면 없었을 강렬한 풍미가 생겨났다. 풍미를 더해주기는 하나 모든 식재료에 짙은 색을 입혀버리는 간장을 사용하지 않을 거라면 MSG야말로 완벽했다. 무색에, 최종 요리에서 눈에 띄지도 않고 지극히 맛있었으니까.

모노소디움 글루타메이트와 좀더 근래의 파생품인 '치킨에센스雞精(역시 대부분 MSG로 되어 있다)'는 중국을 휩쓸었다. 서양에서는 산업형 식품 생산업체와 정크푸드 식당에서만 MSG를 사용하지만, 중국에서는 모든 이를 사로잡았다. 가정에서는 간단하고 경제적인 요리에 약간의 마법을 더해주고, 서민 식당과 노점상은 풍미를 확대할 수 있었다. 숙련된 요리사조차 MSG를 살짝 뿌리면 생겨나는 매력의 혜택을 볼 수 있다. 중국인의 입맛은 MSG로 양념한 요리의 강렬함에 금세 익숙해졌다. 최고급 식당들을 빼면, 힘들고 비싸게 만드는 육수에 의존하는 일은 이제 무의미해 보였다. 손님들이 치킨 에센스와 MSG로 만든 황금빛 육수에 만족하는데 군이 별도의 수고를 할 필요가 뭐란 말인가? 좋은 육수를 만드는 비결은 불과 한 세대 만에 거의 사라진 듯했다.

몇 년 전 '룽징차오탕'의 주방에서 둥진무 셰프에게 요리 수업을 받고 있었다. 다부진 몸매에 건조한 유머 감각을 가진 60대 남성인 그는 이 식당의 창립 수석 셰프였다. 은퇴해 있던 그를 주인인 아다이가 억지로 다시 데려왔다. 그는 시후호 가장자리에 위치한 고전적인 항저우 요리로 유명한 '루외루樓外樓'에서 40년 동안 요리했다. '루외루'는 시대를 따라 변화했지만, 둥 셰프는 1960년대에 그곳에서 MSG가 등장하기 전 육수와 요리를 만들던 방법 그대로 가르쳐준 사부 밑에서 수련했다. 둥진무 셰프와 두 명의 다른 베테랑 셰프가 전통의 방식을 되살려 새로운 세대에게 전수한다는 분명한 목적하에 아다이의 식당에 합류했다.

아다이는 2000년대 초반 '룽징차오탕'을 오픈하며, 중국을 점령하고 있는 MSG에 맞서 반격에 나서기로 마음먹었다. 그는 "MSG는 확실히 맛과 식욕을 증진시킬 수 있죠. 하지만 재료 본연의 맛을 가려 버립니다. 우리는 도가의 원칙으로부터 배워서 음식의 본연으로 돌아가야 합니다"라고 내게 말했다. 그는 주방에서 MSG와 전통적이지 않은 모든 조미료를 금지하고, 셰프들이 자신만의 풍부한 육수로 요리의 맛을 내도록 고집스레 요구했다. 다들 아다이가 미쳤다고 생각했다. 시골에서 느긋하게 키운 닭과 돼지로 만든 육수에 의존하면 식당이 어떻게 살아남을 수 있을까? 상업적인 자살행위나 다름없었다.

"사람들은 MSG 대신에 진짜 육수를 쓴다는 '생각'을 좋아하죠. 그게 얼마나 좋은지 알기 때문이에요." 아다이가 내게 말했다. "하지만 진짜 육수는 비싸고 눈에 보이지도 않죠. 대부분의 사람은 똑같아 보이는 요리를 돈을 덜 내고 먹는 데 익숙해져서 이제는 더 비싼 비용을 지불하지 않으려고 해요."

그렇지만 아다이는 자신의 고집을 꺾지 않았고, 그 결과 그의 식당은 두 세기 전 원매가 먹고 글로 썼던 것과 동일한 요리를 맛볼 수 있는 중국에서 몇 안 되는 장소가 되었다. 동일한 현지 재료로 동일한 지역에서, 그의 개인 셰프들이 따라해온 동일한 방법으로 만든 요리다.

"이것 좀 맛보시죠", 둥 셰프가 조리대 옆에 있는 그릇에서 황금색 국물을 조금 떠 내게 건네며 말했다. 말린 관자와 닭을 함께 쪄서 달여낸 것으로, 그 향이 기막히게 증류되어 있었는데, 둥 셰프는 이걸 수프와 소스의 풍미를 깊게 만드는 데 사용한다. 복잡미묘하고 입맛을 돋우는 것이 마치 감칠맛의 플라톤적 이데아 같았다. 그리고 그는 붉게 졸인 생선 꼬리가 한가득 끓고 있는 냄비에서 기막힌 짙은 와인색 액체 소스를 숟가락으로 떠 내게 맛보게 했다. 사람들이 '깊은 맛'이 난다고 하는 게 이런 것이로구나, 라는 생각이 들었다. 깊고 오래된 웅덩이를 물끄러미 들여다보는 듯한 맛이었다.

중국의 전통 주방에는 몇 종류의 주요 육수가 있다. 가장 중요하게는 주로 닭과 돼지로 만든 맑은 국물에 맛을 더하기 위해 다른 재료들을 첨가한 '칭탕淸湯'이 있다. 핏물을 제거하기 위해 재료를 우선 데쳐서 헹궈낸 뒤, 물에 넣어 아주 약한 불에 몇 시간 동안 끓인다. 그리고 두 단계의 과정을 거쳐 국물을 걸러내고 맑게 한다. 먼저 돼지고기로 된 '붉은 반죽'인 훙룽紅茸을 국물에 넣는다. 훙룽이 국물 표면으로 뗏목처럼 떠올라 불순물을 빨아들이면 제거한다. 다음으로는 닭가슴살 퓌레로 된 '흰 반죽'인 바이룽白茸으로 같은 과정을 반복한다. 제대로 만들어진 맑은 육수는 희미한 금색을 띠고, 투명할 만큼 맑아야 하며, 강렬한 풍미가 나되 찌꺼기 한 조각이나 기름 한 방울도 없어야 한다. 그러면 쓰촨의 유명한 요리 '카이수이바이차이開水白菜'와 같은 최고급 연회에 낼 탕의 육수로 쓰일 준비가 되었다. 평범하기 이를 데 없는 야채인 배추속 한두 개가, 맹물처럼 보이지만 실제로는 고급스러운 육수에 담겨 나오는 요리다. 프랑스의 최고급 요리인 오트 퀴진(프랑스 궁정 문화에 뿌리를 둔 전통 고급 요리)의 위트를 전형적으로 보여주는 예라고 할 수 있다.

또 하나의 중요한 육수로는 재료를 빠르게 끓여 유화된 지방이 마치 우유처럼 불투명하고 부드러운 액체를 만들어내는 '나이탕奶湯'이 있다. 나이탕의 풍부한 식감은 동과와 배추 같은 섬세하고 심심한 재료를 요리하는 데 특히 적합하다. 전통적으로 베이징덕 요리는 먹고 남은 오리에 채썬 배추를 넣어 재빨리 끓여낸 뽀얀 수프 한 그릇으로 마무리한다. 나이탕은 가금류, 생선, 야채로 만들 수 있지만 고전적인 연회 버전은 통닭을 콜라겐이 가득한 돼지 족발, 돼지 껍질, 돼지 위 등과 함께 끓여 지극히 진하고도 맛있는 유화액을 만든다. 더 고급스럽게 하려면 이걸 고온에 더 졸여서 농축 육수인 농탕을 만든다. 이 진하고 크리미한 황금빛 액체는 입술에 관능적으로 달라붙는다. 육수라기보다는 소스에 가까운 농탕은 식감은 있으나 무미한 상어 지느러미나 생선 부레처럼 고급 건조 식재료에 주로 사용한다. 끓여서 졸여내는 이런 방법은 천천히 끓이는 맑은 육수에 비해 비싼 원재료를 쓰고도 단위 부피당 육수가 훨씬 적게 나오기 때문에 요즘 중국에서는 진짜 농탕濃湯을 찾아보기 어렵다. 대부분의 식당이 전분으로 걸쭉하게 만든 육수에 치킨 에센스로 노란빛과 맛을 내는데, 입술에 달라붙지도 않고 목넘김이 부드럽지도 않다. 진짜 농탕의 어설픈 모조품에 불과하다.

'위안탕原湯'은 여러 재료를 섞지 않고 한 가지 재료만으로 만드는 육수다. 심플한 닭고기 국물을 생각하면 된다. 재료를 끓여 1차 육수(터우탕頭湯)를 걸러낸 다음에도 물을 부어 다시 끓이면 맛을 더 추출

할 수 있지만, 이런 2차 육수(얼탕二湯)는 진함이 덜하기 때문에 오직 일상적인 요리에만 적합하다.

육수는 그걸 사용할 재료와 어울려야 한다. 항저우의 또 다른 마스터 셰프인 후중잉胡忠英은 언젠가 내게 신선한 해산물에는 절대 농탕을 사용하지 말아야 한다고 설명했다. 그런 재료들의 장점인 밝고 신선한 '본미'를 가릴 수 있기 때문이다. 닭요리에는 언제나 순수한 닭 육수를 써야 한다. 가벼운 칭탕은 여름에 더 입맛에 맞고 진한 농탕은 추운 겨울에 반가운 존재다. 충칭에서는 소의 위와 기타 내장을 넣어 먹는 마라훠궈의 베이스로 소고기 육수를 사용한다. 중국의 무슬림들은 소고기와 양고기로 육수를 만든다. 물론 발아 콩, 신선한 죽순, 표고버섯처럼 감칠맛이 특히 뛰어난 식물성 재료로 만드는 다양한 불교식 채수도 있다.

중국 전역의 뛰어난 요리사들이 전통적으로 육수에 의존해왔지만, 베이징의 궁중 주방에서 일하며 지난 두 왕조에 걸쳐 황실 요리의 기틀을 잡는 데 일조한 산둥 동북부의 요리사들이 만드는 육수의 품질은 그중에서도 특히 유명하다. 산둥성의 성도인 지난濟南에서의 첫날 밤, 나는 운 좋게도 제철이 아주 짧은 부들의 새싹으로 만든 유명한 현지 요리 '나이탕푸차이奶湯蒲菜'를 맛보는 행운을 누렸다. 말갛고 미끌미끌한 부들의 싹이 진하고 윤기 도는 나이탕 안에서 매끄러운 돼지 껍데기 조각들과 함께 꿈처럼 떠다니고 있었다.

과거 중국요리사들은 자신의 조리법을 비밀로 하는 것으로 악명이 높았다. 아끼는 제자에게 모든 걸 알려줬다가 언젠가 경쟁자가 될

까봐 두려웠기 때문이다. 그래서 등장한 것이 '류이서우留一手', 비밀 한두 가지는 남겨놓는다는 습관이다. 주방에서의 경력이 거의 끝나가는 베테랑 셰프였던 항저우의 둥 셰프는 자기 육수의 비밀을 내게 솔직하게 알려주는 듯했지만, 정말이었을까? 그는 나와 육수 만드는 법에 대해 이야기할 때마다 전에는 없던 조그만 디테일을 하나씩 추가하곤 했다. 많은 셰프가 그러듯 자기가 하는 작업의 사소한 부분을 의식하고 있지 못했던 것인지, 나를 따돌리려고 했던 것인지 알기 어려웠다. 놀랍게도 둥 셰프와 주방에서 매일 어깨를 나란히 하고 일하던 또 한 명의 베테랑인 궈마郭馬 셰프도 자기만의 특별한 육수를 만들었고, 둘은 서로의 조리법을 몰랐다고 했다!

둥 셰프의 육수는 내가 맛본 것 중 최고였다. 그는 한 가지의 상탕上湯만이 아니고, 각기 다른 종류의 요리를 위해 여러 육수를 만들었다. 그의 상탕은 충분히 자란 암탉, 돼지갈비, 말린 관자에 생강과 파를 살짝 넣어 물에 천천히 끓여 만든다. 하지만 때로는 닭과 돼지갈비와 햄을 먼저 기름에 튀긴 다음 끓여서 향긋한 맛이 강한 육수를 만들기도 했다. 말린 전복을 조리하는 데 사용한 상탕이 전복의 풍미를 어느 정도 흡수하면, 일부는 무미한 해삼에 맛을 내기 위해 재사용하기도 한다. 거대한 잉어 꼬리를 조리하는 데 쓰고자 둥 셰프가 발명한 진한 색에 젤리 같은 질감을 가진 독특한 육수도 있었다. 생선 뼈에 파, 생강, 마늘, 사오싱주, 간장, 약간의 고추를 넣어 확 끓였다가 약불에 고아 만든다.

그리고 이 식당의 시그니처인 '무명 영웅' 우밍잉슝無名英雄처럼 특정 요리를 위해 즉석에서 만드는 특별한 육수도 있었다. 민물고기 중 풍미가 가장 뛰어난 작은 붕어를 라드에 튀겨 향을 낸 뒤, 약간의 사오싱주, 생강, 파와 함께 뜨거운 물에 넣고 지방과 액체가 유화되어 감칠맛 가득한 부드럽고 흰 육수가 될 때까지 끓인다. 그런 다음 붕어는 걸러내어 버리고, 통통한 잉어를 커튼처럼 레이스가 달린 망태버섯과 함께 육수에 넣는다. 잉어가 다 익으면 커다란 대접으로 옮기고 그 위에 육수를 부은 다음 마지막으로 주홍색 구기자와 채썬 파를 말간 잉어 위에 보석처럼 뿌린다. 요리의 이름 '우밍잉슝'은 자신의 진액을 아낌없이 내어주고 최종 요리에서는 추방당한 붕어를 가리킨다.(스스로의 정체성을 육수에 내어준 닭, 오리, 돼지에도 같은 이름을 적용할 수 있다.)

'룽징차오탕'에서 상탕은 수많은 요리의 근간이 되어 은은한 깊이를 더해준다. 특히 고기가 빠진 요리라면 더 그렇다. 한 순갈의 육수는 마치 라드나 닭기름, 말린 새우를 뿌리는 것처럼 채식 요리에 윤기가 흐르는 풍미를 더해준다. 지마오차이라고 알려진 작은 청경채는 데친 뒤에 육수와 소금만으로 간을 하곤 한다. 신선한 청대콩은 육수와 햄 몇 조각을 넣고 찌기도 한다. 냉채에 맛을 더하기 위해 청탕을 살짝 넣기도 한다. 육수는 사실 현대의 셰프들이 치킨 에센스나 MSG를 사용하는 것과 비슷한 방식으로 사용되지만, 그 효과는 더 부드럽고 원만하며 조화롭다. MSG의 무분별한 사용에 반대하는 주장 중 하나는 그 둔탁하게 닥치는 감칠맛이 미각을 무디게 만들어 좀더 미묘한 맛에 대한 민감도를 떨어뜨린다는 것이다.(육수의 부드러운 여성미를 통해 드러나는 고급 재료의 '본미'에 대한 수 세기에 걸친 경외심을 생각하면, MSG는 가짜 모피와 다이아몬드 차림의 방탕한 여자처럼 등장해 '맛의 본질'이라는 역할과 이름을 모두 훔쳤다고 해도 지나치지 않는다.)

얼마 전 중국인 친구들을 초대해 저녁을 대접했다. 모두 셰프와 식당 매니저들이었다. 마파두부, 궁보계정, 야채볶음 등 다양한 요리를 준비했고 마지막으로는 쓰촨식으로 탕을 냈다. 질그릇 냄비에 머리와 발까지 그대로 달린 희귀 품종 닭 한 마리와 고급 스페인 햄 한 조각을 넣어 아주 약한 불에 몇 시간 동안 뭉근하게 끓인 수프였다. 친구들은 다른 음식도 맛있게 먹었지만 이들의 마음을 사로잡은 요리는 이것이었다. 재료비가 다른 어떤 요리보다, 어쩌면 나머지 요리를 모두 합친 것보다 비쌌지만, 나는 손님들이 좋아할 거라고 생각했고 실제로 그랬다.

하지만 서양인 손님들에게는 이런 수프를 대접하지 않을 것 같다는 생각이 들었다. 틀림없이 즐겁게 먹기야 하겠지만 물성이 강렬한 궁보계정이나 어향가지보다 맑은 수프를 더 좋아할지는 의문이다. 서양인의 대부분은 중국 음식에 관해서라면 '본미(본연의 맛)'보다 '조미(혼합된 맛)'를 선호하리라. 그러나 내 중국인 친구들은 나직한 탄성을 뱉어가며 탐닉했다. 고양이처럼 기분 좋은 소리를 내며 이 말간 황금빛 영약을 남김없이 비운 다음 다른 어떤 요리보다 뛰어났다고 선언했다. 화려한 쓰촨식 풍미 다음에 대접한 거의 보이지 않을 정도로 투명한 수프는 실망스럽기는커녕, 그 조용하고 반짝이는 형언할 수 없는 사랑스러움으로 그날 식사의 정점이 되었다.

오미五味의
변화무쌍한 조합

탕수 황허잉어
탕추황허리위

아직 이른 시간이었지만 나는 벌써 취해버렸다. 산둥성 지난에서의 이틀째 저녁이다. 나는 왕싱란王興蘭 마스터 셰프가 이끄는 유쾌한 미식 투어에 참가하고 있었다. 남성 중심의 세계에서 보기 드문 여성 셰프인 그녀는 주방의 서열을 차곡차곡 밟아올라 70대가 된 지금은 현지 음식계의 여왕이다. 날카롭고 친절하며 카리스마 넘치는 그녀는 압도적인 존재감과 유쾌한 유머 감각을 지니고 있다. 그날 저녁, 우리는 그녀의 제자 중 한 명이 운영하는 식당 '청난왕스城南往事'에서 열린 만찬에 초대받았다. 지난의 공식 만찬이 그러하듯 몇 차례의 건배 제의와 함께 식사가 시작됐는데, 평소 술을 거의 마시지 않는 나는 금세 취기가 올랐다. 대화와 웃음소리가 끊이지 않는 가운데 20여 가지의 맛있는 요리를 먹은 후 요리 강습이 시작되었다.

식당 주방에서 인밍위尹明玉 셰프가 유명한 현지 음식인 탕수황허잉어糖醋黃河鯉魚를 고급 연회 요리로 만드는 법을 알려주었다. 이 요리는 지난 중심부에서 멀지 않은 뤄커우洛口 마을에서 유래했다고 전해지는데, 황허강의 잉어는 붉은 꼬리와 황금빛 비늘로 유명하며 특히 제철인 여름에는 살이 통통하게 오르고 맛이 좋다. 잉어는 수천 년 동안 중국 북부에서 양식되어왔으며, 빼어난 모자이크식 비늘 문양과 흰 몸통은 전지翦紙(칼로 종이를 잘라 그림이나 문양을 만드는 중국의 민속공예―옮긴이)부터 그림, 과자 틀에 이르기까지 다양한 분야에서 볼 수 있듯이, 오랫동안 중국의 미식계와 도상학에서 중요한 역할을 하고 있다.

인밍위 셰프가 날카로운 식칼로 갓 잡은 잉어의 몸통 양쪽으로 여섯 군데를 깊게 칼집을 내어 꼬리를 잡고 들어올렸다. 잉어살이 한 장씩 덮개처럼 펄럭이며 늘어지도록 손질하는 방법이다. 그런 다음 생선 전체에 반죽을 입히고 긴 금속 꼬챙이를 사용해 몸통을 구부려 머리와 꼬리를 한 손으로 움켜잡았다. 뜨거운 기름이 가득 담긴 웍에 생선의 몸통부터 조심스럽게 집어넣어 반죽이 바삭하게 튀겨지며 구부린 몸통의 극적인 곡선이 고정될 때까지 기다렸다가 머리와 꼬리를 잡고 있던 손을 놓고 마저 튀겼다. 한참을 더 노릇노릇하게 튀긴 다음 생선을 꺼내 서빙 접시 위에 세우면 마치 잉어가 멋진 도약을 하는 듯 꼬리와 곧게 뻗은 머리가 서로 맞닿은 모양이 나온다. 마지막으로 그는 조수가 준비한 윤기 나는 새콤달콤한 탕수 소스를 부어 생선 전체가 화려한 물 웅덩이에서 반짝이는 것처럼 마무리했다. 요리의 시각적 효과는 먹기 아까울 만큼 조각처럼 아름다웠지만, 물론 우리는 금세 다 먹어치웠다.

단맛과 신맛의 조합인 탕수는 아마 모든 중국의 풍미 가운데 가장 유명할 것이다. 두 가지 핵심 요소의 적절한 균형을 뜻하는 '맛의 조절'인 탸오웨이調味의 전형이며, 이는 전적으로 요리사의 예민함에 달려 있다. 맛의 균형 또는 '조화'는 불을 조절하는 훠허우火候와 함께 예로부터 중화요리사가 갖춰야 할 중요한 기술 중 하나였다. 2000여 년 전 이윤은 "맛을 조화롭게 하려면 반드시 단맛, 신맛, 쓴맛, 매운맛, 짠맛을 사용해야 한다. 무엇을 먼저 넣고 마지막에 넣을지, 더 많이 넣을지 덜 넣을지의 균형은 매우 미묘한 문제로 어떻게 조절하느냐에 따라 각각 다른 효과를 낸다"고 했다.[1] 요리를 뜻하는 중국어 단어 중 하나인 펑탸오烹調는 '익히고 섞는다'는 뜻이다.

중국인은 전통적으로 서양의 네 가지 맛(단맛, 신맛, 쓴맛, 짠맛)에 매운맛辛을 더해 다섯 가지 맛, 오미五味를 중시해왔다. '오미'는 한때 우주의 역동적인 과정, 즉 다섯 단계 또는 요소인 오행(나무, 불, 흙, 금속, 물) 및 음양의 끊임없는 흐름과 일치하는 것으로 여겨졌다. 또한 고대 중국인은 오미를 말할 때, 문자 그대로의 단맛, 신맛 등 다섯 가지 맛만 의미하는 것이 아니라, 요리사가 사용할 수 있는 다양한 맛과 재료 모두에 대해 비유적으로 썼다. 또한 때로는 조화로운 겅羹으로 대표되는 통치 기술을 뜻하기도 했다. 기원전 3세기의 법가 사상가 한비자는 "신하는 주군을 섬기기 위해 다섯 가지 맛을 섞는 요리사와 같다"고 했다.[2]

짠맛咸을 낼 때 예로부터 중국인은 쓰촨 남부의 쯔궁自貢 같은 곳에서 채굴된 소금과 바닷소금을 썼다. 민간 설화에 따르면, 상고遠古 시대 숙사씨夙沙氏라는 전설의 인물이 중국인의 조상들에게 바닷물을 끓여서 소금을 추출하는 법을 가르쳐주었다고 한다. 또한 소금에 절인 고기와 생선, 콩을 발효시켜 만든 식품 등의 인공적인 조미료로부터 감칠맛 나는 짠맛을 얻기도 했다. 단맛甛/甜을 내기 위해서는 꿀과 발아 곡물로 만든 맥아당, 그리고 나중에는 사탕수수로 만든 설탕이 사용되었다. 신맛酸에는 쏸메이酸莓(종종 영어로 '자두plum'라고 잘못 번역된다)가 식초와 함께 사용되었다. 쓴맛苦을 내고자 할 때는 때로 술을 썼지만, 조미료보다는 본래 쓴맛을 가진 식재료를 사용했다. 마지막으로 매운맛 또는 톡 쏘는 맛辛/辣을 낼 때는 마늘, 생강, 후추, 그리고 이후에 도입된 고추와 같은 향신료를 사용했다.(현대에 와서 쓰촨 사람들은 제피의 얼얼하고 톡 쏘는 느낌인 마麻도 맛의 하나로 여기기도 한다.)

중화요리는 항상 풍미의 다양성을 중시했으며, 만족스럽게 잘 짜인 식단이라면 반드시 고려해야 하는 핵심 부분이었다. 굴원의 시 「초혼」에 묘사된 연회에는 "쓴맛, 짠맛, 신맛, 매운맛, 단맛 등 모든 맛의 요리가 있다. (…) 신맛과 쓴맛을 섞어 오나라 국물을 내었다"[3]고 되어 있다. 굴원의 또 다른 유명한 작품인 「대초大招」에는 "잘 조화된 맛의 향기를 풍기는 가마솥"이 등장한다.[4]

단맛과 신맛의 독특한 조합은 아주 일찍부터 출현한 것으로 보인다. 기원전 2세기의 한 기록에 따르면, 당시 중국 남부 사람들은 이미 달콤새콤한 요리를 즐기는 것으로 유명했다.[5] 로엘 스터크스Roel

Sterckx는 기원전 2세기 후베이의 고분에서 발굴된 사법 기록물에서 당시의 보건 및 안전 지침을 위반한 왕실 주방의 궁인을 어떻게 처벌할 것인가를 놓고 논의가 이뤄졌음을 발견했다. 언급된 위반 사항 중 하나가 다음의 예에서 볼 수 있듯이 맛을 제대로 조합하지 않은 것이었다. "요리사나 집사가 조리할 때 단맛과 신맛의 적절한 균형을 맞추지 못했다거나, 눈에 거의 보이지 않는 이 한 마리 정도의 작은 먼지를 음식에 떨어뜨린 사건을 생각해보자."⁶ (과연 불쌍한 요리사는 그런 범죄로 처형되었을까?)

'달콤새콤'을 뜻하는 중국어 단어는 문자 그대로 '탕추糖醋—설탕과 식초'다. 광활하고 다채로운 중국에는 단맛과 신맛이라는 주제에 대한 다양한 해석이 있다. 지난에서 황허강을 따라 올라가면 옛 북송의 수도였던 카이펑이 나오는데, 그곳 사람들은 송나라 때부터 현지 별미로 여겨져 온 독특한 탕수 잉어 요리를 만들어 먹는다. 일반적으로 잉어는 물살이 완만하게 흐르는 강의 특정 지역에서 잡히는데, 바다으로 가라앉은 수많은 작은 수생 생물과 기타 영양분을 마음껏 먹을 수 있기 때문이다. 이곳의 탕수 잉어는 먼저 튀김옷 없이 튀긴 다음, 고급스러운 탕수 소스에 담근다. 이 요리의 특이한 점은 윤기 나는 소스에 담긴 생선과 함께 바삭하게 튀긴 '룽쉬멘龍鬚麵'이 제공된다는 것이다. 생선 살을 다 먹은 후에는 용의 수염만큼 얇게 튀긴 면을 소스에 적셔 먹는다. 남쪽의 항저우에는 유명한 '시후추위西湖醋魚'가 있다. 이 요리는 삶은 잉어를 탕수 소스에 재운 것이다.

몇 년 전 청두에서 미국인 관광객 그룹을 우연히 마주쳤다. 청두에서 가장 훌륭한 식당 중 하나였던 '수평위안蜀風園'의 개별실에서 부모님과 저녁을 먹던 중이었다. 종업원이 다가와 옆 방에서 약간 문제가 생겼는데 도와줄 수 없겠냐고 물었다. 옆 방의 관광객들이 탕수생선을 주문해서, 주방에서 방금 요리를 내왔다. 생선 살에 멋지게 칼집을 낸 후 튀김옷을 입혀 바삭하게 튀겨낸 멋진 잉어 요리였다. 설탕과 곡물 식초로 맛을 낸 황금색 탕수 소스를 듬뿍 뿌리고, 마지막으로 잘게 썬 파와 고추를 고명으로 올렸다. 그런데 관광객들이 이 요리를 거부하고 있다는 거다. "왜 이 요리를 먹지 않겠다고 하는지 물어봐주실 수 있을까요?" 영어를 못 하는 종업원이 부탁한다. 알고 보니 이들은 최근 광저우(청두에서 몇천 킬로미터 이상 떨어진 전혀 다른 요리 스타일을 가진 광둥성의 성도)에서 탕수 생선 요리를 먹은 적이 있는데, 그때 먹었던 생선 요리와는 완전히 다른 요리가 나와서 식당 직원이 주문을 잘못했거나 일부러 속였다고 생각하고 있었다. 그들은 요리를 맛볼 생각조차 없어 보였다. 나는 정중하게 테이블 위에 있는 생선 요리는 쓰촨 지방에서 맛볼 수 있는 가장 완벽한 쓰촨식 탕수 생선이라고 알려주고 적어도 한 번은 맛보시라고 권했다. 마침내 그들은 요리를 먹어보더니 "맛있다"고 말했다.

탕수 생선 요리는 중국에서 특히 인기가 있지만, 비슷한 맛의 조합을 다른 식재료와 요리에도 적용할 수 있다. 가령 잘게 썬 무나 야채에 투명한 쌀 식초로 만든 탕수 드레싱을 곁들여 샐러드를 만들 수 있다. 끈적하고 짙은 색 탕수 소스를 곁들인 튀긴 돼지갈비는 상하이에서 사랑받는 요리다. 야채를 새콤달콤한 소금물에 담가 절임을 만들기도 한다. 광둥성 남부에서는 전통적으로 산사나무 열매의 과육을 탕수 요리에 사용했다. 쓰촨 사람들은 일반적인 탕수 소스와 '리치향荔枝味'이라고 알려진 소스를 구분한다. 이 소스는 리치가 들어 있지 않지만, 단맛보다 신맛이 약간 더 강하다. 쓰촨에서는 또한 탕수를 더 복잡한 맛의 조합을 만들 때 사용하기도 한다. 예를 들어 절인 고추, 생강, 마늘, 파와 함께 조합한 '어향魚香' 스타일, 그리고 '리치향' 소스에 그을린 고추와 제피를 넣은 매운 '궁바오宮保味' 스타일 등이 있다.

  현대 중국에서 가장 훌륭하게 맛을 조합하는 쓰촨 사람들에게 탕수는 복합적인 풍미複合味라 불리는 복잡하고 다층적인 맛의 광범위한 목록 중 하나일 뿐이다. 단맛, 신맛, 짠맛, 매운맛을 가진 조미료가 대담하게 섞여 끝도 없이 다양한 조합을 만들어내며, 종종 참깨 페이스트나 참기름의 고소한 향과 제피의 얼얼하고 톡 쏘는 맛이 더해지기도 한다. 쓰촨 요리는 단순히 맛만 풍부한 것이 아니라 실제로 자극적이기까지 한데, 과학자들에 의하면 입에서 느끼는 제피의 짜릿한 자극과 정신이 번쩍 드는 매운맛은 50헤르츠의 전류가 흐른 것과 같은 효과라고 한다.[7] 다양한 품종의 고추가 신선한 것, 햇볕에 말린 것, 절인 것, 콩과 함께 발효시킨 것, 간 것, 기름에 우려낸 것 등 여러 형태로 사용되어 다채로운 풍미와 매운맛의 정도를 만들어낸다. 제피는 통째로 사용하거나, 볶아서 갈거나, 기름에 우려내어 사용한다.

  '탕수'는 쓰촨식 복합적인 풍미의 완벽한 사례로 쓰촨 사람들은 마치 공작새가 꼬리를 펼친 듯 다양한 방식으로 맛을 조합해낸다. 좋은 쓰촨 요리를 먹는 것은 맛의 롤러코스터를 타는 것과 같다. 그래서 쓰촨에는 "하나의 요리 하나의 스타일, 100가지 요리 100가지 맛一菜一格, 百菜百味"이라는 말이 있다. 1980년대에 현지 요리 전문가들은 이 화려하고 다양한 맛의 종류를 분류하고 정리해, 고전 프랑스 요리의 전형적인 소스처럼 스물세 가지 '공식적인' 맛의 조합을 정립했다. 유명한 마라麻辣는 고추와 제피를 조합한 맛으로 쓰촨고등요리학교의 교과서에 실린 여러 조합 중 하나에 불과했다. 어쨌든 요리사들이 계속해서 재미있고 창의적인 방식으로 조미료를 섞어 흥미로운 맛의 조합을 만들어내기 때문에 '공식적인 맛의 조합'도 단지 견본에 불과하다. 이것이 바로 쓰촨 요리가 중국에서 가장 다채롭고 힙하며 흥미로운 지역 요리이고, 현재 중국뿐만 아니라 전 세계의 미식 분야에서 각광받는 이유이기도 하다.

여동생과 내가 그랬던 것처럼 서양인이 중화요리를 처음 접하면 새콤달콤한 맛의 조합에 홀딱 반하기 때문에 탕수는 해외에서 중화요리의 대표적인 맛이 되었다. 모든 영국의 포장 전문 중식당에서는 탕수육을 팔았고, 거의 모든 고객이 그것을 주문했다. 미국인 또한 중화요리 프렌차이즈인 '판다 익스프레스Panda Experss'의 대표 메뉴이기도 한 궁바오지딩, 쭤쫑탕지左宗棠雞, 크랩랑군蟹角(미국식 만두튀김—옮긴이), 오렌지치킨陳皮雞 등 설탕과 식초를 듬뿍 사용한 음식에 중독되었다. 이 새콤달콤한 맛의 조화는 중화요리의 상징으로, 영국의 중식당을 배경으로 한 티머시 모의 소설 제목이 『새콤달콤한Sour Sweet』이었고, 내가 쓴 요리 회고록의 부제 역시 "중국에서 먹었던 음식에 대한 새콤달콤한 회고록A sweet-sour memoir of eating in China"이었다. 시칠리아의 카포나타caponata(튀긴 가지에 감식초와 케이퍼, 각종 야채 등을 넣어 새콤달콤하게 만든 전채 요리—옮긴이)와 영국의 피클, 인도의 망고 처트니(과일이나 야채를 익혀 향신료를 넣어 새콤달콤하게 만든 요리—옮긴이) 등 새콤달콤한 음식은 중국 이외의 지역에도 있지만, 새콤달콤한 맛의 본고장은 중국이라고 생각하는 사람이 많다.

하지만 새콤달콤한 요리가 중화요리를 즐기는 서양인에게 많은 인기를 누리고 있는 것에 비하면 중국 내의 인기는 서양만큼 대단하지 않다. 중국에서도 탕수 요리를 먹기는 하지만 자주 먹진 않고 다양한 요리 스타일 중 하나에 불과하다. 1990년대 쓰촨에서 공부하던 시절, 많은 식당의 메뉴에 탕수 요리가 한두 가지는 있었지만, 매 끼니 무조건 주문하는 이들은 외국인뿐이었다.

서양인이 새콤달콤한 중화요리를 처음 접한 것은 영국, 미국, 그리고 다른 많은 나라로 떠난 광둥 출신 이민자들을 통해서다. 이들은 이국 땅에서 새로운 버전의 중화요리를 만들었는데, 광둥과 홍콩식 탕수육인 구로우욕咕嚕肉에서 영감을 받은 것으로 보인다. 구루러우는 내가 어렸을 때 먹었던 탕수육보다 세련된 요리다. 지방이 잘 섞인 돼지고기를 길게 썰어 녹말 반죽을 입혀 튀긴 다음 파인애플, 죽순 또는 고추와 탕수 소스를 넣고 웍에서 재빨리 섞어낸 것이다. 광저우에서 구로우욕이 맛있기로 가장 유명한 광저우주자廣州酒家'의 메뉴에는 '추억의懷舊' 구로우욕이라고 적혀 있는 요리가 있는데, 눈부시게 신선한 파인애플에 진한 황금빛 소스를 입혀 나온다. 홍콩에서는 이 요리를 좀더 현대적인 방식으로 만드는데, 토마토 소스, OK 소스, 우스터 소스, 레몬 조각, 쏸메이酸莓, 버드 커스터드 파우더Bird's Custard Powder(계란을 사용하지 않은 커스터드 가루로 영국 식품사의 제품명—옮긴이) 같은 전통적이지 않은 조미료를 첨가하곤 한다.

  요리 이름의 구루咕嚕라는 단어는 중국어에서 보기 드문 표현으로 탕수육이나 관련 요리를 설명할 때만 사용되는데, 영어로 치면 '꿀꺽꿀꺽' 넘기는 소리를 나타내는 의성어다. 중국의 요리 관련 자료에 따르면 이 생경한 이름의 유래에는 여러 설이 있다. 권위 있는 『식경』에 따르면, 이 요리는 때때로 비슷한 발음의 구라오러우古老肉라는 이름으로 불리기도 하며, 청나라 말기에 처음 등장했다. 제1차 아편전쟁에서 청나라가 패하고 이에 따른 불평등 조약으로 외국인들이 광저우에 정착하던 시기다.[8] 당시 외국인들은 현지의 새콤달콤한 돼지갈비를 좋아했지만, 뼈를 뱉어내는 것이 익숙하지 않았던 터라 광저우의 요리사들이 뼈가 없는 살코기만으로 요리를 만들기 시작했다. 중국어 발음에 어려움을 겪던 외국인들은 종종 '구라오古老' 대신 '구로우咕嚕'라고 발음했고, 쫄깃한 돼지고기를 씹으면 꿀럭꿀럭 소리가 난다는 걸 현지인들이 깨닫게 되면서 '구로우'라는 이름으로 정착되었다. 또 다른 요리 사전에 따르면, 청나라 말기 광저우에 있던 외국인들은 뼈를 씹는 데 익숙하지 않아서 이런 소리를 냈다고도 한다.

2009년 옥스퍼드 식품 심포지엄에서 윌라 젠 박사가 인용한 민간 속설에 따르면, 구로우는 19세기 광저우에 있던 외국인들이 이 요리가 무엇인지 물었다가 영어 단어 '쿨리coolie' 또는 '굿good'의 변형된 형태로 알아들어 생긴 이름이라고도 한다.

사람들은 탕수육이나 돼지갈비를 먹을 때 정말로 꿀럭꿀럭 소리를 낼까? 19세기 중국에서 '쿨리'들이 정말로 고기를 먹을 형편이 되었던가? 게다가 중국 식당들이 언제부터 전통 요리의 이름을 외국인들의 틀린 발음에 따라 바꿔불렀던 말인가? 이런 설명들은 좀처럼 납득이 되지 않았는데, 2002년 첸자오옌陳照炎의 『홍콩반찬대사전香港小菜大全』에서 훨씬 더 설득력 있는 이야기를 발견했다.9 첸에 따르면, 광둥 사람들은 원래 이 뼈 없는 돼지갈비 요리를 외국인을 비하할 때 사용하는 비속어를 써서 '과이로우욕鬼佬肉'라고 불렀다가 나중에 비속어 대신 구루咕嚕로 바꾸었다고 한다. 지금도 홍콩인들의 일부가 서양인을 '과이로우鬼佬'라고 부른다는 사실과, 제1차 아편전쟁 패배한 지 얼마 안 된 굴욕의 시기에 반외세 정서가 절정에 달했으리라는 점을 감안하면, '과이로우욕'은 외국인 체류자들 먹기 쉬우라고 단순하게 변형한 요리의 이름으로 완벽하게 어울렸을 법하다.

일반적으로 외국인들은 항상 가장 화려한 맛의 중화요리에 끌리는 것 같다. 광둥식 요리가 해외의 중화요리 업계를 지배하던 시절에는 탕수 소스와 검은콩 소스 더우츠豆豉를 사용한 요리가 인기 있었고, 이후 미국에서 궁보계정 같은 요리가 인기를 끌었다. 쌀과 국수는 대부분 간장 등으로 볶은 요리였다. 요즘은 자극적이고 강한 양념을 한 코우수이지口水雞(삶은 닭고기에 매운 양념장을 뿌린 쓰촨식 냉채—옮긴이), 단단멘, 마파두부 같은 쓰촨식 요리가 인기다. 하지만 대부분의 중국인에게 좋은 식사란 건강과 맛과 미적 감각 모든 면에서의 균형을 의미하며, 미각을 자극하고 혀 위에서 춤추는 요리만큼이나 담백하고 절제된 요리도 똑같이 중요하다. 제대로 된 중국 식당 메뉴에는 보통 탕수육 같은 요리와 같은 비중으로 가벼운 국물이나 담백한 채소 요리도 갖추고 있다. 사실 중식당이 주로 서양인 손님을 대상으로 하는지 여부는 메뉴를 보면 알 수 있다. 그런 식당들의 메뉴는 다리를 드러내며 현혹하는 카바레 무용수들처럼 온통 현란한 풍미의 요리로 가득 차 있기 때문이다.

2022년 청두에서 미슐랭 2스타를 받은 최초의 식당 '위즈란玉芝蘭'에서 연회가 막 끝났다. 이 식당의 마스터 셰프인 란구이쥔蘭桂均은 청두에서 가장 뛰어난 맛의 조화를 추구하는 요리사 중 한 명이다. 50대인 그는 반백의 머리에 장밋빛의 자애로운 얼굴을 하고 있으며 부드러운 말투를 쓰는데, 음식에 대해 이야기할 때의 그는 진지하고 열정적이며, 요리사라기보다는 철학자처럼 보이기도 한다. 미묘하고 복잡한 맛의 조합에 대해서라면 몇 시간이고 상세하게 설명할 수 있는 사람이다. "세상에는 세 종류의 맛이 있어요. 자연의 맛, 발효된 맛, 조화로운 맛이죠. 자연의 맛은 식재료 본연의 맛입니다. 발효된 맛은 몇 가지 식재료를 섞어 발효시켜 완전히 다른 맛을 만들어내는 것입니다. 예를 들어 붉은 고추와 소금으로 만든 쓰촨식 절인 고추의 맛이죠. 마지막으로 혼합한 맛 또는 조화로운 맛은 자연의 맛과 발효된 맛에 요리사의 상상력을 더해 새로운 맛을 만들어내는 거죠. 가령 쓰촨 위샹魚香은 쓰촨식 절인 고추, 생강, 마늘, 파, 설탕, 식초로 만든 맛입니다."

이어서 양파 껍질을 벗기듯 우주를 한 껍질 한 껍질 벗기면 먼저 태양계가 나타나고, 그다음에 주요 행성들, 지구, 바다와 대륙, 중국, 마침내 쓰촨이 드러난다고 설명한다. "그렇게 복잡하지 않습니다. 장인은 복잡한 것을 단순하게 만드는 사람이고요, 단순한 것을 복잡하게 만드는 사람은 아직 수련생인 거죠. 세상의 맛을 너무 복잡하게 만들고 싶지는 않을 테니까요"라고 덧붙였다.

청두의 '위즈란'은 현지인들이 바깥에 앉아 마작을 즐기고, 겨울 햇살에 배추 잎사귀를 널어 말리는 한적한 뒷골목에 있는 작은 식당이다. 최대 18명의 손님을 수용할 수 있으며, 예약제로 운영된다. 이곳의 전형적인 코스는 쓰촨의 다양한 맛을 느낄 수 있는 매혹적인 냉채 모듬 요리로 시작하는데, 여기에는 '마라麻辣' 토끼고기, 신선한 제피를 곁들인 얇게 썬 소고기편, 특유의 신맛과 약초 향이 강한 쓰촨 특산 야채인 어성초로 만든 매콤한 샐러드 등이 포함되곤 한다. 란 셰프의 대표 요리 중 하나인 최고의 '과이웨이怪味' 소스를 곁들인 여러 색깔의 수제면 요리가 나오기도 한다. '과이웨이—기괴한 맛'은 참깨 페이스트, 참기름, 고추기름, 제피, 설탕, 식초, 간장, 소금 등 다양한 조미료를 섞어 만드는데, 각각의 조미료는 그 본연의 맛을 드러내면서도 어느 하나가 튀지 않도록 전체적인 조화를 이룬다. 란 셰프가 만드는 이 조미료의 칵테일은 조화로우면서도 짜릿한 최고의 맛 중 하나다.

그러나 란 셰프의 현란하고 자극적 요리에는 언제나 담백하고 절제된 맛, 즉 엄선된 재료 본연의 맛을 강조하는 요리가 함께 곁들여진다. 코스의 마지막은 거의 항상 탕 요리인데, 탕이라고 부를 수 없을 만큼 소박하다. 최근에 방문했을 때 나온 탕은 콩 하나와 작은 호박 조각을 끓인 뜨거운 물 한 컵이었다. 보통 디저트와 프티푸르petits fours(한입 크기의 과자나 케이크—옮긴이)로 코스를 마무리하는 서양식 미슐랭 스타 식당이라면, 최상급 성찬을 이런 식으로 마무리하는 것이 요리사의 우스꽝스러운 실수처럼 보일 수도 있다. 그러나 중국식 맥락에서는 완벽하게 말이 된다. 호화로운 성찬을 먹은 다음 입안을 깔끔하게 씻어내고, 기분을 진정시키며, 집에 돌아가 숙면을 취하기 위해 뭔가 섬세한 마무리를 원한다면 이보다 나은 게 있을까?

쓰촨 최초의 미슐랭 2스타 식당에서만 이런 미니멀리즘을 접할 수 있는 것은 아니다. 예를 들어 쓰촨 남부의 루저우瀘州에 있는 저렴한 가정식 식당에서 친구와 함께 장아찌와 밥을 곁들인 삶은 돼지고기 요리를 먹은 적이 있다. 이때도 다른 재료 없이 몇 장의 청경채 잎을 넣어 끓인 뜨거운 국물이 함께 나왔다. 대부분의 쓰촨식 탕 요리는 가볍고 간이 심심한 편이다.

개별 요리에 맛의 조화가 필요하듯이, 식사 전체에도 풍미의 조화—요리의 다양성과 대비—가 필요하다.

격식을 차린 서양식 메뉴는 프랑스 전통에 기반을 둔 특정 형식을 따르는 경향이 있다. 전채요리 다음에는 생선과 해산물 요리, 그

다음에는 고기 요리, 그리고 치즈, 마지막으로 달콤한 후식이 나온다. 그러나 격식을 차린 중국식 연회는 요리의 개수가 훨씬 더 많고(보통 10~20가지로 구성), 그 구조도 더 복잡하다. 생선과 고기가 한데 섞여 나오진 않지만 번갈아가며 나오기도 한다. 단 음식은 언제든지 나올 수 있으며, 후식은 없다. 탕 요리는 첫 번째, 마지막 또는 코스 중간 등 언제든지 나올 수 있으며, 만두와 다른 가벼운 요리도 마찬가지다.

생선, 고기, 후식으로 구분하여 순서대로 요리를 내는 서양의 규칙에서 벗어나는 것은 유럽의 기준에서 보자면 정신 사나울 수 있다. 16세기에 중국으로 건너간 이탈리아 예수회 선교사 마테오 리치가 중국식 요리 배열에 놀란 것도 바로 이 때문이다. "중국인은 우리가 먹는 것과 거의 같은 것을 먹으며, 요리도 잘한다. [그러나] 그들은 우리가 하는 것처럼 생선 다음 고기 같은 코스 순서를 딱히 지키지 않고, 마구잡이로 내놓는다."[10] 훨씬 후인 1816년, 영국의 두 번째 대중 외교 사절단과 함께 베이징을 방문했던 존 프랜시스 데이비스 경은 중국의 연회에 초대받은 경험을 다음과 같이 말했다. "각종 진수성찬이 나오는 순서가 정해져 있는 것 같지 않았다. 제비집 수프 이후에는 (…) 이미 앞에서 언급했던 특이한 요리(상어 지느러미, 사슴 힘줄 등)와 함께 양고기, 생선, 야생 고기와 가금류가 두서없이 나왔다."[11] 중국인의 관점에서 볼 때 그 연회의 메뉴는 혼란스러운 것이 아니라 주도면밀하게 짜였을 것이다.

중식당에서 요리를 주문할 때 핵심 원칙의 한쪽은 균형, 또 한쪽은 다양성이며, 그 와중에 반복을 애써 피해야 한다. 이러한 원칙은 식사의 모든 측면에 적용된다. 항저우의 마스터 셰프 후중잉胡忠英은 "메뉴를 구성할 때 다양한 재료, 다양한 조리법, 다양한 맛, 고기와 야채의 균형, 다양한 모양과 형식, 다양한 색상, 마른 요리와 촉촉한 요리의 균형 등을 고려해야 합니다. 요리사가 작성한 메뉴를 보면 그 사람의 요리 실력을 쉽게 알 수 있어요"라고 설명했다. 예를 들어 탕수 소스를 곁들인 튀김 요리를 먹었다면, 다음 요리는 잎사귀가 풍성한 야채라든가 깔끔한 매운 요리, 잘게 썬 야채를 넣은 탕요리처럼 주재료, 색상, 모양, 식감의 신선한 대비를 이뤄야 한다.

중국의 많은 미식가가 유명한 서양 식당의 메뉴에 실망하곤 한다. '서양 음식'에 대한 가장 보편적인 중국인의 고정관념은 '매우 단순하고 단조롭다很簡單很單調'는 것이다. 특히 요리의 가짓수가 상대적으로 적고 상차림을 구성하는 방식도 다양성이 비교적 떨어지기 때문이다. 몇 해 전 스페인 북부에 있는 세계에서 가장 전위적이라 여겨지는 식당 '엘 불리'에서 쓰촨 셰프 위보餘波와 저녁 식사를 했는데, 그는 이곳에서도 해산물이 먼저 나오고, 그다음에 고기와 야생고기가 나오고, 마지막으로 달달한 후식이 나오는 식으로 요리가 그룹화되어 있다는 사실에 놀라워했다. 중국식으로 보자면 이것은 이미 훌륭한 메뉴이기는 해도, 비슷한 재료를 그룹화하는 대신 좀더 유동적인 방식으로 배열하여 더 다양하게 만들 기회를 놓친 것이다.

훌륭한 중식 차림이란 음악적 구성과도 같다. 절정과 완곡, 부드러운 멜로디와 흥거운 리듬이 공존해야 한다. 하나의 맛에 물리지 않도록 자극과 위안을 번갈아가며 조정해 미각과 정신이 모두 즐거운 감각적 여정이다. 그래서 중식당에서 단체로 음식을 주문할 때는 자비로운 독재자가 되는 것이 늘 최선이다. 단체로 음식을 나눠 먹어야 하는 사람들이 각자 좋아하는 요리를 주문하면, 그 결과는 닭요리 몇 개, 튀김 요리 몇 개, 탕수 소스 요리 몇 개 등 한쪽으로 치우친 메뉴가 되기 쉽다. 개별적으로는 맛있을지 모르지만, 이렇게 모아놓고 먹으면 입맛을 망가뜨릴 정도로 엉망이 될 가능성이 높다. 그리고 콩과 호박 몇 조각을 끓는 물에 넣은 것은 극단적인 단순함이라 할 수 있지만, 잘 짜인 중식 메뉴에는 항상 맛이 담백한 요리와 맛이 강한 요리가 모두 포함되어 있다. 한 베테랑 요리사는 이렇게 말한 적이 있다. "모든 요리가 똑같이 인상적이라면 그중 어느 하나도 큰 인상을 남기지 못한 것이라 할 수 있죠. 안 그런가요?"

좋은 메뉴를 계획하려면 경험, 어느 정도의 지식, 그리고 상당량의 고려가 필요하다. 중식당에서 주문을 잘하는 방법을 배운 게 내 인생에서 가장 자랑스러운 일 중 하나라고 말하는 것은 농담이 아니다. 1990년대 후반, 쓰촨 요리 콘퍼런스에 처음 참석해 연회에 갔는데, 저명한 음식 학자들이 능청스레 나에게 연회 메뉴에 추가할 요리를 골라달라고 청했다. 이것이 일종의 시험임을 깨달은 나는 요리를 선택하기 전에 깊이 생각했다. 이미 주문한 요리의 주재료, 조리 방법, 모양, 색상, 맛, 강도를 모두 고려한 후 어향 가지 요리를 제안했다. 내가 어향 가지 요리를 아주 좋아하는 것은 아니지만 그 요리의 풍부함, 깊은 색감, 강렬한 어향 소스, 그리고 야채를 주재료로 한 것이었기에 다른 진미와 잘 어울릴 거라고 생각했다. 다행히도 내 선택에 대해 찬성하는 소리와 함께 약간의 박수까지 터져나왔다.

요즘 저녁 파티나 식당에서 중식 메뉴를 고를 때 가장 먼저 고려하는 것은 손님이다. 그들은 어떤 사람들이고 무엇을 좋아할까? 모험을 갈망할까, 아니면 지쳤으니 위안을 필요로 할까? 진하고 극적인 맛을 선호할까, 아니면 담백한 맛을 선호할까? 중국인일까, 아닐까(가벼운 탕요리처럼 중국인의 입맛에 더 중요한 요소들이 있다)? 당연히 고려해야 할 점은 싫어하는 음식, 피하는 음식, 알러지가 있는가 여부다. 식사 장소가 중국이라면 현지의 별미와 계절 역시 생각해야 한다. 그리고 종업원에게 추천하는 제철 요리가 있는지도 물어볼 것이다.

나는 보통 예상 요리 목록을 적어놓고, 그 요리의 맛과 식감을 상상하면서 어떻게 조화를 이룰지 고민한다. 그런 다음 중복될 위험이 있는 요리는 제외하고, 대비를 이루는 요리가 필요하다고 생각되면 추가한다. 내가 그 식당을 잘 모르고, 많은 사람을 대표해서 주문하는 경우라면, (보통 긴) 메뉴를 읽고 시간을 충분히 갖고 주문할 수 있도록 손님보다 한 시간쯤 일찍 도착하는 편이다. 1~2주 정도 중국 미식 투어를 진행할 때는 더 어렵다. 식사마다 새로운 매혹적인 맛과 요리 테마를 보여주고 싶고, 반복되는 부분은 최소화하고 싶기 때문이다. 미식으로 바그너의「니벨룽의 반지」를 작곡하는 것이라 하겠다. 모든 사람이 미식 투어 기획에 들어간 노력을 알아채지 못한 채 준비된 음식을 한없이 즐기기를 바랄 뿐이다.

란 셰프의 마지막 '탕' 요리와 같은 평범하고 소박한 요리의 특성을 나타내는 중국어 단어는 칭단淸淡이다. 이 단어는 '맑고 고요하며 순수하거나 정직하다'라는 의미의 칭淸과 '가볍고 약하고 창백하다'는 의미의 단淡을 합친 것이다. 칭단은 보통 '밍밍하다' 또는 '싱겁다'로 번역되는데, 이 단어들은 너무나 따분하게 들린다. 누가 '싱거운' 요리를 선택하겠는가? 그러나 중국어 칭단에는 비난의 뉘앙스가 없다. 사실 그것은 평화, 고요함, 안락함을 떠올리게 한다. 중화요리에서 담백한 요리, 힘을 뺀 요리, 특별한 맛을 내지 않은 요리는 극적인 요리만큼이나 필수적이다. 풍미가 가득한 요리와 담백한 요리는 음과 양처럼 상호 의존적이며, 서로에게 흘러들어가 마치 우주를 축소해놓은 듯 완벽한 조화를 만들어낸다.

끓는 물에 몇 개의 콩과 호박 조각을 넣는 것이 따분하다고 느껴지는가? 서양식 관점에서 보면 그렇다고 볼 수 있다. 그러나 그것이 바로 핵심이다. 매운 토끼고기 요리, 특이한 맛의 국수, 그리고 그 밖의 모든 요리가 흥분과 흥겨움을 불러일으킨 후, 그 평범한 야채 육수는 선의의 작은 행동, 열이 오른 이마에 올려놓은 차가운 손, 맛의 소용돌이 속에 존재하는 고요한 순간이다. 고요한 순간이 없는 식사에서는 진정한 위안이나 자양을 얻을 수 없다. 절제된 맛도 맛있을 수 있는데, 그건 맛있어서가 아니라 기쁨을 주기 때문이다. 란 셰프는 내게 이렇게 말했다. "제 요리의 맛은 장미 정원처럼 조용합니다."

중국인은 음식을 약으로 여기고 균형 잡힌 식습관이 건강 유지에 필수라고 생각하기 때문에 칭단 요리를 중요시한다. 그러나 절제된 음식을 중요하게 여기는 데에는 문화적, 도덕적 요인도 작용한다. 프랑스 철학자 프랑수아 줄리앙은 『무미예찬 In Praise of Blandness』에서 칭단의 개념이 요리뿐만 아니라 음악, 회화, 시와 같은 예술의 중심에 있다고 설득력 있게 주장했다. 왜냐하면 그것은 결핍이나 부족이 아니라 무언가의 원점이기 때문이다.[12] 그는 중국인들이 수묵화의 녹아내리는 듯한 풍경, 침묵 속으로 사라지는 음표, 맛이 없는 맛 등과 같이 모호하고 암시적이며 인상주의적인 것을 좋아한다고 주장한다. 칭단은 아무것도 아닌 게 아니라 모든 것의 가능성을 승화시킨 것이다.

고대 중국에서 신과 영혼을 위한 제사에는 조미하지 않은 담백한 경을 바쳤으며, 현명한 사람은 강렬한 풍미와 자극적인 진미 같은 하찮은 문제에 현혹되지 않았다. '오미五味'로 인한 흥분은 사람의 판단력을 흐리게 할 뿐이다. 도교의 경전인 『도덕경』에 따르면,

> 오색은 사람의 눈을 멀게 하고 五色令人目盲
> 오음은 사람의 귀를 먹게 하고 五音令人耳聾[13]
> 오미는 사람의 입을 망가뜨린다 五味令人口爽
> 사냥하며 말 달리는 것은 사람의 마음을 미쳐 날뛰게 하며 馳騁畋獵, 令人心發狂
> 얻기 힘든 재물은 사람의 행동을 그르친다 難得之貨, 令人行妨
> (…)
> 무위를 실천하고 爲無爲
> 행동하지 않고 일하며 事無事
> 맛이 없는 것을 맛본다 味無味[14]

고대 중국의 현자는 주변의 감각적 혼돈 속에서 순수하고 본질적인 것을 인지하고, 맛이 없는 것을 맛볼 수 있는 능력이 출중했다. 현자는 절제를 통해 감각을 예리하게 유지했다.[15]

고대인들은 무미한 음식을 지혜뿐 아니라 종교적 독실함과도 연관 지었다. 의례적인 금식은 대개 맛이 주는 흥분에서 벗어나는 일이었다. 군자가 금식할 때는 집에 조용히 머물며 가무歌舞와 성관계를 삼가고, "간소한 식단"을 유지하고 "자극적인 양념"을 피했다.[16] 중국 역사상 많은 시기 동안, 심지어 오늘날에도 애도 의식에서는 고기와 술뿐 아니라 양파와 마늘처럼 향이 강한 야채도 삼갔다. 『예기』에 따르면, 부모를 애도하는 아들은 금식이라는 과정을 거치면서 "맛이 없는 세상"에서 점차 양념이 있는 음식을 다시 먹으며 "살아 있는 감각의 세계"로 돌아왔다.[17] 엄격한 불교 신자들은 특히 명상할 때 마늘과 같이 향이 강렬한 야채, 즉 오훈채五葷菜를 먹지 않는다.(훈葷이라는 단어는 고기, 생선, 가금류와 강렬한 향이 나는 식물을 뜻하는 단어다.) 중국인에게 영적인 세계는 전통적으로 무미의 세계다. 풍미는 육체가 살아가는 일상의 열정과 번잡함과 밀접한 관련이 있다.

요즘에는 많은 도시 중국인, 특히 젊은이들이 '칭단' 요리의 조용한 즐거움에서 멀어지고 있다. 우리와 마찬가지로, 그들도 점점 더 극적인 음식, 기름과 고추로 가득하고, 사진이 잘 나오고, 치킨스톡과 MSG로 미친 듯이 풍미를 증폭시킨 우마미 폭탄을 먹고 싶어한다. 어쩌면 공장형 축산업체가 대량으로 생산하는 고기와 제철이 없이 사시사철 먹게 된 야채에 재료 '본연의 맛'이 부족하고, 좋은 재료를 쓰지 않아 생기를 잃은 요리의 맛이 개숫물처럼 느껴져서는 아닐까. 어쩌면 사람들은 피곤하고 지쳐서 자극적인 음식을 먹고 싶어하는지도 모른다. 혹은 경쟁이 치열한 혼란스러운 시장에서 가장 큰 소리로 떠들어대는 맛이 만인의 관심을 끄는 것일 수도 있다.

그러나 고요하고 소박한 청단의 즐거움과 새콤달콤하고 자극적인 맛을 모두 음미하지 않고서는 중화요리의 진가를 제대로 알 수 없다는 사실은 분명하다. 소박한 요리는 예술작품을 돋보이게 하는 빈 공간과 같다. 맛의 격렬한 흥분을 차분하게 정리하고, 육체적 균형과 마음의 평정을 회복하는 데 필요한 요소다. 내 입맛이 거의 중국화되었음을 깨달은 시점은, 사람들의 상상과는 달리 닭발과 해파리를 즐기게 된 순간이 아니라, 탕수 생선과 마파두부뿐만 아니라 평범한 흰죽과 데친 야채도 함께 즐기게 된 순간이었다.

맛있고 자극적인 요리만 좋아한다면 중화요리를 먹고 있을지는 모르지만, 진짜 중화요리를 즐기고 있는 것이 아니다.

중국요리사의
칼솜씨

순더의 생선회
위성

친구 저우와 나는 옛 송나라의 수도 카이펑에서 멀지 않은 허난성 시골의 한 식당 안뜰에 있다. 정문 양쪽으로 붉은 바탕에 금색 글씨로 새긴 대련을 걸어놓았다. "솥을 조화롭게 하는 이윤의 솜씨는 없을지라도, 객을 대접하는 맹상공의 너른 마음이 있을지니雖無伊尹調鼎手, 卻有孟嘗飽客心." 이 웅장한 입구 앞에 황금빛 벨벳으로 덮인 테이블이 있고, 테이블 위에는 둥근 도마와 잘 벼려진 칼이 놓여 있다. 그리고 이제부터 모든 것이 살짝 초현실적으로 변한다.

얼룩 한 점 없는 흰 조리복에 긴 모자를 쓰고 목에는 노란 스카프를 두른 젊은 셰프가 테이블 뒤에 자리잡고 서서 칼을 집어든다. 동료 한 명이 눈가리개로 그의 눈을 가리고, 머리와 물갈퀴까지 온전히 달려 있는 털 뽑은 오리를 건네준다. 그리고 작업이 시작된다. 셰프는 은빛 칼날을 오리 목에 갖다 대고 껍질 아래로 밀어넣은 뒤, 흉곽의 가장자리를 따라 슬슬 움직여 살과 뼈를 분리한다. 손가락으로 가볍게 당겨가며 오리의 옷을 벗기듯, 섬세하고 반짝이는 칼로 부드러우면서도 체계적으로 껍질을 가운처럼 벗겨낸다. 마지막으로 그는 내장이 들어찬 흉곽 전체를 끄집어내서 날개와 다리가 달린 깨끗한 오리 살가죽만을 남긴다. 흠집이나 찢어진 곳 하나 없이 껍질이 부드럽고 온전하다. 이 모든 걸 아무것도 보지 못하는 상태로 해냈다. 물론 그의 손도 상처 하나 없이 깨끗하다. 발골 작업에 걸린 시간은 5분 남짓이었다.(나중에 오리의 속에 뼈를 모두 제거한 닭과 비둘기와 메추리를 마치 러시아 인형처럼 차례로 채워넣고 연회용 육수에 쪄낸다.)

음식을 잘게 썰어 젓가락으로 먹는 습관의 당연한 귀결 중 하나는 중국요리에서 칼을 쓰는 기술이 특히나 중요해졌다는 사실이다. 적어도 2000여 년 전인 한나라 때부터 중국인은 익힌 음식과 곡물을 먹는 것뿐 아니라 자르고 썰고 토막 내는 것으로 스스로를 타민족과 차별화했다. 자르는 행위는 중국 음식의 부수적인 부분이 아니라 그 성격과 정체성의 핵심이다. 중국인이 된다는 것은 먼저 칼에 의해 변형된 다음, 불에 의해 탈바꿈된 음식을 먹는 것이다. 그래서 요리의 예술을 한때 '자르고 요리한다'는 뜻으로 '거펑割烹'이라고 불렀다.(현대 중국에서는 사라졌지만 일본에서는 아직도 '갓포'라는 단어를 사용한다). 대부분의 중국 음식은 작게 자른 식재료들의 혼합물, 즉 초기의 서양 관찰자들이 '해시hashes와 프리카세fricassees'라고 부른 것으로 이루어져 있다. 고대의 경부터 현대의 볶음 요리, 심지어 찹수이까지 실제로 모든 음식이 그렇다.

중국요리사와 서양 요리사에게 똑같은 구성의 식재료를 주고 식사를 준비하라고 한다면, 중국요리사는 제일 먼저 대부분의 식재료를 자르거나 썰 것이 거의 확실하다. 그리고 인도나 동남아의 요리사들이 향료를 절구에 빻아 강한 맛의 페이스트로 만드는 데 비해, 중국에서는 칼을 사용해 마늘, 생강, 파를 잘게 써는 것이 더 일반적이다.

전문 중식 주방에서는 웍 셰프가 불을 다루고, 그 휘하의 보조들은 요리의 식재료를 손질하여 알맞게 자른 형태로 그에게 제공하는 역할을 맡는데, 이 과정을 체페이切配(자르고 맞추기)라고 한다. 가령 쓰촨 요리 궁보계정을 만들 때는 웍 셰프에게 깍둑 썬 닭고기 한 사발과 전분 양념장, 말린 고추와 제피 조각, 땅콩 한 더미, 다지거나 썬 마늘, 생강, 대파 흰 부분을 건네준다. 웍 셰프는 그걸 순서대로 웍에 넣고 강한 불에 볶고 뒤집으며, 그 과정에서 간만 맞춰 요리를 완성한다.

칼질은 중국요리의 기본이 되는 기술이다. 이게 없이는 불을 다루는 법인 '훠허우火候'를 터득할 수 없다. 쓰촨의 요리학교에 처음 등록했을 때, 학교의 로고가 새겨진 흰 셰프복 세트와 함께 나만의 중국식 칼을 받았다. 서양에서 생각하는 육중한 정육도가 아니라 넓적한 면이 번쩍이는 놀랍도록 가볍고 날렵한 칼이었다. 나는 동급생들과 함께 열 가지도 넘는 다양한 방법으로 그 칼을 사용하는 법을 배웠다. 여러 방향, 여러 면으로 써는 걸로 시작해서, 자르고, 깎고, 톱질하고, 두들기고, 문지르고, 긁고, 포를 뜨고, 부수고, 내리쳤다. 칼날을 날카롭게 유지하기 위해 마당에 있는 숫돌에 가는 법도 배웠다. 눈가리개는 안 했지만 그 칼로 오리를 발골하는 법도 배웠다. 다른 종류의 칼은 거의 필요 없었다. 이 칼이 요리사로서 나 자신의 연장선이었고, 주방에서 내게 자신감과 힘을 주는 마법의 도구가 되었다.

칼의 기술에는 갖가지 썬 모양을 가리키는 어휘가 뒤따른다. 어떤 요리를 하느냐에 따라 써는 법은 다양하다. 생강은 '손톱 크기로 얇게 썰어 저미는 펜指甲片''바늘 두께로 가늘게 채써는 쓰銀針絲' 또는 '쌀알 크기로 잘게 써는 미米' 모양으로 자른다. 두부는 2.5센티미터 정도의 토막으로 자르는 콰이塊, 사각형의 길쭉한 막대 모양인 탸오條, 또는 '마작의 골패 크기로 자르는 구파이펜骨牌片' 모양으로 자른다. '뉴서펜牛舌片' 방식은 0.1센티미터 미만으로 아주 얇게 편으로 써는 법인데 흰 무의 경우 반투명한 속살 안으로 결이 비쳐 보일 정도다. 돼지 콩팥은 칼집을 내어 잘게 썰어 주름진 '꽃—야오화腰花''눈썹—메이마오眉毛' 또는 '봉황 꼬리—펑웨이鳳尾' 모양을 만들기도 한다. 음식을 자른 모양은 요리의 성격을 규정하는 요소의 하나다. 궁보계정宮保雞丁은 닭을 주사위 꼴로 썬 딩丁으로 만들고, 어향육사魚香肉絲는 돼지고기와 목이버섯과 워순萵筍을 긴 가닥의 '쓰絲'로 부드럽게 채썰어 만든다.

요즘 나는 요리에 들어간 재료가 제대로 잘려 있으면 알아차릴 수 있다. 돼지고기 채絲가 가늘고 고르게 썰려 있거나, 생강 조각들이 똑같은 모양의 미세한 입방체를 뿌린 은하수 같거나, 오징어 조각에 정교하게 칼집이 들어가 말려 있으면 눈길이 간다. 소고기 스튜에 들어 있는 무 조각들이 고기와 비슷한 모양과 크기로 썰려 있어도 그렇다. 같은 크기로 썬 요리는 미학적으로 더 보기 좋고 조화롭다. 또한 거의 예외 없이 조리가 더 잘 된다. 빠르게 볶아내는 요리는 특히 더 그렇다. 재료가 똑같은 모양의 편, 입방체, 채로 잘려 있어야만 모든 조각이 같은 시간에 완벽한 상태에 도달하기 때문이다. 재료를 아름답게 자른 요리는 셰프의 정성과 헌신, 세심함, 본인의 업에 대한 존중을 드러낸다.

 칼의 기예는 중국에 깊게 뿌리내리고 있다. 한나라 때는 당시의 고분 벽화에서 볼 수 있듯 고기와 가금류의 덩어리를 통째로 굽기도 했지만, 음식을 조리하기 전에 자르는 경우가 점점 더 많아졌다. 젓가락으로 먹으려면 당연히 그렇게 해야 했다. 동물의 사체를 작은 조각으로 잘라 요리했던 습관은 어쩌면 당대 중국인들이 짐승의 부위를 왜 그토록 세분했는지에 대한 부분적인 설명이 될지도 모른다. 마왕두이의 한나라 무덤에서 나온 음식 기록에는 소의 옆구리살, 어깨살, 위, 입술, 혀, 폐 등 다양한 부위를 언급하고 있다.[1] 후한 시대의 여러 문인은 생선과 고기를 최대한 곱게 자르고 다지는 것이 고급 요리의 필수 요소라고 했다.[2]

 요리사는 불을 다스리는 이였을 뿐 아니라 칼로 자르는 사람이었고, 종종 도축업자이기도 했다. 때로는 칼을 든 요리사의 도자기 인형을 무덤에 함께 넣기도 했는데, 사후세계에서도 고인이 먹을 음식을 제대로 자르기 위함이었다. 아주 옛날부터 재료를 자른 각종 크기와 모양을 가리키는 각각의 한자가 있었다. 커다란 고기 덩어리는 즈載,

얇은 편이나 길쭉한 조각은 콰이膾, 커다란 편은 쉬안軒, 생선의 큰 조각은 후膴였다.³ 『예기』에 언급된 팔진 중 하나인 '푹 담근 고기熬珍'를 만들려면 소고기를 최대한 연하게 하기 위해 고깃결을 가로질러 썰어야 했다. 그걸 술에 담갔다가 고기 소스, 매실액 또는 식초에 찍어 먹었다.⁴ 올바르게 자른 음식을 먹도록 신경 쓴다는 것은 사람의 인격과 수양을 반영하기도 했다. 공자는 정확하게 자르지 않은 음식은 먹기를 거부했다고 한다.⁵ 중국 최고의 철학자 중 한 명인 맹자의 어머니는 맹자가 뱃속에 있을 때부터 그를 '가르치는' 일에 어찌나 엄격했던지, 제대로 썰지 않은 고기는 먹지 않았다는 이야기도 있다.⁶

경의 맛을 내는 일이 통치술에 대한 비유였던 것처럼, 칼로 써는 일은 우아하고도 효율적인 행위, 공정과 공평에 대한 상징이 될 수 있다. 고대의 치국 경전인 『회남자淮南子』에는 "성인이 만물을 판결하고 규제함은 (…) 요리사가 재료를 자르고 썰고 나누는 것과 같다. 사물을 부수거나 해하지 않으면서 적절한 것을 조심스럽게 얻는다"고 쓰여 있다.⁷ 한나라 시절 한 마을의 백정이었던 진평陳平은 고기를 공평하게 나눈 일로 총리직에 적합하다고 인정되어 총리가 되었다.⁸ (그는 도축 능력을 통해 관직의 자격을 인정받았다고 고대 문헌에 언급된 여러 백정 중 한 명일 뿐이다.⁹)

이 중 가장 유명한 것은 기원전 4세기에 살았던 철학자 장자가 얘기한 포정庖丁으로, 그는 주군 앞에서 소를 해체하여 조화로운 삶의 기술인 도의 경지를 보여주었다.

제가 소를 처음 해체하기 시작했던 때는 온전한 소의 겉모습만 보였습니다. 3년이 지난 뒤에는 소를 하나의 완전체로 보지않는 법을 터득했습니다. 지금은 눈이 아니라 마음을 따라 칼을 움직입니다. 눈에 보이는 감각이 아니라 정신을 따르는 것이지요. 자연의 결을 따라 커다란 공간과 틈새로 칼을 움직이니, 힘줄이며 큰 뼈가 무슨 장애가 되겠습니다. 솜씨 좋은 백정은 일 년에 한 번 칼을 바꾸는 데 살코기를 베기 때문이고, 보통의 백정은 한 달에 한 번씩 칼을 바꾸는데 뼈를 치기 때문입니다. 제가 지금 쓰고 있는 칼은 19년이 되었고, 그동안 잡은 소가 수천 마리인데도 칼날이 마치 숫돌에서 막 새로 갈아낸 듯합니다. 뼈마디에는 틈이 있고 칼날에는 두께가 없습니다. 두께가 없는 것을 가지고 틈이 있는 사이로 들어가기 때문에 넓디넓어서 칼날을 놀리는 데 반드시 남는 공간이 있게 마련입니다. 그렇지만 어려운 곳에 이르면 그것이 어려우리라는 것을 알고, 두려워하면서 경계하고, 시선을 한곳에 집중한 채로 손놀림을 더디게 합니다. 스르륵 하고 고기가 뼈에서 해체되어 마치 흙이 땅에 떨어지듯 할 때까지 칼을 매우 미세하게 움직입니다. 칼을 들고 가만히 서서 사방을 돌아보고 만족감으로 충만해져 이내 칼을 닦고 정리를 합니다.

문혜군이 말했다. "훌륭하다! 내가 포정의 말을 듣고 양생의 도를 터득했다."[10]

고대 중국에서 가장 인기 있던 요리 중 하나는 콰이膾였다. 생선이나 고기를 솜씨 좋게 썰거나 잘라 겨자 소스와 같은 양념에 찍어 먹는 요리다.[11] 특이하게도 날것을 먹곤 했지만 익히거나 절일 수도 있었다.[12] 날것의 고기나 생선은 비록 불에 의해 문명화되지 않았어도, 칼에 의해 문명화되었다. 놀라울 정도로 오늘날 일본의 회를 떠올리게 하는 콰이는 고관대작들의 모임이나 황실의 제사에 쓰이는 고급스러운 진미였다. 『예기』에서는 연회의 예절과 준칙을 얘기하며 종류별로 음식을 어떻게 배치해야 하는지 권하는데, 콰이는 구운 고기와 함께 상의 바깥쪽에 놓는다고 했다.[13] 책 뒷부분에는 소고기와 생선으로 만든 콰이도 언급하고 있다.[14]

콰이는 1000년이 넘는 동안 가장 귀한 중국요리 중 하나로 그 지위를 유지해왔다. 가사협의 『제민요술』에는 날것의 돼지고기와 양고기를 절여서 썬 뒤 생강이나, 계절에 따라서 들깨와 버들여뀌를 곁들여 내는 요리의 조리법이 포함되어 있다.[15] 북송의 문인 황정견黃庭堅에 따르면 당시의 수도 카이펑 사람들은 콰이에 대해 지극히 까다로워서, 잉어에서도 귀하게 치는 통통한 뱃살 부위로 만드는 것을 선호했다고 한다.(현대의 일식 미식가들이 참치 뱃살의 제일 좋은 부분인 토로とろ에 열광하는 것과 비슷하다.)[16] 오자목도 날것의 양고기, 달팽이, 해산물, 각종 민물생선과 조개류로 만든 것을 포함해 수많은 종류의 콰이가 카이펑의 술집에서 소비되었다고 썼다.[17]

3세기의 문인 반니潘尼가 쓴 『조부釣賦』에 따르면 숙련된 셰프가 잉어를 썰어 콰이로 만드는 광경은 황홀하기까지 하다.

명인의 솜씨는 독창적이기 그지없어 名工聲巧

칼이 날아다니며 기술을 뽐낸다 飛刀逞巧

번개가 내리치고 별똥별이 쏟아지고 電剖星流

풀은 흩어지고 실가닥은 찢겨 날려 芒散縷解

바람 따라 칼날 위로 떠올랐다가 隨風離鍔

이내 눈처럼 차곡차곡 쌓이네 連翩雪累 [18]

잉어와 농어 같은 생선의 창백한 살은 특히나 귀하게 여겼다. 이걸 서리나 눈 더미에 비유한 시인은 반니뿐만이 아니다. 생선을 썰어 콰이로 만드는 것은 오늘날 일본의 회가 그렇듯 "최고 수준의 셰프만이 터득할 수 있는 고급 기술이었다."[19] 당나라의 시인 단성식段成式은 아름답게 준비된 콰이의 모습을 이렇게 노래했다.

실처럼 얇고 비단처럼 고운 것이 縠薄絲縷

가벼워 불면 날아갈 듯하구나 輕可吹起

빠른 소리와 함께 칼을 놀리면 操刀響捷

마치 박자 맞춰 연주하는 듯 若合節奏 [20]

단성식은 한번은 생선 조각이 어찌나 가녀렸던지 나비로 변해 날아갔다고 적기도 했다.[21]

송나라 이후 날생선과 날고기를 썬 음식에 대한 중국인의 식욕은 줄어들어, 결국은 거의 완전히 사라져버렸다. 하지만 그로 대변되던 정교한 칼의 기술은 중화요리의 영원한 일부가 되었다. 18세기 말 양저우의 부유한 시민들이 열었던 호화로운 연회의 많은 요리에는 편이나 조각 형태로 썬 재료가 포함되어 있었다.²² 양저우는 능란한 칼솜씨의 고장으로 알려졌고, 요리사의 칼은 유명한 '양저우의 세 자루 칼揚州三把刀' 중 하나였다.(나머지 둘은 이발사의 가위와 발톱관리사의 칼)

요즘도 양저우의 요리사들은 자신들의 뛰어난 칼솜씨를 뽐낼 수 있는 고전 요리들을 자랑스럽게 여긴다. 칼로 썬 돼지고기로 만든 미트볼 '스쯔터우獅子頭', 머리카락처럼 가늘게 썬 연두부가 맑은 국물에 말미잘처럼 떠 있는 수프 '원쓰더우푸겅文思豆腐羹', 단단한 두부를 가늘게 채썰어 민물새우와 게살이 들어간 풍성한 육수에 담아내는 '다주간쓰大煮乾絲' 등이다. 강남의 다른 지역에서는 깊게 칼집을 내 포 뜬 생선을 전분을 묻혀 튀겨서 생선 살이 국화 꽃잎이나 파인애플 모양처럼 바삭하게 한 조각 한 조각씩 펼쳐지기도 한다. 좀더 평범한 수준에서 보더라도, 중국 내 가장 낮은 수준의 식당에서 일하는 요리사들의 칼솜씨가 서양의 거의 모든 식당 요리사들을 무색하게 만든다. 감자를 완벽하게 균일한 모양의 성냥개비만큼 가는 조각으로 자르는 것쯤은 중국요리사에게 전혀 대단한 일이 아니다.

칼의 기술은 중식 메뉴를 짜는 기술과 떼려야 뗄 수 없는 관계가 되었다. 재료를 어떤 모양으로 자르느냐가 메뉴 구색의 또 다른 핵심 요소가 되었기 때문이다. 어떤 요리가 깍둑 썬 음식으로 되어 있다면, 다른 요리는 길게 썰고, 또 다른 요리는 덩어리로 자르거나 한다. 같은 재료라도 다른 방식으로 자르면 매력적일 만큼 다르게 느껴질 수 있다. 그래서 중국식 연회를 계획하는 일은 재료, 모양, 조리법, 색, 맛, 계절, 날씨, 장소, 식기 등을 고려해야 하는 삼차원 체스를 두는 것과 약간 비슷하다.

포정이 춤추듯 소를 해체하는 모습에서 이미 드러난 것처럼, 칼솜 씨의 퍼포먼스적인 측면도 계속해서 이어져 내려오고 있다. 산둥의 왕싱란 마스터 셰프는 지난에 가면 내 미식 가이드가 되어주는 분인데, 그녀의 전설적인 기술 중 하나는 허벅지에 돼지고기 덩어리를 올려놓고 써는 것이었다. 칼과 허벅지 사이에는 오로지 비단 한 장이 깔려 있을 뿐이다. 양저우에서 만난 70대의 셰프는 살아 있는 닭을 정확히 3분 7초 만에 접시에 가지런히 담은 튀긴 닭가슴살 요리로 바꿔놓는 능력으로 유명했다. 그리고 앞서 눈가리개를 한 채 오리를 발골했던 젊은 셰프 경광밍耿廣夢이 있다. 칼로 믿기 힘든 기술을 보여주는 요리사를 일종의 무예가로 그리는 것은「미스터 셰프決戰食神」와 같은 현대 중국 영화에서 자주 등장하는 설정이다. 이 영화는 동네의 인기 요리사와 프랑스 미슐랭 식당에서 수련한 콧대 높은 경쟁자 사이의 라이벌 관계를 그렸다. 를 그린 현대 중국 영화「미스터 셰프決戰食神」가 보여주는 것과 같은 패턴의 이야기다.

먹을 음식을 자르기 위해 필요한 것 외에도, 중국의 커팅은 거의 온전히 장식을 목적으로 하는 측면도 있다. 셰프들은 때로 연회를 위해 접시 위에 다양한 색의 작은 음식 조각들로 모듬을 구성해 정교한 예술작품을 만들고, 호박을 깎아 복잡한 입체 조각품을 만들어야 한다. 수박이나 동과의 껍질에 복잡한 문양을 새기기도 하는데, 속을 비워 수프를 담는 커다란 용기로 사용한다. 음식을 모둠으로 구성하는 전통은 적어도 10세기의 당나라 때 비구니 범정梵正이 신선하거나 절인 야채와 고기와 생선을 잘게 썰어 스물한 가지 냉채를 만들었던 시절까지 거슬러 올라간다. 각각의 냉채는 시인 왕유王維의 작품에 나오는 정원 풍경에 영감을 받았다.[23] 현대의 주방용품 업체에서는 음식을 조각하는 데 쓰는 특별 도구 세트를 판매한다.

내 컬렉션 중에는 칼의 기술만을 다루는 수많은 중국 서적과 접시 위에 펼쳐진 그림처럼 숨 막히게 아름다운 음식 사진이 실려 있는 요리책들이 있다. 예를 들어 어떤 사진은 오이 껍질, 당근, 순무, 피망, 구운 오리를 섬세하게 잘라 붙여 꼬리와 깃털의 모양을 흉내낸, 깜짝 놀랄 만큼 아름다운 공작의 모습을 보여준다. 또 다른 사진은 표고버섯으로 만든 두 마리의 게가 대나무 숲에서 춤추는 장면을 묘사하고 있다. 중국의 요리사들은 이런 요리를 만드는 법을 아직 배울 수는 있겠지만, 극도로 많은 기술과 시간과 노동력을 필요로 하기 때문에 현대 중국인의 식탁에서는 거의 볼 일이 없다. 그러나 요리 경연대회에서는 여전히 칼과 도마로 자신들의 예술적 재능을 간혹 펼칠 기회가 있다.

몇 년 전 청두에서 어느 고급 요리 경연대회에 참가한 요리사들이 만든 탁월한 음식이 전시된 것을 본 일이 있다. 한 참가자는 황금색 호박 덩어리의 속살을 깎아 환상적인 입체 조각품을 만들었는데, 비늘이 물결치는 몸통에 사나운 발톱을 가진 용과, 부리와 구불구불한 깃털을 가진 봉황 한 쌍이었다. 어느 참가자가 토란으로 만든 2층짜리 탑에는, 기와가 있는 지붕과 호박으로 만든 격자무늬 창문이 달려 있었다. 또 다른 작품은 낙타들과 고속철도가 있는 사막의 풍경을 통해 중국의 '일대일로一帶一路' 계획을 그렸다.

최근에는 어떤 이유에서인지 많은 중국 식당이 메뉴에 연어 회를 넣기 시작했다. 대개 전복이나 이국적인 생선 같은 엄청나게 비싼 품위 유지용 요리와 같은 섹션에 올라와 있다. 하지만 함께 식사했던 중국인 어느 누구도 그걸 주문한 적이 없기 때문에 고급 사진 속의 연어 회가 정말 제공되는지는 의문이다. 일반적인 중국식 식사와는 어울리지 않으며 대부분의 현대 중국인은 날생선을 먹는 것을 좋아하지 않는다. 하지만 중국에는 우아하게 썬 날생선 콰이에 대한 고대의 집착이 남아 있는 장소가 한 곳 있다.

얼마 전 광저우 바로 아래 포산佛山에 있는 작고 독특한 식당 '102 하우스壹零貳小館'에서, 중국 남부에서 돌풍을 일으키고 있는 젊은 셰프 쉬징예徐經業와 시간을 보냈다. 그는 연못 옆에 있는 이 작은 건물에서 고전 광둥 요리로부터 영감을 받은 연회를 선보이고 있다. 하루는 그와 그의 부인이 나를 데리고 중국 바깥에는 거의 알려지지 않은 수많은 중국 미식의 중심지 중 하나인 포산 근처의 순더順德 지역으로 당일치기 여행을 갔다. 순더에는 매우 독특한 요리가 많다. 다량大良이라는 곳에서는 낙농의 전통이 있어서, 물소의 젖을 작은 원판 모양의 짭짤한 치즈로 만들어 죽과 함께 먹거나, 계란 흰자와 섞은 다음 쪄서 옅은 색의 크림 캐러멜 같은 커스터드로 만든다. 쉬와 그의 부인과 나는 사람들이 작은 유리병에 담긴 물소 우유를 그대로 마시고 있는 카페에도 갔다. 중국에서 어른이 우유를 마시는 모습을 본 것은 그게 처음이었다.

점심에는 쉬의 친구가 운영하는 가족 식당 '둥하이 해물 식당東海海鮮酒家'에 갔다. 그곳에서 무엇보다 나를 감동시킨 하나의 요리가 있었으니, 익히지 않은 초어의 살을 얇게 저며 접시 가득 담아낸 요리 '위셩魚生'이었다. 요리의 이름은 콰이가 아니었지만, 그것만 빼면 고대의 시인들이 묘사한 것과 똑같았다. 말갛고 투명한 생선 조각들이 갓 내린 눈처럼 얼음 위에 놓여 있었다. 주위로는 비단처럼 얇고 하얀 무채를 마치 후광처럼 둘렀고, 몇 가닥의 붉은 고추와 녹색 고추가 그 창백함을 돋보이게 해주었다. 『예기』가 편찬되던 시절에 그랬던 것처럼 생선에는 땅콩기름, 소금, 바삭하게 튀긴 콩줄기 국수, 인도 아몬드, 레몬 그라스와 마늘 조각과 같은 다양한 양념이 함께 곁들여져 있었다.

식당 주인인 토니는 이렇게 말했다. "보통 이 요리는 식당에서는 내지 않습니다. 이따금 집에서 먹을 뿐이죠. 요즘 대부분의 사람은 민물 생선을 날로 먹으면 간디스토마에 걸릴지 모른다고 경계하지만, 우리 아버지 세대에는 아주 인기 있던 요리였어요."

중국식 사시미라고 할 수 있는 순더의 위셩은 아마 싱가포르와 말레이시아 화교들이 음력설에 먹는 동명의 요리에 영감을 주었을 것이다. 여러 색감과 식감을 가진 재료들을 식탁에서 날생선과 버무려 먹는 접시 요리로, 각 재료에 길운의 의미가 담겨 있다.

나는 토니의 설명을 따라 생선 한 조각을 먼저 땅콩기름에 담갔다가, 소금에 찍고, 다른 양념들도 찍은 후 입으로 가져갔다. 혀에서 차갑고 고급스러운 맛이 느껴졌다. 생선은 『예기』에 묘사된 연회, 포정과 그의 놀라운 칼솜씨, 당나라 시인들과 비구니 범정의 이야기가 주는 울림으로 반짝반짝 빛났다. 생선 조각들을 얹어놓은 얼음조차 겨울에 얼음을 구해놓았다가 더운 날씨에 음식을 낼 때 사용하고자 얼음집에 보관해두는 2000년 전 고대 중국 미식의 습관을 따랐다. 현대인의 눈에는 이 요리가 매우 현대적으로 (심지어 일식처럼) 보일 수도 있으나 이것은 중국에서도 가장 오래된 진미의 후예다. 충격적인 날것의 느낌이 파격적이기도 하고, 동시에 고도의 칼솜씨로 볼 때 전형적인 중화요리이기도 하다. 한 무리의 나비 떼처럼 수 세기를 가로질러 역사 속을 유유히 날아왔다.

모든 것은 찜에서 시작되었다

준치찜
칭정스위

몇 년 전 중국에서 가장 중요한 신석기 시대 고고학 유적지 중 하나인 시안 근처의 반포촌半坡村을 방문했다. 동굴 같은 지붕 아래에 황토로 만든 움막의 흔적이 남아 있는 유적지를 거쳐 박물관의 유리 진열대 안에 전시되어 있는 출토된 유물들을 살펴보았다. 그중에는 검은색 물고기를 모티브로 한 기하학적 문양이 그려진 붉은 점토 그릇과 항아리 등 유명한 반포 도자기도 있었다. 가장 인상적으로 본 유물은 높은 항아리 위에 놓인 구멍 뚫린 점토 그릇, 시루였다. 6000년 전 중국 문명이 막 태동하던 시절에 사람들은 이미 시루를 사용해 음식을 조리하고 있었던 것이다.

오늘날 대부분의 사람에게 중식의 이미지라 하면 달궈진 시커먼 웍에 볶은 요리가 떠오를 것이다. 하지만 중식에서 음식을 볶는 것은 제2천년기(그레고리력으로 1001년에서 2000년 사이의 시기—옮긴이)에 들어서야 대중화되기 시작한 비교적 새로운 조리 방식이다. 석기시대까지 거슬러 올라가는 찜이야말로 훨씬 더 유구하고 독특한 중식 조리법이다. 중국에서 시루가 발견된 신석기 유적지는 반포만이 아니다. 1000킬로미터 이상 떨어진 저장성 허무두에서도 시루가 출토되었는데, 그곳은 중국 최초의 벼 재배 흔적이 발견된 곳이기도 하다.[1] 그날 반포촌에서 시안 시내로 돌아오던 길에 택시 기사가 한탄하며 했던 말이 늘 잊히지 않는다. 수천 년 동안 증기의 전문가였던 중국인은 그걸 그저 요리하는 데만 썼던 반면, 영국인은 증기의 힘으로 18세기에 산업혁명을 일으켰다는 것이다.

    전설에 따르면, 중국인은 신화 속에 나오는 조상인 황제黄帝로부터 증기의 힘에 대해 배웠다. 황제는 또한 토기 만드는 법을 소개하고 곡물을 삶고 찌는 방법을 알려주었다고 전해진다. 고대 시가 모음서 『시경』에는 기장을 쪄서 제사를 지낸다는 내용이 나온다. 기원전 2000년경의 상나라 시대에는 청동으로 시루를 만들어 국가 제례에 쓸 곡물을 찌는 데 사용했다. 때로는 쩡甑이라 불리는 별도의 시루를 끓는 가마솥 위에 올려 사용하기도 했다. 혹은 윗부분은 시루처럼 구멍이 뚫려 찜을 할 수 있고 아랫부분은 다른 음식을 만들 수 있는 이중 구조의 솥인 얀甗을 사용했다. 중국 전역의 박물관에서 고대에 쓰였던 쩡과 얀의 유물을 모두 볼 수 있는데, 제례 음식을 조리하는 데 쓰였던 거대한 시루뿐 아니라 부자들이 내세에서 요리할 수 있도록 부장품으로 함께 묻었던 청동 또는 점토로 만든 화로 모형 위에 놓인 작은 시루도 있다. 시루를 사용하면 고대 중국에서 가장 필수적인 두 가지 요리인 겅을 끓이면서 동시에 곡물을 쪄서 판을 만들 수 있었다. 시루는 곡물뿐만 아니라 굴원의 시「대초」에 등장하는 오리찜 등 다른 많은 종류의 음식을 찔 때도 사용했다. 중국인들은 얀과 쩡 같은 기물을 사용해서 찜요리를 대중화하는 독특한 식문화를 발전시켰다.²

송나라가 건국된 서기 960년 즈음부터 나무와 대나무로 만든 가벼운 시루가 투박한 토기 시루나 금속 시루를 점차 대체하기 시작했는데, 남송 시대 무덤의 벽화에는 현대의 딤섬 식당에서 볼 수 있는 것처럼 대나무 시루가 부엌 부뚜막 위에 쌓여 있는 모습이 그려져 있다.³ 중국인은 고대 중앙아시아로부터 밀과 밀가루 제분 기술을 습득한 것으로 보이지만, 시루가 있었기 때문에 밀가루를 황금색의 바삭한 빵으로 구워주는 오븐까지 도입할 필요는 없었다. 대신 잘 숙성시킨 밀가루 반죽을 쪄서 폭신폭신한 속이 들어 있는 부드럽고 촉촉하면서도 윤기 나는 하얀 찐빵을 만들었다.

시루에 쪄낸 빵과 찜 요리 방식은 중국을 방문한 초기 유럽인들에게 매우 이질적으로 보였다. 1793년 영국 최초의 중국 사절단과 함께 베이징을 방문한 애니어스 앤더슨은 이런 종류의 찐빵을 상상도 못했을 본국 사람들을 위해 자세한 묘사를 남겼다.

'빵'은 훌륭한 밀가루로 만들어졌지만 우리 입맛에는 영 맞지 않았다. 중국인은 효모를 사용하지 않으며 오븐에서 굽지도 않기 때문에 사실 완성된 빵은 생반죽에서 크게 달라지지 않는다. 빵 한 덩어리는 일반적인 세숫비누를 둘로 나눈 정도의 모양과 크기였다. 밀가루와 물로만 반죽한 것을 철제 냄비에 얹은 막대 위에 올려놓고 일정량의 물을 담는다. 이 냄비를 흙난로 위에 올린 다음 물이 끓으면 냄비 위를 얇은 뚜껑 같은 것으로 덮는다. 그렇게 몇 분 동안 반죽에 닿는 물의 증기가 굳이 말하자면 '베이킹'의 전부다. 이렇게 완성된 빵을 우리 입맛에 맞게 만들려면 얇게 썰어 구워야만 했다.[4]

찜은 고대 중국과 서양을 구분하는 또 다른 문화적 경계, 이를테면 구운 빵 대신 통째로 찌거나 삶은 곡물을 섭취한다든가, 일상적인 요리에서 오븐 대신 화로를 사용하는 것과 깊이 맞닿아 있다. 찜은 베이킹이나 로스팅과 마찬가지로 음식을 열로 감싸 익히는 방법이지만, 그을리고 갈색으로 바삭바삭하게 익히는 오븐의 건조한 열이 아니라 부드럽고 편안한 식감을 선사하는 습기를 품은 열이다. 쌀과 기장은 뜨거운 증기 속에서 솜털처럼 부드럽게 부풀면서 익고, 찐빵 반죽은 폭신한 눈 베개처럼 익는다. 오늘날에도 중국인은 유럽인이 선호하는 질기고 쫄깃한 빵보다 부드러운 빵을 선호하는 경향이 있으며, 중국의 많은 '아시아식 베이커리'에서는 겉모습은 황금색으로 구운 유럽풍이지만 속은 중국의 찐빵처럼 촉촉하고 부드러운 스펀지 같은 식감을 가진 빵을 판매한다. 중국에 영국 대사관이 처음 문을 연 지 약 2세기가 흐른 후 내가 쓰촨에서 유학생활을 하던 시절, 많은 유럽의 유학생들은 대학 근처 길모퉁이마다 있던 중국식 찐빵으로 아침을 해결하는 대신 몇 킬로미터 떨어진 시내의 빵집으로 자전거를 타고 가 황금색 바삭한 유럽식 빵을 사 먹곤 했다.

 수증기가 희미하게 번지는 찜은 여전히 구이보다 미학적으로 더 중국적인 느낌이다. 그것은 마치 안개가 자욱한 중국 수묵화의 풍경과 명암이 뚜렷한 유럽 풍경화의 차이, 수수한 양지옥羊脂玉의 광채와 다이아몬드의 날카로운 광채의 차이, 구불구불하고 시야가 가려진 전통 중국 정원과 기하학적으로 각이 뚜렷한 프랑스 파테르 화단의 차이와도 같다. 찜은 어쩌면 그 실용성 때문만이 아니더라도 중국을 진정으로 대표하는 조리법이다.

 현대 서양에서는 특히 열량을 줄이는 식이요법을 하면서 스테인리스 스틸이나 알루미늄 시루에 야채를 쪄서 먹는 경우가 있긴 하지만 찜은 여전히 예외에 속하는 조리법이다. 역사적으로 유럽 요리의 선두주자이며 요리 관련 어휘가 매우 정확한 프랑스인들조차 찜에 대한 구체적인 단어가 없고 그냥 "증기를 이용한 요리cuisson à la vapeur"라고 부른다. 하지만 중국에서는 일반 가정과 식당에서 찐빵, 만두, 탕, 생선, 고기, 가금류, 커스터드, 야채 등 거의 모든 종류의 음식에 찜 요리가 보편적으로 사용되고 있다.

 농촌 지역에서 찜은 예나 지금이나 한 솥으로 모든 걸 요리해 연료를 절약하는 방식이다. 솥에 밥을 지으면서 그 위에 반찬을 올려 찌는 것이다. 밥이 어느 정도 익었을 때 식재료를 썰어 밥 위에 직접 올리고 뜸을 들이면 음식과 곡물의 풍미가 어우러지는 솥밥을 만들 수 있다. 이런 조리법을 저장성에서는 판우飯梧라고 부르는데 돼지고기, 가지, 죽순, 줄풀의 새싹 등 다양한 식재료를 사용하여 솥밥을 짓는다. 또 다른 방법으로는 쌀 위에 대나무 발을 깔고 그 위에 양념한 음식을 담은 그릇을 한두 개 놓아두거나 별도의 시루에 음식을 담아 냄비 위에 올려 익히기도 한다.

찜은 음식의 맛과 영양 손실을 최소화하면서 익히기 때문에 고급 식재료 본연의 풍미를 즐기기에 아마 이보다 더 좋은 방법은 없을 것이다. 특히 광둥 사람들은 도자기 솥에 약간의 물과 식재료를 넣고 밀봉한 다음 찌거나 '중탕'을 해서 탕을 만드는데, 이 방법은 식재료가 가진 마법 같은 영양의 정수인 '기氣'를 녹여낼 수 있다고 여겨진다. 조리과정에서 아무것도 넣거나 빼지 않기 때문에 맛의 폐쇄적인 회로가 만들어진다. 광저우의 좁고 어두운 웨슈越秀 구시가지에 있는 유명한 탕 전문점 '다양 위안웨이둔핀達楊原味燉品'에서는 반짝이는 금속 시루 여러 개를 층층이 쌓아올려 탕을 찐다. 뚜껑이 있는 청화자기나 코코넛에 담겨 제공되는 탕은 거북이, 토종닭, 자고새, 오리, 토끼 등 주재료의 깊고 핵심적인 맛을 느낄 수 있다. 항저우의 '룽징차오탕'에서 제공하는 오리탕 역시 전통적인 방식에 따라 재료를 도자기 합에 넣고 밀봉해 네 시간 동안 찐다.

찜은 여러 요리를 한꺼번에 조리할 수 있는 편리한 방법이다. 광둥성 남부의 차오저우에 있는 한 식당의 주방에는 아래쪽에 손잡이가 달린 거꾸로 뒤집힌 쓰레기통처럼 생긴 거대한 검은색 웍이 우뚝 서 있었다. 저녁 식사 시간이 되어 요리사가 웍의 손잡이를 잡고 들어올리자, 수증기 구름 사이로 음식과 도자기 그릇들을 층층이 위태롭게 쌓아올린 탑이 드러났다. 맨 아래 층에는 탕을 담은 그릇 세 개, 그 위에 구멍이 뚫린 금속 쟁반, 그리고 그 위에 또 다른 탕 그릇과 금속 쟁반이 쌓여 있었다. 그다음 층에는 국수와 게살이 가득 담긴 세 개의 커다란 접시가 있었는데, 각 접시는 강철 삼발이로 분리되어 있었다. 요리사의 아내는 향긋한 송이버섯 탕에 데친 전복을 하나씩 얹어 식당으로 날랐고, 요리사는 찐 게에 얇게 썬 파 한 줌을 올리고 지글거리는 기름을 둘러 요리를 완성했다.

시루는 여러 개를 쌓아올릴 수 있기 때문에 큰 번거로움 없이 많은 인원에게 음식을 제공할 수 있다. 거대한 지름의 시루 안에 작은 그릇을 수평으로 채우거나, 시루를 탑처럼 여러 층 수직으로 쌓아올릴 수도 있다. 전통적으로 시골의 결혼식이나 다른 큰 모임에서는 두 방법을 모두 사용한다. 잔치 하루이틀 전에 마을 요리사가 도착해 마당에 임시 화덕을 한두 개 설치한다. 그런 다음 조수들과 함께 음식을 해서 여러 개의 그릇에 나눈 다음, 테이블마다 한 코스씩 돌아가게끔 거대한 대나무 시루에 넣고 겹겹이 쌓아올린다. 내가 참석했던 후난성 시골의 장례식에서는 돼지 족발, 훙샤오 닭다리, 두부와 돼지피, 고추 양념을 한 마른 두부豆乾, 찹쌀을 입힌 돼지고기 완자, 훈제 죽순, 다진 돼지고기를 넣은 계란말이 등 여러 요리가 나왔다. 거대한 고택의 중앙 안뜰을 가득 메운 테이블에는 수많은 조문객이 앉아 담배를 피우며 맥주를 마시고 있었다. 식사 시간이 되자 요리사들은 층층이 쌓아올린 시루를 재빨리 해체하고 음식 그릇들을 꺼내 차례로

각 테이블로 옮겨 순식간에 한 상을 차렸다. 쓰촨성에서는 이런 종류의 시골 잔치를 통칭하여 '산정주커우三蒸九扣'(세 개의 시루와 아홉 개의 그릇)라고 부른다.

이처럼 쌓아올려 찌는 조리법은 대나무 시루가 없어도 가정에서 나름 실현이 가능하다. 내 친구 산산의 어머니는 바닥이 깊은 큰 냄비를 찜통으로 사용하곤 했다. 냄비 바닥에 낮은 금속 삼발이를 놓고 뜨거운 물을 1.5센티미터쯤 채운 뒤 삼발이 위에 호박 덩어리 등을 담은 그릇을 얹는다. 그 위에 대나무 젓가락 두 개를 놓고, 다시 그 위에 닭고기 같은 음식을 담은 다른 그릇을 올려놓았다. 그런 다음 냄비 뚜껑을 닫고 가열하면 중탕으로 음식이 만들어졌다.

찜은 음식의 수분을 빼앗지 않고 재가열하는 데도 안성맞춤이다. 나는 종종 웍에 뜨거운 물을 담고 금속 삼발이를 놓은 다음 그 위에 남은 음식을 담은 작은 그릇 몇 개를 올리고 뚜껑을 덮어 10분에서 15분 정도 찌는데, 전자레인지를 소유해본 적 없는 나 같은 사람에게는 이상적인 방법이다.

후난 지역 사람들은 특히 찜 요리를 좋아한다. 식당마다 시루가 쌓여 있고, 시루마다 다양한 요리가 담긴 작은 그릇이 모두 뜨겁고 바로 먹을 수 있는 상태로 준비되어 있다. 소금에 절인 고추를 넣은 부드러운 토란찜, 훈제 베이컨 조각이나 더우츠豆豉와 고추를 넣은 절인 생선찜, 혹은 절인 청고추와 홍고추로 가득 덮은 거대한 생선 머리찜 등이다. 이러한 요리의 대부분은 미리 준비해놓을 수 있기 때문에 요리사는 손님이 도착하면 바로 만들어야 하는 볶음과 그 밖의 요리에 집중할 수 있다. 1990년대에 기차를 타고 후난 지역을 여행하면 기차역에 음식을 가득 담아 층층이 쌓아올린 시루를 손수레에 끌고 다니며 파는 노점상이 있었다. 사람들은 얼마 안 되는 돈을 내고 작고 거친 질그릇에 담긴 밥과 여러 요리를 골라 기차 안에서 먹고 빈 질그릇(생분해된다)을 창밖으로 던지곤 했다. 그 시절에는 철로를 따라 깨진 질그릇 잔해가 즐비했다.

오븐이 없는 중국요리사들은 보통 시루로 음식을 조리한다. 비스킷을 굽는 대신 만두를 찌고, 밀가루와 기타 곡물 가루로 만든 빵 외에도 발효된 쌀 반죽이나 옥수수로 만든 스펀지케이크를 쪄서 먹기도 한다. 학창 시절 이탈리아에서 온 친구들과 히치하이킹하며 티베트를 여행했는데, 밀가루, 계란, 버터, 설탕으로 만든 전통 영국식 케이크 반죽을 호텔 주방에서 시루를 빌려 찌고, 그 위에 내 배낭에 있던 초콜릿 바를 녹여 부어 생일을 맞은 친구에게 케이크를 만들어주었다. 비록 오븐에서 구운 케이크의 맛은 아니었지만, 여전히 생일 축하에 어울리는 케이크였다.

모든 종류의 딤섬은 쪄서 만든다. 전 세계 식당에서 만날 수 있는 광둥식 딤섬뿐 아니라 찐 쌀떡 위에 절인 무를 얹어 먹는 차오산수이궈潮汕水粿, 양고기로 속을 채운 위구르 만타 만두, 쓰촨 남부의 나뭇잎으로 싼 찹쌀떡葉兒粑 등 지역별로 다양한 종류의 딤섬을 모두 쪄서 만든다. 닭고기와 생선을 통째로 찌기도 하고, 조개류와 야채도 찐다. 윈난성 남부의 젠수이建水에서는 치궈氣鍋라는 현지의 독특한 찜기를 사용해서 닭고기를 잘게 썰어 물 없이 찌는데, 치궈는 냄비 바닥에서 굴뚝처럼 솟아오른 주둥이가 있는, 뚜껑이 달린 토기다. 큰 솥 위에 치궈를 올리고 끓이면 수증기가 치궈의 주둥이를 따라 올라가 치궈 뚜껑에 맺혔다가 고기 조각에 떨어진다. 오랫동안 끓여주면 결국 국물인 홍건한 순수한 닭고기 탕이 만들어진다. 젠수이에 있는 '양자화위안찬관楊家花園餐館'에서는 다양한 식재료로 만든 치궈 요리 코스를 맛볼 수 있다. 이 식당 주방에는 다양한 크기의 치궈가 탑처럼 쌓여 있다.

수증기를 이용해 음식을 익히는 것은 물고기나 그 외 수산물에 어쩐지 잘 어울리는 조리법이다. 털게는 볏짚으로 발을 단단히 묶어 찌고, 맛조개와 가리비는 껍데기째 찐다. 찜은 보통 시골 요리에서 다들 밥상에 앉을 때까지 시루에 넣어두기만 하면 되는 느긋하고 손쉬운 조리법이지만, 아주 정교하게 사용될 수도 있다. 광둥 사람들이 이 방면의 전문가다. 홍콩에서는 신선한 생선을 통째로 찌는데, 살을 뼈에서 쉽게 발라낼 수 있을 정도이되 옥처럼 살짝 반투명하게 보이게끔 유지한다. 이 생선 위에 채썬 생강과 파를 올리고 지글지글 끓는 뜨거운 기름을 부은 다음, 간장 한 숟갈을 더하면 더할 나위 없다. 고인이 된 요리 작가 옌킷 소는 런던 차이나타운의 생선가게에서 생선을 살 때면 늘 주인과 함께 생선을 꼼꼼히 살펴보고 완벽하게 찌려면 몇 분이 걸릴지 가늠했다.

광둥 사람들은 '본연의 맛'을 강조하기 위해 생선을 간단한 방식으로 쪄내지만, 예로부터 양쯔강의 별미로 알려진 '칭정스위淸蒸鰣魚'는 이보다 훨씬 더 화려하다. 아름다운 은색 비늘로 유명한 스위, 준치는 산란을 위해 양쯔강을 헤엄쳐 올라오는 음력 4~6월의 비교적 짧은 시기 동안 여유 있는 이들이 즐겨 먹었다.(짧은 기간에만 먹을 수 있었기에 이 생선의 중국어 이름은 '시간' 또는 '계절'을 뜻하는 '스時'가 들어간 '스위鰣魚'다.) 준치의 맛에 감탄한 송나라 시인 소동파는 이렇게 읊었다.

여린 생강과 자색 식초로 은빛 생선을 구워芽薑紫醋炙銀魚
눈처럼 흰 그릇에 2척 남짓 물고기 담아내면雪碗擎來二尺餘
복숭아 꽃에 아직 봄기운 남아 있는데尙有桃花春氣在
이 풍미는 순채나 농어보다 낫구나此中風味勝蓴鱸[5]

칭정스위는 그로부터 약 7세기 뒤인 18세기 후반, 양저우에서 열린 호화로운 만한전석에 나온 별미 중 하나였다.[6]

칭정스위는 준치를 길게 반으로 갈라 긴 타원형 접시에 놓고 분홍색 햄 조각, 진갈색 버섯, 아이보리색 죽순을 올려 장식하고, 찹쌀로 빚은 감주를 뿌린 다음 대망막caul fat(그물 모양으로 생긴 소, 양, 돼지 등 동물의 내장을 감싸고 있는 기름막—옮긴이)으로 덮어 찐다. 특이하게도 생선의 비늘을 제거하지 않은 채로 찌는데, 열에 의해 비늘 아래의 지방이 녹아 생선에 스며든다. 찜이 완성되면 보통 화려한 장식째 식탁에 오르며, 개인별로 서빙하기 전에 비늘을 떼어낸다. 가시가 많은 생선 살은 진하고 고소하며, 감주와 햄과 지방이 녹아든 국물과 함께 듬뿍 떠서 밥 한 숟가락과 함께 먹으면 그 절묘한 맛이 아름다운 조화를 이룬다.

'룽징차오탕'의 전임 총주방장 둥진무는 불과 30년 전 양쯔강에서 준치를 잡아 찜요리를 만들던 기억을 떠올린다. 안타깝게도 오염과 수력발전 댐 건설로 인해 준치는 양쯔강으로 회유하지 않게 되었고, 중국에서는 더 이상 자연산 준치를 구할 수 없다. 여전히 강남 지역의 고급 식당에서 칭정스위를 맛볼 수 있지만, 주재료인 준치는 인도나 방글라데시에서 냉동 수입한 것이다.

아드레날린이 솟구치는 볶음 요리에 비해 찜 요리는 쉽고 편안하며 관대한 조리법이다. 찐 음식은 식단의 건조하고 기름진 요리와 멋진 대조를 이룬다. 저녁 식사에 친구를 초대해서 온통 볶음 요리만 내는 것은 터무니없다. 질려버리기 십상이다. 대신 냉채 몇 가지, 하루 전부터 준비해서 천천히 익힌 조림 요리, 시루에 찐 요리를 섞어 식단을 짜면 볶음 요리 일색보다 풍부하면서도 조리의 부담을 덜 수 있다.

때로는 만찬을 준비하느라 하루 종일 주방에서 재료를 썰고 양념하고 데친다. 그런데 그날의 메뉴 중 가장 간단하고 준비하기 편한 생선찜이 곧잘 가장 큰 기쁨의 탄성을 자아내곤 한다. 사실 생선을 시루에 넣은 게 전부라 속임수를 쓴 기분이기도 하다. 중국, 특히 홍콩에서는 어망 속에 살아서 펄떡이는 생선을 테이블까지 가져와 보여주는 것을 좋아한다. 더 이상 신선할 수는 없다. 그런 다음 주방의 시루로 가져간다. 완벽하게 신선한 생선에 이보다 더 좋은 조리법이 있을까?

불과 시간

새우볶음
칭류다워

작은 주방은 벌써 매혹적인 향으로 가득하다. 가스레인지 위의 커다란 질그릇에는 약불에 보글보글 끓는 국물이 닭, 오리, 비둘기, 햄, 돼지 족발, 사골의 향을 내뿜고 있다. 냉채들은 이미 작은 접시에 담겨있다. 간장에 조린 오리醬鴨, 소금에 절인 닭鹹雞, 바비큐 소고기, 돼지 위, 연근, 오이무침, 매운 배추, 길게 썬 해파리, 그리고 가운데 자리는 '기름에 터뜨린' 새우—유바오샤油爆蝦가 차지하고 있다. 생선으로 속을 채운 앙증맞은 춘권, 절인 야채를 넣은 찐빵, 장미 꽃잎 잼이 들어간 바삭한 쌀떡과 같은 딤섬도 준비가 다 되어 뜨거운 기름에 튀기거나 시루에 쪄내기만 하면 된다. 이제 재료가 준비되고 양념이 만들어졌으니, 두 명의 셰프가 본격적으로 웍 요리를 시작할 차례다.

쑤저우에 도착한 지 불과 몇 시간 만에 엄청난 운이 따라, 공식적으로 은퇴한 베테랑 셰프 두 명이 옆 방에서 열리는 거물급 현지 인사들의 개인 연회를 준비하는 주방에 초대받았다. 은퇴한 마스터 셰프는 나 같은 미식 연구자들에게 성배나 다름없는 존재다. 길고 혹독한 견습생활을 거친 졸업생이자, 일가를 이룬 장인이며, 사라져가는 미식 비법의 저장고니까. 이들은 대부분 치킨 에센스와 MSG 같은 즉효 약 대신 육수로 음식 맛을 내는 옛 방식으로 요리하는 법을 알던 사부師傅들 밑에서 수련했다. 쑨푸건孫福根과 루진차이陸金才는 둘 다 쑤저우에서 가장 유명한 식당 '송학루松鶴樓' 출신이다. 건륭제가 통치하던 18세기에 창업했고 고전 쑤저우 요리로 이름을 날리는 곳이다. 쑨은 이곳을 20세기 초의 추앙받던 군사학교에 빗대어 '쑤저우 요리의 황포 군관학교'라고 묘사했다.

요즘 두 셰프는 더 이상 일반 대중을 위해 요리하지 않고, 개인적인 친분을 통해 소개받은 '내부' 손님만 받는다. 일주일에 단 며칠, 옛 도시의 중심에 자리잡은 이 은밀한 주방에서 운 좋은 단 한 테이블의 손님들을 위해 쑤저우의 진미로 된 연회를 준비한다.

유서 깊은 운하의 도시 쑤저우에는 고전적인 중국 정원들이 곳곳에 자리잡고 있고, 이 중 일부는 기원이 남송 시대까지 거슬러 올라간다. 담장 안에 정자와 암석과 호수를 조경해넣은 고요한 공간이다. 쑤저우는 또한 강남 지역의 오래된 미식 중심지이기도 하다. 근방의 타이후太湖호에서 잡히는 황홀한 게와 각종 수산물, 계절마다 돌아가며 나오는 훌륭한 제철 식재료, 치명적인 단맛을 숨길 수 없는 섬세하고 절제된 조리법으로 알려져 있다. 중국 남부를 여러 차례 순방하며 강남 지역에 반했던 건륭제는 쑤저우 요리에 매료된 나머지 현지 요리사들을 베이징으로 데려갔다. 이들이 궁궐 주방에 남방풍 요리를 도입했고, 그 여파가 이어져 아직도 국빈 연회에서 흔적을 찾아볼 수 있다.

내가 도착한 늦은 오후, 쑨과 루 두 셰프와 함께 잠깐 휴게실에 앉아 차를 마시고 담배를 피웠다. 우리는 쑤저우 요리에 대해 얘기했고, 사람 좋은 쑨 셰프가 두 사람이 이미 만들어놓은 모든 냉채에 사용된 조리 기술과 재료를 꼼꼼히 짚어가며 설명해주었다. 그러다 6시 정각이 되자 손님들이 도착했고, 셰프들은 마치 경주마가 출발 신호에 반응하듯 땅 하고 작업에 들어갔다.

쑨 셰프는 딤섬을 완성하고 요리를 보기 좋게 접시에 담아내는 운영 총괄이고, 그의 무뚝뚝한 동료 루 셰프는 웍을 담당한다. 루 셰프가 웍 한가득 기름을 두르고 센 불에 달궜다가 웍을 내려놓고, 껍질을 벗겨 양념에 재운 손톱만 한 크기의 민물 새우 한 그릇을 손으로 뿌려 넣는다. 지글거리는 웍을 다시 불 위에 올리고 국자로 재빨리 새우들을 서로 떼어놓은 다음, 곧장 체에 걸러 기름만 아래쪽 냄비에 모은다. 그러고는 새우들을 다시 뜨거운 웍에 넣고 약간의 사오싱주와 양념을 뿌리고 나서 한두 번 뒤섞은 다음 손님용 접시에 담는다. 이 모든 게 불과 몇 초 사이에 이루어진다. 다음으로는 얼룩덜룩한 부채 모양의 지느러미가 달린 타이후호의 명물 생선 탕리塘鱧(남방동사리)를 토막 내어 마찬가지 방법으로 기름에 익힌 뒤, 웍에 다시 넣어 파와 마늘 약간, 소량의 육수와 조미료, 술지게미로 만든 향료를 추가한다. 새우와 생선 모두 가벼운 튀김옷을 입혔고, 형태가 잡힐 정도로 뜨겁지만 섬세한 육질이 바삭해지거나 착색될 만큼 뜨겁지는 않은 기름에 살짝 익히고 나서 센 불에 몇 초간 볶았기 때문에 끝내주게 부드럽고 육즙이 가득하다. 중국어로는 이걸 '화넌滑嫩', 즉 매끄럽고 연하다고 표현한다.

'볶는다炒'(차오)라는 뜻의 영단어 '스터 프라이stir-fry'는 매사추세츠로 이민 온 중국인 학자 부웨이 양 차오가 1945년에 쓴 획기적인 요리책 『중화요리 만들고 먹는 법How to Cook and Eat in Chinese』에서 처음 사용했다. 이 단어는 중국요리사들이 음식 재료를 센 불에 볶으면서 동시에 끊임없이 뒤섞는 행위를 절묘하게 표현하고 있다. 하지만 영어 '스터 프라이'는 중국어로는 세심하고 정확하게 구분되는 일련의 다양한 웍 조리법을 하나로 뭉뚱그려 묘사하는 말로 쓰이는 경향이 있다. 볶는다는 뜻으로 쓰는 가장 일반적인 중국어는 통상 '차오炒'이지만, 여기에도 여러 변형이 있다. 재료를 그저 차례대로 웍에 넣어 볶는 '샤오차오小炒', 더우니豆泥처럼 부드럽고 한 덩어리로 뭉쳐진 된반죽을 볶을 때 쓰는 '루안차오軟炒', 향료를 첨가해 좋은 향이 날 때까지 지글지글 볶는 '차오샹炒香' 등이다. 영어로는 역시 '스터 프라이'라고 뭉뚱그려 표현할 만한 다른 단어들도 있다. 쓰촨의 단어인 '간볜乾煸'은 죽순이나 콩깍지 같은 재료를 얇게 썰어 수분이 좀 날아가고 향이 나고 노릇해질 때까지 마른 웍에서 볶다가 마지막으로 식용유와 향료와 기타 향을 돋우는 식재료를 넣고 볶아내는 일종의 변형된 스터 프라이 방법을 가리킨다. '바오爆'는 글자 그대로 '터뜨린다'는 뜻으로, 최대한 센 불에서 빠르게 볶는 것을 말하며, 돼지 콩팥처럼 오래 익히면 가죽처럼 질겨지는 섬세한 식재료를 조리할 때 사용한다.

더 복잡하고 하나의 영단어로 번역이 불가능한 볶음법으로 '류熘'가 있다. 작은 크기의 재료를 기름에 튀기거나 물 또는 기름에 데친 다음, 웍에서 따로 만들어놓은 소스와 섞는 방법이다. 전분 반죽을 쓰는지, 어떤 전분 반죽을 쓸 것인지, 최종 요리에서 어떤 식감을 내려고 하는지, 시그니처 양념이 있는지에 따라 류에도 여러 변형이 있다. 루 셰프가 엄청나게 빠른 속도로 볶아냈던 새우 요리에 사용한 방법은 '칭류淸熘' 즉 '맑은' 류라고 하는데, 다른 재료를 넣지 않고 진한 색의 간장 없이 조리하기 때문에 그렇게 부른다. 웍에서의 마지막 단계는 분명 '스터 프라이'라고 부를 수 있으나 이것은 전체 과정의 일부일 뿐이다. 영어로는 간볜, 바오, 류와 그 다양한 변형을 간단하게 표현할 방법이 없기 때문에, 웍에서 빠르게 볶아낸 요리를 가리킬 때 일반적으로 '스터 프라이'라는 말에 의존한다.

◆

중국 최초의 조리 용기는 솥, 시루, 그리고 부엌 불 속에서도 똑바로 서 있을 수 있도록 다리가 서너 개 달린 '딩鼎'이라고 알려진 일종의 냄비였다. 상나라와 주나라 때는 정교한 무늬가 새겨진 청동 딩이 연회와 제례 때 사용되었고, 정치적 권력의 상징이 되었다. 통치자의 권력은 소유하고 있는 딩의 개수로 결정되었으며, 경쟁자에게 딩을 빼앗긴다는 것은 권력의 상실을 의미했다.[1] 중국 전역의 박물관에서 실물을 볼 수 있는 딩에는 여전히 문화적 함의가 풍부하게 담겨 있어, 지금은 세계적인 브랜드가 된 타이완의 딤섬 식당 '딘타이펑鼎泰豐'의 이름에 쓰이기도 한다.

부와 권력을 가진 사람들은 의례용으로 청동 조리기를 소장했을지 몰라도, 대부분의 사람은 도기를 사용하다 나중에는 철기를 썼다. 음식은 보통 삶거나 쪘지만 때로는 불에 굽고, 기름에 지지거나 꼬치에 끼워 굽기도 했다. 서기의 첫 1000년인 한나라부터 당나라까지의 수 세기 동안, 도기로 된 옛 조리 기구는 현대의 웍과 비슷한 모양을 한 위가 뚫린 무쇠 냄비로 서서히 대체되었다.[2] 쇠는 한나라 때부터 사용됐지만 훗날 더 널리 보급되었고, 점차 나무 대신 숯이 조리 연료로 쓰였다.[3] 숯은 나무보다 열을 더 효과적으로 유지했기 때문에 고온에서 빨리 요리하는 데 실용적이었다. 이로써 중국의 요리 기술이 크게 도약하고 중국요리만의 특징적인 방법 중 하나의 토대가 마련되었다.

송나라 시대에는 원래 냄비에 곡물을 덖던 행위를 묘사하던 옛 단어 차오炒를 오늘날 '스터 프라이'라고 부르는 새로운 조리법에도 적용하기 시작했다. 이 조리법의 정확한 기원은 이제 알 수 없지만 당나라 때에 활발히 보급된 것으로 보인다.[4] 문헌상으로는 저장浙江의 심산에 은둔했던 13세기의 시인 임홍이 쓴 식보 『산가청공山家淸供』에 처음 등장한다.5 임홍은 향신료를 덖는 과정이 있는 레시피 부분에서 차오를 옛 의미로 사용하는 듯하다가, 몇몇 조리법에서 기름에 조리하는 '새로운 방식'으로 차오를 언급한다.

결국에는 웍이 중국 전역에서 집집마다 사용하는 주 조리기가 되었고 볶음은 대중적인 조리법으로 자리잡았다. 밥은 보통 깊은 냄비나 시루에, 탕과 찜은 질그릇에, 일부 요리는 시루에 조리했지만, 일상적인 차이(요리)를 만들 때는 음식을 잘게 썰어 뜨거운 웍에 돌려가며 볶곤 했다. 솥과 시루만 올려져 있던 옛 벽돌 아궁이는 이제 하나 이상의 무쇠로 된 커다란 웍이 불 위쪽으로 움푹하게 만들어진 자리에 맞춰 놓여 있다. 오늘날 중국의 거의 모든 오래된 농가에 가보면 여전히 그 모습을 볼 수 있다. 가볍고 날렵한 현대의 웍과는 달리 이런 농가의 웍은 지름이 60에서 90센티미터에 이르고 손잡이도 없기 때문에 음식을 띄워올려 뒤섞을 수 없다. 대신 웍의 뜨거운 표면 위에서 식재료를 국자로 이리저리 몰아가며 요리하고, 서빙 접시에 옮겨 담은 뒤에는 웍을 그 자리에서 헹구고 말린다.

웍은 볶음 요리에 쓰는 도구로 가장 잘 알려져 있긴 하지만 사실상 어떤 종류의 조리도 가능하다. 웍의 곡면에 재료를 평평하게 펼쳐 지글지글 볶거나, 기름을 넉넉히 부어 튀김 요리를 할 수도 있다.(둥근 냄비에 튀기는 것보다 훨씬 더 경제적이다.) 웍에 소금이나 모래를 채우고 땅콩을 넣은 다음 뒤집어가며 천천히 구울 수도 있다.(차오의 옛 의미를 따라 '옌차오鹽炒'와 '샤차오沙炒'로 알려진 조리법이다.) 바닥에 물을 약간 채우고 뚜껑을 덮으면 웍은 찜기가 된다. 시루를 따로 올릴 필요도 없고, 웍 바닥에 금속 삼발이, 혹은 나무젓가락이나 대나무 젓가락으로 만든 즉석 삼발이를 놓고 그 위에 음식을 얹으면 된다. 또는 웍 바닥을 키친 포일로 덮고 그 위에 밀가루, 설탕, 훈연 재료를 넣으면 웍은 그대로 간단한 훈제기가 된다. 많은 인원을 위해 요리할 때는 웍을 이용해 바삭한 황금색 겉면이 돋보이는 누룽지鍋巴를 만들 수도 있다. 물론 사람들이 자주 하는 탕이나 찜, 조림 요리에도 사용된다.

'스터 프라이'는 재료를 웍에 던져넣기만 하면 되는 것인 양 가볍게 들린다. 하지만 쉽고 간단해 보여도 센 불, 그중에서도 중식당 주방의 화산처럼 뜨거운 불에 빠르게 요리하는 것은 중국의 조리법, 아니 전 세계의 조리법 중에서도 가장 어려운 기술이다. 웍은 일상적인 가정 요리의 주축이지만, 업소 주방의 숙련된 셰프의 손에 들어가면 무술인의 검처럼 섬세하면서도 강력한 도구가 된다.

앞서 말한 작고 여린 새우 요리를 예로 들어보자. 익히는 기름의 온도가 너무 낮으면 튀김옷이 떨어져 나가('옷이 벗겨진다'고 표현한다) 새우가 기름을 지나치게 흡수해 요리가 느끼하게 완성된다. 기름 온도가 너무 높으면 매끄럽고 연한 대신 건조하고 '불기운이 지나친老' 요리가 된다. 그날 밤 쑤저우의 메뉴에는 새우 요리를 시적으로 묘사해 커다란 옥, '다위大玉'라고 적혀 있었지만, 새우가 완벽하게 조리되어 말갛고 반투명한 광택이 날 때만 그런 이름에 걸맞는다. 너무 익혔다가는 칙칙하며 탁해 보이고, 덜 익혔다가는 새우 안쪽이 날것인 상태로 남아 있다. 그리고 웍에서 마지막으로 볶아내는 단계는 양념의 흔적을 더하고 맛을 융합시키는 아주 잠깐의 시간으로, 찰나에 가깝다. 간을 볼 틈도, 한 치의 오차가 끼어들 여지도 없다. 완벽한 새우를 조리한다는 것은 결코 쉬운 일이 아니다.

볶음 요리에 두 번째 재료를 추가하면 복잡성이 증가한다. 흔한 가정식 요리인 돼지부추볶음韭菜炒肉絲을 예로 들어보자. 돼지고기는 물론 가늘고 고르게 썰어야 모든 조각이 빠르게 익으면서도 육즙 가득한 완벽한 상태에 동시에 도달할 수 있다. 또한 잘 가늠한 양념장으로 풍미를 내고, 부드러운 식감을 위해 전분 반죽으로 섬세하게 옷을 입혀야 한다. 부추는 미적 조화를 위해 돼지고기와 비슷한 길이로 썰어야 한다. 완성된 요리에는 돼지고기가 너무 익거나 덜 익어서도 안 되고, 부추는 웍의 열기로 날카롭게 입맞춤하되 여전히 생생한 초록빛을 띠어야 하고, 거친 날것의 상태여서도 안 되며 힘없이 축 처져서도 안 된다. 돼지고기와 부추 모두 조리되고 익었다는 뜻의 단어인 '쥐熟'의 상태에 도달해야 한다. 제대로 조리된 요리는 모든 재료가 덜 익은 것과 너무 익은 것 사이의 절대적인 균형점에 있다. 완벽하게 익은 복숭아가 덜 익은 상태와 부패한 상태 사이 어딘가의 최적화된 순간에 있는 것처럼.

이걸 달성하는 방법은 두 가지가 있다. 돼지고기를 중간 정도까지 익히다가 부추를 넣고 딱 맞게 익을 때까지 볶는 방법이 첫째다.(가정에서 일반적으로 사용하는 방법.) 또는 돼지고기를 먼저 볶거나 기름에 거의 익혔다가 옆으로 꺼내놓은 다음, 부추를 따로 볶고 마지막 순간에 모두 섞는 방법도 있다.(정확성 때문에 식당에서는 주로 이 방법을 선호한다.) 이런 조리법의 정확한 타이밍은 계량화하기 쉽지 않다. 돼지고기와 부추의 양과 비율, 돼지고기의 두께, 부추의 연한 정도, 웍의 두께와 전도성, 기름의 양, 열의 강도, 웍 안에서 재료들을 돌려가며 볶는 속도에 따라 달라지기 때문이다. 사랑에서와 마찬가지로 요리에서도 두 재료가 동시에 완벽한 절정에 이르도록 하기란 쉽지 않다.

좀더 복잡한 사례로는 도쿄의 작은 '프라이빗 키친' 중식당 '융勇'에서 맛있게 먹었던 요리를 떠올리곤 한다. 그날 저녁의 정식 메뉴 중에는 소박한 '볶음 요리'가 있었다. 재료는 신선한 가리비, 줄풀茭白 줄기, 노란 부추, 풋호박, 원추리, 무, 청경채로, 각각 몇 조각씩만 사용해 서빙 접시 위에 소복하게 담겨 나왔다. 가리비와 야채 몇 가지뿐이라 간단해 보이겠지만 이 요리는 기막힌 작업의 산물이었다. 부드러운 가리비, 육즙 가득한 줄풀, 단단한 호박, 연약한 부추, 아삭한 무와 같은 각각의 재료가 모두 완벽하게 조리되어 있었다. 재료마다 각기 다른 특성과 농도를 고려하면 거의 기적 같은 일이었다. 나중에 셰프에게 조리 기술에 대해 물어봤다. 그는 우선 밀도가 높은 재료들을 각각 따로 익히는데, 뜨거운 기름에 넣은 다음 뜨거운 물에 넣어 느끼함을 제거한다고 했다. 그리고 모든 재료를 뜨거운 웍에 넣고 생부추와 함께 잠시 버무린다. 작은 볶음치고는 엄청난 공이 들어가지만, 색과 풍미와 질감이 기막히게 아름다운 대조를 이루는 이 요리는 완벽한 조리 기술의 산물이었다.

이토록 잘 완성된 복잡한 볶음 요리를 마주치기란 의외로 쉽지 않다. 업소용 가스레인지에서 이 정도 수준의 요리를 하려면 풍부한 경험과 고도의 집중력이 필요하다. 한순간만 집중력이 흐트러져도 재앙이 발생할 수 있다. 조리 속도가 너무 빨라 뭔가 계산할 시간이 없기 때문에 무오류의 본능이 요구된다. 그런 의미에서 중국의 웍 셰프는 최고의 기량을 유지하기 위해 끊임없이 연습해야 하는 클래식 음악가나 무용수와도 같다. 그러나 엄숙한 콘서트홀 무대에서 한 번에 두어 시간만 자신의 예술을 보여주면 되는 클래식 음악가와 달리, 웍 셰프는 식당 주방의 뜨거운 열기와 소란 속에서 매일매일 몇 시간이고 해내야만 한다.(중국의 셰프 친구들 말로는, 나이 많은 헤드 셰프들이 수십 년간 쌓은 지식과 경험에도 불구하고 더 이상 매일같이 쉼 없이 웍질을 하지 않기 때문에 감각이 무뎌졌을까봐 웍 앞에 직접 서기를 꺼리는 일을 종종 본다고 했다.)

식재료를 익히는 데 걸리는 몇 초건 최상급 햄을 숙성시키는 데 걸리는 수년의 세월이건, 시간이라는 요소는 흔히 간과되지만 좋은 요리를 만드는 데 매우 중요하다.[6] 중화요리에서 '제철 음식'을 뜻하는 단어는 '시간의 지배를 받는다'라는 뜻의 '스링時令'으로, 최고의 음식은 농경력에 따라 연중의 계절에 맞춰 수확하고 먹는 것이라는 사실을 상기시켜준다. 더 중요하게는, 중화요리사에게 중화요리의 핵심이 무엇이냐고 물으면 누구나 '훠허우火候'라고 알려진 말, 즉 열의 강도와 지속 시간을 다루는 기술이라고 답할 것이다.(첫 글자 훠火는 불을 뜻하고, 두 번째 글자 허우候는 '기다림'이나 '지켜봄'을 뜻한다.)

웍을 능숙하게 다루는 셰프는 열의 세기와 열이 재료에 미치는 영향에 극히 예민하게 반응한다. 스위치를 조절하거나(현대식 조리 시설),

웍을 열로부터 가깝거나 멀게 움직여서(장작이나 석탄으로 불을 때는 아궁이의 경우), 혹은 재료의 일부를 웍의 옆면으로 밀어놓고 다른 재료를 가운데에서 익히는 식으로 열을 통제한다. 기름은 얼마큼 쓸 것이며, 음식을 넣기 전에 기름을 얼마나 오래 달굴 것인지도 판단한다. 각각의 재료를 언제, 얼마나 오래 익혀야 하는지도 안다. 두 눈과 코로 기름의 지글거림과 웍 옆면으로 피어오르는 연기의 모습, 향료를 볶을 때 올라오는 기름의 색과 향, 각각의 재료가 열로 인해 깨어나면서 달라지는 냄새를 포착한다.

조미료도 정확하게 넣어야 한다. 중간에 간을 보느라 동작을 멈췄다가는 모든 걸 망칠 수 있기 때문이다. 마지막으로, 웍 안의 소스를 걸쭉해야 만들어야 할 때가 있는데, 이 또한 어려운 작업이다. 절묘한 비율로 전분과 물을 섞어 넣어야만 이질적인 액체들의 조합을 요리에 어울리는 농도의 소스로 만들 수 있다. 어쩌면 음식 조각에 달라붙는 유리 같은 윤기일 수도 있고, 어쩌면 음식 주변으로 느릿하게 살짝 고이는 소스일 수도 있으며, 접시 가득한 야채 위에 게살 조각들을 포근하게 얹을 수 있도록 펼친 넉넉한 망토 형태일 수도 있다. 그리고 셰프가 몇 분, 심지어 몇 초 만에 요리 하나를 막 완벽하게 끝내면, 곧장 누군가 다음 요리를 위해 썰어놓은 재료들을 건넨다. 볶음 요리는 온 신경을 집중해야 하는 일이고, 대단히 빠르게 이뤄진다.

흔히 중화요리사들은 서양 요리사가 모든 걸 그램과 리터로 계량하는 반면, 자신들은 눈썰미와 감으로 양을 판단한다고 말한다. 고정관념이 대개 그렇듯 이 또한 엄밀히 말해 사실이 아니다. 서양의 제빵은 배합과 조리과정에서 정밀함을 요하는 일종의 주방용 로켓 과학일지 몰라도, 대부분의 가정 요리사와 심지어 식당의 셰프조차 일상적으로는 이것 조금, 저것 조금 하는 식의 본능에 따라 요리하곤 한다.('딱 맞는 양'을 뜻하는 이탈리아어 '콴토 바스타 quanto basta'는 중국요리책에 등장하는 '스량適量', 즉 적당량과 비슷한 표현이다.) 그러나 어떤 서양 요리도 스피드와 복잡함의 조합, 셰프에게 요구되는 육체적·정신적 민첩함에 있어 '스터 프라이'의 기술에 견줄 만한 것은 없지 않을까 싶다.

글로 쓰거나 인쇄된 중화요리 조리법에는 시간이 대개 초나 분 단위로 명시되어 있지 않다. 애초에 불가능하기 때문이다. 그러나 산둥의 어느 요리책에서 다음과 같이 '유바오油爆'(기름에 터뜨리기)와 '바오차오爆炒'(터뜨려 볶기)를 설명하는 데서 볼 수 있듯이 '훠허우'에 대한 지침만큼은 정교하다. '유바오와 바오차오는 거센 불에서 빠르게 조리해, 눈 깜짝할 사이에 한 번의 끊임없는 동작으로 요리를 끝낸다. 완성된 요리의 육즙은 기름의 윤기가 감싸고 있어야 하고, 소스는 음식에 고루 묻혀 촉촉하되 접시 위에 따로 흥건히 고여 있지 않아야 한다. 음식은 먹었을 때 깔끔해야 하고 접시는 밝고 정갈해야 한다.'

까다로운 고객층을 보유한 고급 식당의 웍을 담당하는 셰프가 느끼는 압박감은 믿을 수 없을 만큼 강렬하다. 안목 있는 중국인 손님들을 위해 요리한다면, 모든 요리가 '써샹웨이싱色香味形', 즉 색과 향과 맛과 형태의 목표를 충족시키기를 기대한다는 사실을 모를 수 없다. 이 각각의 목표는 모두 셰프의 훠허우 능력에 달려 있다. 손님들은 기름 색이 충분히 붉지 않거나, 마늘 향이 너무 강하거나, 식초가 너무 날것이거나 너무 익혀 향이 날아갔거나, 생선이 너무 익었거나 소스가 흩어진다거나 하면 금세 알아차린다. 요리마다 만족시켜야 하는 기준이 있다. '칭류' 새우는 섬세하고 매끄러워야 하며, 간벤乾扁 닭튀김은 갈색에 향이 나야 하고, 녹색 야채는 윤이 나면서도 생생해야 한다. 단 1초의 방심이 황홀함과 실패를 가른다. 어떤 요리들은 휘허우에 대한 기준이 헛웃음이 나올 정도로 높다. 닝보의 별미 요리로 웍에 찐 민물 장어 '궈사오허만鍋燒河鰻'이 그렇다. 애호가들에 따르면 서빙 접시의 곡면을 따라 둥글게 말려 나오는 장어는 온전한 형태를 유지하고 있어야 하지만, 악기를 울리기만 해도 흩어질 만큼 부드러워야 한다!

완벽한 스터 프라이일지라도 보기에는 쉽게 느껴지기 때문에(그저 웍을 힘들이지 않고 가볍게 돌려서 여러 재료를 작은 접시 분량으로 섞어내는 것 아닌가) 서양인들이 그 기술적 복잡성을 잘 깨닫지 못하는 못하는 것도 이해가 간다. 그러나 여기서 쉽다는 것은 평생 붓과 먹의 세계에 몰입했던 사람의 완숙한 서예작품이 '그저 휘갈겨 쓴 것'일 뿐이라거나, 로스코(미국의 화가, 1903~1970)의 그림이 그저 물감으로 덮인 캔버스일 뿐이지 않느냐는 의미에서 그렇다. 프랑스 요리에서는 홀랜다이즈 소스의 간을 보고 맛을 다시 조정할 시간이 있다. 유화는 물감을 덧칠해 수정할 수 있다. 그러나 스터 프라이는 서예작품처럼 첫 번째에 완벽하게 행해야 한다. 일단 웍에 음식이 들어가거나 종이 위에 먹을 묻히면 되돌릴 수 없고 다음 기회도 없다. 완성된 요리, 혹은 글씨는 창작자가 몸을 놀리기 전에 마음과 손에서 이미 완성되어 있어야 한다. 그래야만 웍이나 종이에서 우아한 동작으로 재빠르게 재현할 수 있다.

서예나 그림과 마찬가지로, 훠허우의 기술은 너무나 미묘하기 때문에 말로 정확히 표현할 수 없다. 스승의 가르침과 몸의 수련을 통해 배워야만 한다. 1983년 영어권 독자들을 위해 출판된 『차이니즈 쿠킹 Chinese Cooking』은 조리 시간이나 열의 세기의 미세한 차이가 최종 요리의 품질에 영향을 미친다고 설명한다. "이런 미묘하고 섬세한 점은 조리법의 언어로 쓸 도리가 없다. 요리하는 동안 눈과 코와 귀로 자신이 하는 요리를 직접 느끼고 관찰하기를 권한다. 열 조절의 미묘함을 마스터한다면, 중국요리를 마스터하는 데 큰 걸음을 내디딘 것이다."7

청나라의 시인이자 요리책 저자인 원매는 훠허우에 대해 이렇게 말했다. "모든 조리법을 통틀어 가장 중요한 것은 훠허우다. 팬에 지지거나 볶는 조리법은 강렬한 '무화武火'가 필요하다. 불이 약하면 재료가 처져 생기를 잃는다. 졸이거나 끓이는 것과 같은 조리법은 온화한 '문화文火'를 필요로 한다. 불이 강하면 재료들이 마르고 시든다. 어떤 경우에는 강렬한 불로 시작했다가 줄여야 한다. 국물에 재료를 넣고 익힐 때가 그렇다. 서둘렀다가는 바깥은 타고 안은 여전히 덜 익은 상태로 남는다. (…) 솥에서 너무 오래 익히면 핑크빛 돼지고기는 검게 변하고, 생선의 탱탱한 살은 죽은 듯이 말라버린다. 도인은 연금술을 통해 불멸을 추구하고, 유학자는 과함을 삼가서 중용을 추구한다. 훠

허우를 이해하고 온전히 집중할 줄 아는 요리사는 사실상 도를 터득한 것이나 다름없다."⁸

중국요리의 전반적인 미묘함에 대한 가장 아름다운 묘사는 전설적인 요리사 이윤이 남겼다. 기원전 3세기의 상인 여불위가 편찬한 글에 나온다.

> 딩(솥) 안에서 일어나는 변화는 너무나도 놀랍고 섬세해서 말로 표현하거나 머리로 이해할 수 없다. 활을 쏘는 이와 전차를 모는 이의 정교한 기술과도 같고, 음과 양의 변화와도 같고, 계절의 흐름과도 같다.⁹

이윤은 현대적인 웍이 발명되기 전인 중국의 청동기 시대에 살았지만, 그의 말은 스터 프라이의 신묘한 기술에도 고스란히 적용할 수 있다. 훠허우라는 단어가 영생을 추구하는 중국의 도교 연금술에 그 기원이 있다는 사실, 그리고 역사적인 인물인 이윤 본인도 단순히 요리사가 아니라 주술사였을 수도 있었다는 사실은 어쩌면 자연스러운 일이다.¹⁰

●

요즘 고참 셰프들의 주된 불만 중 하나는 젊은이들이 '츠쿠吃苦', 즉 고된 노동을 두려워해 요리를 진지하게 배우려 하지 않는다는 것이다. 내가 아는 가장 뛰어난 셰프 중 몇몇은 유럽이나 미국에서 일했더라면 인턴 지망생들에게 둘러싸였겠지만 정작 변변한 견습생조차 없다. 많은 베테랑 셰프가 자기 자식조차 자신이 걸어온 길을 따르기 원치 않는 걸 어쩌겠는가. 사부에게 절대 복종하고, 새벽부터 시작해 끝이 보이지 않는 일과를 보내고, 주방 뒤편이나 불 위에서 거친 육체노동을 하는 그 힘들고 가혹한 길을.

웍 요리의 기술은 앞으로 어떻게 될까? 독자들도 중국뿐 아니라 전 세계 중국인 커뮤니티에서 훠궈와 국수와 만두를 파는 식당이 확산되고 있다는 사실을 눈치챘을 것이다. 나는 이걸 중국요리의 '훠궈화'라고 부른다. 런던의 차이나타운에서는 한 세대에 걸쳐 훌륭한 전통 웍 요리를 제공하던 광둥식 식당이 대부분 딤섬과 아시아 패스트푸드에 자리를 넘겨주고 있다. 중국에서도 훠궈 식당이 급격히 늘어나고, 셰프들이 식재료부터 완성된 음식까지 종합적인 요리 기술을 배우는 대신 제한된 몇 가지 요리만 하는 대형 체인점도 많아지고 있다. 훠궈 식당을 열기 위해서는 대량으로 생산했다가 필요하면 다시 데울 수 있는 좋은 육수만 있으면 된다. 그다음에는 재료를 써는 단순 노동력만 구하면 손님들이 자기 요리를 스스로 조리한다! 딤섬을 빚는 일도 작은 생선을 조리하는 것만큼이나 섬세해 보이지만, 웍 가득 민물 새우를 볶는 것에 비하면 애들 장난이다. 딤섬 셰프는 일하다 잠깐 멈춰도 하늘이 무너지지 않는다. 웍 셰프가 그랬다가는 재앙이 일어난다.

숙련된 웍 셰프를 구하거나, 또는 이 일을 배우고자 하는 새로운 세대를 찾는 데 큰 어려움을 겪고 있는 현대의 식당 사업가들이 대체품으로 로봇에 관심을 갖는 것은 어쩌면 당연한 일이다. 볶음 기계는 나온 지 꽤 됐지만 크리스토퍼 캐비시가 온라인 매체 '진지한 먹거리Serious Eats'의 기고문에 설명했듯이, 베이징 동계 올림픽 주최 측이 코로나19 와중에 대면 접촉을 최대한 줄이려고 애쓰면서 일약 주목을 받았다. 캐비시에 따르면 로봇 웍에는 여러 디자인이 있지만 기본적으로 "프레임 위에 45도 각도로 장착된 금속 양동이처럼 생겼고 그 밑부분에서 지느러미처럼 생긴 주걱이 천천히 회전한다".[11] 한 번에 100킬로그램의 음식을 조리할 수 있는 이런 기계는 재료와 양념을 드럼통 속에 부으면 열을 가하며 회전시키고 뒤섞는데, "마치 드럼형 빨래 건조기로 음식을 볶는 것 같다". 요리가 다 되면 드럼통이 앞으로 기울면서 완성된 음식을 접시 위로 쏟아낸다. 로봇 웍을 생산하는 한 회사의 매니저는 캐비시에게, 셰프들이 그저 기계에 프로그래밍할 수 있는 정확한 조리법만을 만드는 "콘텐츠 크리에이터"가 되는 미래를 예견한다고 했다.

　2000년이 넘는 세월이 흐른 지금, 로봇 셰프는 고대 이윤의 정신과 섬세하며 아름다운 훠허우의 기술에 다가올 종언을 고하는 것일까? 그게 아니라면 좋겠다. 숙련된 셰프가 스터 프라이를 하고 있는 모습은 마치 경이로움을 행하는 마술사 같다. 셰프는 비록 상흔투성이에 줄담배를 피우고 말이 어눌할 수도 있겠지만, 그의 움직임이 보여주는 우아함과 아름다움, 그의 놀라운 정신적·육체적 민첩함은 보는 이의 숨을 멎게 한다. 무술의 화려함, 황금빛 장삼을 입고 날아다니는 무예승의 모습은 잠시 잊어라. 바로 여기, 주방의 연기와 소란스러움의 한가운데에 진정한 쿵푸가 펼쳐지고 있으니.

쑤저우의 그 주방에서 쑨 셰프와 루 셰프는 놀라운 속도로 연회를 준비한다. 아홉 가지 전채 뒤에는 여덟 가지 요리와 세 가지 딤섬이 이어진다. 새우와 탕리塘鱧(남방동사리) 다음으로 기름에 터뜨리듯 볶은 내장. 섬세한 소스를 곁들인 생선 부레. 불그레한 그레이비 소스를 뿌린 돼지고기 편육. 닭고기와 햄과 죽순과 요리한 구기자의 어린 싹. 바싹 튀겨 탕수 소스를 뿌린 화려한 모습의 송수구이위松鼠鮭魚. 버섯을 넣은 갓볶음. 그리고 질그릇에 하루 종일 끓이고 있던 호화로운 탕까지. 이 모든 요리가 45분 안에 완성되어 상에 오른다. 셰프들은 대수롭지 않게 요리한다. 나는 이들이 작은 주방에서 요리하는 모습을 지켜본다. 2000년이 지나도 여전히 밝게 타오르고 있는 이윤의 불이 잠시 번쩍하면 요리가 하나씩 만들어진다. 그리고 모든 것이 끝났다. 마지막 요리가 나가자 이들은 도구를 탁 내려놓고 담배에 불을 붙인다. 거친 쑤저우 방언으로 농을 주고받으며 다시 속세의 인간 모습으로 돌아간다.

조리 용어

두부조림
산둥 궈타더우푸

팔순의 옌징샹顔景祥 마스터 셰프가 중국 전통의 붉은색 비단옷을 입고 호랑 무늬 안경을 쓰고 산둥성 동북부의 지난에 있는 자신의 집 소파에 앉아 있다. 옌 셰프는 중국의 4대 요리 중 하나로 알려진 산둥 요리인 루차이鲁菜의 대가다.(공자의 고향이 지금의 산둥 지역인 고대 노鲁(루)나라이기 때문에 루차이라는 이름이 붙여졌다.) 산둥 요리사는 웍을 다루는 솜씨로 유명하다. 나는 전부터 그의 조리 기술에 대해 자세하게 묻고 싶은 것이 많았고 옌 셰프가 흔쾌히 응해 주었다. 옌 셰프는 나의 세세한 질문에 기꺼이 답해주었다. 그는 환한 미소를 지으며, 숨도 쉬지 않고 40여 가지의 다양한 조리법을 줄줄이 읊었다. 그러고는 나를 바라보며 이렇게 말했다. "물론, 이것은 기본에 불과하죠."

나는 전혀 놀라지 않았다. 쓰촨고등요리학교 시절 56가지 조리법을 배웠고, 그 후에도 더 많은 조리법을 접해왔기 때문이다. 대표적인 중화요리 조리법인 찜과 볶음은 다양한 변형이 가능하다. 두 가지 대분류 아래 무수한 방식이 존재하는데 전통적인 방식부터 현대에 새로 만들어진 방식도 있으며, 보편적인 방식이 있다면 지역 특색이 매우 강한 방식도 존재한다. 요리학교에서 찜은 그저 찜이 아니라 다양하게 응용될 수 있다고 배웠다. 예를 들어 식재료에 쌀가루를 입혀 찌는 펀정粉蒸, 식재료를 담백하고 맑게 쪄내는 칭정清蒸, 식재료를 담고 그릇을 밀봉하여 찌는 한정旱蒸, 식재료를 미리 삶았다가 찌는 사오정燒蒸, 식재료를 튀기기 전이나 후에 찌는 자정炸蒸, 된반죽이나 푸딩 형태의 식재료를 찌는 가오정膏蒸, 속을 채운 식재료를 통째로 찌는 랑정瓤蒸 등이 있다. 또한 관련된 조리 용어로 커우釦라는 단어가 있는데, 식재료를 그릇에 담아 찐 후 접시에 뒤집어 담아 상에 내는 것을 말한다.

　한 문화권이 어디에 우선순위를 두고 있는지 잘 보여주는 단서는 전문화된 어휘에서 찾을 수 있다. 다른 문화권에서는 피상적으로만 표현하는 주제를 세분화된 층위에서 섬세하게 다루는 풍부한 어휘의 층을 갖고 있는지 보면 된다. 이누이트족은 다양한 종류의 눈과 얼음에 대해 많은 단어를 가지고 있는 것으로 유명하며, 아르헨티나 목장주들은 소가죽의 다양한 색을 미묘하게 구분한다. 특히 요리의 정교함을 가늠할 수 있는 좋은 척도 중 하나가 바로 어휘다. 예를 들어 프랑스 요리는 다양한 조리 방법, 소스, 페이스트리 종류 및 기타 재료 손질법을 표현하는 고도로 전문적인 단어가 있다. 요리에 관해 덜 정교한 영어는 '셰프' '레스토랑' '메뉴'와 같은 기본적인 단어부터 '마요네즈mayonnaise' '홀랜다이즈hollandaise' '소테saute' 및 '테린terrine' 같은 더 복잡하고 구체적인 요리 관련 용어 대부분을 프랑스어에서 차용하고 있다.

서양에서는 중화요리의 기술적인 복잡성에 대한 인식이 부족한데, 그 이유 중 하나는 언어 장벽 탓일 수 있다. 많은 중화요리 관련 용어가 영어나 다른 언어에는 상응하는 단어가 없어서 그대로 번역할 수 없다. 중국어권 커뮤니티 내에서도 전문 요리사 커뮤니티 바깥의 사람들은 조리 용어에 익숙하지 않다. 쓰촨대학 역사학과 대학원생 친구 한 명은 내 요리학교 교재에 나오는 대부분의 용어를 잘 몰랐다. 서양인 셰프가 중화요리에 아무리 관심이 있다고 해도 중국어 구어뿐 아니라 문어에 대한 이해가 없으면 조리 기술의 모든 차이점을 제대로 파악하기 어려울 것이다.

예를 들어 그날 오후 옌 셰프가 언급한 조리 용어 중 하나는 루차이에서만 사용되는 '타燜'였는데, 이는 산둥성 밖에서는 거의 알려지지 않았고 대부분의 사전에 나오지 않을 정도로 특이한 한자로 표기된 조리법이다. '타'를 한 단어의 영어로는 번역할 수 없다. 이는 넓고 납작하게 썬 식재료에 달걀 물을 얇게 입혀서 웍이나 프라이팬에 지져 낸 후 양념장을 첨가하는 것을 말한다. 이 조리법을 활용한 유명한 산둥 요리로 궈타더우푸鍋燜豆腐가 있다. 궈타더우푸를 만들려면 먼저 흰 두부를 아홉 개의 두꺼운 직사각형으로 자른다. 두부에 달걀 물을 입혀 웍 바닥에 직사각형 타일처럼 늘어놓고 익힌다. 달걀

물이 두부를 단단히 잡아주면서 양면이 노릇해질 때까지 지져낸 후 대파, 마늘, 생강 같은 향신 야채와 양념장을 부어 두부에 서서히 스며들 때까지 조려준다. 양념이 밴 두부는 풍부하고 섬세한 맛이 일품이며 두부와 노릇노릇한 반죽의 대조적인 식감이 부드럽고 편안하다. 가시를 발라내고 포 뜬 생선 살 같은 재료도 같은 방법으로 조리할 수 있다.

'궈타'는 '타' 조리법의 한 가지 버전일 뿐이다. 내가 가지고 있는 루차이 요리책에는 다른 네 가지 버전의 타 조리법이 소개되어 있다. 얇게 썬 주재료에 달걀 흰자를 입혀(혹은 이 부분을 생략해도 된다) 기름에 부드럽게 익힌 다음 육수에 넣는 '화타滑爛', 그리고 또 다른 버전은 얇게 썬 주재료에 휘핑한 계란 물이나 베이킹파우더를 넣은 계란 반죽을 입힌 다음 구운 견과류를 뿌려주는 '쑹타松爛'다.

마찬가지로 중국의 요리 관련 용어의 상당수는 영어로 요약할 수 없는 길고 복잡한 과정을 표현한다.

그렇다면 중국어로 된 전문 용어를 그대로 가져다 쓰면 어떨까? 영어에는 이미 '웍wok'이라든가 '완탕wonton' 같은 중국어에서 차용한 몇몇 영단어가 있다. 그러나 프랑스어 요리 단어를 영어로 차용하는 것은 간단하지만 중국어는 특별한 문제가 있다. 성조에 따라 의미가 달라지는 중국어를 영어로 차용하면 한 가지 소리로만 표현된다는 점이다. 예를 들어 '하오好'라는 단어는 4성으로 발음하면 '좋아하다'라는 뜻이지만 3성으로 발음하면 '옳다, 맞다'라는 뜻이다. 이외에도 중국어로도 똑같이 들리는 단어가 무수하며, 문맥을 이해하거나 글자를 살펴봐야만 구별할 수 있다. 중국어 사전에는 '지$_{ji}$'로 발음되는 한자가 140개 이상 나열되어 있다. 요리 관련 단어에서도 완전히 다른 두 가지 조리법이 모두 영어로는 '카오$_{kao}$'라고 표시된다. 중국어에서 한두 단어를 차용하는 것은 충분히 가능하지만, 요리 어휘 전체를 가져오는 것은 터무니없는 일이다.

설상가상으로 일부 요리 용어는 지역마다 다른 방식으로 사용되기 때문에 더 혼란스러울 수 있다. 예를 들어 '둔燉'은 쓰촨에서는 '은근하게 끓인다'라는 뜻이지만 광둥에서는 '밀폐된 냄비에 넣고 찐다' 혹은 '중탕한다'라는 뜻이다. 처음 사오싱에 갔을 때 독특한 현지의 조리 관련 어휘들을 듣고 크게 놀랐던 경험이 있다.

조리법이 다양한 것도 중화요리가 다채로운 이유 중 하나다. 잘 짜인 식단이라면 차갑게 버무린 샐러드나 냉채 한두 가지, 질그릇에 넣고 오래 끓인 조림 요리, 찜 요리, 훈제 요리, 볶음 요리 그리고 탕 등으로 구성될 것이다. 반면 특정한 조리법에 특화된 요리만 전문으로 하는 식당도 있다. 몇 년 전 항저우에서 새로 문을 연 인기 식당을 찾아 식사했는데 수프에서 스튜, 통생선에서 만두까지 전부 찜 요리만 나왔다.

중화요리의 가장 놀라운 부분은 이 복잡하고 매우 다양한 범위의 기술을 만들어내는 데 쓰이는 장비가 단순하다는 점이다. 전문 주방에서도 대부분의 음식은 중국식 칼 한 자루와 나무 도마(뼈를 자를 때 쓰는 더 무거운 칼이 또 하나 있다), 웍, 국자, 체, 시루 정도만 사용하면 된다. 각 도구는 다양한 용도로 쓰일 수 있는데, 예를 들어 국자는 기름이나 국물을 뜰 때, 음식을 볶을 때, 소스를 섞을 때 사용된다. 상하이에서는 만두피로 쓸 작은 오믈렛을 만들기 위한 틀로 국자를 쓰기도 한다. 이는 프랑스 요리의 수많은 종류의 칼, 각종 틀, 크고 작은 냄비를 아우르는 장대한 주방용품 세트 '배터리 드 퀴진batterie de cuisine'과 매우 대조적이다. 파리에 거주하는 중국 그래픽 디자이너 쓰위 차오는 「나의 주방 칼」이라는 제목의 카툰에서 이 차이를 완벽하게 표현했는데, 왼쪽에는 칼걸이에 걸려 있는 중국식 식칼 하나를 그리고 '베이징에서'라고 적어놓았으며, 오른쪽에는 모양과 크기가 다른 여섯 개의 칼이 줄지어 걸려 있는 모습 아래 '파리에서'라고 적었다.[1]

다음은 중화요리의 미묘함과 복잡성을 엿볼 수 있는 고대와 현대의 조리법에 대한 중국어 용어 목록이다. 여러 단어의 부수에 불화火(灬) 변이 사용되며, 물수(氵) 변이 사용된 된 단어는 절임, 담그기 등과 관련된 단어다. 이는 옌 셰프의 표현을 빌리자면 몇 가지 기본 용어일 뿐이며, 이곳에 나열하거나 설명하지 않은 수많은 하위 범주가 있다. 나열된 대부분의 용어는 한 글자의 한자어이며, 그 변형은 모두 생략했다. 어떤 요리는 몇 가지 방법을 순차적으로 사용하여 만든다.

烤(카오): (고기를) 굽다(보통 오븐에 굽는 것을 말함)
燔(판): 굽다. 불사르다. 커다란 고기조각을 모닥불 위에서 직접 굽거나 작은 동물 전체를 굽다(문어적 표현)
炙(즈): 꼬치에 꿰어 숯불에 굽다. 석쇠나 그릴에 굽다
炮(파오): 잎사귀나 진흙 등으로 싸서 그대로 잿불 속에 넣어 굽다

燒(사오): 튀기거나 볶은 후에 국물을 붓고 다시 볶거나 조리다
焗(쥐): 뚜껑을 덮어 굽거나 찌다
烙(라오): 뜨거운 용기에 음식을 담아 굽다
煮(주): 끓이다. 삶다
蒸(정): 찌다
焐(우): 밥을 지을 때 쌀 위에 식재료를 올려 함께 찌다
熁(힝): 밥을 지을 때 쌀 위에 음식을 담은 그릇을 올려 함께 찌다 (사오싱 사투리)
扣(커우): 그릇에 음식을 담아 찌다
熬(아오): 오랫동안 끓이다. 조리다. 우리다(현대 용법) 혹은 바싹 건조시키다(고대 용법)
汆(촨): 데치다. 끓는 물에 재빨리 익히다
濯(줘): (계란을) 끓는 물에서 익히다
涮(솬): 물에 담가 흔들어 씻다. 샤브샤브를 하다
焯(차오): (야채를) 데치다
炖(둔): 약한 불에 오랫동안 끓이다. 중탕하다
燴(후이): 곡물, 고기, 야채 등을 썰어 물을 넣어서 끓이다
卤(루): 밑국물을 넣다
炊(추이): 조리하다의 다른 표현
㸆(두): 재료를 양념장에 넣고 약한 불에 익히다(의성어, 쓰촨 지역 조리 용어)
熻(타): 재료에 계란물을 입혀 양면이 노릇해질 때까지 팬에 부친

후 양념장을 넣어 조리다(산둥 지역 조리 용어)

㸆(카오): 양념장이 걸쭉해질 때까지 조리다

炆(원): 뭉근하게 끓이다. 약불에 오랜 시간 조리하다(광둥 지역 조리 용어)

燜(먼): 뜸을 들이다. 뚜껑을 꼭 닫고 익히다

煨(웨이): 잿불 속에 넣어 천천히 익히다

扒(파): 양념장에 넣어 푹 익혀 접시에 담아내다, 혹은 쪄서 양념장을 뿌려내다

瓤(랑) 혹은 釀(냥): 요리하기 전에 다른 재료로 속을 채우다 혹은 하나의 재료를 다른 재료로 감싸다

炒(차오): 스터 프라이하다(웍 안에 돌려가며 기름, 소금, 숯불에 요리하다 혹은 숯불에 요리하다)

煸(볜): 차오의 다른 말

爆(바오): 빠르게 혹은 '터뜨리듯이' 하는 스터 프라이

熘(류): 잘게 다듬은 재료를 기름이나 물에 미리 한번 익힌 다음 양념장을 섞다

煎(젠): 팬에 지지다, (전을) 부치다

炸(짜): 기름에 튀기다

淋(린) 혹은 油淋(유린): 뜨거운 기름을 재료 위에 부어 익히다

烹(펑): 요리하다의 일반적인 표현. 기름에 튀긴 재료를 웍에 넣고 양념장을 부어 튀김에 골고루 배도록 재빨리 휘젓다

熗(창): 불에 그을린 고추와 제피를 넣고 볶다(쓰촨 지역 조리 용어.

다른 지역에서는 다른 의미로 쓰임)

貼(톄): 붙이다 혹은 냄비에 붙이다: 재료의 한 면만 지지다

糖粘(탕짠): 설탕을 입히다

拔絲(바쓰): 엿·꿀·설탕을 묻히고 그 위에 설탕을 실처럼 뽑아 올리다

醬(장): 간장이나 장을 넣고 요리하거나 절이다

熏(쉰): 훈제하다. 그을리다

糟(자오): 발효시킨 찹쌀의 풍미

拌(반): (샐러드 등을) 뒤섞다. 버무리다

醉(쭈이): 술에 담그다

腌(옌): (소금, 설탕, 간장 등에) 절이다

泡(파오): 오랫동안 소금물에 담그거나 절이다

漬(즈): 담그다. 적시다

浸(진): 담그다

반죽으로 만드는
모든 것

칼로 깎는 국수
도삭면, 다오샤오멘

다퉁의 '샤오난제 小南街' 도삭면관의 주방에서 요리사가 나무판을 어깨 위에 바이올린처럼 메고 균형을 잡는다. 나무판 위에는 매끈하고 탄탄한 반죽 덩어리가 놓여 있다. 셰프는 국물이 부글부글 끓어 김이 모락모락 나오는 커다란 웍 앞에 서서 퍼포먼스를 시작한다. 둥그런 끝부분이 날카롭게 갈린 납작한 형태의 빛나는 금속 조각을 마치 바이올린 활처럼 들어올린 다음 반죽 사이로 쓸어내리면, 길쭉한 국수 모양으로 깎인 반죽이 허공을 가르며 냄비 안으로 날아 들어간다. 나는 그가 이 동작을 계속해서 반복하는 것을 꼼짝도 않고 쳐다본다. 국수는 저마다 특유의 곡선과 끝으로 갈수록 가늘어지는 형태를 한 채 수증기를 휙 뚫고 끓는 물 속으로 뛰어들어 장어처럼 꿈틀댄다.

요리사가 국수를 체에 걸러 그릇에 담고 동료에게 주면, 동료는 돼지고기 조림 한 국자, 삶은 계란, 두부 튀김, 미트볼 한두 개를 넣은 다음 고수를 뿌려 김이 모락모락 나는 그릇을 내게 건넨다. 국물은 풍미가 가득하고, 면은 부드러우면서도 쫄깃하다. 면마다 크기와 두께가 다양해 입안에서 지극한 즐거움을 준다. 칼로 깎은 국수인 도삭면, 즉 다오샤오몐刀削麵은 다퉁大同의 자랑이다.

산시山西성 북부의 다퉁에 도착하자마자 두원리杜文利 셰프와 왕훙우王宏武 셰프가 도시 근교에 있는 무슨 불교 동굴로 나를 꼭 데려가야겠다고 했다. 동굴에 갈 생각은 해보지도 않았던 나는 예의상 마지못해 관광객처럼 이들을 따라나섰다. 부끄럽게도 나는 윈강 석굴이 유네스코가 세계문화유산으로 인정한 세계의 불가사의 중 하나이며, 5~6세기까지 거슬러 올라가는 불교 예술 작품으로 유명하다는 사실을 모르고 있었다. 두 셰프와 왕 셰프를 따라 두어 시간 동안 석굴을 돌아보며 나는 사암 절벽에 숨겨져 있는, 화려한 색채와 정교한 조각으로 꾸며진 거대하고 신성한 예술의 전당에 놀라움을 금치 못했다.

그러나 내가 다퉁에 온 것은 내 나름대로 또 다른 세계의 불가사의를 탐험하기 위해서였다. 산시성의 면 요리 세계가 그것이다.

파스타 하면 서양 사람들은 거의 예외 없이 밀가루와 계란으로 온갖 다양한 해석을 하는 이탈리아를 제일 먼저 떠올린다. 중국은 국수로 알려져 있기는 해도 상대적으로 볼 때 세계적으로 유명한 요리는 많지 않다. 일본의 라멘이 그 어떤 중국의 탕몐보다 훨씬 널리 알려져 있는데 사실 그 기원은 중국에 있다. 서양에 있는 대부분의 중국 슈퍼마켓은 제한된 종류의 건면과 생면만을 판매한다. 중국 음식이 해외에 알려지던 초기, 중국의 파스타라고 하면 보통 차오몐을 뜻했다. 글자 그대로 볶음면이라는 뜻의 차오몐은 황금색 계란면을 콩나물과 각종 채썬 재료들과 함께 볶은 것이다. 차오몐은 늘 외국인들에게 인기 있었지만 중국의 면 문화를 전혀 대표하지 못한다. 이는 면이 중국 북부의 주식인 반면 차오몐은 남부의 광둥 요리이기 때문이기도 하고, 볶음면이 중국에 확실히 존재하긴 해도 중국인, 특히 북방 사람들은 대체로 소스를 끼얹거나 국물이 있는 면을 선호하기 때문이기도 하다.

최근 몇 년 사이 소수의 북부 출신 국수 문화 선도자들이 서방의 대도시들에서 주목받기 시작했다. 손으로 넓게 당겨 만드는 시안의 뱡뱡몐과 손으로 길게 뽑는 란저우의 라몐이 대표적이다. 둘 다 탄력 있는 밀가루 반죽을 넙적한 리본 모양이나(뱡뱡몐) 끈 모양의 국수(라몐)가 될 때까지 허공에서 두 손으로 잡아당겨 만든다. 이런 특산 요리를 통해 중국식 국수 만들기의 기술적 독창성을 엿볼 수 있지만, 이는 중국 면의 종류가 이루고 있는 방대한 파노라마의 겨우 두 가지 사례에 불과하다. 대부분은 해외에 전혀 알려지지 않았다. 국수는 동부의 해안에서 서부 국경지대까지, 중국 북부 전역에서 주식으로 먹는 음식이다. 지역마다 특산 요리가 있지만 중국 내에서 산시성만큼 반죽의 예술로 유명한 곳은 없다.

다퉁은 묘하게 마음을 끄는 곳이었다. 이곳의 중심부는 최근까지도 흙으로 만든 높은 성벽이 도시를 둘러싸고 안쪽으로 중정 가옥들이 늘어선 옛 시가지였다. 그러나 현대 중국에서 흔히 그러듯 과도한 열정에 사로잡힌 시장 한 명이 도시를 재단장하기로 마음먹더니, 성벽 겉에 깔끔한 회색 벽돌을 입히고, 일정한 간격으로 그림 같은 망루를 세우고, 옛 거리를 허물면서 거기 살던 사람들도 모두 내쫓은 듯했다. 오래된 고루鼓樓와 도시의 전성기였던 요나라 시절로 거슬러 올라가는 화엔사華嚴寺의 놀라운 유적 외에는 과거의 흔적이 거의 남아 있지 않았다. 늦겨울의 상쾌한 햇살과 맑고 푸른 하늘 아래에서 오래된 것과 새로운 것이 뒤섞인 이 도시는 버려진 영화 세트장 같은 느낌을 주었다. 하지만 현지인들은 나 같은 외국인 여행자를 친절히 대해주었고 도시 전체에 의외의 매력이 있었다.

한때 다퉁은 중국인이 침략과 정복을 일삼던 유목 민족들과 위태롭게 근접해 있던 제국 변방의 전략 도시였다. 북쪽으로 한 시간 남짓, 험준한 언덕과 먼지 가득한 마을들을 뚫고 당나귀 수레와 토굴 같은 가옥들을 지나 차를 몰고 가면, 바람 부는 절벽에 올라 만리장성의 무너져가는 유적을 바라볼 수 있다. 흙으로 만든 허물어져가는 망루가 산등성이를 따라 지그재그로 시선이 닿는 곳까지 펼쳐져 있다. 만리장성 너머로는 네이멍구다.

인도와 중국의 예술이 눈부시게 융합된 윈강 석굴은 나중에 실크로드라고 알려진 고대의 사막 길을 따라 발생한 무역과 문화의 흐름이 남긴 유적 중 하나다. 명나라 때 해로가 지배적인 위치를 차지하기 전까지 수 세기 동안, 낙타 대상들은 중국과 서역의 땅을 오가며 비단과 차와 기타 중국 물품을 수출하고 서방의 사상과 기술과 식료품을 들여왔다. 이 중 일부는 중국 문화와 요리에 혁신적인 영향을 미치게 된다. 하지만 2000여 년 전 중앙아시아에서 들어온 제분 기술만큼 중국인의 삶과 종합적인 행복에 커다란 영향을 미친 수입품도 아마 없을 것이다.[1]

●

중국의 초기 왕조 시대에는, 쌀을 먹는 지역에서 여전히 그러하듯 주식이 되는 곡물(주로 기장이었고 쌀, 대두, 밀도 있었다)을 통으로 찌거나 삶아서 먹었다. 하지만 한나라 시대(기원전 202~기원후 220)에 중국은 서역의 이웃 나라들로부터 회전식 맷돌을 들여온다. 이걸 사용하면 단단한 밀도 두 개의 둥근 맷돌 사이에서 부드러운 가루로 갈려 나왔다.[2] (이 맷돌로 나중에는 대두를 갈아 두부를 만들게 된다.) 한나라 상류층들의 장례 때 사후세계를 위해 묻은 부장품 중에는 도자기로 만든 하인, 농장의 동물, 부엌 아궁이와 함께 이 맷돌의 작은 모형도 등장하기 시작했다. 이 무렵 중국어에 '음식食'이라는 글자와 '합치다 並'라는 옛 글자를 결합하여 만든 '빙餠(병)'이라는 새 단어가 나타나, 국수뿐만 아니라 밀가루와 물을 반죽해 만든 모든 종류의 음식을 가리키는 말로 쓰였다.[3]

중국 단어 빙의 정확한 기원은 불분명하다. 2005년 『네이처』에 실린 글이 중국 서북부 칭하이성의 4000년 된 신석기 시대 유적지에서 중국 고고학자들이 그릇 가득 담긴 기장 국수를 발견했다고 보도해 화제를 모았다. 오늘날의 수타면과 비슷하게 반죽 덩어리를 쭉쭉 당겨 만든 국수였다는 주장이었다.⁴ 이 '발견'은 완전히 틀렸다는 게 밝혀졌다. 중국 면에 관한 전 세계 최고 전문가 중 한 명인 프랑수아 사반이 지적한 바에 따르면, 기장은 글루텐이 주는 탄력이 부족하기 때문에 쭉쭉 늘어나는 반죽을 만들 수 없고, 문제의 유적지에서 곡물을 가루로 가는 도구가 발견된 것 같지도 않으며, 신석기 시대에는 밀이 아직 작물로 자리잡지 못했고, 중국에서 이런 음식은 훨씬 훗날에야 만들어졌다는 데 다른 학자들도 의견을 같이한다.⁵

중국 문헌에 기록된 최초의 반죽 음식은 중앙아시아의 이민족을 부르던 이름에서 따온, 참깨가 박힌 '오랑캐'의 납작빵(후빙胡餠)이었다. 하지만 후 오랑캐들이 자신보다 더 서쪽에 있던 사람들처럼 구운 빵을 주식으로 삼게 되었던 반면, 중국인들은 찌거나 삶은 만두와 국물이 있는 면의 가능성에 더 끌렸다. 이는 아마도 끓는 액체가 담긴 솥에서 한입 크기로 썬 뜨거운 음식을 젓가락을 사용해 먹던, 당시에 이미 확고하게 자리잡은 이들의 오랜 습관 때문일 것이다. 팔팔 끓는 국물에 반죽 조각을 떨궈 넣는 것은 중국 북부의 사람들에게 자연스럽고 본능적인 행동이었을 테다.

중국인들은 아주 일찍부터 반죽 음식의 흥미로운 가능성을 알아차렸다. 서기 200년 경의 한 사전에는 끓여서 국물에 담아내는 국수의 초기 원형이라고 할 수 있는 '탕빙湯餠'을 포함한 일곱 종류의 반죽 음식이 실려 있다. 한나라 궁정에는 국물에 넣어 먹는 면 요리인 빙을 만드는 일의 전담 관직인 '탕관湯管'이 있었다.⁶ 3세기의 학자 속석束晳의 시「병부餠賦」는 개의 혀와 새끼 돼지의 귀 모양을 한 면을 언급하고, 눈처럼 하얀 밀가루로 만두를 만드는 과정을 황홀하게 묘사하고 있다. 속석은 빙이 최근 현상이라고 쓰고 있고 열두 가지가 넘는 종류를 언급하는데, 일부는 이름을 "마을과 골목"에서 따온 걸로 보아 그 유래가 소박한 것이 분명하다.[7] 그는 제조법의 일부가 "이국으로부터 왔다"고 덧붙이고 있다.

속석은 계절에 맞춰 다른 종류의 반죽 음식을 추천한다. 이른 봄에는 찐빵이 최고라고 했고 또 이렇게 말한다.

어두운 겨울의 혹독한 추위玄冬猛寒
이른 아침 모임에 가니淸晨之會
콧속에는 콧물이 얼어붙고涕凍鼻中
입가에는 서리가 내린다霜凝口外
빈속을 채우고 추위를 이기려면充虛解戰
끓인 국수가 최고다湯餅爲最[8]

같은 시대를 살았던 또 다른 문장가 부현傅玄은 국물에 담긴 기다란 국수를 글로 아름답게 묘사했다.

그리하여 세 가지 고기로 맛을 낸 육수와乃有三牲之和羹
다섯 째 달의 밀로 만든 밀가루가 있다葵賓之時麵
[반죽이] 물에 들어가 길다랗게 늘어나니忽游水而長引
바람에 날리는 깃털보다 가볍다進飛羽之薄衍[9]

빙 또는 반죽 음식에 관한 중국 최초의 실제 레시피는 6세기 가사협의 『제민요술』에 나온다. 프랑수아 사반은 이를 통상 밀가루와 물을 섞어 만들되 죽처럼 흐트러지지 않고 특정한 형태를 갖는 음식이라고 규정했다.[10] 가사협은 책에서 밀가루로 면을 만드는 세 가지 방법을 소개했다.[11] 이 중 둘은 반죽을 물속에서 잡아 늘여 만든 가닥을 삶는 방식이었다. 저자에 따르면 "이렇게 하면 면발이 곱고 희고 윤이 나며, 먹을 때 비할 데 없이 미끌거리고 맛있다"고 한다.[12] 또 한 가지는 긴 막대형 국수를 작은 조각으로 자른 다음 쪄서 만든다.

최초의 빙은 상류층들이 끼니 사이에 즐기던 간식이었지만, 세월이 흐르며 기본적이고 보편적인 음식이 되었다. 당나라(618~907) 말기에는 반죽 음식이 너무 많아져 빙은 점점 납작빵만을 한정해서 가리키는 말이 되었고, 국수 종류는 밀가루를 뜻하는 글자인 몐麵으로 알려져 현재까지 이어지고 있다.[13] 밀가루 반죽으로 만든 음식을 먹는 것은 양고기와 유제품 섭취와 더불어 당시에 이미 중국인 가운데 '북방인'을 구분 짓는 습관 중 하나가 되었다.[14] 국수 요리는 이후의 왕조들을 거치며 중국 전역에서 인기를 끌게 되었지만 남부 지역의 식단에서는 결코 북부에서만큼 중요한 자리를 차지하지 못했다.

요즘에도 반죽 음식은 옛 북방의 국수 중심지에서 여전히 식생활의 핵심을 이룬다. 최근까지도 많은 사람이 매일 집에서 직접 반죽부터 만들어 먹었다. 북부 간쑤성의 외딴 마을에 있는 친구 류야오춘의 집에 머물렀을 때 그 집 부엌에서 가장 중요한 저장품은 자루에 담긴 밀가루였다. 현지에는 가게도 식당도 현대식 편의점도 없었다. 그저 나무 도마와 밀대 몇 개와 칼이 전부였다. 류의 어머니와 누이는 매일 희고 고운 가루를 치대어 반죽해서, 국수와 삶은 만두와 찐빵과 마화麻花라고 알려진 꽈배기 튀김으로 만들었다. 이와 대조적으로 남부에서는 집에서 직접 반죽을 치대는 일이 드물다. 국수, 만두, 빵과 같이 반죽으로 만든 음식(요즘에는 면식麵食이라고 부른다)은 주식의 보조품으로 여겨, 대개 전문점에서 사거나 대중 식당에서 후딱 먹고 만다. 쌀밥이나 죽을 매일매일의 주식으로 선호한다.

원강 석굴을 둘러본 뒤 왕 셰프는 나를 자신의 식당인 '시베이유몐춘西貝莜麵村'으로 초대해 몇 가지 지역 별미를 맛보게 했다. 직원 중 한 명인 펑옌칭 셰프가 오픈 키친의 카운터 뒤에 서서 귀리 가루에 끓는 물을 섞어 반죽을 베이지색 공 모양으로 만들고 있었다. 그녀는 반죽을 검지와 중지 사이에 끼워 공의 대부분이 거대한 반지에 달린 보석처럼 손등에 올라오도록 든다. 그런 다음 손등 밑으로 삐져나온 반죽을 나무 도마에 대고 문질러 얇고 길쭉한 혓바닥 모양을 만든다. 다른 손으로 그걸 떼어내서 튜브 모양으로 쓱 말아 시루 속에 세워놓는다. 얼마 지나지 않아 시루는 튜브 모양의 파스타가 벌집 모양으로 한가득 서 있게 된다.

다음으로 펑 셰프는 더 놀라운 일을 한다. 양손 아래에 각각 비둘기 알만 한 작은 원통 모양의 반죽 세 개를 한 줄로 눕혀놓고, 평평한 손바닥으로 도마 위에서 앞뒤로 문지른다. 각각의 원통에서 한 가닥씩 세 가닥의 파스타가 마치 쥐꼬리처럼 양손 바깥쪽으로부터 나타나기 시작했다. 작업이 끝나면 그녀는 각각 1미터가 넘는 부카티니(가운데 구멍이 뚫린 두껍고 긴 스파게티―옮긴이) 굵기의 파스타 여섯 가닥을 시루 안에 쌓아올린다.

칼로 깎아 국수를 만드는 신기한 퍼포먼스가 다퉁의 가장 널리 알려진 요리 발명품이기는 해도 산시성 북부의 요리사들은 이른바 '추량粗糧'이라고 부르는 잡곡으로도 놀라운 요리를 해낸다. 특히 건조하고 험한 이 지역의 풍토에서 잘 자라는 귀리가 대표적이다. 글루텐이 부족한 귀리 및 기타 잡곡의 반죽은 탄성이 떨어지므로 밀가루 반죽처럼 치대고 늘릴 수는 없지만, 현지인들은 이에 굴하지 않고 그걸 파스타 음식으로 만들 수 있는 다른 방법들을 고안해냈다.

뒤쪽 주방에서는 또다른 여성들이 그들만의 다양한 반죽으로 솜씨를 부리고 있었다. 귀리 파스타를 넓게 펴서 잘게 채썬 야채들을 넣고 둘둘 말아 소박한 카넬로니(원통 모양으로 만들어 속을 채우는 파스타―옮긴이)처럼 만들거나, 둥근 모양으로 만든 다음 교자만두를 빚기도 했다. 한 셰프는 완두콩 가루와 밀가루를 섞어 부드러운 반죽을 만든다. 끓는 웍 위에 성긴 구멍이 뚫린 금속 강판이 달린 나무틀을 올려놓고, 반죽을 위에서 눌러 강판을 통과시키면 물속에서 구불구불한 작은 벌레 모양의 파스타가 된다.(민더우몐抿豆麵) 또 다른 요리는 간 감자에 귀리 가루를 섞어 만드는데, 엄밀히 따지면 파스타는 아닐지 몰라도 확실히 중국의 '면식'에 속한다. 콰이레이坱儡라 불리는 이 보슬보슬한 반죽 부스러기는 역시 중앙아시아로부터 유래된 아마씨 기름에 볶는다.

나중에 우리는 자리에 앉아 현지 요리의 진수성찬을 즐겼다. 찜통에서 갓 꺼낸 양고기, 감자, 토마토 소스를 듬뿍 묻힌 귀리 튜브.(카오라오라오栲栳栳 또는 유멘워워莜麵窩窩라고 부른다.) 그 밖의 다양한 귀리 파스타, 만두, 찐빵, 면 부스러기를 찐 것. 그리고 구불구불한 파스타를 넣은 야채조림에 장아찌와 식초로 맛을 살린 요리도 있었다. 수수와 기타 곡물을 양조해 만든 산시의 유명한 식초와 아마씨 기름의 풍미가 식사 내내 울려 퍼지고 우리는 여기에 야생 산자나무 주스를 곁들였다.

그 뒤로 며칠 동안 나는 왕 셰프 및 두 셰프와 함께 말린 완두콩으로 만든 미끌미끌한 압출 국수, 넓게 편 반죽을 커다란 칼로 자른 길쭉하고 가는 밀국수, 손으로 말아 끝을 가늘게 만든 귀리 국수, 미끄러운 감자국수 샐러드, 그리고 다퉁 사람들이 아침 식사로 즐겨 먹는 뜨거운 육수에 담아 양 내장 모듬을 얹은 탱탱한 감자국수를 맛보았다. 쪄내고 튀겨낸 수많은 빵과 만두는 말할 것도 없다.(이 중에는 밀가루가 나오기 전 고대 통곡물 시대로의 회귀라고 해야 할까, 찰기장을 쪄서 만든 차갑고 달콤한 케이크도 있었다.)

다퉁을 출발해 산시성의 성도인 남쪽의 타이위안太原으로 향했다. 이는 산시 북부의 주식인 귀리에서 산시 남부의 주식인 밀로 넘어가는 여정이기도 하다. 현지의 식당 '산시회관山西會館'을 방문하는 일은 마치 극장에 가는 것 같다. 입구 근처에는 전통적으로 축제와 제사를 위해 만들던 환상적인 찐 반죽(몐쑤麵塑)으로 만든 조각품이 진열되어 있다. 상서로운 용과 봉황, 연꽃과 불수감 같은 모양을 반죽으로 빚어 화려하게 칠해놓았다. 내부에는 오픈 키친의 조리대에서 셰프들이 온갖 다양한 요리를 만들어내고 있는데, 그중에는 제일 흥미진진한 국수도 있다.

다퉁이 귀리 파스타와 도삭면이라면 타이위안의 시그니처 파스타는 '티젠剔尖'이다. 젊은 셰프가 얕은 대접에 담은 아주 묽은 밀가루 반죽으로 티젠 만드는 법을 보여준다. 대접을 살짝 기울여 뾰족한 젓가락 같은 도구로 대접 가장자리에서 작은 반죽 조각을 끓는 물이 가득 담긴 냄비 속으로 튕겨넣는데, 동작이 하도 빨라 허공을 날아 끓는 물 속으로 들어가는 국수가 거의 보이지 않는다. 다음으로는 무거운 가위로 단단한 반죽을 가늘게 잘라 젠다오몐剪刀麵을 만든다. 그리고 떠처럼 긴 반죽을 작은 사각형 모양으로 뜯어낸 '주펜揪片'을 냄비로 직접 던져 넣는다.

다른 조리대에서는 셰프들이 엄지손가락으로 반죽을 도마 위에 눌러 현지의 오레키에테(작은 귀 모양의 파스타―옮긴이)에 해당되는 작은 사각형의 '고양이 귀'(마오얼둬貓耳朵)를 만들고 있다. 나무틀에 눌러 만든 가는 실 같은 메밀국수인 허러飴餎를 끓이는 사람도 있고, 분홍색 수수 반죽을 보통의 밀가루 반죽 사이에 샌드위치처럼 끼워 면에 줄무늬를 넣은 '껍질로 싼 붉은 면包皮紅面'을 자르는 사람도 있다. 그리고 국물에 잘게 찢은 반죽을 넣은 가장 단순한 파스타 '거다疙瘩'도 있다. 이것이 아마도 중국 국수 시대의 여명기에 등장한 원조 '탕빙

湯餅'이었을 테다. 이 식당에는 밀가루 면이나 잡곡 면으로 만든 산시 전통 파스타를 조금씩 맛볼 수 있는 시식 메뉴가 있다. 크고 깊은 도자기 그릇에 전형적인 산시 스타일로 양이 푸짐한 각종 국수 요리가 나온다.

중국 북부의 다른 지역과 마찬가지로, 산시에서도 국수를 만드는 데는 성별 차이가 존재하는 것 같다. 여자들은 차분하고 인내심을 요하는 작업인 손으로 반죽을 밀고, 빵과 만두를 빚고, 부드러운 반죽을 강판에 갈아 물냄비에 넣는 일을 주로 맡는 반면, 남자들은 반죽으로 '바이올린을 켜서(바이올린을 '켜다'와 면을 '뽑다' 모두 중국어로는 같은 동사 '라拉'를 쓴다—옮긴이)' 수백 가닥의 국수로 만들고, 사각형이나 작은 덩어리로 자른 반죽 조각을 공중에서 투척하는 극적인 작업을 수행한다.

며칠 동안 국수만 먹으면서 수많은 종류를 맛보았지만, 산시 면 요리의 겉만 핥았을 뿐이었다. 현지의 면식 요리책은 밀, 귀리 또는 여러 곡물을 섞은 별미를 자세히 다루고 있다. 반죽도 건조하거나, 단단하거나, 부드럽거나, 묽거나, 액체 형태일 수 있다. 익힌 야채를 묽은 반죽에 담가 만든 면이 있고, 부드러운 반죽을 손가락 사이로 눌러 만든 면이 있고, 단단한 반죽 조각을 홈이 파인 나무판에 문질러 애벌레처럼 돌돌 말린 긴 가닥 형태로 만드는 면도 있다. 완성된 면은 보통 삶아서 만들지만, 찌거나, 볶거나, 보글보글 끓고 있는 다른 재료들 위에 올려놓고 뚜껑을 덮어 익히기도 한다. 때로는 그저 국수를 삶아 건져낸 뒤 고기나 야채로 만든 조림 형태의 양념 한 대접과 같이 낸다.

산시는 남부 지방에 비해 신선한 식재료가 귀하므로 사람들은 밀, 감자, 귀리, 옥수수, 기장, 수수, 콩으로 만든 가루로 한껏 상상력을 발휘해왔다. 산시의 요리사들은 반죽으로 생각할 수 있는 모든 걸 시도했다. 자르고, 깎고, 갈고, 밀고, 문지르고, 썰고, 손가락으로 누르고, 압출하고, 뜯고, 똑똑 떨구고, 찢고, 당겼다. 특별한 칼과 막대와 도마와 강판이 있지만 대부분의 면은 손으로 만든다. 많은 종류의 면을 전통적으로 가정에서 손수 빚어 만들고, 좀더 복잡한 것은 전문가가 맡는다. 현지의 한 백과사전에는 국수와 만두와 빵을 포함해 890종의 면식을 소개하고 있다.[15]

산시성은 이탈리아의 절반 정도 크기에 불과한 작은 성이며, 각자 고유한 국수 요리를 보유하고 있는 중국 북부의 여러 성 중 하나일 뿐이다. 간쑤성 란저우蘭州시에 가면 황허 강변의 '우무러 할랄면관吾穆勒淸眞牛肉麵館'이나 시내의 대중적인 '마쯔루면관馬子祿牛肉麵館'에서 지금까지 맛본 것 중 최고의 소고기 육수 수타면을 실컷 즐길 수 있다. 시안에서는 마늘 기름이 지글거리는 쫄깃하고 넓은 뱡뱡멘이나 겨자 맛 소스가 들어간 차가운 메밀면을 후루룩 먹을 수 있다. 위구르 식당을 찾아가면 고기와 야채 소스를 버무려 거의 이탈리아 요리처럼 느껴지는 수타면 라그만läghmän이나 웍에 볶아 짧게 자른 면 조각에 감탄하게 된다. 서북부에 있는 후이족 국숫집 아무 데나 들어가 손으로 찢은 면 조각을 김이 펄펄 나는 양고기 수프에 담가 마음껏 먹어보라. 중국 동해안의 톈진에서 서쪽 국경의 키르기스스탄까지는 내내 국수만 먹으며 여행할 수 있다. 그다음부터는 이탈리아에 도착할 때까지 대부분 빵과 만두다.

중국 남부에서도 11세기부터 국수가 더 보편화되었지만, 남부 사람들은 결코 집에서 국수를 만들어 먹지 않았고, 면의 모양을 받아들이는 데도 보수적이었다. 북부 사람들이 다양한 형태의 면을 만들고 먹는 데 비해 남부 사람들은 대개 전문 업체가 만든 다양한 두께의 긴 국수를 사서 현지 특유의 방식으로 조리해 먹는다. 강과 습지가 많은 '어미지향魚米之鄉', 생선과 쌀의 땅 강남에서는 황조기와 절인 갓으로 만든 놀랍도록 부드러운 국물에 면을 넣거나, 가을에는 맑은 육수에 면을 넣고 털게살을 고명으로 올린다. 쑤저우의 유명한 '주훙싱 면관朱鴻興麵館'에서는 가늘고 긴 면을 고급스러운 맑은 육수에 넣어 삼겹살 조각, 민물새우볶음 또는 반짝이는 짙은 양념을 바른 장어를 곁들이고, 상하이 사람들은 쪽파와 말린 새우를 볶아 만든 향기로운 기름으로 면을 비빈다. 쓰촨에서는 면이 고추와 제피의 톡톡 튀는 박자에 맞춰 춤을 춘다.

어떤 지역에서는 쌀로 만든 면식이 특히 아침 식사로 인기가 많다. 후난성의 성도 창사의 대표적인 아침은 맑은 육수에 타글리아텔레(길고 넓적한 파스타—옮긴이)처럼 생긴 쌀국수 미펀米粉을 담아 조림 비슷한 것과 고추와 야채절임을 올린다. 남부의 윈난에는 압출한 쌀국수 미셴米線이 들어간 '다리를 건너는' 국수 궈차오미셴過橋米線이 있다. 아주 뜨거운 닭고기 육수가 담긴 대접에 종이처럼 얇게 썬 생고기를 야채와 두부와 함께 데치고 면을 넣는 요리다. 윈난 사람들은 쫄깃한 쌀가루 반죽 덩어리를 자른 얼콰이餌块와 얼쓰餌絲를 만들어 국물에 넣거나 소스에 졸여 먹기도 한다. 라오스와 미얀마 국경 근처의 시쌍반나에서는 다이족 사람들이 조림, 야채절임, 싱싱한 생허브를 얹어 화려하게 구성한 신선한 쌀국수로 하루를 시작하곤 한다. 그러나 남부와 서남부의 쌀국수가 아무리 맛있어도 글루텐의 탄력이 부족하기 때문에, 북부의 밀가루 음식이 갖는 다양한 형태에 필적하지는 못한다.

산시 요리사의 창의적인 천재성은 면에서 특히 잘 드러나지만, 요리에 있어서 그와 비슷한 창의성은 중국 거의 전역에서 찾아볼 수 있다. 중국요리사들은 늘 '이걸 어떻게 하면 먹을 수 있을까?'라고 물었던 것처럼, '이걸로 또 뭘 할 수 있을까?'도 물었다. 요리에 관해 이렇게 캐묻는 습관은 돼지의 모든 부위, 노랗고 딱딱한 대두, 그리고 동식물을 가리지 않고 거의 모든 식재료에 이르기까지 적용되었다.

반죽을 가지고 단지 빵과 케이크와 비스킷 모양으로 만들어 오븐에 굽는 데 그치지 않고, 끓여보고 삶아보고 볶아보고 부쳐보고 상상 가능한 모든 형태로 만들고 심지어 해체해보기까지 했다. 최소 11세기에 개발된 이 해체법은 밀가루 반죽을 물에 치대어 전분을 대부분 씻어내서, 중국인들이 밀가루의 '근육'(몐진麵筋)이라고 부르는 글루텐으로만 구성된 누르스름한 반죽만 남긴다.[16] 중국의 요리사들은 그 후로 전분과 글루텐 두 성분 모두를 재미있게 활용했다. 글루텐을 분리한 전분은 얇게 펴서 쪄 '차가운 껍질' 국수 량피涼皮나 만두피로 만든다. 단백질이 풍부한 글루텐은 삶고 튀기고 속을 채워 별미를 만든다. 채식주의자를 위한 대체 고기도 여기에 포함된다.

프랑수아 사반은 초기 중국 작가들이 면식의 맛에 대해서는 놀랍게도 거의 언급하지 않았고, 면의 형태와 그걸 만드는 데 사용한 기법에 매료된 것 같다고 했다. 그녀는 "밀가루는 새로운 원료로 여겨졌고, 밀가루를 치대 만든 반죽은 인공적인 물체를 만들기에 이상적인 건축 자재로 이용되었다"라고 썼다.[17] 재료를 변형시키는 요리의 잠재성을 늘 강조해온 전통에서 자란 중국인들에게 한없이 가소성 있고 끝없이 변형 가능한 반죽은 어쩌면 궁극의 식재료였을 것이다.

◆

1990년대에 카탈루냐의 셰프 페란 아드리아는 자신의 식당 '엘 불리'에서 급진적인 창의성을 발휘한 요리로 명성을 얻었다. 그가 한 프랑스 셰프에게 들은 문구 "창의성은 모방이 아니다"는 그의 작업을 관통하는 만트라가 되었고, 그는 계절마다 메뉴를 완전히 새롭게 구성하는 방식을 고수했다. 아드리아는 액체를 '구형화球形化'하는 등의 새로운 조리법들을 고안했고, 재료를 가능한 모든 형태로 변형시키는 데 집착했다. 나는 2005년 그의 실험적인 워크숍에 참석했다가 호박과 같은 재료의 물리적 특성에 대한 정보가 빼곡히 담긴 서류철을 보았다. 이후 2006년과 2009년에 실제로 엘 불리에서 식사했을 때는 메뉴에 개별 재료를 기술적이고도 감각적으로 탐구한 형태의 코스요리들이 포함되어 있었다. 어떤 코스에는 호박, 향긋한 호박 기름, 호박

거품, 구운 호박씨로 속을 채운 라비올리가 있었고, 어떤 코스에는 열다섯 가지가 넘는 다양한 해조류를 늘어놓았다. 또 다른 코스는 자연 상태의 피스타치오 한 알을, 구운 피스타치오와 퓌레, 젤리, 아이스크림 등의 여러 형태로 가공한 작은 보석 같은 피스타치오에 곁들여 내왔다.

내게는 이 모든 것이 중국식 요리 접근법처럼 보였다. 오리의 모든 부위를 사용하는 베이징덕 만찬이 생각났다. 중국 셰프들이 생선 살을 으깨어 반투명한 만두피와 모란 꽃잎 형태로 탈바꿈시키고, 곱게 휘저어 거품, 완자, 커스터드, 심지어 국수로 만들고, 녹두 전분을 모조 상어 지느러미 가닥으로 변형시키는 걸 떠올리게 했다. 사실 아드리아는 중국요리의 극도의 기술적 정교함을 공개적으로 인정한 몇 안 되는 서양 셰프 중 한 명이다. 그는 한 영국 기자와의 인터뷰에서 지난 반세기 동안 요리에 영향을 끼친 가장 중요한 정치인은 마오쩌둥이라고 생각한다고 밝혔다. "요즘에는 다들 과연 어느 나라가 최고의 미식을 만드는지 알고 싶어하죠. 누구는 스페인이라 하고 누구는 프랑스, 이탈리아, 또는 캘리포니아를 말합니다. 하지만 이런 곳들은 마오가 중국의 셰프들을 논밭과 공장으로 보내 중화요리의 우월성을 파괴했기 때문에 최고의 자리를 놓고 경쟁하고 있을 뿐입니다. 마오가 그렇게 하지 않았더라면 다른 모든 나라, 저를 포함한 다른 모든 셰프는 아직도 중국이라는 용을 쫓고 있겠죠."[18]

이탈리아 파스타가 이미 세계를 정복한 것처럼 중국 국수도 세계를 정복하게 될까? 아마 그렇지는 않을 것이다. 중국의 국수는 듀럼

밀이 아닌 부드러운 밀로 만들어 건조에 적합하지 않기 때문이다. 중국의 고급 국수는 거의 언제나 즉석에서 만들어진다. 주문을 받으면 숙련된 장인들이 당신의 눈앞에서 반죽을 탈바꿈한다. 중국식 수제면은 종류를 막론하고 서양의 도시에서는 아직 매우 드물다.(산시에서도 수제면은 감소하는 추세다. 예를 들어 그림 같은 풍경의 도시 핑야오平遙에서는 도삭면을 파는 수많은 관광 식당이 숙련공 부족으로 인해 일반 점원이 플라스틱 감자깎이로 반죽을 깎아 국수 애호가들을 경악시킨다.) 산시의 국수 장인들이 직접 와서 기술을 보여주거나 도제를 대거 양성하지 않는다면, 서양의 도시에서는 그들의 면식을 그저 상상만 하거나, 아니면 인터넷에서 제조 과정을 볼 수 있을 뿐이다. 이탈리아의 건조 파스타가 손쉽게 휴대하고 복제할 수 있는 CD나 디지털 다운로드라면, 중국의 국수는 오페라 공연장에 가는 것과도 같다. 현장에 있어야만 한다.

산시성에서의 마지막 밤은 성도 타이위안에서 친구들과 함께 보냈다. 지난 며칠 동안 쉬지 않고 국수를 먹은 다음, 식당을 운영하는 왕즈강은 자신이 개발 중인 "감자 연회土豆宴"라는 콘셉트를 내게 소개하고 싶어했다. 최근 몇 년 동안 중국 정부는 방대한 인구와 그에 따른 토지와 물의 제약을 염두에 두고, 감자 산업 발전에 투자하며 감자를 대체 주식으로 홍보하려는 노력을 기울이고 있었다. 다양한 생태 조건에서도 잘 자라고, 가뭄과 서리를 잘 견디며, 농부들에게 물, 비료, 농약, 노동력을 절약하게 해주어 각광받는 "감자가 국가 곡물 안보를 달성하기 위한 노력에 [중요한] 역할을 하는 존재로 알려지고 있다"고 제이컵 클라인은 쓰고 있다.[19] 감자를 굶주리는 농민들에게나 어울리는 주식으로 여기던 데 익숙한 나라에서 감자를 대대적으로 치켜세우기란 쉬운 일이 아니다. 하지만 왕즈강은 바로 여기 국수의 나라 한복판에서, 그가 반죽에 적용했던 창의성을 소박한 감자에도 적용해 새 정책에 장단을 맞춰보려 하고 있었다.

왕즈강과 그의 요리사들은 지금까지 108가지 감자 조리법을 고안해냈고, 그중 52가지는 조리법과 사진을 새긴 고급 트럼프로 제작했다. 아쉽게도 테이블에 모인 인원이 열 명뿐이라 그걸 다 먹어볼 순 없었지만 일단 첫발은 뗐다. 영국인과 아일랜드인 혈통이 섞인 나는 이 "감자 연회"를 도전으로 받아들였고, 저녁을 먹으면서 유럽과 미국의 감자 조리법 목록을 모두 뽑아보고자 했다. 그러나 트위터의 도움을 받았음에도 겨우 50개 정도밖에 떠오르지 않았다. 감자 전문가를 자처하는 지역 출신으로서, 요리의 상상력 앞에서는 중국이 언제나 한 수 위라고 생각하니 새삼 분한 기분이 들었다.

딤섬의 탄생

소롱포
샤오룽바오

불을 환하게 밝힌 방에는 대부분 여성인 12명가량의 요리사가 두 개의 긴 조리대에 둘러앉아 있다. 그들 주변으로 황금색 대나무 시루가 다양한 높이로 쌓여 있고, 다진 돼지고기에 비계, 파, 생강을 넣어 버무린 만두소가 가득한 대접들이 여기저기 놓여 있다. 흰색 작업복에 헐렁한 흰색 모자를 쓴 요리사들이 차분히 집중한 채 놀라운 속도로 만두를 빚고 있다. 요리사 한 명이 조리대 위에 있는 작고 흰 반죽을 손바닥으로 펴서 동그란 만두피를 만든 다음 젓가락으로 가운데에 만두소를 올려놓는다. 그리고 왼손으로는 만두피를 돌리며 오른손 엄지와 검지 끝으로 만두피의 가장자리를 빠르게 눌러 접어 만두소를 완전히 감싸고 만두 윗부분이 꼬집은 듯 작은 소용돌이 모양이 되도록 빚는다. 다 빚은 만두를 내려놓고 바로 또 하나를 빚기 시작한다. 작업 속도가 어찌나 빠른지 한 사람 당 한 시간에 400개의 만두를 빚어 20개의 대나무 시루를 채울 수 있다고 한다. 만두 하나하나마다 12개 이상의 작은 주름이 잡혀 있다.

상하이 외곽 난샹南翔에 있는 정자와 연못과 산책로를 갖춘 전통 정원 '구이위안古猗園'은 지금은 일반인에게 공개된 공원이다. 이 공원 바로 옆에 위치한 식당에는 그날의 첫 손님들이 이미 도착해서 점심 식사를 하기 위해 자리에 앉아 있다. 정원의 이름을 딴 이 식당에는 부드러운 곡선의 기와지붕과 격자창이 있는 고풍스러운 홀이 있고, 그 옆으로 12명가량의 능숙한 요리사가 만두를 빚는 조리실이 있다. 나는 몇 사람이 이미 앉아 있는 공용 원탁에 앉아 만두와 탕 한 그릇을 주문했다. 대나무 시루 속의 작은 만두는 잘 익어 살짝 퍼진 모양을 한 채 짚으로 만든 깔개 위에 나란히 담겨 나왔다. 젓가락으로 만두 하나를 집어들자 만두피 바닥이 안에 담긴 육수의 무게로 축 늘어졌다. 테이블 위에 있는 주전자에서 따른 쌀 식초에 찍은 다음, 도자기 숟가락 위에 올려놓고 입으로 가져갔다. 부드러운 만두피를 조금 깨물자 맛있는 육수가 흘러나와 숟가락에 가득 찼다. 만두를 한입에 넘기고 이어서 숟가락에 남은 육수를 들이켰다.

타이완의 체인 식당 '딘타이펑'이 찐 '탕바오湯包' 또는 '샤오룽바오小籠包'를 전 세계에 알린 것은 사실이지만, 이 요리는 사실 상하이의 유명한 특산품이다. 난샹에서 유래했다고 하는데, 이 지역의 요리사들이 강남 일대에서 볼 수 있는 육즙이 가득한 만두를 자신들만의 독특한 버전으로 완성시켰다. 이들은 가열하면 액체가 되는 젤리 상태의 육수를 만두소 재료에 더해서 풍부한 육즙을 가진 만두를 만들었다. 보통 돼지고기로 만두소를 만들지만, 가을철에는 고급스러운 느낌을 위해 털게살(셰펀蟹粉)을 넣기도 하는데, 이 경우 만두의 속과 국물이 모두 황금빛을 띤다. 20세기 초, 난샹 출신의 한 남성이 상하이 중심부의 청황먀오城隍庙 근처에 자신의 고향에서 가장 유명한 별미를 전문으로 하는 식당을 열면서 전설이 시작되었다.

'딘타이펑' 덕분에 이 육즙이 가득한 만두는 영어권 전역에서 샤오룽바오라는 이름으로 알려졌다. 샤오룽은 '작은 시루小籠'를 의미하고, 바오包는 모든 종류의 찐 만두를 가리키는 단어다.(바오包는 문자 그대로 '포장하다'라는 뜻이며, '꾸러미' 또는 '소포'를 의미하기도 한다.) 그러나 난샹과 강남의 다른 지역에서는 이 작은 탕 만두를 만터우饅頭 혹은 샤오룽만터우小籠饅頭라고 부른다. 그리고 이 '만터우'라는 이름에는 실크로드 무역로, 왕조의 격변, 문화 및 요리 교류, 그리고 오늘날 우리가 즐기는 '딤섬'의 역사 전체에 관한 매혹적인 이야기가 숨겨져 있다.

만터우는 만饅과 터우頭 두 한자가 합쳐져서 만들어진 재미있는 단어로 그 자체로는 아무런 의미가 없다. 단지 먹을 수 있는 어떤 것이라는 의미로 한자를 음차했을 뿐이다.(터우頭는 '머리'를 뜻하기도 하지만 명사, 동사, 형용사 등에 붙는 의미 없는 접미사이기도 하다.) 요즘에는 강남 지역에만 소를 넣은 찐 만두를 만터우라 하며, 그 외 지역에서 만터우는 소가 없는 흰 찐빵을 의미한다. 하지만 역사적으로 오늘날의 바오쯔包子와 비슷한 간식은 중국 전역에서 만터우로 불렸다.

중국에서는 고대 전설을 통해 이 단어의 기원을 설명한다. 전설에 따르면 3세기경, 위대한 정치가이자 전략가인 제갈량이 촉나라의 남쪽 변방에 있는 남만 오랑캐를 정벌하고 돌아가는 길에 군대가 강의 험한 물살에 막혀 어려움을 겪고 있었다. 제갈량은 사람의 머리, 즉 "오랑캐 남만의 머리蠻頭"를 제물로 바쳐 그 지역의 신들을 달래야 한다는 조언을 받았으나, 더 이상의 무자비한 학살을 꺼렸던 그는 신들에게 인간의 머리가 아닌 고기 소를 넣은 밀가루 반죽을 만들어 제사를 지냈다고 한다. 이후 사람들은 밀가루 반죽과 고기로 소위 "오랑캐 남만의 머리"를 계속 만들었지만, 시간이 지남에 따라 원래의 피비린내 나는 "오랑캐 남만의 머리" 대신 악의가 없는 동음 이의어 만터우饅頭로 대체했다.[1]

멋진 이야기이지만 사실일 가능성은 거의 없다. 중국 문헌에 이 이야기가 처음 나오는 것은 송나라 때가 되어서인데, 이는 제갈량의 남만 정벌이 있었다고 알려진 시기보다 수백 년 후이며, 중국에서 만터우라는 단어가 등장한 시기보다도 수 세기 뒤이기 때문이다. 만터우라는 단어가 처음 등장하는 기록은 3세기 서진西晉의 문인 속석이 쓴 「병부餅賦」인데, 이 글에서는 오늘날의 바오 또는 바오쯔와 비슷한 소를 넣은 찐빵인 만터우는 봄에 먹어야 한다고 권하고 있다. 그 당시 중국의 권력층에서는 빙餅으로 통칭되는 다양한 밀가루 반죽 음식이 점점 더 인기를 얻고 있었다. 북방 대초원과 서역과 문화 교류가 활발히 이루어지던 시기였으며, 중국의 찬장과 부엌은 한때 이국적으로 여겨지던 식료품으로 가득 채워졌다.

속석이 「병부」를 쓰기 전 수 세기 동안 사람들은 새로운 식료품에 서역에서 유래된 것임을 가리키는 중국식 이름을 붙였는데, 예를 들어 '후자오鬍椒—후추'와 '후빙鬍餠—납작빵'이다. 또는 명확한 중국어 의미 없이 외국어를 중국식 발음으로 표시한 것으로 추정되는 경우도 있는데, 속석이 안첸安乾과 쥐뉘粗籹라고 불렀던 밀가루 반죽으로 만든 음식이 그렇다.² (외래어는 현대 중국에서도 의미를 따지지 않고 최대한 원어에 가깝게 음역한 한자로 표기하곤 한다. 예를 들어 커피는 카페이咖啡, 샌드위치는 산밍즈三明治, 푸딩은 부딩布丁으로 쓴다.)³

모든 중국식 밀가루 음식과 그것을 만드는 데 필요한 제분 기술, 그리고 밀 자체는 중앙아시아 문화에서 유래했다. 만터우는 이름에서 이미 소를 감싸고 있는 밀가루 반죽이라는 물리적 형태를 드러내듯 애초부터 다문화적인 현상이었다. 만터우의 어원은 옛 투르크어에서 유래했을 가능성이 매우 높은데, 이는 만터우라는 단어가 아시아 대륙 전역에 걸쳐 나타나는 소를 넣은 밀가루 음식을 일컫는 단어들과 매우 유사하기 때문이다.⁴ 신장 지역에서는 투르크어를 사용하는 위구르족이 양고기와 양파로 속을 채운 만두를 '만티manti'라고 부르며, 우즈베크인들도 이와 유사한 찐만두 '만티manti'를 즐긴다. 카자흐족 또한 '만티manty'라는 만두를 먹고, 터키에서는 요거트, 녹인 버터, 고추를 듬뿍 뿌린 작은 만두부터 중국의 '자오쯔餃子'와 비슷한 커다란 '타타르Tatar' 만두에 이르기까지 다양한 소를 넣은 밀가루 음식을 '만티'라고 부른다.

중국인들은 맷돌을 사용하기 전까지 굴원의 시「초혼」에 나오는 꿀을 바른 떡이나, 마왕두이의 한나라 무덤에서 발견된 것처럼 기장과 쌀을 빻은 가루에 통곡물을 섞어 떡을 만들었다. 하지만 밀을 효율적으로 제분하고 체로 곱게 하는 방법을 터득한 후, 발효를 시켰건 그렇지 않건 상관없이 밀가루 반죽으로 쫄깃하고 매끈한 파스타와 만두를 만들 수 있는 완전히 새로운 세계가 열렸다. 속석이「병부」를 썼을 때 가장 황홀한 대사를 이끌어낸 반죽 음식은 라오완牢丸이라고 부르는 소를 넣은 찐 만두로, 놀라울만큼 오늘날의 샤오룽바오를 떠올리게 한다.(만두 속에 국물은 없다.) 그는 "두 번 체 친 밀가루"로 반죽을 만드는 과정을 기술했다.

흰가루 먼지처럼 날아다니니, 눈처럼 하얗다爾乃重羅之魷, 塵飛雪白
풀처럼 끈적거리고, 힘줄처럼 가늘게 늘어나니膠黏筋韌
촉촉하고 반짝이며, 부드럽고 윤기가 흐른다脂羔柔澤[5]

속석은 이어서 양고기와 돼지고기를 "파리 머리만큼 곱게 다져서" 생강, 양파, 계피, 제피, 향란, 소금과 더우츠豆豉로 양념해 라오완의 소를 만든다고 기술했다. 그러고는 라오완을 빚는 법과 찌는 법을 상세히 묘사하며 사람들이 군침을 흘리는 장관을 절정으로 글을 마무리한다.(데이비드 R. 크네히트게스가 영어로 멋지게 번역했다.)

움켜쥐고 누르고 두드리고 치대면握搦拊搏

밀반죽은 손가락 끝마다 엉겨붙고面彌離於指端

두 손은 빙글빙글 앞뒤로 교차하는데手縈迴而交錯

부산한 움직임 속, 이리저리 섞여紛紛駁駮

별처럼 흩어지고 우박처럼 튀는 만두星分雹落

고기는 시루 속에서 터지지 않고籠無迸肉

만두는 흐트러진 구석이 없으니餠無流面

보기 좋고 기분좋고 군침 도는데姝媮咧欶

만두피는 얇아도 터지지 않네薄而不綻

진한 풍미는 속으로 어우러지고擕擕和和

통통한 자태는 겉으로 드러나고朧色外見

봄날의 솜처럼 부드러운 만두가弱如春緜

가을의 비단마냥 색이 희다白如秋練

김이 소용돌이치며 피어오르더니氣勃鬱官揚布

향기가 사방으로 퍼져나가네香飛散而遠遍

지나던 이들은 바람결에 군침 흘리고行人失涎於下風

머슴들은 입맛 다시며 곁눈질하고童僕空嚼而斜眄

음식 나르는 이들은 입술을 핥고擎器者呧唇

시중드는 이들은 마른 침만 꿀꺽立侍者乾咽

이제 검은색 고기 소스에 찍어爾乃濯官玄醢

상아 젓가락으로 얼른 집어올린다鈔以象箸

무릎 굽혀 호랑이처럼 자세를 낮추고伸要虎丈叩膝

소롱포

서로 무릎을 맞댄 채 몸을 기울이니偏據盤案
접시와 쟁반에 차리기 무섭게 몽땅 사라지더라財投而輒盡⁶

딤섬에 관한 이처럼 생생한 문장이 쓰인 것은 서기 3세기로, 오늘날 홍콩의 딤섬 식당에서 광둥의 미식가들이 보여주는 열정과 높은 안목에 비춰도 손색이 없다. 그리고 당시 이러한 면식에 심취한 사람은 속석만이 아니었다. 그와 동시대 인물 중 한 명인 하증이라는 관리는 "완벽하게 익었다는 증거로 껍질이 부풀다 작은 십자 모양으로 갈라지지 않은 찐빵에는 젓가락도 들지 않았다"는 일화가 보여주듯 사치스러운 생활 방식 때문에 좋지 않은 시선을 받기도 했다.⁷

이는 딤섬 문화의 시작에 불과했다. 당나라 때에 이르면 완탕, 자오쯔, 그리고 나중에 속을 감싸 '춘권'이라고 불리게 되는 '춘빙春餅' 등 현대 중국의 가장 독특한 간식들이 당시에도 이미 있었다. 1950년대에 고고학자들은 지금의 신장 지역인 투르판 근처의 아스타나에서 당나라 시대 무덤을 발굴하던 중 오늘날 중국 북부 전역에서 흔히 볼 수 있는 삶은 만두와 크게 다르지 않은 완전히 말라버린 완탕 몇 개와 초승달 모양의 자오쯔 한 그릇을 발견했다. 8세기의 한 문헌에는 황제에게 진상하는 별미 중 스물네 종류의 완탕이 기록되어 있다.⁸ 같은 시기에 중국에서 차를 마시는 유행이 퍼지면서 차와 함께 가벼운 간식을 먹는 새로운 관습도 생겨났다.⁹

딤섬, 표준 중국어로는 '뎬신點心'이라는 단어가 처음 사용된 것도 당나라 때다. 초기에 이 단어는 끼니 사이에 '가볍게 무언가를 먹다'

라는 의미의 동사로 쓰였다. 당나라의 한 문헌에는 세 명의 여인이 등불을 켜고 손님들과 함께 갓 구운 납작빵(후빙)을 나눠 먹으며 "딤섬을 하는" 모습이 묘사되어 있다與客點心. 또 다른 문장에서는 한 여성이 아직 단장을 마치지 못해 아침을 제대로 먹을 시간이 없으니 대신 "그냥 딤섬을 하겠다爾且可點心"는 일화를 소개하고 있다.[10] 뎬신이라는 단어 자체의 의미는 모호하다. 단어를 구성하는 두 글자 중 뎬點은 '점' 또는 '부드럽게 누르다'라는 의미를, 신心은 '마음' 혹은 '심장'을 의미하기 때문에 종종 영어로 '마음을 어루만지다' 또는 '마음에 점을 찍다'로 번역하곤 한다. 첫 번째 한자 뎬은 불을 '지핀다'點火라는 뜻도 있으므로, 좀더 문학적으로 번역하면 '영혼에 불을 지피다'가 될 수도 있겠다. 맛있고 앙증맞은 만두를 먹었을 때 느끼는 감정 그대로 아닌가. 음식학자 왕즈후이는 쉽게 먹을 수 있는 어떤 것을 뜻하는 이 새로운 용어의 등장이 중국 미식이 완전히 새로운 시대에 접어들었음을 반영한다고 말한다. 즉, 먹는 행위가 단순히 생존을 위한 수단이었고 그에 따른 즐거움은 부차적이었던 과거와는 달리, 배를 채우는 것만큼이나 감각을 자극하고 즐거움을 주는 멋진 간식들처럼 재미가 주된 요소가 되기 시작했다는 뜻이다.[11]

송나라에 이르면 딤섬이라는 단어가 오늘날과 같은 명사가 되어 모든 종류의 맛있는 간식을 설명하는 데 쓰였고, 딤섬 자체가 도시 식문화의 필수 요소이자 많은 사랑을 받는 음식이 되었다. 1127년 북송의 수도를 침략자에게 빼앗기고 수십 년이 지난 후, 맹원로孟元老는 『동경몽화록東京夢華錄』을 통해서 도시의 사회와 미식생활을 세심하게 기록하며 과거의 수도에 대한 향수를 불러일으켰다. 그는 식당과 야시장에서 맛볼 수 있는 별미에 대한 군침이 도는 긴 목록도 나열했는데, 그중 많은 것이 지금은 뭔지 알듯 모를 듯해 궁금증만 자아낸다. 하지만 그중에는 당시 이미 1000년 동안 중국에서 인기를 끌었던 다양한 종류의 바오쯔, 만터우, 외국식 납작빵(후빙)도 있었다.[12]

북쪽 수도가 함락된 후 궁정의 잔존 세력은 남쪽으로 피신해 항저우(당시 린안)에 새로운 수도를 세웠다. 이러한 움직임은 중국 남부가 중국의 경제 및 문화의 중심지로 부상했음을 보여주는 가장 생생한 상징 중 하나였다. 항저우와 남부의 다른 도시들은 부와 세련됨, 활기찬 상업 활동과 화려한 음식으로 유명해졌다. 특히 항저우는 현지인과 고향을 그리워하는 북방에서 온 피난민들이 섞여 살면서 문화와 요리의 용광로 역할을 했다. 쑹 부인의 생선국처럼 남쪽의 식재료에 북쪽의 기술과 풍미가 더해져 다양한 요리가 탄생했다.

린안의 역사에 대한 자세한 기록을 남겼던 송나라의 문인 오자목은 "정통성"의 상실을 한탄하는 요즘 사람들을 연상시키는 어조로 "음식이 모두 혼란스러워져 더 이상 남과 북의 구분이 없어졌다"고 썼다.[13] 그러나 다양한 요리 요소의 융합은 상업적 번영과 풍부한 양질의 현지 식재료를 만나면서 다채로운 요식업으로 발전할 수 있었다. 12~13세기 항저우에는 계절별로 달리 피는 꽃과 유명한 예술가의 그림으로 장식된 찻집에서 희귀한 차를 마실 수 있었고, 은잔에 국자로 매실주를 따라주는 선술집이 있었다.[14] 두부 튀김, 달팽이와 조갯살 조림 같은 요리로 젊은 고객의 입맛을 사로잡은 식당도 있었고, 황실 주방의 웅장한 스타일을 모방한 곳도 있었다. 오자목은 북방의 진미인 양의 발 요리와 남방의 게 요리, 면 요리와 구운 고기, 전통 방식의 경과 새롭게 유행하는 볶음 등 다양한 재료와 조리법으로 만든 별미를 열거했다.[15]

오자목은 항저우 사람들의 요란한 사치에 대해 기록하고 있다. "식당에 자리를 잡으면 사람들은 뜨겁게, 미지근하게, 차갑게, 세심하게 양념하고 조리하라는 등 수백 가지 방법으로 주문을 외쳐대며 원하는 모든 것을 요구한다. (…) 요리가 준비되면 종업원은 주방에서 음식을 가져와 손님의 주문에 따라 처음부터 마지막까지 한 치의 실수도 없이 요리를 배분한다."[16] (이 모든 것이 18세기 파리에 최초의 식당이 등장하기 500여 년 전에 있었던 장면이라는 점에 주목할 필요가 있다.)

당시는 중국의 딤섬 문화가 활짝 꽃피운 시기였다. 오자목은 "린안에는 계절마다 다른 딤섬이 있고, 원하는 대로 주문할 수 있다"고 했다.[17] 그는 바오쯔, 만터우, 떡, 유과 등 린안에서 판매되는 100가지가 넘는 간식 목록을 나열하며 군침이 도는 놀라운 이야기를 이어갔다. 이 중에는 "혼합색꽃빵튀김", 설탕에 절인 고기 만터우, 태학 만터우太學饅頭, 죽순과 돼지고기 만터우, 게살과 돼지고기 만터우, 모조 고기 만터우와 다양한 종류의 바오쯔 등 지역 특산 식재료를 사용한 옛 북방 간식의 남쪽 버전으로 보이는 것들과 월병, 중양절떡重陽糕, 밤떡 등 오늘날에도 여전히 남아 있는 딤섬도 있다.

그리고 미소 보조개, 낙타발굽, 모자거북이, 달콤한이슬떡, 거위눈썹샌드위치 등 오늘날에는 생소한 흥미롭고 유쾌한 이름을 가진 딤섬도 많이 있었다.[18] 오자목은 책에서 샤오룽바오의 조상으로 추정되는 "국물에 담근 만두"인 관짱만터우灌漿饅頭를 비롯해 다양한 간식을 판매하는 전문 바오쯔 식당에 대해서도 언급한다.[19] (흥미롭게도 오늘날 북송의 수도였던 카이펑에는 '국물에 담근 만두'인 관탕바오灌湯包라는 비슷한 이름의 탕만두가 특산식품이다.)

12~13세기 항저우는 중국 딤섬의 미래를 위한 토대를 세운 시기로, 남부 요리사들이 북방의 오래된 요리 테마를 가져와 밀뿐만 아니라 쌀과 기타 전분을 사용해 더 쾌활하고 가벼운 간식을 만들었다. 북방에서는 보통 양고기, 부추, 회향으로 소를 만들었고, 남부에서는 게, 새우, 죽순, 야채를 이용했다. 중앙아시아의 오래된 납작빵은 결국 참깨를 뿌린 강남의 섬세한 '황금색 게 껍질'(셰커황蟹殼黃)로 진화했지만, 스타일과 성격은 완전히 달랐다. 만터우는 작고 주름진 바오쯔가 되었다.

항저우와 쑤저우의 유람객들은 배를 빌려 호수로 나가 뱃놀이를 즐겼으며, 특히 쑤저우의 찹쌀 만두인 '보트 스낵' 찬디엔船點은 동물, 야채, 과일 모양으로 빚은 다음 색을 입혀서 아름답기로 유명하다. 오늘날에도 북방에서는 삶은 자오쯔나 커다란 바오쯔(빵 안에 한 끼를 통째로 넣은 중국식 샌드위치 또는 영국 남서부의 '코니시 패스티cornish pasty'에 해당되는 음식)가 종종 푸짐하고 든든한 주식 역할을 하는 반면, 남방의 사촌들은 더 작고 담백하며 일상적인 주식이라기보다는 즐거운 간식으로 먹곤 한다. 나중에는 정월대보름에 먹는 쫄깃한 탕위안湯圓부터 중추절에 선물로 주고받는 월병에 이르기까지 모든 축제와 다양한 가격대의 딤섬이 생겨났다.

강남에서 더욱 남쪽에 있는 광저우에서는 거미줄처럼 섬세하고 반투명한 만두피를 가진 찐 만두, 깃털처럼 가벼워 날아갈 것 같은 튀긴 토란 만두 등 딤섬이 더 미묘하게 발전한다. 광둥 사람들은 아침 차와 함께 간식을 먹는 의식을 '차를 마신다'라는 뜻의 '얌차飮茶'라고 부르기 시작했다. 현대 광저우는 딤섬의 천국이다. 얼마 전 그곳에서 몇 주를 보냈을 때 나는 매일 딤섬을 먹고 싶은 유혹을 뿌리칠 수 없어, 도시의 가장 유명한 식당을 돌아다니며 익숙한 딤섬뿐 아니라 처음 접하는 현지의 새로운 딤섬을 먹었다. 정원이 잘 가꿔져 있고 여러 개의 홀에서 수십 가지 딤섬을 제공하는 유서 깊은 거대한 식당부터 부드러운 창펀腸粉을 즉석에서 만들어주는 저렴한 뒷골목 카페, 그리고 뛰어난 만두 제조 기술로 유명한 주강 유역의 호화로운 화이트 스완 호텔에 이르기까지 여러 곳을 다녔다. 지난번 방문했을 때 호텔의 '제이드 리버 식당'에 앉아 진미새우만두 하가우蝦餃와 갯지렁이와 부추를 소로 넣은 빛나는 녹색의 또 다른 만두에 감탄하면서, 나는 속석이 기적적으로 다시 태어난다면 어떤 황홀한 가사를 쓰게 될지 궁금해하지 않을 수 없었다.

서양인, 그중에서도 특히 18세기 이후 서양인들은 중국 음식을 묘사하면서 폄하하는 경향이 있지만, 딤섬의 기교에는 쉽게 감명받은 것 같다. 19세기 초 광둥에서 열린 연회에 참석한 프랑스 해군 함장 라플라스는 일부 요리가 "혐오스럽다'고 생각했지만 식사가 끝날 때 제공된 '케이크'는 '형태가 다양하고 독창적이었다"며 기뻐했다.[20]

1793년 영국 최초의 중국 사절단 일원이었던 애니어스 앤더슨은 일행에게 제공된 음식 대부분에 마찬가지로 실망했지만 딤섬에는 매료되었다. "중국인들은 맛과 그 형태와 색의 다양성에 있어서 매우 우수한 수준의 과자 예술을 가지고 있다. 모든 종류의 케이크는 훌륭하게 만들어졌으며 영국이나 다른 어떤 나라에서 맛본 것보다 입맛에 더 잘 맞는다. 이들의 페이스트리는 또한 내가 유럽에서 먹어본 어떤 것보다 더 가볍고, 유럽 제과업자들의 노력을 다 합쳐도 생산할 수 없을 만큼 다양하다."²¹ 같은 사절단 멤버인 존 배로는 "그들의 모든 페이스트리는 비정상적으로 가볍고 눈처럼 하얗다"고 언급했다.²²

광둥식 딤섬은 최근 전 세계를 정복했고, 실제로 거의 모든 영어 사용자는 이제 표준 중국어 '뎬신' 대신 광둥어 '딤섬'을 사용한다. 지난 수십 년 동안 중국인이 아닌 사람들은 대규모 중국인 커뮤니티가 있는 서방의 대도시에서 맛볼 수 있는 훌륭한 광둥식 딤섬에 빠져들었다. 최근에는 샤오룽바오가 세계 무대에 당당히 진출한 데 이어 (아직까지는 잠정적으로) 또 다른 상하이식 간식인 '성젠바오生煎包'가 그 뒤를 잇고 있다. 성젠바오는 숙성시킨 반죽으로 만든 육즙이 풍부한 돼지고기 만두로, 찌면서 동시에 기름에 지지기 때문에 화려하고 노릇노릇한 바닥이 특징이다. 하지만 이 모든 맛있는 간식은 딤섬 세계 탐험의 시작에 불과하다.

일요일 아침, 양저우의 '예춘차서治春茶社'. 고전적인 스타일의 여러 건물이 잔디밭 주변에 배치된 이곳에서 노인들이 차 한잔을 들고 야외 민속 오페라 공연을 관람하고 있다. 친구들과 나는 운하 가장자리에 자리 잡은 길쭉한 형태의 식당에서 대리석 상판의 짙은 색 나무 테이블에 둘러앉아 있다. 지붕의 일부는 초가이고 나머지는 기와로 덮여 있다. 따뜻한 봄날이라 운하를 따라 늘어선 건물의 모든 창문이 열려 있고, 홍등 몇 개가 운하 위에 걸려 있었다. 식당은 활기찬 수다로 가득 차고, 양저우에서 가장 사랑스러운 의식 중 하나인 딤섬 아침 식사를 하러 모인 가족들로 붐볐다.

모든 이들의 찻잔에 내가 이미 녹차를 따라주었고, 우리 앞의 테이블에는 음식이 잔뜩 차려져 있다. 광둥식 딤섬은 만두, 죽, 국수를 위주로 하고, 굽거나 바비큐한 고기가 추가되는데, 양저우의 딤섬은 여기에 다양한 냉채와 절임 요리도 포함된다. 우리는 데친 두부 국수(탕간쓰湯乾絲), 생강절임, 은행을 곁들인 표고버섯, 분홍색 살코기와 투명한 젤리 같은 겉면으로 유명한 수이징샤오러우水晶肴肉, 꿀 바른 대추와 몇 가지 야채 요리를 먹었다. 이어서 딤섬을 담은 대나무 시루가 하나씩 나오기 시작했다.

이곳은 광둥성 남부와 달리 모든 빵과 만두를 밀가루 반죽으로 만들었고, 전분으로 만든 투명한 만두나 부드럽게 흔들리는 쌀가루로 만든 만두도 없다. 대신 다양한 바오쯔가 있는데 대부분은 북방의 바오쯔보다 작고, 주름을 여러 번 우아하게 접은 다음 상단을 꼬집어 마무리하는데 그 빚은 모양새가 '잉어의 주둥이', 구불구불한 능선 또는 '용의 눈' 등 각기 달랐다. 그리고 그날 먹은 바오쯔는 그동안 먹어 본 바오쯔 중 가장 맛있었다. 돼지고기 비계와 육수를 넣어 감미로운 육즙이 가득한 가운데 무채로 속을 채운 바오쯔, 부드러운 두유 껍질을 넣은 바오쯔, 마마이트처럼 짭짤한 맛이 나는 메이간차이를 넣은 바오쯔, 신선한 녹색 야채를 넣은 바오쯔, 달콤한 팥앙금을 넣은 바오쯔가 나왔다. 그리고 지름이 약 9센티미터나 되는 거대한 샤오룽바오도 있었다. 너무 커서 젓가락으로 들어올리지 못하기 때문에 육즙을 빨아먹을 수 있는 빨대가 함께 제공되며, 육즙을 먼저 먹은 다음 만두피와 속을 먹는다.

18세기 후반 양저우를 방문한 건륭제가 가장 좋아했다고 알려진 요리는 각종 맛있는 재료로 속을 가득 채운 '우딩바오五丁包'였다고 한다. 전해지는 이야기에 따르면 미식가였던 황제는 아침 간식을 준비하는 요리사들에게 "영양이 풍부하지만 너무 보양식스럽지 않고, 맛있지만 너무 진하지 않고, 기름지지만 너무 느끼하지 않고, 바삭하되 지나치게 딱딱하지 않고, 섬세하고 부드럽지만 너무 물렁하지는 않아야 한다"는 매우 까다로운 주문을 했다고 한다. 요리사들이 황제의 복잡한 주문에 어쩔 줄 몰라 하고 있을 때 그중 한 명이 아이디어를 내어 해삼(영양이 풍부하지만 보양식은 아님), 닭고기(맛있지만 진하지 않음), 돼지고기(기름기가 많지만 제대로 익히면 느끼하지 않음), 겨울 죽순(바삭하지만 뻣뻣하지 않음), 민물 새우(가늘고 부드러우며 약간의 탄력이 있음), 이렇게 다섯 가지 재료를 잘게 썰어 바오쯔를 만들어 올렸다. 황제는 우딩바오를 칭찬했고, 얼마 지나지 않아 양저우 부자들의 연회에서 빠지지 않는 요리가 되었다.

양저우는 현대 중국의 다른 어느 곳보다 딤섬이 남방으로 전파되었던 역사를 잘 보여주는 곳이다. 당나라 이후 강남 지역과 북쪽을 연결하는 대운하가 건설되면서 이 도시는 중요한 교통의 요지이자 중국 남부 경제의 중심지가 되었다. 양저우는 티베트 고원에서 발원하여 황해로 흐르는 양쯔강과 새로 건설한 운하의 교차점에 자리잡고 있었다. 청나라 시대 양저우 상인들은 한때 중국 전체 세수의 4분의 1을 낼 정도로 수익성 높은 소금 무역으로 부자가 되었다. 이들은 저택을 짓고 정원을 가꾸었으며, 일부는 오늘날에도 여전히 볼 수 있다. 이들은 또한 친구들을 초대해 호화로운 저녁 만찬을 열었다. 현지 기록에 따르면 "거의 매일 연회와 유희가 이어졌다. (…) 이들은 사치와 쾌락에 빠져들었다."[23]

양저우는 북쪽과 남쪽 모두의 영향을 받은 문화의 전형이 되었다. 지리상 양쯔강 북쪽 강변에 자리한 양저우는 강남 지역의 북쪽 끝이었으며, 밀과 쌀의 경계에 있었다. 더 남쪽으로 내려갈수록 쌀이 우세했지만, 양저우 사람들은 여전히 밀가루 간식을 선호했고, 새해 첫날에는 녠정$_{年蒸}$이라 불리는 바오쯔와 만터우의 향연을 열었다.

봄날 아침, '예춘차서'의 식탁에 올려진 만두로 가득 찬 시루는 딤섬의 진화를 보여주는 기착지 같았다. 새우, 게살, 죽순과 같은 남쪽의 식재료로 속을 채웠지만, 만두피는 속석이 살았던 시대의 사람들이 좋아했던 빙餠과 같은 밀가루 반죽이었다. 앙증맞은 남부 스타일로 빚었으나 광둥식 딤섬의 절묘한 가벼움은 아직 구현하지 못했다.

그날 먹은 만두 중에는 특히 그 자체로 모든 이야기를 들려주는 비취 사오마이翡翠燒賣도 있었다. 이 섬세한 만두는 주름진 작은 봉투를 열어놓은 것처럼 생겼는데, 다진 돼지고기와 녹색잎 야채로 속을 채우고 그 위에 잘게 썬 분홍색 햄을 살짝 얹어 장식했다. 사오마이도 만터우처럼 외국에서 유래했을 것으로 추정되는 의미 없는 이름으로 중국 각지에서 각기 다른 형태로 나타난다. 사오마이라는 이름은 원나라 때 몽골이 중국을 통치하던 시절에 중국 음식을 설명하는 한국의 한 문헌에 처음 등장했다.[24]

국수 기행을 떠났을 때, 네이밍구 접경 지대에 있는 다퉁의 만리장성 근처에서 먹었던 사오마이는 양고기와 양파로 속을 채우고 밀대로 만두피의 가장자리를 얇게 민 다음 주름을 잡아서 꽃잎처럼 보이도록 빚은 형태였다. 다퉁에서부터 남쪽으로 내려오니 더 작고 예쁜 사오마이가 나타났는데, 야채나 간장으로 버무린 찹쌀과 돼지고기가 들어 있었다. 그리고 더 남쪽에 있는 광저우와 홍콩에서는 사오마이가 계란을 넣은 반죽으로 만든 노란 만두피에 잘게 썬 새우와 돼지고기를 꽉 채운 단단한 만두로 변모했다. 사오마이라는 것은 다양한 변형이 가능한 하나의 아이디어다. 아마도 해외에서 유래했고 수세기에 걸쳐 중국으로 퍼져나가며 형태가 변화무쌍하게 바뀌었지만, '쪄서 먹는다'는 전형적인 중국식 조리법은 늘 그대로였다.

점심 식사 후, 우리는 양저우의 소금 상인들이 황제를 기쁘게 하려고 인공적으로 조성한 호수 정원 서우시후瘦西湖로 산책을 나가 뱃놀이를 했다. 버드나무의 옅은 녹색 줄기가 햇빛이 반짝이는 물 위에 졸린 듯 매달려 있다. 우리는 건륭제가 한때 낚시를 했던 작은 부두를 지나간다. 강둑을 따라 연분홍색, 자홍색, 노란색 꽃들이 자태를 뽐내며 피어 있다.

식탁 餐桌 : 음식과 사상

중화요리에도
디저트가 있을까

'어미 오리' 경단
야무녠

차오저우 구시가지의 복원된 성벽 옆에서 한 여성이 밝은 녹색의 수레 위에 진열장을 올려놓고 갖가지 화려한 색의 현지 과일을 팔고 있다. 그린 망고와 구아바, 딸기, 시럽에 담근 녹색의 새콤한 살구, 금귤당과. 중국의 동남부, 따뜻하고 습한 이곳에는 주변 들판에 사탕수수와 바나나와 리치가 심어져 있다. 이곳의 극도로 복잡한 사투리는 외지인이 도저히 이해할 수 없기에 현지인이 아니고서는 구사할 수 없다고 한다. 그리고 이 도시는 최근 수십 년 동안 중국의 급격한 개발 열풍에도 불구하고 매력과 개성을 일부나마 그대로 지켜왔다. 고풍스러운 중정 저택들이 모여 있는 골목 몇 곳이 철거를 면했고, 아치형 기념문 파이팡牌坊과 상점이 늘어선 역사적인 거리가 복원되었다. 뒷골목에는 대나무로 바구니와 어망을 짜거나 나무토막으로 정교한 조각상을 깎는 장인들의 모습을 볼 수 있다.

가장 설레는 것은 활기찬 시장 가판대와 길거리 음식 노점상들이다. 구시가지의 한 골목에서 이 지역의 유명한 별미인 양념 거위가 통째로 나무판 위에 올려져 있는 광경을 마주쳤다. 거위의 껍질은 양념이 스며들어 먹음직한 구릿빛이 되어 있었고, 이제 한입 크기로 썰기만 하면 되는 상태였다. 짭짤한 소스에 찍어 먹을 수 있도록 이미 쪄놓은 다양한 종류의 바다 생선이 담긴 바구니들도 있었다. 어느 가판대에 쌓아놓은 시루에는 쌀가루로 만든 투명한 만두피 사이로 밝은 에메랄드 빛깔의 부추가 비치는 먹음직스러운 만두가 가득하다. 또 다른 시루에는 복숭아 모양의 도자기 틀에 담긴 폭신한 스펀지케이크와, 맛있는 야채절임을 채워넣을 작은 컵 모양의 쌀 반죽이 담겨 있었다. 여기저기서 사람들이 집과 가게 앞에 의자와 작은 걸상을 내놓고 앉아, 찻주전자에 우롱차를 자욱하게 끓여 작은 중국식 찻잔에 따라 홀짝거리고 있었다.

잠시 후 아치형 기념문이 늘어선 거리에 있는 유명한 간식 가게에 들렀다. '후룽취안胡榮泉'은 100년도 더 전에 어떤 형제가 만든 가게다. 이곳의 시그니처는 '어미 오리' 경단이라는 뜻의 야무녠鴨母捻. 쫄깃한 찹쌀 경단이 진한 단맛의 탕 한 그릇 안에 황금색 고구마 조각, '욥의 눈물'이라고 알려진 율무, 연자, 주름진 흰목이버섯과 함께 떠다니는 요리다. 경단의 모양이 물에 둥둥 떠 있는 어미 오리를 닮았다고 해서 이런 이름이 붙었다. 어떤 경단에는 달콤한 팥앙금이, 또 어떤 경단에는 달콤한 녹두 앙금이 들어 있다.

야무녠은 서양식 관점에서 보자면 좀 헷갈린다. 달콤하긴 하지만 저녁 식사를 마치고 먹는 디저트는 아니다. 끼니 사이에 언제든 생각나면 즐길 법한 간식이다. 탕 형태지만 달콤한 탕은 중국에서야 인기가 많아도 서양 요리에는 거의 존재하지 않는 장르다. 서양의 수프는 거의 예외 없이 짭짤한 맛이다. 그리고 달콤한 국물에 담겨 나오지만 그 안에는 뿌리 야채와 콩류와 심지어 일종의 버섯이 들어 있다. 과일이 아니라 서양에서 야채로 여기는 것들이라 디저트의 재료로는 어울리지 않는다. 서양의 미식 체계에서 야무녠은 분류학적으로 골치 아픈 존재다.

일반적으로 중국인들은 서양인 대다수와는 달리 단것을 탐하지 않는다. 영국인이라면 식사를 마치고 "푸딩으로는 뭐가 나오죠?"라고 묻는 게 이상하지 않다. 그러나 중국에서는 초콜릿이나 타르트 조각, 아이스크림 한 그릇이 식사를 자연스럽게 마무리하는 필연적인 수순이 아니다. 중국 대부분의 지역에서 식사는 대체로 짭짤하다. 설탕은 간장이나 식초와 같은 일반 조미료처럼 비교적 소량을 여기저기 사용해 조림의 '맛을 조화롭게 하거나調味' 탕수 소스의 균형을 잡을 뿐이다. 쓰촨에서는 돼지갈비와 궁보계정에 바른 소스에 설탕 간이 되어 있을 수 있지만, 저녁 식사는 대개 국과 밥과 야채절임, 그리고 얇게 썬 배 정도로 마무리한다. 영국의 영향을 강하게 받았던 홍콩에서만 별도의 디저트 코스가 나올 가능성이 있고, 그 또한 늘 있는 일은 아니다.

중국의 요리책은 대개 디저트 섹션을 따로 포함하고 있지 않다. 18

세기 후반에 편찬된 원매의 유명한 저서에는 단 하나의 예외 말고는 모든 단 음식이 '딤섬' 부분에 수록되어, 장어 국수, 새우 떡, 돼지고기 만두와 같은 일반적인 요리와 섞여 있다. 내가 다녔던 쓰촨고등요리학교의 교과서에는 디저트(일부는 버섯과 콩으로 만들었다) 섹션이 조그맣게 있었지만, 해산물과 야채 섹션 사이에 끼어 있었고, 거기 실린 요리들도 일상의 식사에서 접할 수 있는 종류가 아니었다. 일부는 단맛을 통해 결혼생활의 달콤함을 상징하는 결혼식 연회에서나 나올 법한 우아한 디저트였다. 하지만 내 경험으로는 그런 걸 집에서 요리하는 사람은 없었고, 식당 메뉴에서도 거의 찾아볼 수 없었다.

서양 대부분의 중식당에서 디저트를 제공하는 것은 중국의 전통과는 아무 관련이 없고, 제대로 된 식사를 했다 싶으면 마지막에 뭔가 단걸 주입해야 하는 유럽인과 미국인들의 절박한 필요 때문이다. 산둥의 바나나 바쓰拔絲香蕉가 중국보다 서양에 더 잘 알려져 있는 것도, 호주의 중식당에서 휘핑 크림과 신선한 망고를 넣은 팬케이크를 그토록 잘 내는 것도, 영국의 옛날식 중식당들이 정식을 늘 통조림 리치나 달콤한 팥앙금을 채운 팬케이크 튀김으로 마무리하는 것도 그 때문이다. 서양인의 입맛에 맞는 적당한 디저트를 낼 준비가 되어 있지 않은 일부 중식당은 냉동 푸딩을 구입하기도 한다.

서양 손님들을 위해 중국 전통의 단 음식을 디저트 순서에 끼워넣는다고 해도 기대에 부응하는 일은 드물다. 아마도 중국의 단 음식에는 서양 디저트에 자주 들어가는 버터, 우유, 초콜릿의 농밀함이 없기 때문일 것이다. 중국의 어떤 쌀 푸딩은 서양 커스터드의 부드럽고 크리미한 질감을 떠올리게 하고, 라드가 버터의 기름진 맛을 어느 정도 대신해주기는 하지만, 둘 중 어느 것도 버터가 잔뜩 들어간 프랑스의 페이스트리, 아이스크림, 슈크림이 주는 진하고 풍성한 맛과 비단결 같은 식감의 조합을 제공하지는 못한다. 서양 친구들을 위해 중화요리를 대접할 때 나는 별다른 감흥도 없을 중국식 '푸딩'을 굳이 만드느라 시간을 낭비하지 않는다. 대신 좋은 초콜릿이나 바클라바(견과류와 꿀이 들어간 중동식 파이─옮긴이)를 사서 신선한 과일과 중국 차와 함께 낸다.

중국의 단 음식의 상당수는 심지어 그렇게 달지도 않다. 청두의 유명한 길거리 음식인 라이탕위안賴湯圓은 달달한 흑임자 소를 채웠지만 찹쌀에는 설탕을 넣지 않았고 뜨거운 맹물에 담아 먹는다. 중국 북부에서 먹는 녹두를 갈아 만든 부슬부슬한 떡에는 설탕이 아주 약간만 들어가 있다. '룽징차오탕'에서 가끔 나오는 가시연밥과 복숭아 무의 끈적한 수액으로 만든 탕은 단맛이 은은히 스치고 갈 뿐이다.

중국에서 유난히 단 음식은 다수가 외국에서 유래했다. 베이징에서 볼 수 있는 시럽에 담근 '탕얼둬糖耳朶'와 다양한 할바(깨와 꿀이 들어간 터키의 과자─옮긴이) 계열의 음식(둘 다 고대 서아시아 교역의 산물이다), 그리고 길게 자른 반죽을 바삭하게 튀긴 후 시럽에 섞어 케이크 모양으로 누른 만주족의 사치마薩其馬 같은 것들이다. 서양인의 입맛에 가장 강하게 와닿는 중국의 단 요리는 홍콩의 에그 타르트와 청두의 길거리에서 파는 단훙가오蛋烘糕처럼 대부분 해외에 뿌리를 두고 있다.

중국의 단 음식은 야무녠이나 각종 딤섬처럼 디저트보다는 끼니 사이의 간식으로 먹는 편이다. 어떤 것은 특정한 명절에 먹는다. 중추절의 월병이나, 춘절 연휴에 손님에게 내놓는 길한 과일과 견과류 사탕이 가득한 상자가 그렇다. 시안의 옛 무슬림 거리를 걷는 사람들은 탕과로 장식한 쌀 반죽을 막대사탕처럼 꼬챙이에 꽂은 찜 요리 '징가오鏡糕'나 팥앙금으로 속을 채운 황금색 감 케이크를 집어들기도 한다. 청두의 찻집에서 한가롭게 시간을 보내는 친구들은 거리의 노점상에서 파는 엿인 딩딩탕丁丁糖을 즐길 법하다. 하지만 이런 간식은 그것만 먹기도 하지만 일반적인 음식과 함께 먹기도 한다. 가령 청두에서 '작은 먹거리小吃', 즉 간식 파티를 할 때는 국물 가득한 돼지고기 완탕을 먹은 다음 흑설탕을 녹여 속을 채운 달콤한 페이스트리를 먹고, 매콤한 단단멘으로 마무리하기도 한다.

유럽인이나 미국인과 마찬가지로 중국인들도 단 음식에 과일을 사용한다. 베이징에는 산사나무의 시큼한 선홍빛 열매로 만든 젤리와 얇게 말린 과일만 전문으로 파는 가게들이 있다. 황실에서 즐겨 먹던 단 음식 중 일부는 곶감과 설탕에 절인 과일로 만든다. 북부 중국에서는 아삭한 배를 구기자, 흰목이버섯, 얼음 사탕을 넣고 끓이기도 하고, 대추는 시럽에 졸여 전채요리로 먹는다. 설탕에 절인 장미꽃잎은 찐빵, 튀김빵, 구운빵의 소로도 쓰인다. 그리고 오로지 중국요리 외에는 어디서도 맛볼 수 없었던 황홀한 단맛 재료가 있으니 그것은 바로 계화꽃이다. 계화나무는 강남과 중국 남부 일대에서 자라며, 반짝이는 상록수 잎 사이에 피어 있는 노란색 또는 주황색 작은 꽃의 매혹적인 향기가 가을마다 온 도시를 감싼다. 이 꽃은 소, 시럽, 달콤한 탕에 사용되고, 인동덩굴과 재스민의 강렬함이 느껴지는 향이 대단히 독특하다.

미국과 유럽에서는 야채를 과일과는 별개의 카테고리로 여겨, 파이에 들어가는 호박과 케이크에 들어가는 잘게 간 당근을 제외하고는 푸딩으로 만드는 경우가 거의 없다. 하지만 중국인은 그런 자의적인 구분으로 스스로를 속박하지 않는다. 식당에서 식사를 마치면 과일 접시에 멜론, 오렌지와 더불어 작고 달콤한 방울토마토를 제공하기도 한다. 쓰촨에서 공부하던 시절, 요리사 친구가 설탕을 뿌린 매우 얇고 바삭한 감자 프라이를 전채요리로 내놓아 놀랐던 일이 생각난다. 호박과 고구마를 약간의 찹쌀가루와 함께 으깬 뒤 달콤한 소를 채워 튀긴 만두나 찐 만두로 만들 수도 있다. 녹조류의 일종인 감태는 쌀 스펀지 케이크와 바삭한 페이스트리 빵을 포함해 닝보와 상하이의 단 음식에 폭넓게 사용된다. 자금성의 황실 별미 중에는 말린 콩으로 만든 달콤하고 시원한 완더우가오豌豆糕와 강낭콩을 갈아 만든 차이더우가오菜豆糕도 있다. 1990년대 중국에서 처음 오랜 시간을 보낸 뒤, 나는 영국식 음식 분류법이 뒤죽박죽된 채 귀국했다. 한번은 생일 케이크 위에 딸기만 올리지 않고 오이를 썰어 장식해 친구들을 당황시킨 적도 있는데, 만들면서 내가 뭔가를 잘못하고 있을지 모른다는 생각조차 하지 못했다.

그리고 서양에는 존재하지 않는 달달한 탕과 장醬이 있다. 액체 또는 반액체 상태의 온갖 간식과 보양식이 있는 장르다. 쓰촨 사람들은 흰목이버섯뿐만 아니라 부드러운 두부, 견과류와 누에콩 가루를 넣고 부슬부슬하게 볶은 할바로도 달콤한 탕을 만든다. 항저우 사람들은 시후호 변에 앉아 연근 전분에 말린 과일과 견과를 뿌린 맑은 죽 어우펀藕粉을 홀짝홀짝 마시는 걸 즐긴다. 이 지역의 연회에서는 달달한 탕을 마지막에 내는 일도 흔하다. 남부의 광둥에서는 한여름이면 '식히는' 성질을 가진 녹두로 만든 탕에 향이 강한 약초 운향蕓香을 띄워 손님에게 대접하기도 한다. 광둥 사람들은 맷돌에 곱게 간 콩과 견과로 크리미한 액체인 후후糊糊를 만드는 데도 능하다. 흑임자 후후는 토끼 털만큼이나 윤기가 자르르하고, 달콤하면서도 약간 쌉싸름한 아몬드 후후는 도자기처럼 매끄럽다. 광저우의 한 간식 가게에서는 물밤과 채썬 당근이 들어간 황금색의 황홀한 반투명 '탕푸딩'을 꿀꺽꿀꺽 들이켰던 일도 있다.

고대 중국에서는 일부 요리에 단맛을 내기 위해 꿀을 넣거나, 밀이나 기타 곡물을 발아시켜 만든 맥아당을 사용했다. 시인 굴원이 떠나간 영혼을 다시 불러오기 위해 언급한 별미 중에는 꿀떡이나 쌀가루를 튀긴 것과 맥아당을 넣은 음식들이 있다.[1] 맥아당과 꿀은 모두 마왕두이 한나라 무덤에서 실제 장례 음식으로 출토되기도 했다.[2] 일찍이 주나라 때부터 사람들은 싹이 튼 곡물을 찐 쌀이나 다른 종류의 밥에 으깨 넣어, 효소 반응을 유도해 전분질 덩어리를 달콤한 맥아당 상태로 만들 줄 알았다. 이것을 걸러 끓이면 호박색 시럽이 되고, 더 오래 끓이면 엿처럼 굳는다.[3] 오늘날 청두에서는 딩딩탕을 만드는 이들이 이와 정확히 같은 공정을 사용한다. 주로 할아버지들인데, 직접 제작한 시럽을 잡아당겨서 말갛고 크리미한 누가 상태로 만든 다음 대나무 바구니 등짐에 지고 다니며 판매한다. 도시의 거리에서 금속 도구를 두드려 '딩딩탕, 딩딩탕' 소리를 내 자신들의 존재를 알린다. 베이징덕의 옻칠한 듯 짙은 광택도 맥아당을 바른 것이다.

중국 남부 사람들은 옛날에도 사탕수수즙을 즐겨 마셨지만, 이걸 결정 설탕으로 만들기 시작한 것은 당나라 때가 되어서다. 에드워드 셰이퍼에 따르면 이 시기에 단 과자류가 인기를 얻었다고 한다. 강남 지역에서는 여전히 꿀과 생강즙을 넣은 죽순 꿀절임姜汁蜂蜜笋片을 만들었고, 사람들은 말린 사탕수수를 우유와 섞어 인형 모양으로 만든 '스미石蜜'를 과자처럼 조금씩 깨물어 먹었다. 하지만 7세기에는 양저우의 제당업자들이 인도 동북부에서 들어온 새로운 기술로 갈색 과립 설탕을 만들 수 있게 되었다. 이것이 '모래 같은 설탕'이라는 뜻으로 '사탕砂糖'이라고 알려졌고, 오늘날에도 설탕을 일컫는 일반적인 중국 단어다. 이후 송나라 시대에는 흑설탕의 불순물을 제거해 '당상糖霜'이라 부르는 백설탕을 만드는 법도 익히게 되었다.[4] 그러나 프랑수아 사반에 따르면 중국은 유럽보다 훨씬 먼저 설탕을 만들기는 했어도 유럽만큼 높게 치지는 않았고, 16세기부터 발전한 정제 설탕 산업은 결국 쇠퇴해 주로 장인들이 비정제 설탕을 재래식으로 생산하는 형태로만 명맥을 유지했다.[5]

설탕은 중국에서 오랜 세월 식품 보존제로 사용되어왔다.[6] 그중에서도 특히 차오저우의 거리에서 본 노점상들이 팔던 것이나, 한때 유럽으로 수출되어 많은 사랑을 받았던 생강 설탕절임처럼 과일을 보존

할 때 쓴다. 6세기에 가사협은 『제민요술』에 꿀과 과일즙에 절여 과일을 보존하는 방법을 몇 가지 소개했다. 이후 송나라 때부터는 사탕수수 설탕을 점점 더 많이 사용하게 되었다. 그러나 현대 중국에서는 절임과일 대부분을 설탕으로 만들어도 여전히 '꿀에 절였다蜜餞'고 표현한다.

 중국 대부분 지역의 요리에서는 짭짤한 음식이 주를 이루지만, 일부 지역의 음식은 단맛으로 유명하거나 심지어 악명이 높기까지 하다. 쑤저우와 우시는 상하이 요리에 있는 단맛 성향의 근원지다. 하지만 이 두 도시에도 서양식 의미의 디저트는 없고, 간식풍의 딤섬만이 아니라 전채와 메인 요리도 시럽에 흠뻑 적시거나 설탕을 잔뜩 뿌려 나오곤 한다. 돼지고기에 설탕을 듬뿍 넣고 졸이는 일도 흔한데, 완성된 요리는 영국의 푸딩만큼이나 강렬한 단맛이 나고, 국물은 발효 쌀(홍국미)로 인해 밝은 핑크색을 띠거나 거의 토피사탕에 가까울 만큼 진하게 졸여진다. 이 지역에서 전채로 즐겨 먹는 고기 냉채와 데친 나물은 시럽에 담근 금귤 껍질이나 찹쌀로 속을 채워 시럽에 버무린 대추('마음이 너무 약하다'고 '신타이롼心太軟'이라고 부른다)와 함께 나오는 걸 볼 수 있다. 바삭바삭하게 튀긴 생선을 시럽에 담가 먹기도 한다. 쑤저우에서 맛봤던 어떤 냉채는 잘게 썬 진화 햄을 다져서 구운 잣과 굵은 백설탕 덩어리에 섞어 만들었다. 중국의 타지역 사람들은 이곳 요리의 단맛이 너무 심하다며 불쾌하게 여긴다. 후난의 젊은 친구 한 명은 "쑤저우에서 음식을 먹는 것은 설탕을 대접째 먹는 것 같다"며 경악했다.

사탕수수 재배의 중심지인 차오저우에서도 단 음식을 많이 먹는다. 몇 년 전 차오저우에서의 첫날 밤, 나는 오징어 튀김 완자와 토란으로 속을 채운 해삼을 둘 다 귤 시럽에 찍어 먹었다. 시럽에 요리한 따뜻한 밤, 고구마와 대추도 먹었다. 이런 것들이 말린 가리비채를 얹은 두부튀김, 소고기 완자탕, 절인 갓 덩이줄기를 넣어 볶은 넓은 쌀국수 같은 짭짤한 음식들과 함께 어우러져 나왔다. 도시를 돌아다니면서는 아무넨처럼 단맛이 분명한 요리도 맛봤지만 단맛과 짠맛이 뒤섞여 장르를 넘나드는 각종 별미를 경험했다. 돼지고기, 발효 두부, 설탕, 마늘로 속을 채워 틀에 구운 페이스트리 같은 것은 맛의 조합이 미치도록 훌륭했다. 가장 유명한 차오저우 요리 중 하나는 라드와 시럽으로 윤기가 흐르는 자주색 토란 페이스트에 은행 열매를 얹은 바이궈위니白果芋泥다. 뒷골목에서는 제사에 사용할 실물 크기의 생선, 돼지머리, 닭을 땅콩 토피로 만들고 있는 장인들을 마주치기도 했다.

중국의 단 음식 중 일부는 그 섬세한 예술성에서 최고급 프랑스 제과와 맞먹는다. 예를 들어 항저우에서는 운이 좋으면 우산吳山의 쑤유빙酥油餠을 맛보게 될지 모른다. 겹겹의 바삭한 페이스트리에 고운 설탕을 뿌린 이 바스러지기 쉬운 원뿔 모양의 음식은 한때 사원의 장터에서 팔던 것이다. 밀가루와 라드를 섞은 반죽을 겹겹이 쌓아 만든 중국의 퍼프 페이스트리는 구워질 때 수천 겹으로 분리되고, 온갖 놀라운 방식으로 형태를 만들거나 속을 채울 수 있다. 가령 꽃과 과일과 야채를 섬세하게 본뜬 모양으로 만들기도 하는데, 입에 넣으면 부드럽게 바스러진다. 그러나 전반적으로 볼 때, 중국은 샐러드, 수프,

국수, 구이, 스튜, 볶음 등 대부분 요리 영역에서 앞서 있긴 해도, 단것에 있어서는 유럽 요리와 비교해 빛이 바랜다고 생각한다. 유제품으로 실험하는 것을 꺼렸고 최근까지 초콜릿에 대해 잘 몰랐다는 것만으로도 이유가 된다.

말할 것도 없이 프랑스인은 사탕 과자와 고급 디저트의 대가들이다. 영국인은 케이크, 비스킷, 퍼지, 푸딩을 잘 만든다. 중국에서 살구 타르트, 크렘 브륄레, 초콜릿 브라우니, 첼시번, 아이스크림 같은 디저트를 상상하게 될 때면, 나는 유럽인이라는 게 뿌듯했다.

내 생각에는 오직 싱가포르와 말레이시아의 뇨냐Nyonya 혹은 페라나칸Peranakan 차이니즈 (말레이 반도, 싱가포르, 인도네시아 등지에 정착한 중국인 후손들을 지칭하는 용어로 해협 중국인이라고도 한다—옮긴이)가 만드는 단 음식만이 서방 세계의 디저트 전통과 어깨를 겨룰 만하다. 이들의 코코넛 밀크와 야자수 설탕은 단것을 갈망하는 유럽인의 입맛을 만족시킬 만한 짙은 크리미함으로 혀에 유제품과 비슷한 풍성함을 가져다준다. 이 지역의 셀 수 없이 많은 종류의 쿠에kueh(쌀떡 모양의 동남아시아 간식—옮긴이)를 떠올려보라. 무지개 빛깔의 황홀한 젤리, 케이크, 페이스트리, 튀김이 다양하기 이를 데 없다. 싱가포르와 말레이시아에서는 중국 전통 조리법이 코코넛과 환상적으로 충돌해 세계에서 가장 멋진 디저트를 만들어낸다.

그러나 중국 본토 사람들도 이 분야의 주방 예술에서 서양을 따라잡고 있다. 요즘 중국의 제과사 중에는 파리에서 훈련받은 사람도 있고, 아름다운 크루아상과 갈레트데루아(파이의 일종—옮긴이)뿐 아니라 현지의 식재료와 미적 주제를 활용해 중국의 특색이 들어간 디저트를 만들고 있다. 홍콩에는 오래전부터 두리안이나 토란으로 만든 아이스크림을 물결무늬로 얼려 낸 것이나 소금에 절인 오리알로 만든 커스터드를 채워넣은 찐빵처럼 끝내주게 맛있는 퓨전 디저트들이 있었다. 그리고 이제 중국 본토에도 음력설 연휴의 마지막 날인 정월대보름에 먹는 전통 찹쌀 주먹밥에 초콜릿이 들어간다. 지난번 베이징에 있을 때는 어떤 제과점에서 차를 마셨는데 기막힌 퓨전 간식을 팔고 있었다. 중국에서 오랜 불로장생의 상징인 복숭아 모양을 한 크림 페이스트리, 중국 전통 수묵화에 나올 법한 산맥 모양을 본뜬 작은 초콜릿 같은 것이었다. 중국에도 마침내 디저트의 시대가 도래했는지 모른다.

4대 요리,
8대 요리라는 구분

고추 더미 속의 충칭 닭
라쯔지

외국인 그룹과 함께 중국 미식 투어를 할 때 내가 가장 좋아하는 순간 중 하나는 어느 한 요리 지역에서 다른 요리 지역으로 극적으로 이동할 때다. 보통은 베이징에서 자금성, 만리장성, 천단天壇 사원을 참관하고 베이징덕, 자장면, 양고기 훠궈 및 기타 현지 별미를 먹는 것으로 시작한다. 그런 다음 시안으로 이동해 병마용과 무슬림 타운을 둘러보고 납작빵을 넣어 먹는 양고기조림과 다양하고 매혹적인 길거리 음식을 맛본다. 그 후 기차를 타고 청두로 이동해 며칠간 매운 쓰촨 음식을 맛본 다음, 강남의 풍미를 즐기러 상하이와 항저우로 이동한다.

북방의 도시인 베이징과 시안의 음식이 양고기와 밀을 주식으로 한다는 공통점이 있다면, 시안에서 청두로, 청두에서 상하이로 가는 미식 여정은 마치 다른 나라로 이동하는 것만큼 극적으로 변한다. 시안을 떠나 청두로 가는 것은 밀의 나라를 떠나 쌀이 주가 되는 지역으로 들어가는 것이며, 진한 식초와 생마늘의 지배를 뒤로하고 향신료와 달콤함, 매운 고추와 감각을 마비시키는 제피의 강렬한 조합으로 이루어진 쓰촨 풍미의 롤러코스터를 타러 가는 것과 같다. 건조한 북쪽 지방을 떠나 습한 남쪽 지방으로 가면 완전히 다른 방언과 생활 방식에 빠져든다. 고추의 뜨거운 열기와 제피의 얼얼함을 떨쳐내고 생선과 쌀과 수분이 풍부한 식재료로 만든 섬세한 풍미와 세련된 요리의 세계, 상하이에 도착한다.

이런 전환의 순간은 '중화요리'라는 전체적인 개념을 다시 생각해 보게 한다. 때로 이 용어는 오슬로에서 팔레르모, 모스크바에서 뉴욕에 이르기까지 서구 세계의 다양한 요리 전통을 무시하고 뭉뚱그려 중국에서 '시찬西餐'(양식)이라 부르는 것만큼이나 터무니없다. 물론 중국요리에는 몇 가지 공통점이 있다. 젓가락을 사용하고, 식재료를 잘게 썰기. 발효시킨 콩류와 두부를 많이 사용하기. 유제품은 거의 먹지 않기. 찜과 볶음이라는 보편적인 조리법. 식사는 주식인 판과 반찬인 차이로 이루어진다는 개념 등이다. 그러나 이러한 일반적인 특징 외에, 중화요리는 지역별로 매우 다양한 고유의 전통을 갖고 있기 때문에 일률적으로 정의를 내리기 어렵다.

중국은 수백, 수천 년에 걸쳐 팽창과 축소를 거듭하며 분열과 통합을 반복했고, 때로는 작은 국가와 변방의 영토를 합병하기도 하고 때로는 유목민 침략자들에게 점령되기도 했다. 광둥성 남부처럼 지금은 완전히 본토에 통합되어 최고의 요리가 발달한 지역도 한때는 뱀을 잡아먹는 야만인들이 가득한 원시적인 늪지대로 여겨졌다. 청나라 이후 중국은 티베트와 신장을 통합했고, 이 광활한 지역의 음식 문화는 한족이 전통적으로 지배해온 지역과는 근본적으로 달랐다. 윈난성에서는 다이족과 기타 소수민족의 요리가 이웃한 베트남, 라오스, 미얀마의 요리와 겹친다. 그리고 싱가포르와 말레이시아에는 중국 음식에 뿌리를 두고 태국과 말레이 전통 요리의 영향이 접목된 뇨냐 또는 페라나칸의 디아스포라 스타일의 요리도 있으며, 미국식 중국 음식은 말할 것도 없다.

중국의 전형적인 성省은 규모와 위상이 유럽의 국가와 비슷하며, 광활한 지리적 다양성을 가진 중국은 국가라기보다는 대륙에 가깝다. 청나라 이후 중국의 국경 안에는 다양한 지형과 기후가 존재한다. 북쪽으로는 시베리아 숲과 사막, 오아시스, 염전, 대초원, 황토 평원, 세계에서 해발이 가장 낮은 곳 중 하나인 투루판 분지가 있고, 서쪽에는 히말라야산맥과 티베트 고원이 있다. 남쪽으로는 강과 하천, 운하가 교차하는 거대한 충적 평야와 풍경이 이어지고, 더 남쪽으로는 아직도 열대우림이 있다. 지리적인 관점에서 보자면 윈난성 서남부는 그 자체로 하나의 세계와도 같은데, 가장 높은 티베트 고원부터 야생 코끼리가 여전히 돌아다니는 시솽반나의 열대우림까지 작은 기후대가 촘촘하게 얽혀 있는 곳이다.

이처럼 변화무쌍하고 복잡한 지형과 기후는 다양한 생물이 살 수 있는 기반이 되어, 중국의 식탁에 다양성과 풍요로움을 제공해왔다.

가령 서북부에서는 현지에서 생산되는 멜론 하미과, 산달래, 석류, 낙타 고기를, 동북부에서는 호두, 산사나무 열매, 아무르산 개구리를 맛볼 수 있다. 남쪽의 강남 지방으로 가면 민물 새우와 민물 게, 죽순, 마름열매, 가시연밥과 그 밖의 수생 식물을 맛볼 수 있다. 윈난성에서는 지역에 따라 신선한 송이버섯과 수많은 야생 버섯, 나무에서 갓 딴 바나나와 파파야, 야크 고기, 구운 보리, 야크 버터 차를 맛볼 수 있다.

중국인은 아주 일찍부터 다양한 테루아가 가져올 미식의 흥미로운 가능성을 인식하고 있었다. 요리사 이윤은 특정 지역에서 나는 최상급 식재료를 나열하며 자신이 섬기는 왕이 다스리게 될 제국의 범위를 설명했다. 이후 공물 제도를 통해 왕국 전역에서 최고급 농산물을 궁정으로 공급했다. 그러나 특정 지역과 요리 방식을 연계시킨 것은 훨씬 더 최근의 일이다.

현대적 의미의 지역 요리에 대한 개념이 형성되기 전에도 사람들은 이미 특정 지역과 그곳 주민들의 식습관이 밀접한 연관이 있다는 것을 인지하고 있었다. 『예기』에는 이런 구절이 나온다.

모든 백성의 식재료는 천지의 추위와 더위, 그리고 습함과 건조함에 따라 다르며, 넓은 골짜기와 큰 강이 있는 곳은 그에 따라 땅의 형세가 다르다. 그곳에서 생활하는 백성은 서로 다른 풍속을 가진다. 강함과 부드러움, 가벼움과 무거움, 느림과 빠름이 서로 다르고, 오미의 조화도 다르며, 기계와 도구의 형식도 다르고, 의복도 다르다. 그들의 교육을 개선하되 풍속은 바꾸지 말고, 정치를 정돈하되 적합함은 바꾸지 마라.[1] 凡居民材, 必因天地寒暖燥濕, 廣谷大川異制. 民生其間者異俗: 剛柔輕重遲速異齊, 五味異和, 器械異制, 衣服異宜. 修其教, 不易其俗; 齊其政, 不易其宜.

한나라 때 편찬된 『황제내경』에는 동쪽 사람들은 생선과 소금을 좋아하고, 서쪽 사람들은 기름진 고기를 좋아하고, 북쪽 사람들은 유제품을 먹고, 남쪽 사람들은 신맛과 발효식품을 좋아하며, 중부 내륙의 사람들은 잡식성이라고 기록되어 있다.[2] 4세기의 역사가 상거常璩는 쓰촨인은 매운맛과 향을 좋아하고 강한 맛을 즐긴다는 유명한 말을 했다. "하오신샹, 상즈웨이好辛香, 尙滋味."(중국에 고추가 전래되기 1000여 년 전에 쓴 글로, 상거가 말한 매운 맛이란 생강, 후추, 제피와 같은 재료의 자극적인 맛으로 추정된다.)

북방과 남방의 입맛 사이에는 약 2000년 전에 이미 확연한 차이가 있었다. 한 문헌에서는 남방은 생선을 선호하는 반면 북방은 육류를 선호해 극명한 대조를 이뤘다고 기록하고 있으며, 국정 운영을 논한 어떤 책에는 남방 사람들이 새콤달콤한 요리를 좋아하고 뱀고기를 즐긴다고 나와 있다.[3] 한 지역에서 다른 지역으로 옮겨간 이민자들은 때로 식습관의 변화를 받아들이기 어려웠다. 6세기 남방 출신으로 북방에서 관직을 맡았던 왕숙王肅은 주변 사람들처럼 양고기와 유제품을 먹는 대신 쌀밥과 생선조림을 먹던 식습관을 고수했다고 한다. 북방 식단에 대한 왕숙의 혐오감은 그의 이질적인 식습관에 대한 주변의 반감과 조롱에 고스란히 반사되었다.[4] 당나라 시대에 북방 사람들은 남방 사람들이 먹는 개구리 같은 이국적인 식재료를 신기하게 여겼으며, 때로는 혐오스러워했다.[5]

송나라에 이르러 지역별 요리 스타일이라는 개념이 자리잡기 시작했다. 북송의 수도였던 카이펑에는 다양한 종류의 식당이 있었는데, 그중에는 멀리서 수도를 방문하는 사람들을 위해 '남방 요리'와 '쓰촨 요리'를 전문으로 하는 식당도 있었다.[6] 그러나 식재료의 선택, 선호하는 조리법 또는 주가 되는 풍미에서 어느 정도 차이가 있었는지는 분명하지 않다. 당시의 문헌 자료에는 남방 사람들은 짠맛을 좋아하고 북방 사람들은 단맛을 선호한다는 한 작가의 언급을 제외하고는 자세한 내용이 거의 나와 있지 않다. 하지만 수도를 항저우로 천도한 이후 남과 북의 조리 방식이 뒤섞였다는 것을 문인 오자목도 알아챌 수 있을 정도로 두 지역의 차이는 뚜렷했다.[7]

현대적 개념의 '지역 요리'는 20세기 초에 형성되기 시작했는데, 대도시에서 서로 돕기 위해 특정 지역 사람들이 모인 향우회(방커우幇口)의 요리 스타일이 강남 지역 사람들 사이에 회자되면서 구체화되었다. 요식업계에서는 같은 지역 출신 요리사와 식당 주인들이 대도시 시장에서 경쟁력을 높이기 위한 마케팅 전략의 하나로 자신들의 고유한 지역 요리 방식을 활용했다.[8] 이러한 지역별 향우회에 대한 개념이 강남에 여전히 존재하며, 상하이 사람들은 다른 지역 요리와 구별하여 자신들의 요리를 '번방차이本幫菜'라 부르고, 항저우의 요리는 '항방차이杭幫菜'라 한다.

오늘날에는 중화요리를 '4대 요리 계통四大菜系'이나 '8대 요리 계통八大菜系'으로 나누며 이러한 개념을 모두가 인정하는 것처럼 당연하게 이야기한다. '4대 요리 계통'은 크게 동서남북을 대표하는 요리로, 동쪽의 강남 지역(화이양차이淮揚菜), 서쪽의 쓰촨성(촨차이川菜), 남쪽의 광둥성(웨차이粤菜), 공자의 고향인 북쪽의 산둥성(루차이魯菜)의 요리를 말한다. '8대 요리 계통'은 산둥(루차이魯菜), 안후이(휘차이徽菜), 쓰촨(촨차이川菜), 푸젠(민차이閩菜), 광둥성 남부(웨차이粤菜), 저장(저차이浙菜), 장쑤(쑤차이蘇菜), 후난(샹차이湘菜)의 요리를 뜻한다. 그러나 이러한 분류는 모두 아주 최근에 생겨난 것으로 여전히 많은 논란이 있다.

'요리 계통'(차이시菜系)이라는 용어는 1950년대와 1960년대에 당시 상무부 장관이었던 야오이린姚依林이 외국 손님들에게 4대 지역의 요리 스타일을 소개하면서 처음 사용한 것으로 알려져 있는데, 당시는 '향우회'(방커우幫口)라는 용어를 자본주의적인 것으로 여겨 사용하지 않던 혁명의 시기였다.9 중화인민공화국 건국 이후 중화요리를 체계적으로 기록하고 분류하려는 공식적인 노력이 이 무렵 시작되었다. 1950년대 말과 1960년대 초에 중국경공업출판사는 '중국명채보中國名菜譜'라는 12권으로 된 요리책 시리즈를 출간했는데, 권별로 베이징과 상하이, 산둥성, 쓰촨성, 윈난성, 귀저우성, 광시성 등의 조리법이 수록되어 있다.

중화요리를 성문화하려던 초기 시도는 문화대혁명(1966~1976)의 혼란으로 인해 중단되었다가 1980년대에 본격적으로 재개되었다. 국가 및 지역별 대표 요리를 연구하고 소개하기 위해 여러 요리 협회가 설립되어, 지역 요리에 대한 일련의 책과 특정 요리 스타일을 소개하는 단행본들이 출판되었는데, 예를 들어 20세기 중반까지 공자의 후손들이 살았던 취푸의 공자 저택 요리사가 만들었던 요리 모음집 같은 것이다. 하지만 이 모든 단행본과 시리즈에서는 중화요리를 지역별로 나누어 소개하는 데 일관성이 없었다. 일반적으로 쓰촨성은 확실하게 특화된 요리 지역으로 간주되었지만, 강남 지역은 장쑤성과 저장성을 묶어 옛 이름을 따서 화이양淮揚 요리라 부르기도 하고, 장쑤성의 '쑤' 요리라 부르기도 했으며, 현대에 와서 이 지역의 대표 도시가 된 상하이 요리라고 하기도 했다. 마찬가지로 북방의 요리는 공자의 출생지이자 찬란한 현대 요리 전통의 본고장인 산둥성의 이름을 따서 부를 것인지 아니면 현대 중국의 수도인 베이징의 이름을 따를 것인지를 두고 의견이 분분했다.

놀랍게도 오늘날 지역 스타일을 구분할 때 가장 자주 언급되는 '8대 요리 계통' 개념은 겨우 1980년에 만들어졌다. 이 의견은 그해 6월 20일 왕샤오취안汪紹銓이 중국 공산당 기관지 『인민일보』에 기고한 '우리 나라의 8대 요리 계통'이라는 제목의 칼럼에 처음 등장한 것으로 보인다.[10] 이 칼럼에서 오늘날 사람들이 말하는 여덟 가지 지역 스타일을 임의로 명시했다. 이 '8대 요리 계통'이라는 개념은 문제가 아주 많았다. 여기서 강조한 지역은 화둥과 화중의 발전된 지역에 집중되어 있었으며, 중국 대부분의 지역을 배제하고 서북 지역과 윈난의 중요한 요리 전통을 무시했다. 또한 중국의 활기찬 민간 요리 전통은 완전히 무시한 채 당시 고급문화의 일부로 여겨지던 요리만 강조한 극도로 엘리트주의적인 계획이었다. 하지만 이는 각 지역의 요리 스타일이 따로 인정받을 자격이 있는지를 놓고 오늘날에도 벌어지고 있는 치열한 논쟁의 시작에 불과했다. 중요한 지역 요리 중 하나로 인정받으면 그 지역, 성 또는 도시에 엄청난 상업적 이익을 가져오기 때문에 공정한 논쟁은 거의 이루어지지 않는다.

21세기 들어 쓰촨 요리는 중국에서 가장 인기 있는 지역 요리이자 가장 성공적인 요리 수출품으로 각광받고 있다. 하지만 쓰촨 요리조차 정확히 정의하기는 어렵다. 일부 쓰촨 요리 애호가들은 4세기의 역사가 상거가 쓴 글을 근거로 이 지역에서 고대부터 매운 요리의 전통이 있다고 주장하지만, 오늘날 알려진 쓰촨 요리는 근대에 형성된 것이다. 오랜 세월 지속되어 온 인구 이주 정책의 결과이며, 특히 18세기 초 청나라 정부가 전쟁과 왕조의 격변으로 황폐해진 이 비옥한 지역을 되살리기 위해 중국 각지의 외부인들을 이곳에 정착하도록 장려한 것이 가장 큰 영향을 미쳤다. 쓰촨에서 가장 유명한 식료품 중 상당수는 푸젠성 연안에서 온 이주민이 개발한 '라더우반辣豆瓣'이나 산시성 북부 출신이 처음 만든 '바오닝추保寧醋'처럼 외지인이 만들었다. 쓰촨 토종 식재료인 제피와 더불어 현지 요리의 절대적 상징이 된 고추 역시 불과 200여 년 전 멕시코에서 수입되어 정착한 것이다.

9월의 어느 날, 나는 충칭 출신의 요리사 세 명과 함께 충칭시 외곽의 커러산歌樂山에 있는 유명한 식당 '린중러林中樂'로 순례 여행을 떠났다. 우리는 양쯔 강변의 고층 빌딩 숲을 뒤로하고 다른 관광객들과 함께 나무와 덩굴이 우거진 구불구불한 산길을 따라 올라갔다. 식당의 다른 이들과 마찬가지로 우리도 이곳의 대표 메뉴인 '라쯔지辣子雞'를 먹으러 왔다. 식당의 메인 주방은 아래층에 있었지만 위층에 이 요리만을 위한 특별한 주방이 따로 있었다. 문 바깥에는 말린 고추가 열 자루나 쌓여 있었는데, 머리카락을 그을린 고추 색으로 염색한 주인 샤쥔夏軍은 그것이 식당에서 하루에 사용하는 고추의 양이라고 했다.

주방 안에서는 네 명의 요리사가 분주하게 움직이며 라쯔지를 만들었다. 두 명은 나무 도마 앞에 서서 닭고기를 한입 크기로 자르고 있었다. 나는 넋을 잃은 채 나머지 두 명의 남녀 요리사가 웍을 다루는 모습을 지켜보았다. 그들은 기름이 담긴 웍에 한 양동이 분량의 고추를 붓고, 제피도 한 줌 넣었다. 향신료가 지글지글 끓자 뜨거운 불길 속에서 계속 저어주며 닭고기를 넣고, 간장을 몇 국자 넣고, 나중에 MSG를 뿌렸다. 그런 다음 위성 접시 안테나 크기의 쟁반에 통째로 떠 담고, 참깨를 뿌렸다. 그리고 다시 처음부터 이 과정을 반복하며 다음 분량의 라쯔지를 만들었다.

친구들과 나는 젓가락으로 고추 더미를 뒤적거려 향긋한 닭고기를 골라내고, 휴지로 이마에 흐르는 땀을 닦아내고, 차가운 맥주를 벌컥벌컥 들이마시고, 일회용 식탁보에 뼈를 뱉어가며 게걸스레 먹어 치웠다. 닭고기에 도전하는 사이사이 초록색 제피가 방사능급의 강렬한 맛을 내는 국물이 가득한 커다란 대접에서 매끄러운 생선 살코기를 골라 먹기도 하고, 고추와 제피를 듬뿍 넣고 볶은 장어를 한입씩 먹었다. 말린 고추와 함께 볶은 수세미 오이(쓰과絲瓜)와 매운 연근 샐러드도 맛보았다. 가끔씩 닭 선지와 제철 야채가 들어간 담백한 국물을 한 모금 마시며 속을 달랬다.

이날의 식사는 전형적인 충칭 요리이기도 했지만 최근 몇 년 동안 크게 유행하고 있는 '장후차이江湖菜'라는 스타일이기도 했다. 장후차이는 고추와 제피를 아낌없이 사용하는 푸짐한 민속 요리로, 거대한 그릇에 담겨 나오곤 하며 종종 왁자지껄한 식당에서 부담 없이 먹을 수 있다.

1990년대 초 내가 처음 쓰촨에 도착했을 때 충칭시와 그 주변 지역은 여전히 쓰촨성의 일부였으나, 1997년 공식적으로 베이징, 상하이, 톈진과 더불어 충칭 직할시가 되었다. 충칭 직할시는 오스트리아 정도의 크기로, 이 도시에는 늘 매우 뚜렷한 특징이 있었다. 쓰촨성의 성도인 청두는 '풍요의 땅天府之國'으로 불릴 만큼 농업에 적합한 토양과 기후를 갖춘 쓰촨 분지의 황금지대에 자리잡고 있어서, 청두 사람들은 열심히 일하지 않아도 잘살 수 있었기 때문에 대부분의 시간을 찻집에서 먹고 마시고 수다를 떨며 보냈다고 한다. 반면 충칭은 특정 계절이 되면 견딜 수 없을 정도로 덥고 습해서 '화로火爐'라 불릴 정도로 험한 산악 도시다. 양쯔강의 주요 항구였던 이 도시는 두꺼운 대나무 막대기를 어깨에 메고 물건을 운반하는 강인한 운반꾼인 '방방쿤棒棒軍'으로 유명했다.

두 도시의 사회적, 지리적 차이는 음식에도 생생하게 반영되어 있다. 청두의 요리는 맵기는 하지만 일반적으로 단맛이 가미된 은은한 매운맛이다. 청두 요리 중에는 입안이 화끈거리고 마비될 정도로 매워서 땀이 줄줄 흐를 만큼 매운 요리는 거의 없다. 하지만 충칭의 음식은 매운 쓰촨 요리라는 명성에 걸맞게 정말 맵다. 라쯔지 외에도 유명한 매운 소곱창 전골(마오두훠궈毛肚火鍋)과 오리 선지 전골(마오세왕毛血旺)이 있으며, 간단한 야채 요리에도 고추와 제피가 한 움큼씩 들어가는데, 매운 향신료의 엄청난 사용량에 대해 현지인들은 혹독한 기후를 견뎌내기 위해 꼭 필요하다고 주장한다.

'린중러'에 라쯔지를 먹으러 갔던 주된 이유는 20년 전 출간한 쓰촨 요리 책의 개정판을 준비하면서 여러 조사를 진행하던 중이었기 때문이다. 지난 몇 년에 걸쳐 쓰촨 요리에 대한 이해를 심화시키려는 열망으로 북쪽의 랑중閬中으로 가서 바오닝추에 대해 탐구하고, 난충南充에서 시원한 전분 젤리를 먹고, 이빈宜賓으로 가서 이빈야채절임宜賓芽菜, 돼지고기 경단猪儿粑, 이빈야채절임을 넣은 볶음면宜賓燃面과 볶음 요리宜賓小炒를 먹으며 쓰촨성 각지의 다양한 맛을 탐험했다. 고추 소스를 찍어 먹는 리촹의 돼지수육李莊白肉과 쯔궁의 매운 토끼고기 요리 량츠투冷吃兔, 러산樂山의 시바더우푸西壩豆腐로 만든 열두 가지 요리도 맛보았다. 쓰촨 남부 지역에서는 이웃 귀저우성의 풍미가 느꺼지는 레몬 향 가득한 리세아 쿠베바 기름木姜子油을 사용한 요리도 경험했다. 방문했던 모든 지역과 마을에는 장인이 만든 절임, 마을 특산 요리, 찜, 스낵, 과자 등 특산품이 있었다. 충칭은 직할시가 된 이후 충칭만의 독특한 요리 스타일인 위차이渝菜를 홍보하고 있고, 쓰촨성 내 다른 지역들도 각자의 지역 요리를 인정받기 위해 부단히 노력하고 있는데, 그중 한나라 때부터 염정鹽井으로 유명한 쯔궁은 '옌방차이鹽幫菜'를 열심히 홍보하고 있다.

문득 몇 년 전 쓰촨 요리에 대한 첫 책을 기획했을 때, 런던의 출판사 여섯 군데로부터 "주제가 너무 좁다"며 거절당한 씁쓸한 기억이 떠올랐다. 이토록 무궁무진한 소재를 두고 좁다니! 당시에는 쓰촨 요리를 연구하는 데만 20년 이상 걸릴 거라고 생각했다. 사반세기가 지난 지금도 나는 어떤 의미에서 여전히 시작 단계에 머물러 있다.

그리고 그것은 단지 하나의 성省에 불과했다.

중국에는 스물두 개의 성, 네 개의 직할시, 다섯 개의 자치구, 그리고 홍콩과 마카오의 '특별행정구'가 있으며, 모두 각기 다른 매력적인 음식 문화를 가지고 있다. 이러한 지역 내에서도 특정 마을과 사회계층의 차이에 따라 요리 스타일은 매우 다양하다. 또한 할랄, 불교식 채식, 하카 등 지역을 초월한 요리 스타일과 공식적으로 인정된 55개 소수민족의 요리 전통도 존재한다. 전반적으로 중화요리는 매우 다양하고 복잡하게 얽혀 있으며 끊임없이 진화하고 있다. 남송의 항저우에서 남방의 식재료와 북방의 요리 스타일이 섞인 것은 끊임없는 융합을 보여주는 한 가지 예일 뿐이다. '베이징덕'은 명나라 초기 수도인 난징의 옛 요리와 새로운 수도 베이징의 만주족 입맛이 만나 탄생한 요리다. 700년 전쯤 몽골의 정복자 쿠빌라이 칸의 유산으로 여겨지는 치즈 만들기 전통을 윈난성 일부 지역에서는 여전히 이어가고 있다.[11]

중국의 지역 요리를 분류하려 하면 머리가 아플 지경이다. 중국 전역을 여행하면서 매일 새로운 음식을 맛보는 것이 지난 30년 동안 내가 해온 일이다. 그 오랜 시간을 보낸 후에도 종종 처음의 경이로움과 당혹스러움의 한가운데 있는 나 자신을 발견한다. 중화요리는 자세히 들여다보면 볼수록 점점 더 복잡해지는 프랙털 패턴과 같아서 무한해 보이기도 한다. 더 많이 알아갈수록 내 무지의 크기를 깨닫는다. 중국 음식을 생각하면, 나 자신이 인간의 독창성이라는 거대한 산을 오르는 작은 벌레처럼 느껴진다.

이것은 역설적인데, 왜냐하면 현대 중국은 여러 방면에서 비슷해 보이기 때문이다. 중국 전역에서 똑같은 현대식 건물, 똑같은 브랜드, 똑같은 옷을 볼 수 있다. 하지만 인기리에 방영된 TV 다큐멘터리 시리즈 「혀끝으로 만나는 중국舌尖上的中國」의 감독 천샤오칭陳曉卿이 말한 것처럼 중국의 의복, 수공예품, 건축, 민속 음악, 심지어 사투리까지 지역적 다양성이 날로 줄어들고 있음에도 중화요리의 다양성만큼은 생생하게 살아 있다. 파괴적인 문화대혁명 이후 중화요리는 화려한 색채의 만화경으로 부활했다. 전국 곳곳의 콘크리트 건물 속에 별 특징 없는 작은 식당들이 있다. 보통은 깨진 타일에 여기저기 긁힌 자국이 있는 벽, 싸구려 장식과 그에 어울리지 않는 멋진 붓글씨 액자를 걸어두었다. 이런 곳에서 중국인들은 놀랍도록 맛있고 지역 특색이 가득한 음식을 먹고 있다. 어떤 심오한 차원에서 이것이야말로 중국이 고대부터 지금까지, 그리고 지금부터 앞으로도 영원히 자신을 표현하는 방식이다.

나의 첫 번째 쓰촨 요리 책이 출간된 1990년대만 해도 '중화요리'에 대한 서양인 대부분의 이해는 매우 획일화되어 있었다. 하지만 최근 수십 년 동안 상황이 극적으로 바뀌었다. 요즘은 런던이나 뉴욕에서 중국 남부 광둥성 요리만이 아니라 쓰촨, 후난, 상하이, 시안의 정통 특선 요리를 맛볼 수 있다. 다양한 지역의 요리를 서로 비교하면서 중국이 가진 풍요로움을 엿볼 수 있으며, 중화요리는 획일적이라는 오랜 고정관념도 깨뜨릴 수 있다. 하지만 중화요리의 놀랍도록 다양한 면모를 느끼려면 중국 전역을 여행하지 않고서는 여전히 불가능하다.

식당을 하는 친구인 아다이는, "중화요리에 대한 외부인의 판단은 마치 오래된 인도 종교 우화에 나오는 장님과 코끼리 같다"고 말한 적이 있다. 이 이야기는 여러 버전이 있지만, 기본적으로 장님들이 코끼리의 일부를 손으로 만져보고 코끼리가 어떻게 생겼는지 추측했다는 내용이다. 한 사람은 코끼리의 코를 만져보고 뱀과 같다고 믿었고, 다른 사람은 옆구리를 만져보고 벽과 같다고 결론 내리고, 또 다른 사람은 엄니를 만져보고 창과 같다고 생각한다. 물론 장님들 중 그 누구도 코끼리가 전체적으로 어떻게 생겼는지 알지 못했다.

이 이야기는 원래 신의 본질을 파악하려는 인도 종교인들의 어설픈 시도에 대한 우화였지만, 중화요리에도 똑같이 적용될 수 있다. 쓰찬의 라쯔지, 상하이의 샤오롱바오, 시안의 방방몐은 다양하고 독특하지만 여전히 코끼리의 코, 옆구리, 엄니에 불과하다. 중국에 산다고 해도 여행과 식도락에 인생을 바칠 준비가 되어 있지 않는 한 코끼리 전체를 파악하기란 쉽지 않으며, 그마저 (내 경험에 비춰 볼 때) 쉽지 않은 일이다. 그렇다면 중국요리를 어떻게 분류해야 할까?

개인적으로 나는 '4대 요리 계통'을 선호한다. 큰 그림 속에서 북방의 밀가루 요리와 남방의 쌀 요리, 푸짐한 북방 요리와 정갈한 강남 요리, 쓰촨의 매운맛과 남부 광둥의 섬세함 등 지리적으로 멀리 떨어져 있는 지역 사이의 현저한 차이를 이해할 수 있다. 이 분류는 혼란스러운 맛의 미로로 안내하기보다는 중국의 지역 요리라는 까다로운 주제를 더 깊이 생각해볼 길을 열어준다.

이런 접근을 통해 적어도 코끼리의 네 가지 다른 부위를 느낄 수 있다.

뿌리 깊은
채식의 전통

마른장어볶음
간볜샨위

쓰촨 신두新都의 보광사寶光寺 안뜰에서 몇몇 참배객이 분홍색 향 다발에 불을 붙이고 있다. 절을 올리고 기도를 읊조린 뒤 거대한 청동 향로 안의 잿더미에 향을 꽂자 가느다란 연기가 천장이 높은 법당 앞으로 피어오른다. 법당의 넓고 부드럽게 펼쳐진 기와지붕은 네 귀퉁이가 말려올라가 있고 나무 기둥에는 길한 문구가 금색으로 새겨져 있다. 근처에는 철제 틀에 꽂아놓은 붉은 양초 위에서 불꽃이 일렁인다. 화분에 심어놓은 관상수 몇 그루가 우아하게 기울어 있고 옆으로는 색색의 화려한 꽃들이 피어 있다. 뿌연 회색빛이 건물과 나무의 윤곽을 흐릿하게 만드는, 습하고 우울한 쓰촨의 전형적인 날이다.(이곳은 해가 드물어 "쓰촨의 개는 해를 보면 짖는다蜀犬吠日"라는 말이 있다.) 잠시 후 우리는 느긋하게 찻집으로 걸음을 옮겼다. 키 큰 나무 그늘이

드리운 넓은 안마당에는 몇 그룹의 사람들이 대나무 의자에 앉아 카드게임을 하고, 녹차를 홀짝이고, 간식을 먹고, 담배를 피우며 쓰촨 사투리로 느긋하게 농담을 주고받고 있었다.

곧 점심 시간이다.

또 다른 안마당 너머의 회랑에 있는 야외 테이블에 자리를 잡고, 음식 주문을 하러 작은 창구로 향했다. 음식 이름은 머리 위쪽 고리에 걸린 나무판에 세로로 쓰여 있었고, 그 아래 칠판에는 오늘의 특별 메뉴 몇 가지를 분필로 써놓았다. 나는 모듬냉채고기, 어향육사, 마른장어볶음, 흑두장소스갈비, 더우반장생선튀김, 완자탕, 야채볶음을 주문했다. 얼마 지나지 않아 우리 테이블은 접시로 가득 찼다. 싱그럽고 먹음직스러운 색이 감도는 가운데 여기저기 더우반장의 붉은 색이 빛나는 것이 전형적인 청두식 식사 같았다. 그러나 보기에만 그럴 뿐, 이 음식은 모두 채식이다. '장어'는 표고버섯을 채썰어 전분을 입혀 튀긴 다음 피망과 함께 웍에 볶은 것이고, '갈비'는 글루텐을 튀겨 연근 막대에 꽂은 것이며, '생선'은 감자를 으깨어 황금색 두부피로 싼 것이다. 돼지고기 채, 완자, 닭 냉채, 소시지도 모두 각종 콩류와 뿌리야채로 만들었다. 이 음식들은 보기만 그런 게 아니라 맛과 느낌 또한 대체로 그럴듯하다. '눈을 속이는' 것을 넘어 입맛마저 속일 생각으로 만든 요리다.

최근 몇 년 사이 서구에서는 고기와 생선과 유제품을 피하거나 적어도 덜 먹어야 한다는 주장이 점점 더 설득력을 얻으면서 식물성 식품에 대한 수요가 급증했다. 동물성 메탄가스가 기후 위기에 미치는 영향, 소 사료 생산을 위한 열대우림의 파괴, 공장식 축산이 낳는 오염과 잔인함, 그리고 거대한 트롤선들이 바다를 싹쓸이하는 일, 이 모든 것은 살아 있는 생명체의 성분을 먹는 일을 과거 그 어느 때보다 도덕적으로 아슬아슬한 일로 만들었다. 한때 괴짜 취급을 받던 채식과 비건은 이제 흔한 일이 되었다. 많은 이가 여전히 육식 채식을 다 하지만 가끔이라도 고기 없는 식사를 실천해보려 시도하고 있다. 슈퍼마켓에는 동물 성분이 없는 간편식 종류가 늘어나고 있고 비건 메뉴를 따로 제공하는 식당도 많아지고 있다. 진짜 소고기처럼 '피를 흘리는' 대체육 버거 제조업체인 임파서블 푸드Impossible Foods와 완두콩, 대두, 버섯, 쌀로 대체 돼지고기를 만드는 옴니 푸드Omni Foods 같은 신생 회사들은 그럴듯한 복제육을 개발하려는 테크 기업들의 선두에 서 있다.

서양의 식품 제조업체들이 이처럼 혁신을 거듭하는 와중에도, 중국인들이 벌써 1000년 넘게 식물성 재료를 사용해 고기를 흉내내는 방법을 고안해왔다는 사실을 아는 사람은 거의 없는 듯하다. 보광사에서 우리가 점심으로 먹었던 채식은 적어도 당나라 때까지 거슬러 올라가는 전통을 따른 것이다. 독실한 불교 신자였던 관리 최안잠崔安

潛이 연회를 열어 식물성 재료로 돼지 어깨 살, 양 다리 및 기타 고기를 놀랍도록 사실적으로 재현한 요리를 대접한 일이 있었다.[1]

중국에서 채식의 역사는 그보다 더 오래전으로 거슬러 올라간다. 중국 역사 대부분의 시기 인구의 다수가 실질적인 의미에서 채식주의자였다. 고대 중국에서는 농장에서 키운 가축과 사냥해서 잡은 야생동물의 고기를 마음껏 씹을 수 있던 부유층을 '육식인'이라고 불렀다. 나머지 사람들은 곡물과 야채국을 위주로 생선 조금(특히 남부), 그리고 약간의 고기와 가금류로 근근이 유지했는데 특히 고기와 가금류는 명절 때에나 배불리 먹을 수 있었다. 일부러 육식을 완전히 끊는 일은 종교의식의 일환으로 특정 기간 금욕을 요구하는 상황에서만 간헐적으로 이루어졌다. 『예기』에는 상을 당한 이가 지켜야 할 단식의 단계가 나와 있는데, 먼저 사흘 동안 아무것도 먹지 않다가, 그 뒤 일정 기간 죽만 먹고, 그다음에 고형식, 과일과 야채순으로 간다. 고기는 이년상을 마친 후에야 비로소 허용되었다.[2] 또 다른 고대 문헌인 『장자』는 제사에 앞서 몸과 마음을 정결히 하기 위해 술과 고기 그리고 마늘·파·부추 같은 자극적인 야채를 피해야 한다고 적고 있다.(이처럼 향이 강한 야채들을 일컫는 단어인 '훈葷'은 이후 동물성 식품을 가리키는 말로도 쓰인다.)[3]

오늘날 '채식'을 뜻하는 '쑤素'라는 단어는 원래 염색하지 않은 흰 명주천을 가리키는 말이었는데 나중에는 뭐든 수수하고 꾸밈없는 것을 뜻하게 되었다.[4] 음식의 맥락에서는 처음에 익히지 않은 것이나 산나물 위주의 식단을 의미했다가, 점차 고기 중심의 호화로운 식사와 대비되는 소박하고 거친, 정제되지 않은 음식을 뜻하게 되었다.[5] 종국에서 쑤는 오직 식물성 음식만 먹는다는 의미로 자리잡았다. 현대 중국어에서는 고기가 들어가지 않은 음식을 '쑤스素食'라 부르고, 채식하는 것을 '쑤를 먹는다吃素'고 한다. 야채 위주로 구성된 모든 요리도 쑤차이素菜라고 부를 수 있으며, 실력 있는 요리사는 식단을 구성할 때 고기 요리와 쑤차이 간의 균형을 꼭 염두에 둔다.(이걸 훈쑤다페이葷素搭配라고 한다.)

고대 중국에서 채식은 경건함뿐 아니라 검소함의 표시이기도 했다. 고기를 지나치게 소비하는 일은 타락과 연결되었고, 상나라의 악명 높은 마지막 황제가 벌인 '주지육림'이 그걸 잘 보여주는 사례다. 이러한 인식은 지금도 완전히 사라지지 않았다. 한번은 내가 중국을 방문해 유난히 탐식을 거듭하다가, 유럽에 있는 중국 친구에게 전화해 만찬 경험담을 늘어놓았더니 그가 이런 고전 문구로 꾸짖었다. "붉은 대문 안에선 고기와 술이 썩어 나가고, 길바닥엔 가난한 자의 얼어 죽은 뼈가 뒹구네朱門酒肉臭, 路有凍死骨." 중국에서 채식을 위주로 하는 식사는 오랫동안 이런 사치스러운 소비에 대한 저항의 표시로 여겨져 왔다. 자비로운 통치자는 기근과 고난의 시기에는 자발적으로 육식을 삼가야 했으며, 그런 때에 사치를 부리는 것은 도덕적 타락과 무능한 통치의 증거였다.[6]

서기 1세기 무렵부터 인도에서 불교가 전래되면서, 채식은 간헐적인 의례의 일부이자 일부 계층에게는 실용적인 필요에 가까웠던 것에서 현대적 의미의 윤리적 생활 방식으로 자리잡는다. 불교에서 육식을 삼가는 것은 자비심을 기르고 살생에 따른 업보를 피하기 위한 수행이었다. 중국어로 가장 먼저 번역된 초기 불교 경전들은 채식을 엄격하게 강요하지 않았고, 오히려 승려는 탁발을 통해 얻는 음식은 뭐든 먹어야 한다고 했다. 승려를 대접하기 위해 특별히 도살되는 과정을 봤거나, 또는 그렇다고 듣거나 의심되지 않는다면 고기를 먹어도 좋다고 했다. 불교가 중국에 전래된 이후, 초기의 중국인 신자들은 이처럼 비교적 유연한 육식관의 영향을 받았고, 다른 나라의 불교도들처럼 그 방식을 유지했을 가능성도 있다. 실제로 티베트 불교의 승려들은 오늘날까지도 직접 도살이나 해체를 삼가는 선에서 고기를 섭취한다. 그러나 6세기 이후 한족 불교는 다른 길을 걸어, 엄격한 채식주의를 수도생활의 핵심 요소로 받아들인다.[7]

더 많은 인도 불교 경전들이 중국어로 번역되면서, 일부 신자들은 육식에 대해 더욱 강경한 입장을 취하게 되었다. 어떤 경전에서는 부처 본인이 고기는 '살생의 냄새'로 더럽혀져 있으므로 완전히 금할 것을 설파했다고도 하고, 또 어떤 경전에서는 도살된 짐승의 고기를 먹었다가는 그 고기가 전생에 당신의 친족일 수도 있다고 주장했다.[8] 이러한 경전의 가르침과 고기를 먹었을 때 생길 수 있는 위험에 대한 공포스러운 민간 설화들이 뒤섞이면서, 중국의 열성적인 일반 신자들이 출가자들에게 철저한 채식을 요구하기 시작했다.[9] 하지만 한족 불교의 주방에서 고기가 영원히 추방된 것은 양나라 무제가 채식주의를 열렬히 옹호했기 때문이다.

502년부터 549년까지 난징 인근의 수도에서 나라를 다스렸던 양

무제는 즉위 초기에 독실한 불교 신자가 되었다. 그는 고기와 생선을 완전히 끊고, 황실 사당에서 동물 제사를 금지했으며, 수도 인근 일부 지역에서는 사냥도 금지했다. 심지어 직접 '단주육문斷酒肉文'이라는 글을 짓고, 불교와 채식에 관한 토론회를 열기도 했다. 그의 영향 아래 강남 지역의 사찰에서는 채식이 점점 힘을 얻었고, 마침내 중국 전역의 불교 공동체에서 표준 원칙으로 자리잡았다.[10] 사찰 밖에서도 일부 신자들은 육식을 아예 끊었고, 더 많은 이는 간헐적 채식을 실천했다. 절에 갈 때나 특정한 날에 고기와 생선을 삼가는 방식인데, 이러한 습관은 오늘날까지 이어지고 있다.

대다수 사람에게 고기가 부와 공동체, 축하의 상징인 나라에서, 그리고 '집家'이라는 한자 자체가 지붕 아래 돼지를 그려넣은 글자인 중국에서 불교도의 육식 기피는 무슬림들이 돼지고기를 거부하는 것과 마찬가지로 늘 반문화적인 일이었다. 육식을 전혀 하지 않는 것은 의학적으로도 건강을 해치는 행위로 여겨진다. 일반 불교 신자가 채식주의를 실천하다가 사회적 반발에 부딪힐 때도 있었는데, 특히 공직에 몸담았다면 연회 참석이 의무였기 때문에 더 그랬다.[11] 승려가 고기를 삼가는 것에 대해선 누구도 상관하지 않았지만, 존 키시닉에 따르면 "고위 관료가 그러는 것은 (…) 기이하고 부적절한 행동으로 여겨졌다."[12]

사람이라면 누구나 도덕적 원칙과 무관하게 본능적으로 고기를 원한다는 사회 통념은 불교 승려들이 몰래 육식한다는 내용의 이야기들이 인기를 끄는 데서도 드러난다. 양저우의 명물인 푹 삶은 돼지

머리 요리扒烧整猪頭는 본래 현지의 법해사法海寺 승려들이 신뢰할 수 있는 지인에게만 몰래 대접하던 특별 요리라고 한다. 다른 사람이 이를 청하면 절문은 굳게 닫히고, 승려들은 "아미타불!" 하고 빈정 섞인 불교식 인사를 건네며 돌려보냈다고 한다. 우시의 대표 요리인 돼지갈비조림肉骨頭은 남송 시대에 한 승려가 현지 상인에게 조리법을 알려주면서 유래했다고 전해진다. 절의 향로에 고기를 넣고 하룻밤 천천히 익히는 방식으로 요리해서 젊은 승려들이 죄다 "먹고 싶어 군침을 흘렸다"고 한다. 그리고 물론 '부처가 담을 넘는다'는 뜻의 푸젠의 유명한 연회 요리 불도장佛跳牆도 있다. 해삼, 전복, 상어 지느러미 등 호화로운 재료를 넣어 만든 진한 찜 요리인데, 심지어 독실한 수도승조차 채식의 맹세를 어길 만큼 그 향기가 거부할 수 없을 정도로 강렬하다는 뜻이다.

이런 자극적인 이야기들과는 별개로, 한족 불교의 승려와 비구니들은 대체로 채식주의자로 살아간다. 보광사 같은 사찰의 승려들은 곡물과 두부, 야채로 끼니를 잇는데, 이는 채식을 검소함과 연결 짓던 고대의 관념과도 정확히 맞아떨어지는 식단이다. 이들은 또 예로부터 종교적 단식을 하는 동안 금지되어왔고, 불교도들 사이에서도 일반적으로 꺼리는 향이 강한 훈차이도 피한다. 이 야채들은 본래 지나치게 강한 냄새 때문에 명상의 고요함을 방해한다는 이유로 불결한 취급을 받았으며, 후대에는 육욕을 자극한다고도 했다.(쓰촨의 승려들에게는 다행스럽게도 고추나 제피는 아무런 문제가 되지 않았다.) 무정란이나 달걀 흰자는 불교도가 먹어도 되는 음식으로 널리 알려져 있지만,

사찰 음식에서는 좀처럼 사용되지 않는다. 유제품도 이론상 허용되지만, 중화요리에서 유제품이 드물게 사용되므로 사찰 요리에서도 거의 쓰이지 않는다. 불교식 채식은 요즘 서구의 비건 식단과 꼭 같지는 않지만 대체로 비건에 가깝다.

불교의 승려와 비구니들은 스스로는 검소한 채식에 만족했을지 몰라도 순례자나 후원자들에게 음식을 대접해야 했다. 이들 대부분은 일상적으로 육식을 하던 사람이다. 일반 신자들도 채식을 실천하긴 했지만 가족이나 친구, 공적인 지인들과의 식사 자리에는 여전히 참석해야 했다. 마찬가지로 오늘날 중국에서도 가족이나 친구들과 날을 잡아 절을 찾는 사람들은 기도하고 향을 올리는 것 외에, 제대로 된 한 끼를 먹으며 특별한 하루를 기념하고 싶어한다. 그리고 중국에서 어떻게 고기 없이 환대의 마음이나 즐거운 분위기를 표현할 수 있겠는가? 연회 자리에는 축하와 존중, 체면을 상징하는 요리들이 필요하다. 통생선, 말린 해산물, 풍성한 육류가 빠질 수 없다. 집에서 먹는 저녁이라면 두부나 배추만으로도 맛있고 든든하겠지만, 그런 요리가 연회의 중심이 되기는 어렵다. 그렇다면 실제로 고기나 생선을 먹음으로써 생기는 나쁜 업보를 피하도록 도덕적 기준은 지키면서, 녹두 당면으로 만든 '상어 지느러미', 곤약으로 만든 '전복', 동과로 만든 '삼겹살' 같은 요리를 즐기면 어떨까?

불교가 특히 중국인의 삶에 깊이 뿌리 내리기 시작한 송나라 이래, 중국 전역의 사찰 안팎에서 독창적인 모방 음식이 발달한 것은 그런 연유였다.[13] 13세기 문인 오자목에 따르면, 남송의 수도 항저우의 국제적인 외식 문화 가운데 하나는 "종교적 금기를 방해하지 않는 채식"을 전문으로 하는 식당이었다. 거기서 내놓던 별미에는 '복어튀김油炸假河豚', '냄비에 푹 삶은 양고기鼎煮羊麩', '얼큰한 생선갱白魚辣羹飯'이 있었고, 모두 식물성 재료로 만든 것으로 추정된다. 오리구이, 생선볶음, 백창볶음을 흉내낸 요리도 있었다.[14] 같은 도시의 다른 간식 가게에서는 '모조 육류'를 넣은 찐 만터우도 팔았다.[15] 동시대의 시인 임홍은 자신의 요리책 『산가청공』에 손으로 찢은 글루텐으로 자라의 살을, 윤기 나는 밤으로 자라 알을 대신한 '채식 자라 요리素鱉'를 수록하기도 했다.[16]

물론 중국에는 고기 없는 음식을 만드는 데 있어 여러 식재료의 이점이 있다. 발효된 장醬, 다양한 형태의 두부, 밀 글루텐 같은 것이다. 이 셋은 버섯, 죽순과 더불어 오랫동안 채식 요리의 주재료로 쓰여왔다. 발효된 콩류와 곡류, 그중에서도 특히 대두가 주는 풍부한 감칠맛은 식물성 음식에도 고기 못지않은 느낌을 준다. 두부와 글루텐은 모두 단백질이 풍부하고, 솜씨 있는 요리사의 손을 거치면 얼마든지 다른 형태로 변할 수 있다. 신선한 생두부는 부드럽거나 부스러지기 쉽지만, 두부피를 걷어내고 압착하거나 튀기면 쫄깃하고 탄력있고 스펀지처럼 말랑한 질감이 생겨 살코기 못지않은 묵직한 식감을 낼 수 있다. 글루텐 역시 변형이 자유롭다. 생글루텐을 튀기면 황금빛으로 부풀어 오르고, 삶으면 곱창처럼 늘어난다. 현대의 산업 기술이 육류의 식감을 흉내낸 새로운 형태의 식물성 단백질을 만들어내기 몇 세기 전부터 중국의 장인들은 이미 콩과 밀로 똑같은 일을 해내고 있었다.

오늘날 중국 전역에서는 송나라 시대 항저우 요리사들의 후계자들이 지역 요리의 채식 버전을 마법처럼 만들어낸다. 이들 중 일부는 수행 중인 승려들이기도 하다. 쓰촨에서는 표고버섯 줄기로 '마라소고기麻辣牛肉幹'를 만들고, 남쪽 차오저우에서는 '상어지느러미탕魚翅湯'과 파인애플 덩어리를 넣어 탕수 소스로 버무린 채식 군만두를 내놓는다. 가장 인상적인 불교 채식 요리는 역시 양 무제가 통치했던 강남 지방에서 찾아볼 수 있다. 이 지역에서는 가짜 고기 요리가 사찰음식점에만 있는 것이 아니라 일반 식당의 메뉴나 가정에서도 모조 고기 요리와 나란히 등장한다. 상하이 화이하이루淮海路의 조리식품 매장에서는 진짜 탕수갈비나 생선튀김뿐 아니라, 두부피를 말아 만든 채식 '오리素鴨'나 '닭고기素鷄'도 함께 팔고 있다. 많은 현지 식당의 메뉴에는 사찰 요리가 몇 가지 포함되어 있다. 내 상하이 친구의 어머니는 직접 만든 글루텐을 젓가락 두 개에 감아 늘여 진짜처럼 보이는 '채식 백창素腸'을 만들어, 진짜 홍사오러우와 새우볶음에 곁들여 내곤 했다.

상하이에서 가장 유명한 모조육을 만드는 곳은 1922년 불교 신자 자오윈사오趙雲韶가 문을 연 '궁더린功德林'이라는 식당으로, 지금은 상하이의 오랜 명소로 자리잡았다. 이곳의 대표 메뉴 중 하나는 진화 햄을 흉내낸 요리다. 향신료로 간을 하고 간장으로 색을 입힌 가죽처럼 두꺼운 두부피를 눌러 햄 모양으로 찍어낸다. 이 '햄'을 얇게 썰어 보면 결의 모양과 탄탄한 느낌이 그럴듯하다. 또 다른 대표 요리로는 유명한 가을 별미인 게살볶음을 으깬 감자와 당근으로 정교하게 재현한 것이 있다. 게살의 결을 표현하기 위해 흰자와 표고버섯 가닥을 실처럼 넣고, 기름에 볶아 매끈한 당근은 게알의 선명한 주황빛을 떠올리게 한다. 요리 전체에는 진짜 게살볶음처럼 생강과 흑초의 향이 배어 있다.

식당 외에도 중국에서는 공장들이 다양한 모조 육류와 해산물을 생산하고 있다. 틀에서 분홍빛으로 찍어낸 '새우'에서 미끈거리는 '오징어', 줄무늬가 들어간 '삼겹살' '닭발' '완자'까지 이 모든 걸 곤약, 대두, 글루텐 같은 식물성 재료로 만들었다. 웬만한 중국요리는 거의 다 채식이나 비건 버전을 찾을 수 있다. 한번은 '룽징차오탕'의 헤드 셰프 둥진무가 중의적인 재치를 발휘해, 그 향이 어떤 채식주의자의 결심도 흔들 수 있다는 푸젠의 연회 요리 불도장의 채식 버전을 선보인 적이 있다. 요리는 전통적인 방식대로 질그릇에 담겨 나왔지만, 말린 해산물 대신 표고버섯, 노루궁뎅이버섯, 먹물버섯, 망태버섯, 새송이버섯, 팽이버섯 등을 말리거나 생으로 섞어 넣어 오래 끓였다. 이 버섯들로 본래 재료의 색과 질감을 흉내냈다.

이런 요리들은 식물성 재료로 만들었다는 점에서 분명히 '쑤素'라고 할 수 있지만, 결코 소박하거나 검소하지는 않다. 고대 중국에서 종교적 이유로 고기를 기피하는 것은 자기 절제를 의미했지만, 모조육 요리의 핵심은 정교한 기술로 실제 고기 요리와 거의 구분되지 않을 만큼 맛있게 만든다는 데 있다. 16세기 소설『금병매』에는, 채식을 실천하던 한 여성이 식탁 위의 '돼지갈비'가 진짜 고기라고 확신한 나머지 치우라고 명령하는 장면이 나온다.

모두가 그 말을 듣고 한바탕 웃었다. 그러자 월랑이 말했다. "마님, 이건 방금 절에서 가져온 가짜 고기 요리예요. 마음 놓고 드셔도 됩니다. 아무 탈 없을 테니까요." "정말 채식 요리라면야 좀 먹겠어요", 양부인이 말했다. "정말 내 눈이 잘못된 모양이네. 고기인 줄로만 알았거든."[17]

나도 1992년 베이징을 처음 방문했을 때 비슷한 경험을 했다. 어느 날 저녁 자전거를 타고 인적이 드문 톈안먼 광장을 돌아본 뒤 가이드북에 채식 식당이라고 소개한 곳에서 저녁을 먹었다. 그런데 메뉴에는 돼지고기와 닭고기와 생선으로 만든 요리가 가득했다. 나는 도대체 뭘 먹고 있었던 걸까? 중국어는 한마디도 못하던 때라, 어리둥절해하는 내 모습에 직원들이 짜증을 내던 기억이 난다.

중국에서 정교한 모조 육류 요리가 발달한 것은 불교 신자들이 제대로 된 식사에 대한 사회적 관념에 맞출 필요가 있기 때문이기도 했지만, 변함없이 재치와 장난기를 높이 샀던 요리 문화의 산물이기도 하다. 감각을 희롱하고 놀라움을 곁들인 음식을 즐기는 것은 비단 불교도들만이 아니다. 영국 셰프 헤스턴 블루먼솔이 한때 베이컨과 달걀 맛이 나는 아이스크림, 월도프 샐러드 재료로 만든 롤리팝으로 손님들을 즐겁게 했던 것처럼, 중국에도 사용된 재료와 완전히 다른 겉모습의 요리를 만드는 전통이 널리 퍼져 있다. 이를테면 쓰촨 셰프 위보喻波의 '서예 붓'처럼 보이는 바삭한 페이스트리나, 값싼 길거리 채식 간식처럼 보이지만 사실은 닭가슴살 퓌레를 두부처럼 굳힌 뒤 진한 육수에 담아내는 쓰촨의 연회 요리 '지더우화雞豆花' 같은 것이다. 이런 요리의 유래는 최소한 송나라 시기까지 거슬러 올라가고, 북송과 남송의 수도에는 '모조 요리'가 식당가에 대유행이었다.[18]

주인펑 셰프의 '곰 발바닥을 능가하는' 족발 요리인 싸이슝장賽熊掌은 이름에 '능가賽'라는 말을 붙인 기발한 모조 요리 중 하나다. 이 장르에는 유제품 없이 흰자와 생강으로 만든 커스터드인 '싸이뉴루賽牛乳'(우유를 능가함), 스크램블드에그에 생강과 식초를 넣어 만든 '싸이팡셰賽螃蟹'(게살볶음을 능가함)도 있다. 풀지 않은 달걀을 팬에 넣고 천천히 섞어가며 익혀서 흰자와 노른자 가닥이 이루는 무늬가 게살볶음의 얼룩덜룩함처럼 보이게 한다. '능가 요리' 중에는 채식도 있고, 채식이 아닌 것도 있다. 이런 요리는 단지 영양만을 위해서가 아니라 손님들이 놀라움과 즐거움에 웃음을 터뜨리도록 하기 위해서 만든다. 모조육 요리를 가장 즐겨 먹는 사람들은 대개 채식주의자가 아니라, 사찰 음식도 중국요리의 풍요로운 스펙트럼의 일부로 받아들여 가끔씩 즐기는 잡식성 식습관을 가진 사람들이다.

중국에는 오랜 불교식 채식 전통이 있음에도 불구하고, 역설적이게도 철저한 채식주의자가 식사하기에는 요즘의 런던이나 뉴욕 같은 서구의 대도시보다 더 어려울 수 있다. 채식이라는 개념은 중국에서도 익숙하지만, 그걸 절대적인 원칙으로 생각하지 않는 사람이 많다. 어떤 이들은 실용적이고 유연한 중국식 '채식素食(쑤스)'과, 좀더 이

넘적이고 엄격한 서구식 '채식주의素食主義(쑤스주이)'를 구별한다. 많은 불교 신자가 특정한 날에만 육식을 삼가기도 하고, 고기와 한 냄비에서 조리한 야채도 개의치 않는다. 예전에 만난 한 노승은 평소에는 채식을 하지만, 몸이 허약하다고 느낄 땐 고기를 먹는다고 말하기도 했다. 중국에 사는 서양인 채식주의자들은 야채가 육수나 라드, 말린 새우, 심지어 돼지고기 조각과 함께 조리된 '채식'이 나온다며 불만을 토로하곤 한다. 가까운 중국 친구 중 한 명은 불교 신자이자 엄격한 채식주의자인데, 외식할 때마다 식당 직원에게 '채식'이란 말이 본인에게는 동물성 재료가 전혀 들어가지 않은 음식을 뜻한다는 걸 구구절절 설명해야 한다. 보통은 자신이 먹어서는 안 되는 재료를 하나하나 열거해서 상대방이 진짜로 이해한 게 맞는지를 확인한다.

현대 생활에서 먹을 것과 관련된 온갖 건강 문제와 약물이나 화학 물질에 오염된 육류 및 해산물에 대한 각종 식품 파동 속에서, 채식은 서구식 건강한 라이프 스타일의 하나로 중국에서도 점점 더 매력을 얻고 있다. 최근 보광사를 방문했을 때 사찰 식당에서 점심을 먹고 있던 한 무리의 남성들과 이야기를 나눈 일이 있다. 그들 중 누구도 완전한 채식주의자는 아니었다. 그중 사업을 한다고 밝힌 사람이 이렇게 말했다. "개혁개방 전에는 배불리 먹는 것도 어려웠으니, 고기가 널리 보급되자 당연히 다들 실컷 먹고 싶어했죠. 하지만 그렇게 기름진 음식에 탐닉하던 시기를 지나 중국도 이제는 새로운 수준의 문화와 발전을 이뤘어요. 사람들은 더 건강하게 먹고 오래 살고 싶어하죠. 그래서 채식이 점점 더 인기입니다."

상하이에서는 친구의 소개로 온화한 말투의 40대 여성 큐레이터 왕하이펑을 만났다. 트렌디한 서양식 채식 카페에서 호박 샐러드를 먹으며 그녀는 자신이 고기를 점점 더 멀리하고 있는 이유를 설명해주었다. "완전한 채식주의자는 아니에요. 집에 혼자 있을 때는 거의 채식으로 요리하지만, 야채를 볶을 때 닭 육수를 조금 넣기도 하고, 닭이나 돼지고기로 보양탕을 끓이기도 하죠." 왕은 요가와 명상을 시작하던 시기에 친구의 영향을 받아 채식을 더 많이 하게 되었다고 말했다. 그녀를 이끈 동기는 불교라기보다는 "자연주의" 유기농 식단에 기초한 건강한 생활 방식에 대한 열망이었다. "현대 생활의 복잡함을 덜고, 삶을 단순한 상태로 되돌리는 하나의 방법이죠."

중국 대도시들에서는 왕하이펑처럼 현대적이면서도 전통적인 이유로 채식을 선택하는 도시 지식인들의 입맛을 겨냥한 새로운 식당들이 속속 생겨나고 있다. 청두에는 티베트풍으로 인테리어를 꾸민 인기 휘귀 체인점에서 다양한 약선 육수를 제공하고, 손님은 가짜 삼겹살, 새우, 완자 등을 포함한 식재료를 골라 직접 익혀 먹는다. 하지만 채식에 대한 사회적 수용도가 높아지면서, 일부 식당은 굳이 식물성 음식이 고기나 생선을 흉내내야 한다는 개념 자체를 거부하고 있다. 상하이의 옛 국제 조계지에 자리한 세련되고 우아한 식당 '푸허후이福和慧'는 차량의 경적과 혼잡한 교통 속에서 고요함을 누릴 수 있는 안식처 같은 공간이다. 이곳은 '아시아 베스트 50' 목록에 오른 첫 채식 식당이고 미슐랭 스타를 하나 받았다. 불교 신자인 오너 팡위안方元은 처음에는 옛 사찰 음식을 현대적으로 재해석해 선보일 생각이었으나, 헤드 셰프 토니 루와 상의 끝에 식물성 재료로 고기 요리를 흉내내는 방식 자체를 완전히 버리기로 했다.

"굳이 모든 음식을 고기처럼 보이게 만들 필요는 없다고 결정했어요." 토니 루는 이렇게 말했다. "이를테면 '껍질' '지방' '살코기' 층까지 재현한 삼겹살 모양 육면체를 만드는 일 같은 거요. 우리는 뭔가 다른 걸 시도하고 싶었습니다." 중국 채식 요리가 정체되어 있다는 점에 답답함을 느낀 루는 중식과 일식, 프랑스 요리의 아이디어를 혼합한 서양식 테이스팅 메뉴를 고안했다. 접시에 하나씩 담겨 나오는 이 요리들에는 유제품을 가끔 사용하기도 하지만 고기나 생선을 떠올리게 하는 연출은 거의 없다. 내가 이 식당을 처음 방문했을 때 맛본 요리 가운데는 이런 것들이 있었다. 지역산 해초로 향을 낸 바삭한 콘 안에 잘게 썬 아보카도, 망고, 토마토를 채운 요리, 용안과 파파야가 들어간 흥미로운 호두 수프, 데리야키 소스로 윤기를 더하고 참깨를 흩뿌린 가지롤, 자색과 흰색 참마 퓌레를 음양 모양으로 배치한 접시, 부드러운 단호박 크림 속에 흑송로와 우엉을 곁들인 초록색 메주콩 두부, 그리고 트러플 향과 유제품의 풍부함이 어우러진 냉이 리조토.

모든 요리가 정갈하고 훌륭했으며, 전통 사찰 음식과는 완전히 달랐고 채식 요리치고는 과감할 만큼 높은 가격이었다. 루는 고객들이 채식 요리를 존중하고 진지하게 받아들이게 하고 싶었다고 말했다. "채식을 꼭 종교적인 이유로만 해야 하는 건 아님을 보여주고 싶었습니다. 고기 소비를 줄여야 할 이유는 그것 말고도 정말 많거든요. 요즘은 일주일에 하루를 '그린 데이'로 정해서 실천하는 사람도 늘고 있잖아요. 그래서 우리 식당에는 불상 같은 것도 없습니다. 종교가 없는 손님들의 발길을 돌리게 만들고 싶지는 않으니까요." 루와 팡위안은 사찰음식점을 찾는 이들보다 더 젊고 세계적인 감각을 지닌 손님들, 그리고 평소에 고기를 즐겨 먹는 사람들까지도 끌어들이고 싶어 한다.(이것이 루가 오랜 불교의 금기를 무시하고 향이 강한 야채를 사용하고 유제품도 어느 정도 사용하는 이유 중 하나다.)

중국 채식 요리의 판도를 새롭게 바꾸고 있는 또 다른 식당은 '우제無界'다. 이 체인 식당은 25년 전 타이완에서 상하이로 이주해온 사업가 YB 성이 운영하고 있다. 타이완은 활발한 불교 채식 문화가 자리잡은 곳이다. 성은 2011년 옛 프랑스 조계지에 첫 번째 식당을 열었고, 상하이 와이탄에 문을 연 가장 화려한 매장은 미슐랭 스타도 하나 받았다. 그는 독실한 불교 신자이자 완전한 채식주의자다. "20년 전 어머니가 암에 걸리셨을 때, 종교적 헌신의 의미로 고기를 끊었습니다." 그는 이렇게 말하며 덧붙였다. "불자로서 저는 지각이 있는 모든 존재의 생명을 존중합니다."

'우제'의 요리는 깜짝 놀랄 만큼 아름답게 담겨 나오고, 맛 또한 기가 막히다. 성은 채식이 싱겁고 밋밋할 필요는 없다는 것, 그리고 고기를 안 먹는 것이 가난에서 비롯된 어쩔 수 없는 일이 아니라 긍정적이고 세련된 라이프 스타일이 될 수 있음을 보여주고 싶은 의도가 담겨 있다고 말한다. 와이탄 지점의 메뉴에는 모조육 요리도 몇 가지 포함되어 있다. 가령 쓰촨의 대표 요리 '푸치페이펜夫妻肺片'을 흉내 낸 요리는 고추기름으로 윤기를 더하고, 새송이버섯과 느릅나무버섯을 얇게 썰어 원래 요리의 내장과 소고기를 떠올리게 하는 비주얼과 식감을 완벽하게 재현했다. 또 다른 요리에서는 흑후추 소스에 담긴 노루궁뎅이버섯 덩어리가, 소고기로 만드는 이와 비슷한 광둥 요리의 식감과 풍미를 흉내낸다. 하지만 성은 메뉴에서 고기를 뜻하는 단어를 모두 빼서 사찰 요리의 전통과는 거리를 두었다. 예를 들어 전자의 요리는 '쓰촨 부부巴蜀夫妻', 후자의 요리는 '하늘의 총아天之驕子'라는 이름으로 나와 있다.("음식이 정말 맛있다면 굳이 고기인 척할 필요가 없어요.") '우제'는 정교한 모조육 요리를 만들던 송나라의 전통에 한쪽 발을, 그리고 현대식 식물성 음식을 거침없이 내세우는 21세기에 다른 한쪽 발을 딛고 있는 셈이다.

중국의 채식 요리는 보광사의 전통적인 사찰 음식이든, '푸허후이'와 '우제' 같은 현대 식당들이 재창조한 채식이든, 더 지속 가능한 미래를 위해 스스로의 식문화를 성찰하는 서구의 비건과 채식주의자들에게 훌륭한 영감의 원천이 될 수 있다. 하지만 지금까지 서양의 요리사와 소비자는 여기에 거의 주목하지 않았다. 고기 소비를 줄이려는 이들에게 중국이 제시할 수 있는 대안에 서구가 이제야 조금씩 눈을 뜨고 있다는 조짐은 보인다.

런던 이슬링턴에 새로 생긴 '토푸 비건Tofu Vegan'이라는 식당은 다양한 모조육 요리를 선보이며 중국의 오래된 채식 전통을 세상에 다시 부각시키고 있고, 영어권 출판사들 또한 중국의 식물성 음식에 관한 책들을 출간하기 시작했다. 아이러니하게도, 서구의 셰프와 식품업계가 이제 막 모조육이라는 유행에 올라타려는 바로 그 시점에, 중국

요식업계의 최전선에 있는 사람들은 그 유행에서 내려올 가능성을 탐색하고 있다.

무릉도원의
유기농

고구마줄기볶음
차오훙슈젠

아다이가 들판에 서서 손짓을 섞어가며 이야기하고 있다. 그는 흰 면 직물을 여러 겹 댄 밑창에 검은색 천을 덧붙여 손으로 꿰매 만든 부시에布鞋라는 전통 신발을 신고, 검은 면바지와 칼라가 없는 흰 전통 적삼을 입고 있다. 적삼의 단추는 천을 꼬아 만든 매듭이다. 그의 뒤로는 노란 꽃이 활짝 핀 유채밭이 제멋대로다. 더 멀리에는 신록의 벼 싹이 돋아난 계단식 논이 완만한 경사로 호수까지 이어지고, 마을 너머로 듬성듬성 숲이 우거진 산들이 가파르게 솟아 있다. 우리 모두는 아다이 주위에 서서 그의 말을 경청하고 있었다. 아다이의 항저우 '룽징차오탕' 직원 몇 명, 아다이의 조수, 젊은 요리사, 그리고 현지 정부 관료다. 우리는 저장성 남부의 외진 지역에 와 있다. 이 지역은 급속한 도시화와 산업화가 가져온 최악의 부작용에서 비교적 벗어난 곳이다. 공기는 깨끗하고, 농경지는 다소 척박했지만 화학비료와 농약으로 오염되지 않았다. 그리고 아다이에게는 계획이 있다.

들판에 서서 그는 이 작은 계곡 마을에 새로운 활기를 불어넣을 유기농 농장과 농촌 휴양지를 설립하려는 계획에 대해 설명하고 있다. 중국 전역의 시골 마을과 마찬가지로 이곳도 경제활동이 가능한 연령층의 대부분이 도시로 이주하면서 아이와 노인들만 남은 텅 빈 마을이 되었다. 과거 계획경제 체제하에서 정부는 마을 구매소를 통해 농민들로부터 농산물과 약초 등을 구매했지만, 지금은 시장경제가 발전하면서 마을 구매소는 폐쇄되었고, 농사만 지어서는 제대로 된 생계 유지가 불가능해졌다. 마을의 흙벽돌 집들은 무너져내리고 주민들의 사기도 함께 저하되었다. 아다이는 "하지만 개발이 기술 발전만 의미하는 것은 아니"라며, "환경 보호 역시 개발입니다. 이곳 사람들은 자신이 가진 것의 가치를 이해하지 못합니다"라며 말을 이어갔다.

지난밤 우리는 항저우에서 출발해 남쪽으로 3시간 넘게 차를 몰아 가장 가까운 현청인 수이창遂昌에 도착했다. 오늘 아침 다시 강 계곡을 따라 구불구불한 길을 달리는 동안 양쪽 산비탈에는 낮은 차나무와 동백나무가 줄지어 있고 노란 유채꽃 밭이 펼쳐져 있었다. 언덕에는 대나무가 바람결에 가볍게 흔들리고, 수풀로 덮인 밭에는 지난해의 건초 더미가 점점이 흩어져 있으며, 길가에는 아름드리 녹나무가 줄지어 서 있었다. 여기저기 흙벽돌 집들이 풍경에 조화롭게 어우러지고 강 건너편에는 나무들 사이로 오래된 불탑이 살짝 보인다. 어쩐지 프랑스나 이탈리아의 시골을 연상시키면서도 식물과 동물은 중국의 것이었다. 아름다운 전원 풍경이었다. 한참 후 우리는 호숫가로 이어지는 길을 따라 내려가 배가 기다리고 있는 곳으로 갔다. 이내 배를 타고 호수의 물살을 가르며 나아가는데 마치 다른 세계로 들어가는 듯했다.

호수 반대편에 도착해 배에서 내린 우리는 마을로 걸어 들어가 점심을 먹을 농부의 집으로 향했다. 집 안쪽에 두 개의 원탁이 차려져 있었고 그 끝에는 보온병이 쌓여 있는 제단이 보였다. 제단 위에는 요란한 포스터가 붙어 있었는데, 민속 신앙에서 모시는 관공과 장수의 신 그리고 젊은 마오쩌둥의 초상화였다. 원탁에는 집에서 만든 소금에 절인 돼지고기, 신선한 야채, 야생 죽순으로 만든 절임, 야생 미나리, 야생 취나물, 그리고 가성 소다수를 넣어 반죽한 쌀떡이 차려져 있었다. 떡은 살짝 노란빛을 띠었고 알칼리성 성질 때문에 쫄깃한 맛이 났다. 그런 다음 집주인은 여전히 불꽃이 타오르는 숯불이 담긴 작은 도자기 화로를 원탁에 올려놓고 그 위에 김이 모락모락 나는 닭고기조림을 올렸다. 마지막으로 나온 요리는 호수에서 갓 잡은 농어찜이었다. 그날 우리가 먹은 음식은 모두 현지에서 조달한 식재료로 만들었다. 목가적인 분위기 속에서 모든 것이 즐겁고 편안했다.

◆

이 모든 것이 5세기의 시인 도연명(도잠陶潛)이 쓴 유명한 이야기

『도화원기桃花源記』를 떠올리게 한다.[1] 도연명은 왕조의 격변과 그에 따른 사회적 혼란의 시기에 살았던 인물로 다음과 같은 고사를 남겼다. 어부가 배를 타고 향기로운 복숭아 꽃이 피어 있는 강을 따라 떠돌다가 샘물과 작은 동굴 입구가 있는 언덕에 다다른다. 들어오라고 속삭이는 듯 뭔가에 홀린 어부는 동굴 안으로 들어간다. 빛이 들어오는 곳을 따라 어두운 동굴을 빠져나오니, 풍요로운 들판 사이에 아름다운 집과 행복하게 사는 사람들이 있는 목가적 이상향이었다. 그들은 잔치를 베풀어 어부에게 술과 닭고기를 권하며, 자신들은 오래전에 사라진 왕조 시절의 혼란을 탈출해 이곳에서 외부 세계와 단절된 채 살아왔다고 말했다. 며칠 동안 그들과 함께 지낸 후, 어부는 집으로 돌아가 자신의 경험을 이야기했지만, 그도 다른 누구도 그 장소를 다시는 찾을 수 없었다.

　이 이야기와 아다이가 꿈꾸는 농촌 사이의 유사성은 우연이 아니다. 부패한 사회의 영향에서 벗어난 도연명의 유토피아적 세상이라는 개념은 오랜 세월 중국 지식인들의 마음을 뒤흔들었고, 아다이에게도 영감을 주었다. 사회적 긴장과 환경 파괴의 시대를 살고 있는 그는 자연과 인간이 조화롭게 공존하는(천인합일天人合一) 원시적 세계, 즉 공기가 맑고 음식이 건강하며 사람들이 자연스럽고 순수한 곳을 갈망해왔다. 항저우의 정원에 위치한 식당에서 시작된 그의 탐구는 저장성 전역의 농민, 장인들과 함께하며 계속되었고, 이제 더 깊은 시골을 찾아 들어가고 있다. 닭을 방목해서 키우는 농장을 찾던 중 우연히 이 소외된 작은 땅을 발견했고, 농민들과 함께 살며 스스로 쌀과 야채를 재배하고 자연과의 교감을 회복한다는 아이디어에 매료되었다.

아다이의 갈망은 중국 음식 문화에서 오랫동안 반복되는 주제의 메아리다. 송대부터 유명한 미식가들은 전원생활의 이상화된 단순함을 갈망하며 '자연식'을 추구함으로써 이를 실현하려 했다. 그 전에도 단순하고 담백한 식사는 자기 수양과 지혜의 표현으로 여겨졌다. 공자는 "거친 밥을 먹고 물을 마시며, 팔베개를 하고 누워도, 즐거움이 또한 그 가운데 있다飯疏食飲水, 曲肱而枕之, 樂亦在其中矣"라는 유명한 말을 남겼다.[2] 공자의 시대는 고대 그리스의 전성기와 마찬가지로 수많은 사상이 쏟아져 나온 백가쟁명의 시대였다. 그 중심에는 인간이 완벽해질 수 있다는 믿음이 있었고, 적절한 식습관을 채택하는 것이 현자가 되는 데 필요한 요소 중 하나라는 생각이 있었다. 도널드 하퍼는 기원전 3세기경 요리사 이윤이 왕에게 요리에 관해 강의한 기록이 등장했을 때 이미 "탐욕스러운 과식과 미식적 세련됨, 무지한 자들의 저급한 식습관과 일부 현자의 정제된 식습관 사이의 명확한 구분이 확립되어 있었다"고 썼다.[3]

수많은 고대 문헌을 보면 과거 사람들의 절제된 식음을 이상적으로 묘사하며 당대의 삶이 타락했음을 비판하고 있다. 기원전 5~기원전 4세기의 사상가 묵자墨子는 지배계층을 비난하며 이렇게 말했다. "요즘은 (…) 백성에게 과중한 세금을 부과하여 훌륭한 음식과 별미, 찐 생선과 구운 거북 요리를 준비한다. 큰 나라들이 수백 가지 요리를 만들어 넓은 공간에 차려놓으니 (…) 눈으로 다 보지 못하고, 손으로 다 만져보지 못하며, 입으로 모든 음식을 다 맛보지 못한다."[4] 한

편 중국문학에서는 가난한 사람의 식사를 대표하는 산나물로 만든 갱과 같은 음식을 검소함의 미덕으로 여겼다.[5] 현명한 임금인 요堯는 거친 기장 밥과 나물로 만든 갱을 먹었으며, 흙으로 된 밥그릇과 국그릇을 사용했다고 전해진다.[6] 고대로부터 현대에 이르기까지 군자의 식사는 그의 가치관을 반영하는 것으로 여겨졌다. 수 세기 후 프랑스의 미식가 장 앙텔름 브리야-사바린은 "당신이 무엇을 먹는지 말해주면 나는 당신이 어떤 사람인지 말할 수 있다"라는 유명한 말을 남겼다.

송나라 때는 '자연식품'과 상상 속의 건강한 전원생활에 대한 새롭고도 놀랄 만큼 현대적인 집착이 뿌리 내리기 시작했다. 송대는 도시화와 상업화가 가속화되던 시기였다. 북송의 수도 카이펑은 주막과 찻집, 음식 가판대와 노점상, 번화한 거리와 화려하게 꾸며진 식당이 즐비한 분주한 도시였고, 이는 유명한 두루마리 그림 「청명상하도淸明上河圖」에도 묘사되어 있다.[7] 1126년, 여진족의 침입으로 인해 카이펑과 북중국의 광대한 지역을 잃고 왕조는 항저우로 천도해 남송 시대를 연다. 13세기 말에 이르면 이 사실상의 수도는 인구가 100만이 넘었고, 세계에서 가장 크고 부유한 도시가 되었다. 도시의 문화가 "상업적이고, 쾌락을 좇고, 타락했다"고도 한다.[8]

13세기 항저우의 사회와 생활은 여러 면에서 우리가 살고 있는 현대 세계와 매우 닮았다. 인구가 밀집되어 있었고, 잘 닦인 주요 거리들에는 높은 건물들이 즐비했다. 쌀 경제와 활발한 교역 덕분에 부유층은 좋은 음식과 화려한 오락을 즐겼다. 무역선이 동남아시아, 인도, 중동으로부터 중국으로 사치품을 실어왔다. 자크 제르네는 이 시기의 중국이 "놀랍도록 현대적"이었다고 썼다. "전적으로 화폐에 기반한 경제, 지폐의 사용, 유통 가능한 어음, 고도로 발달한 차와 소금 산업, 비단과 도자기를 중심으로 한 대외무역의 중요성, 지역별 상품의 전문화로 볼 때 그러했다. (…) 사회생활, 예술, 오락, 제도, 기술 분야에서도 중국은 이론의 여지 없이 당대의 가장 선진적인 국가였다"고 했다.[9]

요리 문화도 급속히 발전했다. 새로운 볶음 기법이 주방을 장악했고, 간장이 점차 장醬을 대체하기 시작했다. 중국뿐 아니라 그 외 지역의 다양한 식재료가 사용되었으며, 요리사들은 북방과 남방의 요리 기술을 결합해 혁신적인 퓨전 요리와 간식을 만들어냈다. 다양한 종류의 식당들이 유행을 타고 떠올랐다 소멸했으며, 점점 더 많은 문인이 조리법과 음식에 대한 생각을 기록했다. 만약 시간여행이 가능하다면 나는 단연 13세기의 항저우로 가고 싶다.

오늘날 런던이나 뉴욕에서 과로에 시달리는 도시의 특권층이 유기농 야채와 시골 별장, 숲길 산책, '자연' 제품을 갈망하는 것처럼, 송나라 시대 부와 쾌락주의의 이면에는 그에 대한 반발도 존재했다. 일부 성리학자를 포함해 학식을 갖춘 사람들이 도시민의 삶을 경멸하며 전원생활의 단순함을 미덕으로 찬양하기도 했지만, 실제로 그런 생활을 하는 경우는 드물었다.[10] 몸과 마음에 영양을 공급하는 균형 잡힌 식단을 추구하는 것은 오랫동안 자기 수양의 핵심으로 여겨졌으며, 송나라 시대에는 '절제'와 '자연스러움'을 건강한 식생활의 핵심 원칙으로 보았다. 마이클 프리먼에 따르면 송나라의 복합적인 '자연식품' 개념에는 산과 숲에서 채취한 버섯을 비롯한 식용 식물과 현지 식재료를 포함하고 있었다. 이 개념은 인위적인 요소를 배제한 담백한 조리법을 중시했으며, 식재료의 맛이나 모양을 감춰 그 본연의 성질을 부정하는 행위를 거부했다.[11]

문인들은 희귀한 이국의 식재료 소비를 못마땅하게 여겼을 뿐만 아니라, 소박한 식재료, 특히 야채를 옹호했다. 시인 소동파는 당시 도시의 식당에서 파는 정교한 '모방' 요리나 사치스러운 음식보다 소박한 식사를 선호했는데, 배추와 죽순, 부추, 아욱, 그리고 돼지고기 등을 극찬했다. 1098년에는 귀양살이 중 생각해낸 야채국의 조리법을 「채갱부菜羹賦」라는 글로 남겼다. "생선이나 고기, 향신료를 사용하지 않아도 재료 본연의 단맛이 있다. 조리 방법으로는 배추, 순무, 야생갓, 냉이 등을 여러 번 문질러 씻어 매운맛이나 쓴맛을 제거하고, 조리 냄비에 약간의 기름을 두른다. (…) 야채를 넣고 끓인다. 약간의 쌀과 생강을 조금 넣어준다."[12] 이 소박한 야채국은 소동파의 시적 영감을 불러일으켜, "이슬 맺힌 잎사귀와 귀한 뿌리"가 국물 속에서 "소나무 사이의 바람처럼 속삭인다"고 쓰도록 했다.[13] 그는 전설적인 요리사들의 고급 요리 기술을 깎아내렸지만, 자신의 야채국이 가장 화려한 냄비에 담아내는 고급스러운 요리만큼 훌륭하며, 혼령을 달래는 힘이 있다고 썼다. 또 다른 무명의 작가는 『본심재소식보本心齋疏食譜』라는 요리서에 야채와 허브를 주재료로 한 스무 가지의 조리법을 남겼다.[14]

또한 시인 임홍이 쓴 『산가청공』은 이 분야의 대표적인 요리책이다. 임홍에 대해 알려진 바는 많지 않지만, 13세기 중반 항저우 시후 호 근처에서 몇 년간 살았다고 전해진다. 이후에는 저장성의 산속에서 은둔생활을 하며 스스로를 '산가山家'라 칭했다. 그의 요리책은 흔한 야채, 희귀한 산나물, 생선, 조개, 사냥한 고기에 대한 조리법과 함께 시적 인용, 역사적 사실에 대한 비유와 말장난으로 가득하다.[15] '산가삼포山家三胞'는 데친 죽순, 버섯, 구기자 잎으로 만든 일종의 샐러드였다.[16] 그의 요리들은 '송홧가루를 넣은 꿀떡松黃餠', '눈과 노을 갱雪霞羹', '산과 바다의 주머니山海兜', '얼음 단지 속 보배冰壺珍'와 같은 시적인 이름을 갖고 있다. 그러나 자연과 함께하는 것에 영감을 받았음에도 불구하고 그의 조리법은 '단순함과 소박함' 이상이었다. 프랑수아 사반은 그의 조리법이 세련되고 정교하며 그가 자연 속 은둔자들이 주로 쓰는 천연 식재료를 사용했음에도 불구하고 기름과 조미료도 썼다는 것은 세속 세계와 완전히 단절되지 않았음을 보여준다고 말했다.[17] 여러 면에서 그는 진정한 농부라기보다는 자연에서 직접 채집한 식재료를 사용하는 현대 북유럽의 요리사와 더 많은 공통점을 지니고 있었다.

후대의 중국 문인들도 임홍의 작품에서 드러난 자연스럽고 꾸밈없는 것을 향한 열망을 공유했다. 17세기, 제철 게에 열광하고 산에서 죽순을 채취해서 바로 요리해 먹어야 한다고 주장했던 이어는 야채를 먹으면 사람들이 자연의 이상적인 상태에 더 가까워질 수 있다고 했다. "음식의 도道에 대해 말할 때, 잘게 다진 고기는 자연 상태의 고기만 못하고, 고기는 야채만 못하니, 야채가 자연과 더 가깝기 때문이다."[18]

프리먼은 일부 지식인이 단순하고 소박한 식단을 옹호했던 것은 소동파의 경우처럼 부득이하게 관직에서 물러나거나 외딴 시골로 귀양 가서 오랜 기간 살아야 했을 때 그에 대처하는 방법이었을 수도 있다고 보았다.[19] 중국인들은 요리와 미식의 추구를 공적 생활의 고단함, 즉 가혹한 과거제도, 세상에 순응하라는 압박감, 갑자기 관직에서 밀려날지 모르는 관료 시스템으로부터 벗어날 수 있는 매력적인 피난처로 여겼다. 18세기의 미식가이자 뛰어난 학식을 갖춘 원매는 일찍이 관직을 내려놓고 난징 근처의 시골집에 은거하며 많은 시를 지었고, 요리법을 수집해 중국에서 가장 유명한 요리책을 저술했다. 이런 옛이야기들을 떠올리게 하는 현대의 한 사례로, 상하이 푸단대학의 한 화학자는 문화대혁명 시기에 연구를 할 수 없게 되자 "우울에 빠지지 않기 위해 요리를 시작했다"고 작가 판링潘翎에게 말한 바 있다. "그는 실제로 요리를 일종의 화학으로 봤고, 일례로 새우 요리를 할 때 온도를 조절하는 온갖 방법을 내게 얘기해줬어요!"[20]

상류층 학자들이 '단순하고' '자연스러운' 요리를 선호했다는 사실은, 특히 송나라 시대의 중국 음식 문학이 보여주는 특유의 편견을 설명하는 데 도움이 된다. 프리먼에 따르면 연회나 식당에서 제공되었던 수백 가지의 요리 이름이 알려져 있지만, 실제로 후대에 전해지도록 기록된 조리법은 예를 들어 소동파의 야채국이나 임홍의 팥죽처럼 대개 의도적으로 소박한 것들이다.[21] 임홍이 추구하는 방식은 극단적이어서 저서에 '스쯔겅石子羹'이라는 조리법을 수록했을 정도다. 이끼 낀 자갈을 샘물로 끓여 '달팽이보다 더 달콤한' 맛을 내는 조리법이다('스쯔겅'을 먹으면 돌의 기氣를 흡수할 수 있다고 믿었다).²² 임홍의 요리가 당시의 전형적인 식단과 얼마나 연관이 있었는지를 가늠해본다면, '노마Noma'(덴마크의 자연주의 식당―옮긴이)나 '셰 파니스Chez Panisse'(미국 캘리포니아의 자연주의 식당―옮긴이)의 메뉴와 오늘날 우리의 일상 식단 사이의 차이와 비슷하지 않을까. 프리먼은 "음식과 조리에 대한 공식적인 연구는 명문가의 주방이나 식당이 아니라, 유사 과학과 의학에 근거한 지식인들의 명상적인 삶에 기반해 이루어졌다. 가장 정교하고 훌륭한 요리들은 대부분 그 비법을 기록으로 남길 능력이 없던 요리사들의 손으로 만들어졌다. 우리는 송나라의 많은 문인이 거칠고 소박한 요리에 대한 찬사를 써내려가면서도, 본인들은 이름 모를 요리사들이 솜씨를 부려 만든 정교한 요리를 즐겼다는 사실을 염두에 두어야 한다"고 말한다.²³

검소한 식사는 일종의 태도이자 지적 우월감의 표현일 수 있다. 마치 현대 영국 귀족이 추운 시골의 대저택에서 낡은 코듀로이 바지를 입고 저녁으로 생선 파이를 먹으며, 메이페어(런던의 고급 주택지―옮긴이)에 사는 벼락부자 축구 선수의 부인이 스시를 먹는 것을 깔보듯이, 중국의 지식인들도 교양 없는 이들의 무분별한 사치에 대해 종종 혐오감을 드러냈다. 17세기의 미식가 고렴은 "살아 있는 생물을 요리하고 제피, 향료 또는 귀한 진미로 맛을 내는 것은 고관들의 연회 혹은 천상의 존재에게 제사 지낼 때나 적합한 것이다. 나 같은 산속의 은둔자를 위한 것이 아니니 기록하지 않는다"라며 경멸을 담아 썼다.²⁴ (참고로 '산속의 은둔자'라고 자처했던 고렴은, 사실은 항저우에 자신의 도서관, 미술품 컬렉션, 서재를 갖춘 호화로운 집을 소유하고 있었다.²⁵)

1792년 출판된 요리책에서 원매는 저속한 식습관에 대해 "귀로만 먹는 음식"(얼찬耳餐)이라 부르며 강하게 비판했다.

'귀로만 먹는 음식'이란 단순히 명성을 맹목적으로 추구하는 일이다. 값비싼 유명 식재료를 구해 자랑스럽게 손님들에게 선보이고자 하는 채워지지 않는 갈망, 이것이 바로 입이 아닌 귀로만 먹는 음식이다. 사람들이 맛있게 조리된 두부가 제비집보다 훨씬 낫고, 그저 그런 해산물은 죽순이나 야채와 견줄 수 없다는 사실을 모르겠는가? 나는 일찍이 닭고기, 돼지고기, 생선, 오리고기를 각각 본연의 맛과 고유의 독특한 방식을 가진 주인공이라 칭했다. 반면 해삼과 제비집은 평범하고 거칠어, 본연의 성질이 전혀 없고 다른 재료의 활력을 빨아들일 수 있을 뿐이다.

한번은 어느 벼슬아치의 연회에서 네 량짜리 제비집을 맹물에 삶아 큰 물동이만 한 그릇에 담아 손님들에게 대접하는 모습을 보았다. 아무런 맛이 없었지만 손님들은 앞다투어 칭찬을 늘어놓았다. 나는 웃으며 이렇게 말했다. "나는 제비집을 먹으러 왔지 흥정하러 온 게 아닙니다. 만약 먹기에는 별로고 팔기에만 좋다면, 그렇게 많이 가지고 있다 한들 무슨 소용입니까? 허세 부리기가 목적이라면, 차라리 그릇에 금 만 냥어치의 반짝이는 진주 백 알을 채우는 것이 낫겠지요. 실제로 먹을 수 없다 한들 무슨 상관입니까?"[26]

마찬가지로 그는 "눈으로 먹는 음식"(무찬目餐)에 대해서도 경멸하는 태도를 보였는데, 무찬이란 접시와 요리가 수북이 쌓인 연회, 즉 요리의 가짓수로 승부하는 연회를 뜻한다. 원매는 자신의 뛰어난 (그러면서도 절제된) 미각을 한 일화를 통해 은근히 과시했다. "어떤 상인의 집에서 열린 연회에 참석했는데, 세 가지 계열의 음식에 열여섯 가지의 딤섬을 더해 거의 마흔 가지가 넘는 요리가 나왔다. 주인은 매우 흡족해했지만, 연회를 마치고 집에 돌아와서 나는 배고픔을 달래기 위해 죽을 끓여 먹어야 했다."[27]

사치와 소박함, 도시와 시골, 탐욕과 절제 사이의 긴장은 여전히 중국의 미식가와 지식인들 사이에서 울림을 일으키고 있다. 세속적인 부자들은 상어 지느러미와 해삼에 빠져 있겠지만, 이어처럼 세련된 취향을 가진 이들은 숲속에서 막 채취한 신선한 죽순이나 토종 닭백숙을 더 선호한다. 이러한 문화적 차이는 아다이의 '룽징차오탕'에 대한 사람들의 의견에서도 뚜렷이 드러난다. 어떤 손님들은 현대 중화요리 특유의 과도한 기름 사용, 산더미처럼 쌓은 고추, 강렬한 감칠맛에서 벗어나 현지 풍토에 뿌리 내리고 있는 '룽징차오탕'의 요리를 숭고하다고 평가한다. 반면 어떤 이들은 방목하여 키운 닭이 낳은 계란으로 한 볶음에 실파를 뿌린 요리나, 농가 스타일의 가지솥밥과 같이 간단한 요리에 비싼 가격을 받는다며 믿을 수 없어 한다.

중국 친구나 지인들 사이에서 시골의 소박한 삶을 열망하는 사람은 아다이뿐만이 아니다. 잊지 못할 일화가 있다. 수년 전 후난성에 머물던 어느 날, 친한 친구인 류웨이와 산산이 나를 데리고 어떤 지인 교수의 집을 방문했다. 그 교수는 도시생활을 포기하고 시골로 들어가 자급자족하며 은둔생활을 하는 화가였다. 우리는 달빛이 비치는 밤에 차를 몰고 도시의 네온사인과 고층 건물을 뒤로한 채, 먼 지투성이인 교외 거리를 달렸다. 어렴풋한 언덕과 듬성듬성한 농가가 나타났다. 우리는 공터에 도착해 차를 세우고 수풀이 무성한 길을 따라 걷기 시작했다. 어둠 속에 개구리의 떠들썩한 울음소리와 매미 소리만이 가득했다. 마침내 진흙 벽돌로 나지막하게 지은 언덕 밑 농가에 도착했다. 농가의 양옆은 오래된 녹나무들과 무성한 덤불이었다. 집주인이 나와 마당의 나무 의자에 우리와 함께 앉았고, 이어 천으로 감싼 고금古琴(7개의 현을 가진 중국의 전통 악기—옮긴이)을 들고 젊은 연주자도 도착했다. 우리는 근처 샘에서 물을 떠와 끓였고, 산산은 작은 점토 주전자에 우롱차 잎을 우려내 작은 그릇에 따랐다. 연주자가 고금의 현을 뜯으며 연주를 시작했고, 우리는 기대어 앉아 차를 홀짝였다. 그 향기로운 차, 달빛 그리고 고금의 낯설고도 애처로운 멜로디는 곤충들의 울음소리와 어우러져 신비롭고 황홀한 정취를 자아냈다.

　아다이는 결국 저장성 남부의 그 땅에 유기농 농장과 농촌 휴양지를 세웠다. 버려진 들판에 세워진 '궁경수위안躬耕書院'에는 전통 양식으로 지어진 여러 채의 건물이 중국의 전원 풍경과 어우러져 있다. 정성스레 갈아놓은 계단식 논에 벌레가 윙윙거리고 나비가 날아다니고 있었다. 구불구불한 개울가에는 줄풀이 무성하게 자라 있고, 오리들이 연못 위를 유유히 헤엄쳐 다닌다. 아다이의 개인 셰프인 주인평은 직접 텃밭을 가꾸며 제철 야채를 수확해 매일 식탁에 올린다. 이곳의 농작물에는 농약이나 인공 비료를 전혀 사용하지 않는데, 서양에서 '유기농organic'이라고 불리는 이 방식을 아다이는 중국의 농업 전통에 뿌리를 둔 '원생태原生態'라고 부른다.

'궁경수위안'에 머무르며 나는 『도화원기』의 잃어버린 계곡을 찾았을 뿐만 아니라 임홍과 원매의 현실적이고 이상주의적인 세계에 들어선 듯한 느낌을 받았다. 하루 종일 주인평과 함께 계곡에서 제철 야채를 수확하고 산나물을 채취하며 시간을 보내거나, 주방에서 그의 가르침을 받고, 글을 쓰고, 주변 경관의 아름다움에 빠져들었다. 저녁에는 아다이와 다른 손님들과 함께 식사를 했다. 지금껏 이보다 더 완벽한 음식은 먹어본 적이 없었다. 대지와 깊고도 직접적으로 연결된 이 음식은 그야말로 농장에서 젓가락까지 그대로 연결하고 있었다. 이토록 영양이 충만한 음식을 먹었다는 느낌은 분명 처음이었다.

다년간 다양한 '특권'을 이용해 호화로운 음식에 무절제하게 탐닉한 후, 나 또한 중국의 시골 풍경과 소박한 중국식 식단의 매력에 빠져들었다. 죽을 때까지 더 이상 먹지 않아도 될 만큼 해삼을 충분히 먹었지만, 이제 냉이죽, 볶은 죽순, 호수에서 잡은 민물새우를 먹으며 사는 것 역시 더할 나위 없이 행복하다. 나 역시 과도함에서 절제, 사치스러움에서 겸손함, 이국적인 고기에서 소박한 야채라는 중국 전통 미식가들의 오랜 전통을 따라가고 있는 것이다.

물론 여기에는 모순도 있다. 인구가 많고 상대적으로 경작지 면적이 작은 나라인지라 그림 같은 농장에서 '원생태' 방식으로 농사지은 음식을 즐기며 유유자적하는 것은 서구보다 더 큰 특권일 수 있다. 그렇지만 아다이는 마리 앙투아네트가 아니고, '궁경수위안'도 장난감 농장이나 여왕의 시골 마을Hameau de la Reine(마리 앙투아네트가 농촌 생활을 체험하고 즐기기 위해 조성한 가짜 마을—옮긴이)이 아니다. 아다이의 사명은 그저 쾌락주의자들에게 꿈의 먹거리를 제공하는 데 그치지 않는다. 물론 그것도 충분히 해내고 있긴 하다. 그는 전통적인 농업 지식과 오래된 작물 품종을 보존하고자 한다. 그리고 지금은 농민들에게 제대로 된 일자리를 제공하고 그 자녀들을 교육함으로써 농촌 공동체를 되살리고자 한다. 아다이는 '궁경수위안'의 울타리 너머, 다른 청정 지역의 책임자들이 스스로 자연환경을 돌보고, 거기서 나온 농산물을 도시 소비자에게 프리미엄 '친환경' 상품으로 마케팅하는 방법을 배워가도록 영감을 주었으면 한다. 현재의 농장이 있는 땅을 임대할 때, 30년 후 마을 사람들에게 돌려주기로 약속했다. 복원되고 풍요롭게 운영 중인 상태로 말이다.

아다이는 세련된 도시인들이 농촌의 소박한 음식을 동경하는 것이 얼마나 어처구니없는 일인지 잘 알고 있다. 그를 처음 알게 되었을 때, 나는 며칠 동안 그를 따라다니며 시골에 있는 그의 공급 업체들을 방문하고 점심도 함께 먹었다. 한번은 오전 내내 야생 키위 따는 일을 하고, 농부 바오라이춘의 집에서 온 가족과 함께 점심을 먹기로

했다. 풍경이 멋진 계곡의 가장자리에 자리 잡은 진흙집이었다. 열린 문을 통해 쏟아져 들어오는 따뜻한 햇살을 맞으며 우리는 식탁에 둘러앉았다. 바오의 딸이 부엌에서 요리를 내왔다. 야채들은 모두 직접 재배했거나 야생에서 채취한 것이었다. 장작 화로에서 돼지고기 약간과 사오싱주를 넣고 볶은 줄풀, 셀러리와 누름두부, 야생 루콜라, 고추와 마늘을 넣고 볶은 고구마 줄기와 호박잎, 돼지고기와 고추를 넣고 볶은 수세미 오이(쓰과絲瓜), 바삭한 누룽지가 생기도록 갓 지은 밥 한 솥이 나왔다.

나는 황홀함에 사로잡혔다. 주인과 가족들을 칭찬하며 이것이 평소에 먹는 음식인지 물어봤다. 그들은 그렇다고 대답했지만, 아다이는 코웃음을 치며 말했다.

"말도 안 되는 소리! 당신들이 일부러 고구마 줄기와 호박잎을 찾아 먹지 않는다는 걸 잘 알고 있다고요! 그냥 내 비위를 맞추느라 이런 음식을 내온 거잖아요."

아다이가 나를 바라보며 말했다. "이 사람들은 고구마 줄기나 호박잎은 그냥 동물들에게 먹이는 모이에 불과하다고 생각해요. 너무 공손해서 차마 그렇게 말을 못 할 뿐이죠. 귀한 외국 손님에게 돼지 음식을 대접했다는 사실을 인정하고 싶어하지 않는 거라고요." 그리고 그는 바오와 그의 아내를 바라보며 물었다.

"내 말이 맞죠?"

부부는 당황한 듯 미소 지으며 인정했다. 모두 함께 한바탕 웃었다. 그날 오후, 그 주에 도축할 예정인 돼지를 검사하기 위해 다음 장소로 이동했다. 그곳에서 한 여성이 부엌 바닥에 앉아서 가엾은 돼지의 저녁 식사를 위해 고구마 줄기를 썰고 있었다.

중국화된 서양 음식

러시아 수프
뤄쑹탕

화창한 봄날, 식당 안에는 손님이 가득하다. 대부분은 '러시아 전통 보르시'와 당근, 소시지, 완두콩을 송송 썰어 넣은 감자 샐러드, 치즈 베샤멜 소스를 얹고 그릴에 노릇하게 구운 슈니첼과 게살 요리같이 잘 알려진 시그니처 세트 메뉴를 즐기고 있다. 접시 가득한 독일식 돼지고기 햄과 소시지를 오이 피클과 함께 먹고 있는 이들도 있고, 커리 치즈 소스를 뿌린 포르투갈식 닭고기 스튜도 보인다. 내게는 다소 기묘한 조합처럼 느껴진다. 하지만 이것이 바로 옛 상하이 스타일의 '시찬西餐'이다. 적어도 한 세기는 되었을 상하이의 이 현지 전통이 현대의 런던이나 파리 사람들의 점심 식사와 갖는 연관성은, 미국식 좌종당계와 차오몐이 중국 본토의 점심 식사와 갖는 연관성 정도라고 할 수 있다.

나도 곧 자리에 앉았고 종업원이 음식을 가져다주었다. 보르시는 중국어로 '러시아 수프'를 음역한 뤄쑹탕羅宋湯이라 불리는데, 비트는 들어 있지 않고 진한 토마토 수프 안에 양배추, 당근, 감자 그리고 소고기 조각 몇 점이 떠다닌다. 감자 샐러드는 고전 러시아식 올리비에 샐러드를 상하이식으로 재해석한 것으로 얇은 멜바 토스트(얇고 딱딱한 크래커형 토스트―옮긴이) 한 조각을 곁들인다. 이어지는 '딥프라이드폭찹'은 케첩을 조금 바른 상하이식 슈니첼이다. 따로 나오는 '핫 소이 소스辣醬油'에 찍어 먹는데 영국의 우스터 소스를 현지식으로 만든 양념으로 정향 냄새가 강하다. 메인 요리의 마지막인 구운 게는 민물 게살을 사용했고 게등딱지에 담아 치즈 토핑을 얹었다. 나무 판자로 마감한 천장과 유럽 빈티지풍 자주색 덮개를 씌운 의자들로 꾸며진 식당 안에는 상하이 사투리로 오가는 대화 소리가 가득하다. 종업원들은 광택이 고운 연분홍 비단의 전통 중국식 상의를 입고 있지만, 젓가락은 어디에도 보이지 않는다. 외국인 손님도 나뿐이다.

'더다 시차이서德大西菜社'는 상하이의 오랜 명소로, 20세기 초 상하이의 '시찬' 문화를 간직한 마지막 생존자 중 하나다. 이 식당은 상하이가 국제적인 대도시였던 시절로 거슬러 올라간다. 그때는 중국인이 각국 조계지에서 프랑스, 영국, 독일, 일본 출신의 외국인 거주자들, 백계 러시아인, 유럽계 유대인들과 뒤섞여 살았다. 1897년 한 독일인 사업가가 이곳을 창업했다. 처음에는 도매용 소고기와 양고기, 소고기 요리, 유럽식 햄류 등을 파는 상점으로 시작했으며, 2층에는 푸짐한 독일 음식을 내는 식당이 있었다.[1] '더다德大'라는 이름은 '독일식德

式(더스)'이라는 단어와 당시 서양 음식을 뜻하던 '대단한 요리大菜(다차이)'라는 단어를 합쳐 줄인 말이다. 1910년 원래 주인이 독일로 돌아간 뒤에는 천안성陳安生이라는 상하이 사람이 물려받았으며, 결국 육류 도매업은 점차 사라지고 식당이 번창한다. 특히 큼직한 비프스테이크로 명성을 얻었다. 1946년에는 쓰촨루에 분점을 열었다. 1층에는 커피숍과 베이커리가, 2층에는 200석 규모의 식당이 있었다. 이곳에서는 독일식, 프랑스식, 이탈리아식, 미국식 요리뿐 아니라 한때는 일본식 스키야키도 제공했다. 새로 문을 연 더다는 상하이 최대 규모의 양식당으로 외국인 사업가들과 장제스의 아들들, 빅터 새순 같은 저명 인사들이 자주 찾는 장소가 되었다.

공산국가 중국이 수립되고 외국인 고객층이 대부분 사라진 1950년대에 이 식당은 어쩔 수 없이 쇠락의 길을 걸었다. 하지만 명맥은 이어졌다. 더 큰 타격은 외래문화를 배격하던 문화대혁명 때에 닥쳤다. 이 시기에 더다는 서양 요리를 모두 없애고, 대신 중국식 튀김빵과 국수를 내야 했다. 소고기 수프만이 유럽식 과거의 흔적으로 메뉴에 남았다. 2층의 식당은 한때 지역 병원에서 쓸 알약을 포장하던 노동자들이 차지하기도 했다. 그러다 1973년에 다시 서양 음식을 제공할 수 있게 되었고, 1980년대 중국이 외부 세계에 문을 열기 시작하면서 상하이 사람들은 외국 손님을 접대할 장소로 이 식당을 찾았다. 2008년에 지금의 난징시루 자리로 이전했지만, 내부 인테리어나 고풍스러운 분위기는 대부분 그대로 유지하고 있다. 식당은 여전히 2층에 있고 1층에는 카페와 베이커리에서 서양식 케이크를 판매한다. 매일 아침이면 상하이 방언으로 '로커러老克拉', 즉 '삶을 즐길 줄 아는 노신사'라 불리는 어르신들이 1층에 모여 필터 커피 한 잔과 함께 담소를 나눈다. 이들 중 일부는 수십 년째 이곳을 찾고 있는 단골이다.

나 같은 진짜 서양인에게 '더다'에서의 식사는 묘한 경험이다. 처음 갔을 때는 엉터리로 각색된 서양 요리를 내는 낡은 식당이겠거니 했다. 그런데 의외로 나는 매료되었다. 식당 안은 가족 단위의 상하이 사람들로 붐볐고, 삼대가 한자리에 모인 가족도 많았다. 친구들끼리 점심을 즐기는 젊은이들도 눈에 띄었다. 음식은 신선했고 맛도 훌륭했다. 서양 음식에 대한 모욕은커녕, 오히려 중국인 입맛에 맞춰 유쾌하고도 비정통적인 방식으로 서양 요리 전통에 대해 경의를 표하는 식단이었다. 메뉴에 실린 모든 음식은 실재하는 외국 요리에서 유래했지만, 이들을 모아놓은 조합은 오로지 상하이에서만 가능할 법했다. '더다'는 어쩐지 현지인들의 입맛과 마음을 사로잡은 초기 문화 교류의 흔적이 얼어붙은 채 남아 있는 유물 같은 존재였고, 21세기의 전혀 다른 세상 속에서도 꿋꿋이 살아남아 있었다.

또 다른 날, 포르투갈식 치킨 스튜와 독일식 소시지에 자우어크라우트, 으깬 감자를 곁들인 요리를 맛보러 들렀을 때 나는 이곳의 고참 요리사 중 한 명인 자오하오예趙豪燁와 이야기를 나누었다. 그는 함께 일하는 동료들도 모두 '시찬'을 전문적으로 배운 중국인 셰프라고 설명했다. 경력 초반에는 중국요리를 배우며 유명한 상하이 식당 몇 군데에서 일했지만, 이후 '시찬'으로 전향했고 그게 마음에 쏙 들었다고 했다. 그는 '더다'에서 20년 넘게 일하고 있다.

상하이 '시찬'을 보존하고 있는 곳은 더다만이 아니다. 또 다른 식당 '홍팡쯔紅房子'는 1940년대에 명성을 얻어 컬트적 존재가 된 상하이의 작가 장아이링張愛玲이 가장 사랑했던 곳이다. 프랑스 조계지였던 화이하이루의 붉은 벽돌로 된 역사 유산 건물 안에 자리한 이 식당에서는 토스트 위에 뜨겁게 녹은 치즈가 떠 있는 프렌치 어니언 수프, 머스터드 소스를 곁들인 '프랑스식' 비프스테이크, 마늘 버터로 양념한 현지산 조개를 채워넣은 에스카르고 팬 같은 요리를 맛볼 수 있다. 20세기 초만 해도 상하이에 거주하던 외국인들은 고향의 맛에 그나마 가까운 음식을 찾기 위해 '더다'나 '홍팡쯔'를 찾았을지 모른다. 하지만 요즘에는 이탈리아 파스타나 미국식 햄버거부터 폴 페레와 장조르주 봉게리히텐 같은 세계적인 셰프들의 아방가르드한 창작 요리까지 더 자연스러운 선택지가 널려 있다. 그러나 '더다'나 '홍팡쯔'도 외국 손님을 끌어들이는 데는 관심이 없다. 식민지였던 상하이의 과거를 생각하면 의외일 수 있지만, 이 두 식당의 맛은 자신들의 유산으로 여기는 상하이 사람들을 정확히 겨냥하고 있다. 한 젊은 여성은 일요일 점심 식사를 하며 내게 이렇게 말했다. "여긴 화이주懷舊하러 오는 곳이에요(낭만화된 과거를 그리워한다는 뜻)."

전후 수십 년간 국제적으로 고립되어 있던 시기를 제외하면, 상하이는 19세기 후반 이래 줄곧 용광로 같은 도시였다. 과감한 문화적 혼합과 차용을 이끌며 근대 중국의 선구자 역할을 해왔다. 상하이 요리 자체에도 인근 저장성과 장쑤성의 영향이 다양하게 스며들어 있다. 닝보의 섬세한 해산물 요리, 쑤저우의 달콤한 맛, 거기에 쓰촨의 얼얼한 향신료와 상당량의 서양풍 요소까지 더해졌다. 상하이의 식료품점에서는 닝보 해초로 맛을 낸 쇼트브레드가 있고, 진화 햄과 러시아식 소시지를 나란히 진열해놓고, 월병과 팔미에(버터를 넣어 만든 잎사귀 모양의 프랑스 페이스트리—옮긴이)를 함께 판다.(팔미에는 '나비 파이'라는 뜻의 '후디에쑤蝴蝶酥'라고 애정을 담아 부른다.) '더다'나 '훙팡쯔' 같은 유럽 빈티지풍 공간을 벗어나더라도 흔한 상하이의 간식 가게들은 샤오룽바오나 냉이가 들어간 떡볶음 옆에 '핫 소이 소스辣醬油'를 곁들인 폭찹을 함께 팔고 있다.

    미국의 음식 칼럼니스트 프랜시스 램은 얼마 전 트위터에서 '팬-웨스턴pan-Western'이라는 음식 용어를 새로 만들었다고 농담처럼 말한 적이 있다. '팬-아시안pan-Asian' 요리라는 서양의 개념을 비꼰 말이었다. 아시아 각지의 요리들을 제멋대로 변형해 대충 짜깁기한 메뉴를 일컫는 말인데, 해당 요리의 본고장 사람이라면 누구라도 경악할 일이다. 그런데 그가 몰랐던 건 중국에 이미 이런 개념이 있다는 사실이다. 바로 시찬西餐, 글자 그대로 '서양 음식'이다. 중국에서는 누구나 시찬에 대해 엉뚱한 일반화를 거리낌 없이 늘어놓는다. 얼마 전에도 택시 기사가 내게 이렇게 물었다. "서양 사람들은 맨날 햄버거나 샌드위치만 먹죠?" 빈티지한 '더다' 같은 식당이 아니더라도 현대 중국에는 터무니없는 '팬-아시안' 식당에 못지않은 '시찬' 식당들이 즐비하다. 이들은 한 메뉴에 이탈리아 파스타와 프랑스식 스테이크를 아무렇지 않게 뒤섞어놓는다(심지어 동남아시아 요리를 섞기도 한다). 하지만 중국인, 특히 상하이에서 자란 사람들에게 '시찬'은 그저 현지 일상의 풍경일 뿐이다. 미국에서 크랩 랭군과 포춘쿠키 같은 '아메리칸 차이니즈' 요리가 삶의 일부인 것과 마찬가지다. 서양인 입장에서 이런 식당에 가보는 경험은 스스로가 하는 일반화를 조금은 의심해볼 필요가 있다는 유쾌한 일깨움이면서, 문화적 차용이란 것이 한 방향으로만 작용하는 게 아님을 넌지시 알려주기도 한다.

인간으로서 우리는 모두 음식을 가지고 논다. 받아들이고, 변형한다. 순수한 '영국 음식'이 없듯이 순수한 '중화요리'도 없다. 주체가 식민 지배자인지 피지배자인지, 부자인지 가난한지에 따라 정치적 함의는 다를 수 있지만, 문화적 차용 자체는 어쩔 수 없는 인간의 행위다. 17세기 차가 영국에 들어온 이후 영국인들은 자신만의 티 문화를 발전시켰다. 인도산 홍차를 진하게 우려 우유를 듬뿍 타서 큰 머그컵에 마시는 '빌더스 티(식민지 시절 인도의 건설 노동자들이 마시던 값싸고 진한 티—옮긴이)'에 대한 사랑은 순수하고 정제된 차를 즐기는 중국의 애호가에게는 끔찍한 일이다. 20년 전만 해도 커피가 이토록 빠르게 차의 나라 중국을 점령하리라고는 아무도 예상하지 못했다. 몇 해 전 나는 두부를 생산하는 쓰촨 남부의 작은 마을에서 방금 간 원두로 내린 완벽한 에스프레소를 대접받고 깜짝 놀란 적이 있다. 그런데 커피와 함께 나온 것은 달콤한 비스킷이 아니라 고춧가루를 뿌린 말린 무채가 담긴 작은 접시였다. 유럽인의 입맛으로는 극악한 조합이었다. 하지만 광둥 사람들조차 이제는 아이들이나 좋아하도록 순화된 맛의 요리 '구로우욕咕嚕肉'를 즐긴다. 원래는 19세기 광저우에서 서양인의 입맛에 맞추기 위해 개발했다는 새콤달콤한 순살 돼지고기 탕수육이다.

청두의 셰프 란구이쿤은 전통 쓰촨 요리에 외국의 영향을 자유롭게 섞는다. 그는 자신이 왜 제대로 된 정통 요리라는 개념을 신경 쓰지 않는지 완벽한 해명을 내놓은 바 있다. "나는 쓰촨 사람이니 내가 만드는 건 뭐든 쓰촨 요리입니다." 그는 이렇게 말했다. "오늘의 발명이 내일의 전통이 되는 거죠. 기계처럼 굴지 않고 기백 있게 요리하고 싶어요."

다시 상하이의 '더다'. 내 세트 메뉴는 마지막인 초콜릿 푸딩에 이르렀다. 옆 테이블에서 딸과 손주들과 함께 점심을 먹고 있던 노신사와 이야기를 나누게 되었다. 그는 1970년대부터 이곳에 다녔다고 말했다. "집에서는 물론 중국 음식을 먹지요. 하지만 여기 와서 스테이크와 러시아 수프 같은 시찬을 먹는 게 좋아요. 요즘에는 상하이에도 양식당이 많지만, 여기는 유명하고 옛 상하이의 특별한 분위기가 있잖아요. 그리고 물론 음식도요. 여기 음식은 특히나 본고장의 맛이죠."

마음을 나누는 요리

자애로운 어머니의 돼지조림
쯔무차이

중국에 머무는 동안 여러 차례 감정의 위기를 겪었다. 정확히 어떤 일 때문이었는지는 기억나지 않지만, 아직도 기억나는 것은 내게 이모와 같았던 리수룽李樹蓉이 한번은 청두의 아파트 안락의자에 나를 앉혀놓고, 녹차 한 잔을 건네고, 과일을 깎아주고, 일상적인 수다를 늘어놓으며 나를 위해 훌륭한 쓰촨 요리를 준비하던 모습이다. 많은 중국 사람, 특히 나이 든 세대가 그렇듯이 리수룽 이모는 포옹이나 진심 어린 말 대신 음식과 잔소리로 애정을 표현하곤 했다.

이런 애정 표현 방식에 익숙해지기까지는 시간이 좀 걸렸다. "죽 좀 먹어라! 국물 좀 마셔라! 옷 더 입어라!"와 같은 말들이 처음에는 거칠고 지시하는 것처럼 느껴졌다. 하지만 시간이 지나면서 그 의미를 이해하게 되었다. 지금은 중국인이 나를 좋아하게 되면 늘 알아차릴 수 있다. 좀 먹어라, 마셔라, 따뜻하게 입어라, 쉬어라라고 하며 내 몸 상태를 챙기려고 하기 때문이다. 엄한 표정의 요리사가 아침으로 바오쯔를 좀더 먹으라고 호통치거나, 리수룽 이모가 돼지조림을 한 숟가락 더 먹으라고 재촉할 때면, 그것이 나를 포근하게 안아주는 것과 마찬가지임을 안다.

중국인은 음식에 다양한 의미를 부여해왔다. 신과 조상에게 바치는 제사상에 올라 우리와 영혼의 세계를 이어주고, 위계질서와 정치적 권위의 상징이자 통치 예술에 대한 은유가 된다. 음식은 몸과 마음에 영양을 공급해 질병을 치료하는 약이다. 음식은 토양과 계절을 대표하고, 끊임없는 음양의 순환, 우주와의 이어짐을 의미한다. 음식은 지역과 문화의 경계를 표시하고, 문명세계와 야만 오랑캐를 구분한다. 일용할 양식을 공급하는 것은 통치자와 국가의 주요한 임무다.

음식은 예술이고 공예이며 마법이다. 요리사가 휘두르는 칼 아래 생선 살은 눈처럼 떨어지고, 뜨거운 웍 안에서 고기 조각은 춤을 추며, 시루 속의 기장과 쌀은 통통하게 부풀어 오른다. 요리를 한다는 것은 미생물을 활용해 항아리 속의 장醬이나 병 속의 술을 익히고, 작은 부엌에서 수백 가지 맛을 창조하고, 날것의 원재료를 다양한 형태의 결과물로 변신시키는 일이다. 그것은 오리 혀부터 유자의 속껍질까지 모든 것에서 기쁨을 만들어내는 방법을 찾는 일이다. 인간이 가진 독창성의 가장 뛰어난 표현 중 하나다.

무엇보다 음식은 우리를 연결시키고, 우리를 인간답게 만들어준다. 고자는 "식욕과 성욕은 사람의 본성"이라 했고, 『예기』에서는 "음식

남녀飮食男女"라고 했다. 우리는 모두 혀와 위장 그리고 성적 욕망을 가진 동물이며, 위로와 애정을 필요로 한다. 맹자에 의하면 사람은 내면의 선한 마음을 가졌으며, "입이 좋은 맛을 찾는 것口之於味也"은 본성이라고 했다.[1] 중국인에게 먹는 것은 생물학적 필요이자 인간 존재의 가장 깊은 즐거움 중 하나다. 음식은 인생의 혼란 속에서 버팀목이 될 수 있고, 개인적 환멸로부터 도망칠 수 있는 피난처이며, 정치적 억압에 맞서 자유와 창의성을 꽃피우는 공간이자, 삶의 위안이다. 서양 독자들을 위한 중국 문화의 훌륭한 해설자였던 린위탕林語堂은 저서 『나의 조국과 나의 민족吾國與吾民』(1935)에서 "우리가 진지하게 여기는 것은 종교나 학문이 아니라, 바로 음식이다. 우리는 '먹는 것'을 인생의 몇 안 되는 즐거움 중 하나라고 공개적으로 찬양한다"라고 했다.[2]

중국인은 음식을 삶의 매우 중요한 부분으로 여겨, 미식·철학·도덕·기술이라는 다양한 관점에서 항상 신중하게 고려할 가치가 있다고 보았다. 중화요리는 사려 깊고 정교하며, 프랑스 요리와 비슷하나 훨씬 넓은 지리적 범위를 포괄하고, 식단과 건강의 관계에 대한 이해가 훨씬 깊다. 린위탕은 "프랑스인들은 열성적으로 먹는 반면 영국인들은 사과하듯이 먹는다"라고 하면서[3] "중국 민족의 천재성은 확실히 먹는 문제에 있어서는 프랑스 쪽으로 기울어져 있다"고 했다.(그러면서 잔인하게 덧붙였다. "사실 영국인들은 자신에게 위장이 있다는 사실을 인정하지 않는다.")

중국에서는 부자들만 먹는 것에서 즐거움을 찾지 않는다. 부유층이 이국적인 식재료에 거액을 지불하고, 개인 셰프를 고용하며, 며칠

간 정성스레 준비한 요리에 과감히 투자하는 것이 최고급 요리의 발전에 기여했음은 분명하지만, 중국의 민간 요리 전통 또한 몹시 매혹적이다. 많은 사오싱 요리의 유래는 가난한 하인들이 인색한 주인을 속이거나, 가난한 문인과 거지들이 배고픔과 절망 속에서 새로운 요리를 발견한다는 이야기를 전하고 있다. 청두의 노점상들은 베이징의 궁중 요리사 못지않게 매력적인 간식을 많이 만들어냈다. 산시성의 소박한 요리사들은 이탈리아에 맞먹는 다양한 파스타를 만들어내고 있다. 중국 각지에서 빈부귀천을 따지지 않고 각자의 장아찌와 양념과 간식과 요리를 자랑스럽게 여기며, 음식과 요리 이야기를 열정적으로 나누고, 미각의 즐거움을 만끽한다.

   인류학자 진 앤더슨은 1960년대에 홍콩의 신계 지역으로 친족관계 구조를 연구하러 갔지만 그 어떤 주제로 이야기를 시작하더라도 광둥 사람들은 항상 음식 이야기로 끝나며 음식에 관해 할 말이 많다는 사실을 이내 깨달았다.[4] 그리하여 자신의 연구 주제를 바꿔, 이후 영어권에서 중국의 음식 문화 분야를 대표하는 전문가가 되었다. 문화대혁명 이후 처음으로 중국을 연구한 외국인 가운데 한 명이자, 중국 음식 연구 분야의 선구자인 프랑수아 사반은 대학 근처의 작은 식당에서 식사하던 중 "만약 메뉴를 읽을 줄 모른다면" 중국 문화를 이해할 수 없다는 것을 깨달았다고 말한다.[5] 나의 미식 연구 역시 상상도 못 했던 중국의 삶과 문화의 여러 방면으로 나를 이끌었다.

'룽징차오탕'에는 홍사오러우紅燒肉를 변형한 메뉴인 '자애로운 어머니의 돼지조림—쯔무차이慈母菜'가 있다. 옛이야기에 따르면 베이징으로 과거시험을 보러 간 아들을 둔 한 어머니가 있었다. 아들이 돌아오기를 간절히 기다리며 어머니는 아들이 좋아하는 돼지고기와 계란을 천천히 조린 요리를 만들었다. 그러나 집으로 돌아오는 길은 멀고 예기치 못한 일이 생기는 바람에 아들은 예정된 날에 도착하지 않았고, 어머니는 화로에서 냄비를 내려놓고 잠자리에 들었다. 다음 날 다시 음식을 데우고 기다렸지만 아들은 여전히 오지 않았다. 셋째 날 아들이 마침내 집에 돌아왔고, 세 번이나 다시 데워진 고기조림은 믿을 수 없을 만큼 부드럽고 윤기가 흘렀으며 소스는 짙고 깊은 맛이 났다.

『예기』에는 한때 음식으로 어떻게 웃어른에 대한 공경을 나타냈는지 설명하고 있다. 주부는 친정 부모와 시부모의 식사를 돌봐야 하며, "죽은 걸쭉하거나 묽게, 술이나 과일즙, 야채를 넣고 끓인 국, 콩, 밀, 시금치, 쌀, 기장, 옥수수, 찰기장, 즉 말하자면 어른들이 원하는 것은 뭐든지 공양하고, 대추, 밤, 설탕, 꿀을 넣어 음식을 달콤하게 만들기도 해야 한다".[6] 아들은 이른 아침에 아버지께 "좋은 음식과 함께 인사를 드려 애정을 표현한다"고 기록하고 있다. 얼음처럼 차가운 성벽에 둘러싸인 자금성 안에서도 황제와 황후, 후궁들이 자신의 개인 주방에서 음식을 만들어 다른 사람들에게 보내 호의나 애정을

표시했다.[7]

사랑하는 사람의 요리에서 그들의 독특한 손맛을 느끼기도 한다. 항저우의 한 인사는 오랜 유배생활에서 돌아와 유명한 항저우 요리인 '시후추위西湖醋魚'를 먹었는데, 이 음식에서 연락이 끊긴 처형의 손맛을 알아채고, 재회하게 되었다는 일화가 전해진다.『후한서後漢書』에는, 음모에 연루되어 옥살이를 하던 육속陸續이 어느 날 경羹을 먹다가 자신의 어머니가 면회를 왔다는 것을 알아채는데, "어머니는 고기를 늘 정사각형 모양으로 자르고, 파는 딱 1촌 길이로 썰었기 때문이다"라고 했다는 기록이 남아 있다.[8]

신종 코로나 바이러스로 인한 팬데믹 기간에 중국에 있는 친구들과 오랫동안 만날 수 없었던 나는 음식을 통해 그 간극을 좁히려고 애썼다. 런던의 집에 갇혀 있으면서 어느 때보다 열심히 중국의 음력 절기와 명절을 기념했다. 봄에는 직접 춘권을 만들었고, 단오절에는 쭝즈粽子를 만들고 붉은 비름나물과 절인 오리알을 곁들여 먹었으며, 춘절을 앞두고는 직접 돼지고기를 절였다. 모든 요리에는 추억이 깃들어 있었다. 그것을 맛본 장소나 조리법을 알려준 사람, 또는 어떤 조리 기술을 가르쳐준 사람에 대한 기억이 스며 있었다. 직접 만든 음식 사진을 중국의 친구와 선생님들에게 보내거나 SNS에 올렸다. "나는 여전히 여기서 우리가 함께 나눴던 요리를 만들고 있어. 다들 보고 싶어!" 친구들은 다시 중국으로 돌아오라는 초대와 함께 답글을 달았다. "다음에 오면 카이화開化에 가서 바이라러우白腊肉(한겨울에 소금에 절여 바람에 말리거나 훈제한 돼지고기. 저장성의 특산품.─옮긴이)를 먹자!" 또는 "광저우에 있는 나의 식당이 너를 기다리고 있어!" 또는 "허난성으로 와, 먹어봐야 할 새로운 요리가 많아!" 등등. 정서적으로 볼 때, 2000년 전 굴원이 죽은 영혼을 부르기 위해 감동적인 시를 쓴 것과 크게 달라진 것은 없는 듯하다.

> 오, 영혼이여 돌아오라! 어찌 먼 곳으로 가버렸나 魂兮歸來, 何遠爲些
> 온 집안이 모두 모여 갖은 음식 차린다네 室家遂宗, 食多方些
> (…)
> 살진 소의 힘줄 끓이니 향기롭기 그지없네 肥牛之腱, 臑若芳些
> 신맛 쓴맛을 섞어 오나라 국물이 따로 없다 和酸若苦, 陳吳羹些
> 자라 삶고 양을 굽고 사탕수수즙을 내어 腼鱉炮羔, 有柘漿些
> 고니는 새콤하게 물오리는 국 끓이고 기러기와 왜가리는 기름 둘러 지진다 鵠酸臇鳧, 煎鴻鶬些 [9]

익숙한 음식의 맛이 사람들에게 소속감과 정서적 울림을 주며, 고향을 떠올리게 한다는 사실은 아마도 어떤 민족보다 중국인이 더 잘 알 것이다. 4세기 진나라 때 장한이 관직을 버리고 고향으로 돌아가도록 한 것은 순채농어탕이었고, 황제가 잃어버린 북쪽의 수도 카이펑을 그리워하게 한 것 역시 쑹 부인의 생선국이었다. 수십 년 만에 고향인 항저우를 방문한 미국의 중국 교포들은 '룽징차오탕'의 맷돌로 갈아 만든 따뜻한 두유와 연근 죽을 먹으며 어린 시절의 추억에 잠겨 눈물을 흘렸다. 중화요리는 비록 내 나라의 음식은 아닐지라도 그것은 내 젊은 시절과 나라는 사람을 형성한 중요한 시절의 음식이며 나를 미식가이자 요리하는 사람으로 만들어준, 사랑과 추억과 그리움이 가득한 음식이다.

역사가 시작된 이래 중국 사람들은 음식에 대한 과도한 집착이 섹스에 대한 집착과 마찬가지로 우리의 또 다른 큰 욕망이며 파괴적일 수 있음을 잘 알고 있다. 음식을 대하는 사람의 태도는 언제나 도덕적 성품을 반영하는 것으로 간주되었고, 경건함 혹은 타락, 검소 혹은 사치, 자기 수양 혹은 무모함을 드러내는 것으로 여겼다. 어디쯤에 경계선을 그을 것인가 하는 논쟁은 공자 시대부터 현대까지 비단처럼 부드럽게 역사 속에서 이어지고 있다. 하지만 먹는 것의 즐거움을 부정하려는 시도는 모두 헛되다.

이 영원한 진리를 가장 잘 보여주는 비유가 있다면, 바로 루원푸陸文夫가 1983년에 발표한 중편소설 『미식가美食家』일 것이다. 이 소설에서는 20세기 중국, 부유한 대식가이자 미식가인 주쯔예朱自治와 그의 집에 세 들어 살았던 가난한 가오샤오팅高小庭 사이의 수십 년에 걸친 관계를 유머러스하게 그린다. 미식의 도시로 유명한 쑤저우에서 주택 임대업을 하는 주쯔예는 아침에 국수를 먹는 것으로 시작해서 저녁 간식으로 끝날 때까지 하루 종일 오로지 맛있는 것을 먹을 생각만 한다. "루씨네 가게의 구운 돼지고기, 마씨네 식당의 사냥한 야생고기, 생선 가게의 생선, 영감네 집의 거위, 현묘사의 튀긴 두부, 그 외 유명한 노점과 가게에서 파는 다양한 쑤저우의 별미들……."[10] 젊은 가오샤오팅은 주쯔예의 방종을 혐오했고, 주쯔예가 하루 종일 먹고 놀며 잘사는 반면 도시 외곽의 식당 앞에는 누더기를 걸친 지독하게 더러운 거지들이 앙상한 손을 내밀며 동냥하는 사회의 불평등에 충격을 받는다.[11]

1949년 중화인민공화국이 성립되고 가오샤오팅은 정부 관료가 되어 쑤저우의 요식업계에 혁명정신을 불어넣으려고 노력한다. 그가 관리하는 고급 식당에서 팔던 사치스러운 진미를 금지하고 대신 대중에게 저렴한 가격의 서민 음식을 제공하려고 한다. 그러나 요리사들은 가오샤오팅의 간섭에 불만을 품고, 쑤저우의 일반 시민들도 전통 요리를 그리워하면서 그의 노력은 참담하게 실패한다. 한편 대식가였던 주쯔예는 문화대혁명의 시련을 견뎌내고, 마침내 미식가로서 명성을 얻는다. 결국 가오샤오팅은 40년 동안 "귀신처럼 내 머릿속에서 떠나지 않던" 그 대식가를 전문 컨설턴트로 고용하라는 압력을 받는다.

노인이 된 가오샤오팅은 자신의 운명이 주쯔예와 영원히 얽혀 있으며, 인간의 이상과 욕망은 불가분의 관계임을 인정하게 된다. 그는 음식에 대한 사랑이 중국인의 삶에서 뗄 수 없는 일부라는 것과 쑤저우의 고급 요리가 "가장 높은 물질적, 문화적 성취의 결정체"임을 깨닫는다. 부유한 사람들뿐만 아니라, 평범한 사람들도 때로 새우라든지 다른 사치스러운 식재료로 향연을 즐기고 싶어한다. 결국 음식이 주는 쾌락에 대한 가오샤오팅의 반감도 누그러지기 시작한다. 가오샤오팅은 수년간의 유배생활을 끝내고 쑤저우로 돌아와 옛 친구들을 만나 이렇게 말한다. "나는 탐식에 반대하던 사람이었지만, 그런 상황에서 식사를 거부할 수는 없었네. 나도 인간이었고, 감정도 있었어.

만약 내 친구 딩이 나를 만나러 올 수 있다면, 사흘 내내 맛있는 음식으로 잔치를 벌일 거야."[12] 인간의 본성인 미각적 욕망을 억누르던 가오샤오팅을 완전히 포기하게 만든 것은, "행복하고 통통한 아기"인 자기 손자가 고급 초콜릿을 입으로 가져가며 너무 행복해하던 순간이었다. "현기증을 느꼈다. 이 아이가 자라서 성인이 된다면 또 다른 미식가가 될 것이다."[13]

결함과 약점을 제거한 새로운 인간을 통해서 이른바 완벽한 사회를 만들려는 극단적인 정치 이념은 실패한다는 것을 루원푸는 이 소설에서 생생하게 그려낸다. 마찬가지로 우리의 신체적 욕망을 부정하는 것은 무의미하다. 우리에게는 정신만 있는 것이 아니라 위장도 있기 때문이다. 우리 모두 먹고 사랑해야 한다. 고자가 말했다, "식욕과 성욕은 인간의 본성이다食色, 性也."

에필로그

과거와 미래

찹수이

2018년 5월, 나는 쓰촨 셰프 위보와 그의 아내이자 동업자인 다이솽을 따라 로스앤젤레스 브로드웨이의 밀리언 달러 극장에서 열린 '쓰촨 서밋Sichuan Summit'에 참여했다. 음식평론계의 대가 고 조너선 골드(1960~2018)를 전면에 내세운 페스티벌의 일환이었다. 서밋 현장에서 위보와 다이솽은 쓰촨의 맛 열여섯 가지를 각각의 작은 요리로 기막히게 표현한 시그니처 전채 모듬을 선보였다. 매듭으로 묶은 워순萬筍, 얇게 썬 연근, 부추를 땋아 만든 '비취 머리핀' 등 온갖 다양한 모양과 색깔이 펼쳐져 있었다. 골드와 나는 그걸 시식하며, 눈앞의 음식과 쓰촨 요리 전반에 대해 이야기를 나눴다.

서밋이 끝난 뒤에는 시간 여유가 좀 있었다. 위보와 다이솽과 나는 도시 곳곳을 누비며 마니아들이 찾는 타코 가게, 은밀한 스시 바, 겉보기엔 창고지만 안에는 트렌디한 식당들을 돌아다녔다. 하루는 꼭 해봐야 할 일이 있다고 우겨서 이들을 데리고 나섰다. LA 도심의 그랜드센트럴마켓은 1917년 '원더마켓'이라는 이름으로 문을 열었고, 당시 "태평양 연안에서 가장 크고 훌륭한 공공 시장"이라고 홍보했던 곳이다.[1] 최근 들어 이곳은 LA는 물론 외지의 미식가들까지 찾아오는 명소가 되었다. 시장 안의 가판대 중 상당수는 최근에 들어섰지만, 몇 군데는 오랜 세월 자리를 지켜오고 있었다.

나는 새로 문을 연 인기 가게들을 지나쳐, 늘 가보고 싶었던 곳으로 위보와 다이쌍을 데려갔다. 바로 '차이나 카페'였다. 이곳은 오래된 아메리칸 차이니즈 식당으로, 현지인에게 들은 바에 따르면 "언제부터 있었는지 아무도 모를 정도로 오래된" 곳이었다. 식당 지붕에는 가게 이름과 함께 '참수이'와 '차오멘'이라는 글자의 네온사인이 걸려 있었다. 오픈 키친 위쪽에 달린 또 다른 커다란 간판에는, 고전적인 아메리칸 차이니즈 요리들을 나열한 메뉴 위에 복고풍 서체로 '차이나 카페'라는 이름이 적혀 있었다. 메뉴는 에그푸용, 차오멘, 찹수이의 각종 변형 요리들을 포함하고 있었다.

나는 앞장서서 스페셜 찹수이를 주문했고, 소리가 울리는 시장 홀에 있는 낡은 금속 테이블 위에 그걸 의기양양하게 올려놓았다. 위보는 자기 세대에서 가장 뛰어난 쓰촨 셰프 중 한 명이지만, 찹수이를 본 적도, 먹어본 적도 없었다. 찹수이는 검은 플라스틱 그릇에 담긴 흰 쌀밥 위에 담겨 나왔다. 굵직하게 썬 뼈 없는 닭고기와 차슈 돼지고기, 껍질을 깐 새우, 청경채, 얇게 저민 양송이버섯에 뽀얀 갈색의 그레이비 소스가 끼얹어져 있었다. 위보는 찡그린 얼굴로 이 요리를 유심히 쳐다보다가 일회용 대나무 젓가락으로 닭고기 한 점을 집었다.

분명 중국 음식이었지만 그가 아는 중국 음식은 아니었다. 큼직한 단백질 덩어리들에 순한 맛의 만능 소스를 얹은 이 요리는 고도의 칼솜씨와 반짝이는 무지개처럼 다양한 풍미가 돋보이는 위보 본인의 정교하고 섬세한 요리들과는 거리가 멀어도 한참 멀었다. 내가 위보와 처음 함께 캘리포니아를 방문한 것은 2004년, 그의 첫 해외여행이었다. 그때 그는 우리가 먹은 모든 음식에 대해 가차 없이 솔직한 평가를 내렸다. 아마 이번에는 로스앤젤레스에서 보낸 시간이 그를 좀 누그러뜨렸던 듯 조심스럽고 외교적인 반응을 보였다. "뭐 괜찮네요. 고기도 있고, 탄수화물도 있고, 야채도 있잖아요. 균형 잡힌 식사고, 가격에 비해 양도 푸짐합니다."

'찹수이'라는 말은 광둥어 짭쑤이(표준어로는 자쑤이雜碎)에서 유래했고 문자 그대로는 '각종 자투리'라는 뜻이다. 잘게 썰거나 자른 여러 재료를 한데 뒤섞은 걸 가리킨다.[2] 이 말이 중국 문헌에 처음 등장한 것은 16세기 소설 『서유기』에서인데, 덤벼드는 악귀의 내장을 손오공이 찹수이로 만들어버리겠다고 협박하는 장면이 나온다.[3] 과거에는 주로 동물 내장으로 만든 요리를 일컫는 말이었다. 오늘날 다퉁이나 중국 북부 지역에서 양 내장을 듬뿍 넣어 아침 식사로 먹는 진한 수프 같은 것이다.[4] 소박한 이름과 달리 찹수이는 연회에도 올릴 수 있는 요리였다. 18세기 양저우에서 열린 만한전석에서는 돼지 내장과 양 내장으로 만든 찹수이의 변형 요리(쭈자산豬雜膬, 양자산羊雜膬)가 새끼돼지구이, 비둘기 다진 고기와 함께 상에 올랐다.⁵

하지만 우리가 로스앤젤레스에서 먹은 찹수이는 19세기 말 미국에 정착한 중국요리사들이 만들어낸 요리 혹은 테마에서 비롯된 후손 격의 음식이다. 당시는 중국 이민자에 대한 피해망상이 커지고, 차이나타운의 범죄에 대한 공포가 부풀려지고, 서구가 중국 식습관의 '괴이함'에 사로잡히던 시기였다. 이런 분위기 속에서 유독 하나의 중국요리가 서구인의 마음을 얻었으니 바로 '찹솔리' '차우-찹-수이' 그리고 나중에는 '찹수이'로 불리게 된 일종의 스튜였다. 뉴욕 최초의 중국어 신문 편집장이자 반중 인종차별에 맞서 싸운 것으로 알려진 웡친푸王淸福는 『브루클린 이글』 칼럼에서 이렇게 썼다. "요리사마다 각자의 '찹솔리' 조리법이 있지만, 주된 재료는 '돼지고기, 베이컨, 닭고기, 버섯, 죽순, 양파, 피망'이다". 그리고 "중국의 국민 요리라 해도 손색이 없다"고 했다.⁶

찹수이라는 개념 자체가 중국요리에 존재하지 않았던 것은 아니다. 역사적 기원은 논외로 하더라도, 광둥의 요리사들은 실제로 잘게 썬 여러 재료를 볶거나 찜으로 만들어왔다. 앤드루 코가 『찹수이: 미국의 중국 음식 문화사Chop Suey: A Cultural History of Chinese Food in the United States』에서 설명했듯이 미국식 찹수이는 주강 삼각주에 있는 토이산臺山의 쎄얍四邑 지역에서 비롯되었을 가능성이 높다.⁷ 초기 중국 이민자의 다수가 이곳 출신이었다. 미국에서 처음 등장한 찹수이는 말린 생선과 내장 같은 재료를 사용했다는 면에서 분명 중국인의 입맛에 맞춰져 있었다. 저널리스트 앨런 포먼이 1886년 뉴욕 차이나타운에서 맛보았던 찹수이가 그랬다. "이 맛있는 스튜에는 콩나물, 닭 똥집과 간, 송아지 양, 중국에서 수입한 건조 용물고기(드래곤 피시), 돼지고기와 닭고기, 그리고 뭔지 알 수 없는 각종 재료가 들어 있었다."[8]

1896년에는 사실상 중국의 외교부 장관이었던 이홍장李鴻章이 뉴욕을 방문하자 미국 사회에 중국 열풍이 불었다.[9] 아마 오보였겠지만 이홍장이 그 여행 중 찹수이를 즐겨 먹었다는 이야기가 있었고, 이 때문에 그가 찹수이를 미국에 소개한 인물로 언급되기도 했다. 불과 몇 년 만에 찹수이는 미국 전역에서 엄청난 인기를 누리게 되었다. 말린 생선과 내장 같은 재료는 사라졌고, 대신 토마토소스, 우스터소스, 감자 같은 재료가 새로 들어갔다.[10] 뉴욕의 차이나타운 밖으로도 '찹수이'라는 이름의 새로운 캐주얼 식당이 속속 생겨났다. 이곳의 대표 메뉴는 '쉽게 알아볼 수 있는 고기나 해산물에 콩나물, 죽순, 양파, 물밤을 섞어 아주 푹 익힌 싱거운 스튜'였다.[11] 당연히 미국인들은 이 요리를 사랑했다. 토이산의 소박한 요리를 어설프게 변형한 찹수이는 미국인들 눈에 '중국 음식'의 전형으로 자리잡았다. 나중에는 '라초이La Choy'라는 브랜드 덕분에 통조림으로도 판매되었다.

중국인 요리사와 식당업자들도 미국인의 찹수이 열풍에 편승했다. 뜻밖에도 이렇게 인기 있고 상업적으로도 성공한 음식을 만들어냈으니 그러지 않을 이유가 없었다. 서양인들이 그걸 먹고 싶어한다는데 굳이 말릴 필요가 있을까? 이게 중국 음식에 대한 편견을 극복하도록 해준다면 오히려 좋은 일 아닌가? 찹수이는 미국 전역의 중국 음식점에서 단골 메뉴가 되었고, 나중에 영국으로도 퍼졌다. 피자처럼 정해진 기본 조리법을 주재료에 따라 다양하게 응용할 수 있다. 별다른 기술이 없어도 괜찮다. 복잡한 칼솜씨도, 값비싼 재료도, 손이 많이 가는 준비 과정도, 까다로운 식감 조절도 필요 없었다.

어떤 면에서 찹수이는 전형적인 중국 음식이었다. 고기와 야채를 잘게 썰어 섞은 다음 웍에 볶아 젓가락으로 먹으며, 밥이나 국수를 곁들이는 요리이기도 하다. 또 어떤 면에서는 고대 중국의 국물 요리 갱의 조리법을 연상케 하기도 한다. 하지만 동시에 찹수이는 투박하게 급조된 가정식이었다. 광둥 사람이 집에 남은 재료들을 대충 모아 가족을 위해 후딱 만들어낼 법한, 깊은 고민이나 거창한 의미가 없는 음식이었다. 세계에서 가장 정교하고 철학적인 요리 문화 중 하나로 꼽히는 중화요리의 대표로서 찹수이는 가장 어울리지 않는 후보다. 그러나 지난 100여 년 동안 영어권 세계에서 찹수이는 그런 대표의 지위를 누렸다.

중국인 이민자들은 찹수이를 굳이 먹지 않아도 되었고, 실제로 대부분 먹지 않았다. 서양인 손님들이 찹수이를 맛있게 먹는 동안 이들은 찐 생선, 말린 해산물, 푸른 야채, 보양탕을 즐길 수 있었다. 찹수이 열풍은 서구의 중국 음식점에서 '중국 음식'과 진짜 중화요리 사이를 선명하게 갈라놓았고, 그 경계는 이제 서서히 희미해져만 간다.

20세기 후반 찹수이의 지위는 궁바오지딩과 브로콜리 소고기볶음에 조금씩 밀려났고, 21세기에는 쓰촨 요리를 비롯한 중국 전역의 요리들이 등장했다. 이제 찹수이라는 요리와 그 이름은 예스럽고 구식이라는 느낌을 준다. 그래서인지 몇몇 젊은 광둥계 미국인 셰프들은 찹수이를 향수를 불러일으키는 요리 유산으로 되찾으려 하고 있다. 찹수이는 분명 아메리칸 차이니즈 서사의 중요한 부분이다. 인종차별과 경제적 배제 속에서 생존해야 했던 광둥 이민자들의 여러 세대에 걸친 투쟁을 상징한다. 갈망과 멸시가 뒤섞여 있고, 호감 안에 독설을 품었던 백인 미국인들의 중국 음식에 대한 오랜 이중적 태도를 보여주기도 한다. 외국인들은 저렴하고 쉽게 다가갈 수 있는 찹수이에 기뻐했지만, 이내 중식을 값싸고 저급한 음식으로 치부해버렸다. 그리고 오늘날 찹수이는 거의 사라진 유물이 되었을지라도 그것이 대표했던 중국 음식에 대한 오해는 아직도 완전히 사라지지 않았다.

운 좋게 진짜 중화요리를 맛본 나 같은 외국인들 중 상당수가 깊이 매료되어 그 어떤 요리도 중국 음식에는 견줄 수 없다는 결론에 이른다. 19세기 후반 중국 전역을 누볐던 여행가 이사벨라 버드는 "중화요리는 재료의 종류가 엄청나게 많고, 거기에 조리 기술이 더해져 그 수가 수백 배로 늘어난다"며 "음식이 건강하고 잘 익었으며, 깔끔하게 조리되어 나온다. (…) 중국 내륙을 오래 여행한 외국인들은 중국의 음식이 입에 잘 맞는다는 걸 점차 깨닫는다"고 적었다.[12] 에스토니아의 철학자 헤르만 카이저링 백작은 베이징의 고급 식당에 "세련된 문화의 분위기"와 "순수한 미식 이상주의"가 있다며 그것이 "파리만큼이나 베이징에서도 일반적"이라고 했다.[13] 중국 음식의 즐거움에 빠져든 유명 인사로는 1930년대 베이징에 거주했던 영국 작가 해럴드 액턴과 오스버트 시트웰, 미국 작가 노라 왈른, 언론인이자 작가였던 에밀리 한이 있다.(에밀리 한이 쓴 50여 권이 넘는 책 중에는 1968년 출간된 타임라이프 '세계의 요리 시리즈Foods of the World'의 중국 편도 있다.) 나는 다년간 미식 투어를 이끌며 참가자들이 필연적으로 중국 음식에 대한 깊은 감탄에 이르는 걸 지켜보는 즐거움을 누렸다. 대부분은 매번 중국 여행을 마칠 즈음, 원매의 표현을 빌리자면 "혀가 완전히 몰입하고 기쁜 마음이 한순간 꽃처럼 피어나는 듯한 느낌"을 갖게 된다.

찹수이가 전형적인 중화요리로 서구인의 인식 속에 자리잡았던 때와 비교하면 세상은 크게 달라졌다. 중국의 부와 영향력이 커지고, 서구에 정착한 중국계 이민자들의 면모도 변화하면서, 서양에서 중국 음식에 대한 인식이 점차 바뀌기 시작했고 중화요리의 위상도 높아지고 있다. 미식의 판단 기준에 관해 논란이 많은 미슐랭 가이드도 마침내 중국 내 식당에 주목해 세계 미식가들의 지도 위에 올려놓기 시작했다. 코로나19 팬데믹이 해외여행을 급작스레 멈춰 세우기 전까지는 점점 더 많은 중국인이 서구로 여행하거나 이민을 가면서 서구에서 '진짜' 중화요리에 대한 수요도 함께 늘었다. 동시에 서구인들도 새로 접하는 중화요리의 다채로움에 마음과 입을 열기 시작했다.

하지만 최근 들어 경제적인 경쟁과 국제적 긴장이 심해지면서 더 개방적이고 세계 문화에 깊이 통합되는 방향으로 가리라 보였던 중국의 거침없는 흐름이 탈선 위기를 맞고 있다. 중국과 서구는 협력과 대립 사이의 갈림길에 서 있는 듯하다. 이런 시대에 음식은 또 다른 관계의 가능성을 열어주고, 중국 문화를 들여다보는 또 하나의 창이 된다. 중국 음식은 중국이라는 현대 국가만의 것이 아니라 전 세계 거의 모든 곳에 흩어져 살아가는 중국 디아스포라의 음식이기도 하다. 이 음식은 과거와 현재를 잇는다. 옛것이면서 동시대의 것이고, 현지식이면서도 세계식이며, 지극히 중국적이면서도 다문화의 깊이가 있다. 장인 정신, 사상의 깊이, 감각적 즐거움에 대한 중시, 자원을 활용하는 지혜, 섭생에 대한 배려까지, 중화요리는 세계 문화와 문명의 귀중한 보물이 될 자격이 충분하다.

이제는 찹수이와 새콤달콤한 탕수육에 그간의 노고에 고맙다고 인사하고 다정하지만 단호하게 작별을 고할 때가 아닐까. 그 모순된 별미들 너머로 무한한 중화요리의 세계가 우리를 기다리고 있다.

【부분적이며 지극히 주관적인 중국 음식 문화 연대기】

신화 시대

수인씨燧人氏가 사람들에게 불을 피우는 방법을 알려줌. 사람들이 음식을 익히고, 먹을 수 있는 제물을 바치기 시작하면서 문명의 길이 열림

후직后稷이 기장을 재배하는 법을 가르침

황제黃帝(기원전 3000년경)가 도자기 만드는 법을 가르치고, 이어서 곡물을 삶고 찌는 법을 전함

신석기 시대(기원전 1만~기원전 3000)

중국에서 쌀과 기장을 처음으로 재배함

음식 조리에 시루가 처음 사용됨

젓가락 사용의 초기 흔적이 발견됨

곡물을 발효시켜 주酒(맥주 또는 탁주 형태의 술)를 빚기 시작

상나라(기원전 1600년경~기원전 1046)

약 기원전 1600년: 요리사 이윤伊尹이 상나라 초대 군주 탕왕湯王의 재상으로 임명됨

젓가락이 조리용으로 사용되고, 식사용으로도 쓰이기 시작한 것으로 추정

조리용 솥鼎(딩)이 지위와 권력의 상징이 됨

타락한 마지막 군주 주왕紂王(기원전 1105~기원전 1046)이 '주지육림酒池肉林'에 탐닉함

주나라, 춘추전국 시대(기원전 1045~기원전 221)

기원전 3세기경 편찬된 『주례周禮』에 따르면, 주나라 초기에 2000명이 넘는 궁중 인력이 식사와 제례 음식을 준비하는 대관(선부膳夫)의 지휘 아래 일함. 이 중에는 영양사와 거북·조개류, 사냥감, 얼음, 소금, 절임류 전문가들도 있었음

모든 사람이 '경羹'이라 불리는 국/스튜 형태의 요리를 즐김

기원전 약 1000년: 대두가 처음 재배되었을 것으로 추정

해醢라 불리는 발효 소스를 만들기 시작함. 이후 장醬으로 불리며 간장의 기원이 됨

철학의 황금기를 맞아, 위대한 사상가들이 음식과 요리를 비유로 삼

아 중요한 사유를 펼침

―노자(『도덕경道德經』의 저자로 알려짐)는 "큰 나라를 다스리는 것은 작은 생선을 요리하는 것과 같다治大國若烹小鮮"고 비유

―공자(기원전 551~기원전 479)는 계절에 맞지 않거나 제대로 썰지 않은 음식은 먹지 않음

―맹자(기원전 4세기)는 "군자는 푸줏간과 부엌을 멀리해야 한다君子遠庖廚"고 말함. 생선보다는 차라리 곰발바닥 요리를 택하겠다고 밝힘

―고자(기원전 4세기경)는 "식욕과 성욕은 인간의 본성이다食色性也"라고 말함

―장자(기원전 365~기원전 290년경)는 정교한 칼솜씨로 소를 해체하는 요리사 포정庖丁의 모습을 묘사

―굴원(기원전 340~기원전 278년경)은 떠나간 영혼을 부르기 위해 지은 시 두 편에서 군침 도는 음식들을 묘사함

기원전 3세기: 여불위(기원전 291~기원전 235)가 『여씨춘추呂氏春秋』를 편찬. 그중 「본미」편에서 요리사 이윤이 미식에 대해 한 연설을 소개함

진나라(기원전 221~기원전 206)

진시황(기원전 259~기원전 210)이 병마용과 함께 묻힘

한나라(기원전 202~기원후 220)

중앙아시아에서 유래한 회전식 맷돌이 도입되어 밀가루 제분이 쉬워짐. 중국인들이 본격적으로 국수와 만두(당시에는 병餠이라 불림)의 매

력을 발견하게 됨

요리해서 식사하기 전 식재료를 잘게 써는 중국의 조리법이 확고히 자리 잡음

음식과 약은 밀접하게 연관되어 분리할 수 없다고 여겨짐.『황제내경 黃帝內經』이 기원전 300년경 편찬됨

고분의 벽화나 부조에 생생한 주방 풍경이 등장

부유한 사람들의 무덤에 가축, 맷돌, 화덕 등의 미니어처를 함께 묻기도 함

기원전 2세기: 현재의 창사 외곽 마왕두이馬王堆에서 귀족 일가의 고분 세 개가 발굴됨. 중국에서 가장 오래된 요리 조리법, 약 처방 그리고 오늘날 중국요리에도 쓰이는 흑두반장을 비롯한 수많은 음식이 함께 묻힘

지금의 안후이성에서 회남왕淮南王 유안劉安(기원전 179~122)이 두부를 발명한 것으로 보임. 그러나 이 시기에 만들어졌다고 하더라도 본격적으로 보급된 것은 훨씬 뒤의 일

위대한 역사가 사마천(기원전 145년경~기원전 87)이『사기史記』에서 강남 지역 사람들이 쌀밥과 생선국을 주식으로 한다고 기록함

중앙아시아로부터 후추, 오이, 호두, 참깨 등의 '이민족' 음식이 유입됨. 참깨를 뿌린 납작빵도 들어옴. 이런 식재료 중 상당수는 '이민족' 또는 '외래'를 뜻하는 '후胡' 자를 앞에 붙임(후추는 지금도 후자오胡椒라고 불림)

남방 사람들이 새콤달콤한 맛을 선호함

궁정에서 온실을 도입해 고급 야채를 재배함

1세기: 불교가 처음으로 중국에 전래됨

위진남북조 시대(220~589)

서진(265~316) 시대에 장한張翰이 고향 강남의 농어회와 순채탕이 생각나 북방의 관직을 그만두고 귀향

속석束晳(263년경~302)이 면과 만두에 대한 찬가 「병부餅賦」를 지음

4세기: 동진의 역사가 상거常璩(291~361)가 쓰촨 사람들이 대담하고 매운 맛을 좋아한다고 기록

양나라 무제梁武帝(464~549)가 독실한 불교도가 되어 채식을 장려

530년에서 540년 사이에 가사협賈思勰이 중대한 농업서 『제민요술齊民要術』을 편찬함. 발효된 대두, 황주, 식초, 새끼돼지구이, 유제품, 다양한 종류의 면요리의 조리법을 포함

수나라(581~618)

사풍謝諷이 『식경食經』을 집필했으나, 후대 문헌에 인용된 일부 단편만 남아 있음

당나라(618~907)

서북부 아스타나 고분(현 투루판 지역)에서 망자와 함께 묻힌 만두와 완탕이 발견됨

8세기 말: 육우陸羽(733~804)가 세계 최초의 차 전문서 『다경茶經』을

집필

'딤섬點心'이라는 표현이 동사의 형태로 소설 속에서 처음 등장

실크로드가 가장 활발하던 시기. 장안(오늘날 시안)에 이국적인 외래 음식이 대유행

불교 비구니 범정梵正이 정교하게 썬 식재료로 접시에 풍경화를 그림. 불교 사찰 채식의 예술성을 보여주는 기록으로 남음

9세기: 불교도였던 관리 최안잠崔安潛이 식물성 재료로 만든 정교한 모조 육류 요리로 연회를 차림

상류층이 유제품 소비를 즐김

10세기: 초 도곡陶穀(903~970)의 저작에서 중국 문헌 최초로 두부에 대한 언급이 등장

10세기에 베이징의 가장 오래된 이슬람 사원인 '뉴제 청진사牛街淸眞寺'가 건립됨. 그 일대가 할랄 음식 문화의 중심지로 발전

당나라 멸망의 원인 중 하나로 후궁 양귀비의 사치스러운 식생활이 거론됨. 신선한 리치를 북쪽의 수도까지 역마로 운송해 먹겠다고 고집한 것이 좋은 예

송나라(960~1279)

벼농사가 번성하여 남방의 경제가 성장

시인 소동파蘇東坡(1037~1101)가 돼지고기 요리에 대해 짧은 작품을 남김. 송대에는 소동파를 비롯한 여러 문인이 음식에 대해 열정적으로 노래함

유목민의 침입으로 카이펑이 함락되면서(1127) 송나라 조정이 남쪽 항저우로 천도. 북방과 남방의 음식이 융합되어 새로운 퓨전 요리가 탄생

중국의 외식 문화가 북송의 수도 카이펑(당시 변량汴梁)과 남송의 수도 항저우(당시 임안臨安)에서 황금기를 맞음

12세기 말: 쑹 부인이 생선 갱으로 황제를 감명시킴

바닥이 아닌 탁자에 앉는 습관이 일반화됨

채식 중심의 소박한 요리책이 처음으로 등장. 13세기에 시인 임홍林洪이 산속에 은거해 『산가청공山家淸供』이라는 책을 집필. 야채와 들에서 채집한 식재료로 만든 요리법을 담고 있음. 이 책에 오늘날의 의미에 가까운 '간장醬油'과 '볶다炒'라는 단어가 처음 등장하며, 훠궈를 먹는 장면도 최초로 기록

두부가 폭발적으로 대중화됨

중국 남부의 활기찬 상업 도시들에서 음식 재료와 조리법이 다양해지고 정교해짐

딤섬에 처음으로 탕 만두가 등장

불교 채식 식당과 모조 고기가 항저우에 등장

원나라(1271~1368)

1279년: 쿠빌라이 칸이 이끄는 몽골이 중국을 완전히 정복하고 원나라를 수립

13세기 후반: 마르코 폴로가 중국을 여행하며 항저우의 음식 시장과

높은 생활 수준에 감탄

1330년: 어의 홀사혜忽思慧가 의학적, 영양학적 지침서 『음선정요飮膳正要』를 편찬하여 황제에게 바침. 중동, 페르시아, 중앙아시아의 영향을 반영한 요리법을 수록된 장이 포함되어 있음.

몽골 병사들이 윈난에 치즈 제조법을 가져왔을 것으로 추정

명나라(1368~1644)

16세기 후반: 소설『금병매』에 음식과 성적 기행을 황홀하게 묘사한 장면 등장. 매실을 이용한 유명한 정사 장면이 있음

16세기 후반: 이시진이 『본초강목本草綱目』 편찬함. 약 2000가지 재료의 보양 효과를 설명하고 있음

16세기 후반: 『서유기』에 '챱수이(자쑤이)'라는 말이 등장

16세기 후반: 옥수수, 고구마, 고추 등 아메리카산 식재료가 유입되어 중국 식문화에 혁명적인 변화를 가져옴

상어 지느러미 요리를 즐기게 됨

청나라(1644~1911)

1644년: 만주족이 중국을 정복. 큰 덩어리 고기를 굽거나 삶는 조리법, 일부 유제품 섭취 등의 식습관이 들어옴. 궁중 요리는 만주와 한족 요소가 섞인 형태로 발전. 상류층 만주족은 두 종류의 요리를 다 먹을 수 있도록 칼과 젓가락을 함께 휴대

이어李漁(1611~1680)가 게 요리와 죽순의 미묘한 맛에 대한 열정을 글

로 남김

건륭제(1711~1799, 재위 1735~1796)가 남방 순행 이후 강남 지역에 매료됨. 쑤저우 요리사를 궁으로 데려와 궁중 요리에 반영함. 구운오리구이를 즐김

17세기 말부터 유럽인과 미국인이 광저우에 소규모 외국인 '공장' 혹은 창고를 짓고 교역소를 설치

1792년: 원매袁枚(1716~1798)가 요리법과 미식 전반에 대한 폭넓은 견해를 모은 『수원식단隨園食單』 편찬

1793년: 첫 영국 사절단이 베이징에 도착하여 연로한 건륭제를 만남. 영국 사절단 단원들은 중국의 구이 요리와 찐빵을 낯설어했으나, 딤섬은 호평함

1795년: 이두李斗(1749~1817)가 『양주화방록揚州畫舫錄』을 통해 양저우에서 열린 호화로운 만한전석滿漢全席을 묘사함. 90여 가지 요리 중에는 잉어 혀를 곁들인 곰 발바닥도 있었음

19세기 중반: 중국인의 미국 이민 시작됨. 찹수이가 미국 음식점 메뉴에 등장

1876~1886년: 딩바오전丁寶楨이 쓰촨 총독으로 재직함. 궁보계정宮保雞丁은 그의 관직명을 따서 지은 이름

19세기 말: 청두의 소박한 음식점 주인 천 부인이 마파두부를 개발. 그녀의 식당이 1909년에 출간된 청두에 관한 서적에 언급됨

1896년: 사실상의 외무대신 이홍장이 미국 방문. 찹수이를 미국에 소개한 인물로 (사실과 달리) 알려지게 됨

1897년: '더다 시차이서德大西菜社' 상하이에 문을 엶.
서태후(1835~1908)가 무의식 중에 후이족 요리에 '타쓰미它似蜜(꿀처럼 달콤하다)'라는 이름을 지음

중화민국(1911~1949)

국가 제사 폐지됨
상하이에 서양 음식점들 성황
1930년대: 영국 작가 존 블로펠드John Blofeld, 베이징에서 소고기구이烤肉 먹음

중화인민공화국(1949~)

1950~1960년대: 상무부장 야오이린姚依林이 중국의 4대 지역 요리를 언급했다고 전해짐
1950년대 후반~1960년대 초: 중국경공업출판사가 지역별 요리책 시리즈 '중국명채보中國名菜譜' 12권 발간
1966~1976년: 문화대혁명이 중국에 대혼란을 가져옴. 고급 식사가 금지됨
1980년: 왕샤오취안汪紹銓이 중국 공산당 기관지『런민일보』에 '우리 나라의 8대 요리 계통八大菜系'이라는 제목의 글 기고
1983년: 쑤저우 출신의 작가 루원푸陸文夫가 음식을 중심으로 한 정치 우화 소설『미식가美食家』를 발표
2008년: 홍콩과 마카오를 다룬 첫 미슐랭 가이드북(2009) 등장

2016년: 미슐랭이 중국 본토 최초로 2017 상하이 가이드북 발간. 이후 광저우(2018), 베이징(2020), 청두(2022) 편도 출간

2019년: 우한에서 코로나19 팬데믹 발발. 중국 시장의 야생 고기 판매에 대한 우려가 일고 해외에서의 반중 인종차별 급증

감사의 말

이 책에 가장 큰 영향을 준 사람은 아다이라는 애칭으로 불리는 다이젠쥔일 것이다. 항저우에 있는 그의 식당 '룽징차오탕', 저장 남부에 있는 그의 농장, 그리고 우리가 함께 여행한 강남 곳곳에서, 아다이는 중국 미식의 정신을 글자 그대로 내게 떠먹여주었다. 성대한 연회부터 시골 농가의 점심상, 항저우 거리의 심야 국수까지 셀 수 없이 많은 잊지 못할 식사를 함께했다. 그 모든 경험을 생생하게 만들어주고, 이해할 수 있도록 도와주었다. 아다이, 이 책은 당신이 있었기에 가능했다. 어떤 감사의 말도 충분치 않다.

다른 많은 친구들도 내게 직접 요리를 해주고, 자신의 주방에서 가르쳐주고, 중국 음식에 대해 이야기해주었으며, 저녁 식사 자리와 미식 여행에 나를 초대해주었다. 특히 다음 분들께 인사를 전하고 싶다.

저장에서는 후중잉 마스터 셰프, 둥진무, 천샤오밍, 주인펑, 마오톈야오, 궈마, 양아이펑, 마오톈야오, 후페이샤, 그리고 '룽징차오탕'과 '궁경 슈위안'의 모든 분께 감사드린다. 장쑤에서는 샤융궈, 사페이즈, 장하오가 양저우와 쑤저우의 요리 전통을 알려주었다. 베이징에서는 천샤오칭이 나를 놀라게 하고 또 그만큼 가르쳐 주었으며, 샤오콴, 아이광푸, 쉬룽, 진푸청, 진타오, 추이융, 펑궈밍, 샤오콴이 식탁에서 스승이자 길잡이, 벗이 되어 주었다. 류광웨이, 사이먼 리우, 후쯔, 메이산산에게도 감사드린다. 허난에서 의기투합했던 저우즈융은 쑨룬톈과 함께 잊지 못할 모험을 경험하도록 해주었다. 산시에서는 왕훙우, 두원리, 왕즈강이 면 요리의 신비를 파헤치는 데 도움을 주었다. 산둥에서는 왕싱란 마스터 셰프, 왕즈옌, 왕완신이 중국의 전설적인 요리 중 하나를 처음으로 제대로 맛보게 해주었다. 윈난에서는 양아이쿤, 예쩡취안, 비웨이 덕에 윈난 음식의 경이로운 세계를 맛았다. 푸 스푸('크랩 씨')는 상하이에서 나의 미식 대부였다. 시간과 지식을 나눠준 토니 루에게도 감사를 전한다. 쓰촨에서는 내 오래된 친구이자 스승들인 왕쉬둥, 위보, 다이솽, 란구이쿤, 장위샹 교수, 라이우, 류야오춘, 쉬쿤, 덩훙, 시웅옌, 위안룽쿤 등이 지금도 영감과 지식, 격려와 즐거움의 원천이 되어주고 있다. 후난에서는 류웨이와 산산이 20년 넘게 중국의 가족이나 다름없는 존재로 함께해주었다. 포산과 순더의 맛을 보여준 쉬징예와 토니 탄, 산터우의 정위후이에게도 감사드린다. 홍콩에서는 로즈 렝, 수잔 정, 나이절 캣, 라우킨와이, 라오춘과 오랫동안 식탁의 기쁨을 함께 나눠왔다. 막달레나 청과 제임스 리는 내가 유자 속껍질에 대해 품었던 호기심을 친절히 충족시켜 주었고, 로베르타 초우는 광둥어 식감 표현에 관해 귀중한 조언을 들려주었다. 언제나 그렇듯 제이슨 리, 프란체스카 타로코, 눈치아 카르보네, 그웬 셰네에게도 두 대륙을 가로지르는 우정과 지지에 감사한다.

중국 음식학 분야에서 내 오랜 영웅이었던 유진 N. 앤더슨이 이 책의 원고를 기꺼이 검토해주었다. 그의 소중하고 흥미로운 수정과 코멘트에 깊이 감사드린다. 쌀에 관한 챕터에 대해 아낌없는 조언과 의견을 나눠준 프란체스카 브레이에게도 고맙고, 프랑수아 사반, 로엘 스터크스, 데이비드 크네히트게스, 브라이언 닷, 비비엔 로에게는 고대 문헌 번역을 흔쾌히 사용할 수 있도록 허락해주신 데 감사하고 싶다. 비비엔 로와 아이작 위에는 급히 확인해야 했던 몇 가지 질문에도 도움을 주었다. 우샤오밍은 번역 작업을 지속적으로 도와주었고, 다수의 중국 고사성어(그리고 식탐에 관한 도덕적 교훈도!)를 알려 주었다. 폴 프렌치는 읽어볼 만한 탁월한 책들을 추천해준 사람이다. 그리고 늘 그렇듯, 나의 오랜 친구이자 멘토였던 옌킷 소의 책들을 선물해준 그의 아들 휴고 마틴에게도 감사드린다. 그녀의 책들은 내 서재의 든든한 초석이다.

내 책들이 중국어로 번역되는 것은 언제나 커다란 놀라움이었지만, 이 책은 중국어판과 영어판이 거의 동시에 출간되는 첫 사례다. 이를 가능케 해준 뛰어나고 비할 데 없는 번역가 허위자에게 깊이 감사드린다. 그녀가 중국 독자에게 전할 내 목소리를 만들어 주었다. 또한 상하이번역출판사上海譯文出版社의 훌륭한 동료들, 장지런, 판웨이웨이, 왕쥐에게도 감사드린다. 나를 이들에게 처음 연결해준 피터 헤슬러에게도 고마움을 전한다.

이 책의 많은 부분은 팬데믹이라는 길고 낯선 시간 속에 형성되었다. 그 시기를 견딜 수 있었던 건, 록다운과 사회적 제약 속에서도 음식과 중국에 대한 열정을 꺼뜨리지 않도록 도와준 친구들 덕분이었다. 에이미 푼, 릴리안 룩, 장차오, 리량, 웨이구이룽, 테아 랭포드, 벤 애들러, 콜린 스틸, 아가타 트레바츠, 샘 채터턴 딕슨, 세라 파이너, 지미 리빙스톤, 애덤 커비, 멜라니 윌렘스, 아니사 헬루, 제인 레비, 시마 머천트, 페니 벨, 레베카 케스비 등이다. 첫 록다운 기간 동안 나를 기꺼이 집에 머물게 해준 멀린 던롭, 샬럿 던롭, 소피 던롭, 휴고 던롭에게 감사하고, 캐롤린과 비디 던롭, 비키 프랭크스, 조 플로토, 로비 라바, 아가타 쿠즈니츠카에게도 감사를 전한다. 또한 이 책의 토대가 된 원고를 의뢰해준 『파이낸셜 타임스』의 알렉산더 길모어에게도 고마운 마음이다.

나의 에이전트 조이 월디는 오랜 세월 동안 늘 한결같은 친구이자 든든한 조언자였다. 이번에는 요리책이 아닌 서사 중심의 책으로 나의 오랜 편집자 리처드 앳킨슨과 다시 함께 작업할 수 있어 즐거웠다. 또한 미국 W.W. 노튼의 멜라니 토르토롤리와 에린 시네스키 러벳에게도 감사드린다. 펭귄북스의 샘 풀턴, 레베카 리, 클레어 세이어, 펜 보글러, 이모젠 스콧, 프란시스카 몬테이로, 줄리 운에게도 진심으로 감사드리며, 아름다운 표지 디자인을 해준 이자벨 드 캣, 그리고 중국 지도를 그려준 앨리스 우드워드에게도 고마움을 전한다.

중국어는 누구나 알다시피 복잡하고, 특히 고전 문헌에 이르면 더욱 어려운 언어다. 그래서 고대 중국의 고전과 문학 작품들을 연구하고 번역하여, 나 같은 비전공자들도 접근할 수 있도록 길을 열어준 뛰어난 학자들에게 깊은 감사를 표하고 싶다. 그들의 이름은 이 책의 참고문헌과 주석에서 많이 보게 될 것이지만, 특별히 다음 인물들을 언급하고 싶다. 탁월한 작가 HT 황, 프랑수아 사반, EN 앤더슨, 로엘 스터크스, 데이비드 크네히트게스, KC 창, 에드워드 셰이퍼, 도널드 하퍼, 프란체스카 브레이, 폴 뷰엘, 데이비드 호크스, 존 민포드, 데이비드 힌턴, 데이비드 토드 로이. 이들의 책과 논문을 모서리를 잔뜩 접어가며 뒤적였다. 그 헌신과 업적에 늘 감탄할 수밖에 없다.

이 책이 독자들로 하여금 중화요리를 더욱 사랑하고, 이해하고, 향유하는 계기가 되기를 바란다. 책에 있는 모든 오류와 빠트린 점은 물론 내 탓이다.

미주

【 해외에서 중화요리 입문하기: 탕수육糖醋肉球 】
1. Benton and Gomez(2008), pp.114-15.
2. Baker(1986), p.308.
3. Price(2019), p.176.
4. Price(2019), p.172; 다음도 보라. Benton and Gomez(2008), pp.115-26.
5. Benton and Gomez(2008), pp.121-3; Price(2019), p.175; Baker(1986), p.309.
6. http://kenhom.com
7. Roberts(2002), p.203.
8. Lee(2008), p.14.
9. *Illustrated Catalogue*(1884), pp.134-6.
10. Roberts(2002), p.141 and Price(2019), p.97.
11. Holt(1992), p.24.
12. Price(2019), p.97.
13. Bowden(1975), pp.148-9; 다음도 보라. Price(2019), p.168ff.
14. Baker(1986), pp.307-8.
15. 같은 책, p.308.
16. Polo(1958), pp.214-15.
17. Roberts(2002), pp.35-6.
18. 같은 책, pp.41-5.
19. https://pressgazette.co.uk
20. https://foreignpolicy.com
21. https://www.nytimes.com
22. https://news.colgate.edu
23. https://www.theguardian.com
24. https://www.nytimes.com
25. Gernet(1962), p.133; Freeman(1977), pp.158-62; Lin(2015), pp.136-9.

【 문명은 불에 구우면서부터: 차슈 돼지고기蜜汁叉燒 】
1. Huang(2000), p.108.
2. 같은 책, pp.85-6.
3. Legge(1967), Volume 1, pp.468-9.
4. Sichuan pengren zhuanke xuexiao(1992), p.1.
5. Wrangham(2010).
6. Sterckx(2005), p.53.
7. 같은 책.
8. 같은 책.
9. Sterckx(2006), p.4.
10. Sterckx(2011), p.126.
11. Sterckx(2005), p.37.
12. Sabban(2012a), p.20.
13. Chang(1977), p.11.
14. Sabban(2012a), p.20.
15. Cook(2005), p.20.
16. Sterckx(2005), p.42.
17. Wang(2015), p.19에서 Wang Renxiang 인용.
18. Yue(2018), pp.100-1; 다음도 보라. Ho(1998), pp.76-7.
19. Yuan Mei in Chen(2019), p.44.(지은이 옮김)
20. Ho(1998), pp.76-8.
21. Yue(2018), pp.103-7.
22. Ho(1998), pp.76-9.
23. Ai Guangfu(2006)에서 인용한 궁궐 기록.
24. 베이징 자금성에서 열린 전시의 내용을 Dunlop(2008), p.216에서 옮김.
25. Ho(1998), pp.77-8.
26. Anderson(1795), p.63.
27. Ho(1998), p.77.
28. Quoted in Wang(2015), p.168.

【 식탁의 중심 샤오미와 다미: 흰 쌀밥白米飯 】
1. Mintz and Nayak(1985), pp.194-9.
2. Yuan Mei in Chen(2019), p.370.(지은이 옮김)
3. Hinton(2013), p.294.
4. Zhao(2011), pp.S299, S304.

5. https://www.statista.com
6. Nie Fengqiao(1998), 上卷 p.342.
7. Xiong Sizhi(1995), p.518.
8. Huang(2000), p.384; Rath(2021), pp.30-3.
9. Zhao(2011), pp.S300-2, S304.
10. Wang(2015), pp.31-4.
11. Bray et al.(2023), p.55; Cook(2005), p.17.
12. As translated in Waley(1996), pp.246-7.
13. Campany(2005), pp.101-2.
14. Knoblock and Riegel(2000), p.310.
15. Sterckx(2011), p.12에서 인용한 『한비자』 내용 참조.
16. Bray(1984), p.58.
17. McGovern et al.(2004).
18. Huang(2000), pp.160-62.
19. 같은 책, p.18.
20. Bray(1984)에서 인용한 JL Buck의 1930년대 조사에 따르면 중국 경작지의 70퍼센트가 곡물 재배에 사용되었다.
21. Bray(1984), p.1.
22. Mo Zi(2010), p.20.
23. Chang(1977), p.35.
24. Legge(1967), Volume 1, p.229.
25. Bray(1984), pp.5-6.
26. Campany(2005), pp.104, 115.
27. Huang(2000), p.262.
28. Freeman(1977), pp.146-7; Bray(1984).
29. Wang(2015), p.38.
30. 같은 책, p.100.
31. Bray(1984), p.7.
32. Wang(2015), p.97; Anderson(1977), p.345.
33. 중국 농업에서 동물의 역할에 관해서는 Bray(2018)를 보라.
34. Anderson(1977) and King(2004).
35. Bray et al.(2023), pp.54-5.
36. 같은 책, p.53, pp.243-4.
37. Klein(2020).
38. Bray et al.(2023), p.55, p.242.

【 잘게 썰어 조화롭게 끓인다: 쑹 부인의 생선국宋嫂魚羹 】
1. Legge(1967), Volume 1, p.464.
2. Yü(1977), p.69.
3. 같은 책, p.79.
4. Legge(1967), Volume 1, p.460.
5. Huang(2000), pp.83-4.
6. Hawkes(1985), p.227.
7. Sterckx(2011), p.15.
8. 같은 책, p.17.
9. 같은 책, p.41.
10. Wu Zimu(1982), pp.132-5.
11. Yue(2018), pp.103-5.
12. Davis(1857), Volume 1, p.361.
13. 같은 책, p.362.
14. Sterckx(2011), pp.84-9.
15. Wang(2015), pp.10, 35.
16. Lin(1942), p.322.
17. Cited in Roberts(2002), p.135.
18. Anderson(1795), p.118.
19. Davis(1857), Volume 1, p.364.
20. https://pressgazette.co.uk
21. Visser(1989), p.18.
22. Davis(1857), Volume 2, p.371.
23. Lau(1970), p.55.
24. See Hinton(2013), p.100.
25. Sterckx(2019), p.420에서 Roel Sterckx가 옮김.
26. https://chinamediaproject.org
27. Sterckx(2011), p.63.
28. https://www.artmarketmonitor.com

【 일상 깊숙이 스며든 보양식: 여주 돼지갈비탕苦瓜排骨湯 】
1. Harper(1982), p.2.
2. Veith(1982), p.109.
3. Huang(2000), p.14.
4. Anderson(1988), pp.59-60.

5. 고대 서양 의학이 중국에 미친 영향에 관해서는 다음을 보라. Anderson(1988), pp.231-2, 234-5.
6. *In Beiji qianjin yaofang* by Sun Simiao, Lo(2005), p.172에서 비비언 로_{Vivienne Lo}가 옮김.
7. Lo(2005), pp.175-8.
8. Li Shizhen, 《本草綱目》에서 '菜之三(菜类一十一种), 苦瓜'를 보라.
9. *Miscellaneous, including papers on China*(1884), pp.257-8.
10. Spang(2000), p.34.
11. Harper(1982), p.39.
12. Lo(2005), pp.175-6.

【 현지에서 나는 제철 식재료: 안지 죽순과 진화 햄火爛鞭筍 】
1. Wang Liqi et al.(1983), pp.9-10.(지은이 옮김)
2. Wang Liqi et al.(1983), p.11.(지은이 옮김)
3. Schafer(1977), p.140.
4. Yü(1977), p.76.
5. Knechtges(1986), p.55.
6. Zhang(1998), pp.67-8.
7. Mote(1977), pp.214-15.
8. See Lau(1970), p.82.
9. Legge(1967), Volume 2, pp.249-310.
10. Hinton(2013), p.398.
11. Ren Baizun(1999), p.129.
12. Lin Hong(2016), p.47.
13. 이어의 글은 So(1992), pp.1-2에서 인용.
14. Li Yu(1984), p.5.(지은이 옮김)
15. 고렴의 글은 Wang Zihui(1997), p.213에서 인용.
16. 조정동의 글은 Wang Zihui(1997), p.246에서 인용.
17. Qiu Jiping(2017), p.109. 번역은 p.229를 보라.
18. 원매의 말은 Chen(2019), pp.10-11를 보라. (Chen 번역과 지은이 번역을 참조하여 재구성)
19. 같은 책, p.34.(지은이 옮김)
20. 같은 책, p.12.
21. 같은 책, p.10.(지은이 옮김)
22. Sterckx(2011), pp.74-5.

23. 그 예술가는 천 페이추Chen Peiqiu로, 이로부터 1년 후인 2020년에 세상을 떠났다.

【 채소가 조연이라는 착각: 제란생강볶음薑汁芥蘭 】
1. Xiong Sizhi(1995), p.400.(지은이 옮김)
2. Huang(2000), p.36.
3. Sabban(2012), p.52.
4. Spence(1977), p.267.
5. Mote(1977), p.201.
6. Yü(1977), p.76.
7. https://www.latimes.com

【 강남 수향水鄕의 식재료: 순채농어탕蓴鱸之思 】
1. Zhao(2011), p.S297.
2. Nie Fengqiao(1998),(上卷), pp.359, 445.
3. Huang(2000), p.61.
4. 같은 책, pp.63-4.
5. Polo(1958), pp.213-15.

【 놀라운 보물상자 콩: 마파두부麻婆豆腐 】
1. https://ideas.ted.com
2. https://ourworldindata.org
3. Mintz(2011), p.24.
4. McGee(2004), pp.493-4.
5. 같은 책, pp.497-9.
6. Zhu Wei(1997), p.28.
7. Huang(2000), p.336; 다음도 보라. Yü(1977), p.81.
8. 같은 책, p.359.
9. 같은 책, p.358.
10. Wu Zimu in Meng Yuanlao (1982), p.131.
11. 이 일본 학자는 시노다 오사무Shinoda Osamu이다. Zhang Desheng(1993), p.8에서 인용.
12. Sabban(2010).
13. Schafer(1977), pp.105-7; Huang(2000), pp.248-57.
14. Sabban(2010)과 Brown(2019)를 보라.
15. Anderson(1977), p.341, Paul Buell과의 개인적 대화에서 인용.

16. Sabban(2010), p.2.
17. 도밍고 페르난데스 나바레테의 글은 Huang(2000), p.319에서 인용.

【 고기 중의 고기 돼지고기: 동파육東坡肉 】
1. Huang(2000), pp.58-9.
2. 같은 책, pp.57-8.
3. Gossaert(2005), pp.238-41.
4. Chang(1977), p.29.
5. 중국 농업에서 동물의 역할에 관한 상세한 논의는 다음을 보라. Bray(2018).
6. Gossaert(2005), p.245.
7. 중국 문화 속 돼지에 관한 상세한 내용은 2019년 2월 베이징대학 홍러우 바깥에서 열린 한 전시에서 주로 가져왔다.
8. McGee(2004), p.138; McGee(2020) pp.504-5.
9. 돼지 중성화의 장단점에 관해서는 다음을 보라. https://www.ncbi.nlm.nih.gov
10. https://www.taipeitimes.com
11. https://www.ft.com
12. https://www.economist.com
13. Chiang(1974), p.178.
14. Xiong Sizhi(1995), p.617.(지은이 옮김)

【 다문화의 용광로 중화요리: 솬양러우涮羊肉 】
1. Chen Dasou et al.(2016), p.27.
2. 중국의 후이 무슬림의 역사에 관해서는 다음을 보라. Gladney(1996), Chapter 1.
3. Gladney(1996), p.11.
4. 같은 책, pp.19-20.
5. http://hrlibrary.umn.edu
6. Wang(2015), p.52에서 인용.
7. Schafer(1985), pp.10-11
8. 같은 책, p.20.
9. 같은 책, p.29.
10. 같은 책.
11. Buell and Anderson(2010)의 서문을 보라.
12. Brown(2021).
13. Blofeld(1989), pp.105-7.

【 발효 음식의 마법: 술에 담근 게醉蟹 】
1. Huang(2000), p.153.
2. 같은 책, p.8.
3. 같은 책, p.155.
4. 다음을 보라. Huang(2000), p.169ff; Lin(2015), p.15ff.
5. McGee(2012).
6. Huang(2000), p.191.

【 식재료 무한도전: 새우알을 넣은 유자 속껍질찜蝦籽柚皮 】
1. 요리 수업을 해주신 홍콩 부가각富嘉閣의 총지배인 제임스 리, 로즈 렝, 막달레나 청에게 감사를 전한다.
2. Auden and Isherwood(1973), pp.220-21.
3. Knoblock and Riegel(2000), p.309.
4. Wu Zimu(1982), pp.133, 136.
5. Sabban(2012), p.52.(지은이 옮김)
6. Waley(1956), p.52.
7. Diamond(2006), Chapters 7 and 8.

【 맛만큼이나 중요한 식감: 명예를 누리는 메기, 토보노렴土步露臉 】
1. Yuan Mei in Chen(2019), p.22.(지은이 옮김)

【 미식의 극단, 이국적 식재료: 곰발바닥을 능가하다賽熊掌 】
1. 원문은 https://ctext.org에서 확인할 수 있다. 다음도 보라. Hinton(2013), p.524.
2. See Sterckx(2005), p.39 and Yü(1977), p.67.
3. Zhu Wei(1997), p.95.
4. Li Shizhen's *bencao gangmu*《本草纲目》兽之二(兽类三十八种), 熊'항목 참조: https://ctext.org/wiki.pl?if=gb&chapter=372&remap=gb#p476
5. Buell and Anderson(2010), p.510.
6. Liu Xiang 刘向 *Xin Xu*《新序》, Nie Fengqiao(1998), 上卷 p.75에서 인용.
7. Hawkes(1985), pp.234-5.
8. Wang Liqi et al.(1983), p.8-9.(지은이 옮김)
9. Sterckx(2011), p.205.
10. Zhu Wei(1997), p.49.
11. Legge(1967), pp.468-9.
12. Zhu Wei(1997), p.52.

13. Knechtges(1986), p.58.
14. 같은 책.
15. Zhu Wei(1997), pp.52-3; 다음도 보라. Knechtges(1986), p.58.
16. Zhu Wei(1997), p.53.
17. Yue(2018), pp.103-5.
18. Zhu Wei(1997), p.53.
19. Davis(1857), p.374.
20. Williams(2006), pp.390-92.
21. Ho(1998), p.78.
22. Wang Zengqi(2018), p.25.
23. Odoric of Pordenone, quoted in Roberts(2002), p.29.
24. Renmin dahuitang(1984)의 책 앞부분과 160쪽의 레시피에서 해당 요리의 사진을 볼 수 있다.
25. https://www.uscc.gov/research
26. https://www.globaltimes.cn
27. 같은 신문.
28. http://www.china.org.cn
29. https://chinadialogue.net
30. Nie Fengqiao(1998), 下卷 p.81.
31. 2011년 WWF의 Sarah Goddards와의 인터뷰.
32. Mo Zi(2010), p.110.
33. Wang(2015), p.22.
34. https://www.wsj.com
35. Huang(2000), p.128에 수록된 *Imperial Food List*(玉食批) 번역에서 인용한 것이다.
36. 고렴의 말은 HT 황이 Huang(2000), p.130에서 옮김.
37. https://www.mercurynews.com
38. Eilperin(2012), pp.84-5.
39. Mintz, 2008년 뉴욕에서 열린 'Dumplings and Dynasties' 컨퍼런스에서 한 발언, 지은이 개인 노트에서 발췌.
40. Freeman(1977), p.143.
41. Ren Baizun(1999), p.149.

【 MSG에 가려진 육수 문화: 이핀궈─品鍋 】
1. Knoblock and Riegel(2000), p.309.
2. Yuan Mei in Chen(2019), pp.26, 28.(지은이 옮김)

3. 같은 책, p.28.(지은이 옮김)
4. http://politics.people.com
5. Chen(2009)의 서문을 보라.
6. 2015년 카이펑에서의 개인적 대화.

【 오미五味의 변화무쌍한 조합: 탕수 황허잉어糖醋黃河鯉魚 】
1. Knoblock and Riegel(2000), p.309.
2. Sterckx(2019), p.420.
3. Hawkes(1985), p.227.
4. 같은 책, p.234.
5. Sterckx(2011), p.17.
6. 같은 책, p.25.
7. https://royalsocietypublishing.org
8. Ren Baizun(1999), p.468.
9. Chen(2002), p.114.
10. Swisher(1954), p.67.
11. Davis(1857), Volume 2, pp.362-3.
12. Jullien(2008)을 보라.
13. Dao De Jing, section 12.
14. Dao De Jing, section 63.
15. Sterckx(2006), p.29; Sterckx(2011), p.202.
16. Lo(2005), p.166.
17. Sterckx(2006), p.15.

【 중국요리사의 칼솜씨: 순더의 생선회魚生 】
1. Yü(1977), p.58.
2. 같은 책, p.68.
3. Huang(2000), p.69.
4. Legge(1967), Volume 1, p.469; Huang(2000), p.69.
5. Hinton(2013), p.294.
6. Sterckx(2011), p.58.
7. 같은 책, p.52에서 인용.
8. Sterckx(2011), p.54.
9. 같은 책, pp.49-54.
10. Palmer(1996), p.23.

11. Wang(1997), p.211; Huang(2000), pp.69-70, p.74-6.
12. Huang(2000), pp.69-70, p.69n.
13. Legge(1967), p.79.
14. 같은 책, pp.459-60.
15. Huang(2000), p.69n.
16. Wang(1997), p.213.
17. 같은 책
18. 반니의 시는 Wang(1997), p.213에서 인용.(지은이 옮김)
19. Schafer(1977), p.104.
20. 단성석의 시는 Wang(1997), p.213에서 인용.(지은이 옮김)
21. Schafer(1977), p.104.
22. Yue(2018), pp.103-5.
23. Schafer(1977), p.126.

【 모든 것은 찜에서 시작되었다: 준치찜清蒸鰣魚 】

1. Huang(2000), p.76.
2. Huang(2000), p.76. N.B. 인류학자 EN 앤더슨은 쿠스쿠스기가 중국의 시루와 유사하다는 점을 지적하였으나, 그 기원이나 중국 시루와의 관련성에 관해서는 단정하기 어렵다.
3. Huang(2000), p.88, p.88n, p.90 fig 29a.
4. Anderson(1795), p.62.
5. 소동파의 시는 Zhu Wei(1997) p.127에서 인용.(지은이 옮김)
6. Yue(2018), p.104.

【 불과 시간: 새우볶음清熘大玉 】

1. Sterckx(2011), p.68.
2. Ren Baizun(1999), p.133.
3. 같은 책; Wang(2015), pp.60-1.
4. Ren Baizun(1999), p.133, Wang(2015), pp.60-61.
5. *Shan jia qing gong* by Lin Hong, in Chen Dasou(2019).
6. Linford(2019).
7. *Chinese Cooking*(1983), p.111.
8. 원매의 말은 Chen(2019), p.22를 보라.(지은이 옮김)
9. Knoblock and Riegel(2000), p.308.(지은이 옮김)
10. Harper(1982), pp.44-6.

11. St Cavish(2022).

【 조리 용어: 두부조림鍋豆腐 】
1. https://www.tinychineseeyes.com/

【 반죽으로 만드는 모든 것: 칼로 깎는 국수刀削麵 】
1. 중국의 밀가루 음식과 면 요리의 역사에 관해서는 특히 Sabban in Serventi and Sabban(2002), Huang(2000), p.462ff and Knechtges(2014)를 보라.
2. Huang(2000), p.463.
3. Sabban in Serventi and Sabban(2002), pp.274-9; Knechtges(2014), p.449.
4. Lu Houyuan et al.(2005).
5. Sabban(2012b).
6. Li Yuming et al.(2014), p.3.
7. Knechtges(2014), p.453.
8. Knechtges(2014), p.453에서 데이비드 크네히트 게스가 옮김.
9. Serventi and Sabban(2002), p.288에서 프랑수아즈 사반이 옮김; 원본은 다음을 보라. Xiong Sizhi(1995), p.103.
10. Sabban in Serventi and Sabban(2002), pp.300, 304.
11. 같은 책, pp.304-6.
12. 같은 책, p.311.
13. 같은 책, p.275.
14. Sabban(2000), p.167.
15. Li Yuming et al.(2014), p.3.
16. Sabban in Serventi and Sabban(2002), p.324.
17. 같은 책, p.302.
18. Nick Lander와의 인터뷰, *Financial Times*.
19. Klein(2020) https://journals.sagepub.com

【 딤섬의 탄생: 소룡포小籠包 】
1. Dunlop(2013), p.128.
2. Knechtges(2014), p.450.
3. Brown(2012a).
4. Dunlop(2013), pp.134-6.
5. Knechtges(2014), p.454에서 데이비드 크네히트게스가 옮김.
6. 같은 책, pp.454-5.

7. Sabban in Serventi and Sabban(2002), p.282.
8. Huang(2000), p.478.
9. Wang(2015), p.9.
10. Wang Zihui(1997), p.199.
11. 같은 책.
12. Sabban(2002) p.305.
13. Meng Yuanlao(1982), pp.14, 20, 22, 29, 30.
14. Wu Zimu(1982), p.135.
15. 같은 책, p.130.
16. 같은 책, pp.131-6.
17. 같은 책, pp.135-6.
18. 같은 책, pp.136-7.
19. 같은 책, p.137.
20. 같은 책, p.131.
21. Anderson(1795), p.153.
22. Barrow(1804), p.109.
23. Zhang Yiming(1990) p.5에서 인용.(지은이 옮김)
24. Qiu Pangtong(1995), p.79.

【 중화요리에도 디저트가 있을까: '어미 오리' 경단鴨母捻 】
1. Hawkes(1985), p.228.
2. Huang(2000), p.92.
3. 맥아당에 관해서는 다음을 보라. Huang(2000), pp.457-9
4. Schafer(1963), pp.152-4.
5. Sabban(1994)를 보라.
6. Huang(2000), pp.424-6.

【 4대 요리, 8대 요리라는 구분: 고추 더미 속의 충칭 닭辣子雞 】
1. Legge(1967), p.228.
2. Veith(1982), p.147. 관련 원문은 다음 웹페이지의 '异法方宜论' 항목에서 확인할 수 있다. https://ctext.org
3. Sterckx(2011), p.17.
4. Wang(2015), p.58; 다음도 보라. Knechtges(1986), pp.236-7
5. Schafer(1977), p.131.
6. Meng Yuanlao(1982), pp.21, 29.

7. Wu Zimu(1982), p.135.
8. Wu Yu(2018).
9. 같은 기사.
10. 같은 기사.
11. Anderson and Anderson(1977), pp.340-41.

【 뿌리 깊은 채식의 전통: 마른장어볶음乾扁鱔魚 】
1. Kieschnick(2005), p.205.
2. Sterckx(2011), p.32.
3. Sterckx(2006), p.14n.
4. Wang Zihui(1997), p.149.
5. Campany(2005), p.107.
6. Sterckx(2011), pp.77-81.
7. Kieschnick(2005), pp.187-8.
8. 같은 책, p.189.
9. 같은 책, pp.195-6.
10. 같은 책, pp.198-202.
11. 같은 책, p.203.
12. 같은 책, p.204.
13. Freeman(1977), p.164.
14. Wu Zimu(1982), p.136.
15. 같은 책, p.137.
16. Chen Dasou(2016), p.187.
17. Roy(2001), Volume 2, p.432, Kieschnick(2005)에서 인용.
18. 예를 들어, 다음의 글에서 북송의 수도에서 제공된 요리로 모조 복어와 모조 자라 요리가 언급되고 있다. Meng Yuanlao(1982), p.17.

【 무릉도원의 유기농: 고구마줄기볶음炒紅薯尖 】
1. Hinton(1993), pp.70-71.
2. Hinton(2013), p.274.
3. Harper(1984).
4. Mo Zi(2010), pp.23-4.
5. Sterckx(2011), pp.15, p.20.
6. Sterckx(2006), p.39.
7. Freeman(1977)과 Gernet(1962)을 보라.

8. Gernet(1962), p.14.
9. 같은 책, pp.17-18.
10. Freeman(1977), pp.170-1.
11. 같은 책, pp.172-3.
12. Xiong Sizhi(1995), p.617.(지은이 옮김)
13. Knechtges(2012), pp.11-12.
14. Huang(2000), p.128.
15. Sabban(1997), p.11.
16. Chen Dasou et al.(2016), p.33.
17. Sabban(1997), pp.21-7, 19.
18. Li Yu(1984), pp.2-3.(지은이 옮김)
19. Freeman(1977), p.172; 다음도 보라. Knechtges(2012), p.6.
20. Lynn Pan과의 개인적 대화.
21. Freeman(1977), p.174.
22. Chen Dasou(2016), p.33.
23. Freeman(1977), p.174.
24. *yin zhuan fu shi jian*(飮饌服食箋), Dott(2020), p.22에서 옮김.
25. Dott(2020), p.22.
26. 원매의 말은 Chen(2019), p.50에서 옮김.(지은이 옮김)
27. 같은 책, p.54.(지은이 옮김)

【 중국화된 서양 음식: 러시아 수프 羅宋湯 】

1. 더다의 역사에 관한 설명은 다음을 바탕으로 하였다. Zhou Sanjin(2008), pp.227-30.

【 마음을 나누는 요리: 자애로운 어머니의 돼지조림 慈母菜 】

1. Mencius in Hinton(2013), p.522.
2. Lin(1942), pp.318-19.
3. 같은 책.
4. EN Anderson과의 개인적 대화.
5. 프랑수아즈 사반이 2021년 4월 'Chinese Foodways' 학술 대회에서 한 발언.
6. Legge(1967), pp.451-2.
7. Ho(1998), p.74; Spence(1977), p.287.
8. Yü(1977), p.74.
9. Hawkes(1985), pp.227-8.

10. Lu Wenfu(1987), p.105.
11. 같은 책, p.104.
12. 같은 책, p.153.
13. 같은 책, p.180.

【 과거와 미래: 찹수이雜碎 】

1. https://grandcentralmarket.com
2. 찹수이와 아메리칸 차이니즈 음식의 역사에 관해서는 다음을 보라. Coe(2009), Mendelson(2016) and Brown(2021).
3. Brown(2021).
4. 같은 기사.
5. Yue(2018), p.105.
6. 웡친푸의 글은 Coe(2009), pp.154-5에서 인용.
7. Coe(2009), p.161.
8. Coe(2009), p.158에서 인용.
9. Coe(2009), pp.161-4.
10. 같은 책, p.165.
11. 같은 책, p.167.
12. Bird(1985), p.296.
13. Roberts(2002), p.88.

옮긴이의 말

님이여
즐거이 드소서

대한민국의 국민 음식을 뽑으라고 하면 짜장면이 다섯 손가락 안에 들 것이다. 이 요리는 분명 중국요리인데 중국 본토에서는 산둥과 베이징 일대를 제외하면 그닥 알려져 있지도 않고, 한국에 들어온 지는 겨우 한 세기 남짓이다. 짜장면이 이처럼 한국인의 입맛을 사로잡은 데는 온갖 사연이 있다. 무엇보다 산둥의 조리법을 우리 입맛에 맞춰 수 차례 과감하게 개량했고, 과도한 규제로 인해 요식업이 화교들의 유일한 생계수단이 되면서 전국에 퍼져나갔다. 가격통제 품목으로 분류되어 서민 음식의 대명사가 되어야만 했던 시기가 있었고, 중국집이 배달 문화의 선봉에 서며 접근성을 비약적으로 높이기도 했다. 요즘은 마라탕이 그 자리를 넘보고 있다.

모든 식문화는 진화하지만 중국 음식의 적응력은 실로 경이로운 수준이다. 저자 퓨샤 던롭이 자라던 1980년대의 영국에서는 탕수육(정확히는 탕수미트볼)이 한국의 짜장면과 비슷한 지위를 차지했다고 한다. 미국에는 찹수이나 좌종당계가 중국 음식의 대명사이자 호불호가 없는 만인의 음식이고, 일본에는 라멘과 군만두가 그렇다. 전 세계의 수많은 현지화된 중국 음식 뒤에는 한국 짜장면만큼의 뒷이야기가 있다. 이들 사이의 공통점은 하나, 이문화 간의 접촉으로 인해 생겨난 요리라는 점이다.

 해외의 중국요리만 그런 것이 아니다. 중국 내의 중국요리가 그토록 다양한 데는 땅덩이가 크다 보니 지역에 따라 기후와 토양이 천차만별이기 때문이기도 하지만, 이질적인 문화 간의 접촉이 유난히 많았기 때문이기도 하다. 퓨샤 던롭은 책에서 중앙아시아로부터 맷돌을 들여와 국수와 면요리가 탄생했던 한나라를 얘기하고, 서역과의 교류가 절정을 이루었던 당나라의 코즈모폴리턴 문화 덕분에 아직도 중국의 대도시마다 무슬림 식당이 자리잡고 있다고 알려준다. 몽골의 침략으로 수도를 북방의 카이펑에서 남방의 항저우로 이전하며 남북 문화가 멋지게 융합했던 13세기의 송나라가 타임머신을 타고 돌아가 보고 싶은 중국 음식문화의 전성기였다고 말하며, 청나라의 건륭제가 강남 요리에 매료되어 만주족의 궁중요리에 적극 반영시켰다는 사실을 언급한다. 가까이는 앞서 말한 짜장면처럼 동남아, 미국, 유럽 등지의 화교들이 현지 문화에 맞춰 정착시킨 이국적 중식의 이야기도 나오고, 상하이가 '아시아의 파리'이던 한 세기 전 출현해 아직도 명맥을 유지하고 있는 개량 양식 '시찬西餐'도 소개한다.

서로 다른 문화가 뜻밖의 접촉을 통해 결국 포용에 이를 때 멋진 것이 탄생한다. 처음에는 서로의 고정관념 때문에 낯설고 갈등도 겪게 마련이지만, 결국은 타협이 가능한 지점을 깨닫게 되고 그러다가 상상치도 못한 제3의 무언가가 생겨난다. 가령 퓨샤 던롭은 중원의 중국인들이 북방 '오랑캐'가 먹는 유제품은 받아들이지 않았지만, 그들이 우유를 치즈로 만드는 과정을 따라해 맷돌에 간 콩물을 굳혀 두부를 탄생시켰을 거라고 추정한다. 모든 문화는 그렇게 접촉하고 갈등하고 포용하는 과정을 거쳐 진화하는 것 아닐까. 거꾸로 말하면 외부와의 접촉이 없고 다양성을 두려워하는 문화는 정체되거나 퇴화한다. 이 책의 한글판 부제를 '중화미식인류학'이라고 지은 것은 그래서다.

퓨샤 던롭은 1990년대 중반 1년 예정으로 쓰촨의 청두에서 머물다 우연히 현지의 요리학교를 다니며 중국요리에 매료되었다고 한다. 그리고 중국 각지의 요리를 공부하고 탐험하며 10여년의 세월을 보냈다. 그 모험담을 정리한 2008년의 저서 『상어 지느러미와 제피Shark's Fin and Sichuan Pepper』는 당시 중국의 외국인 커뮤니티에서도 화제가 되었다. 그 전후로도 쓰촨요리, 후난요리, 강남요리 등을 다룬 여러 권의 베스트셀러 레시피북을 펴냈고 그러면서 끊임없이 미식 투어를 조직해 서양인들에게 중국요리를 소개하는 일을 게을리하지 않았다.

1990년대에서 2000년대는 중국 개혁개방 정책의 결실이 절정을 향해 달려가던 때였다. 중국 경제가 무서운 속도로 성장하고 투자유치를 위해 문을 활짝 열면서 수많은 외국인들이 중국으로 몰려들었다. 우리 부부도 그 무리의 일부였다. 돌이켜보면 그 시절 중국이야말로 이질적인 문화가 시끌벅적하게 부딪히던 장소였다. 오해와 갈등도 많았지만 지금과는 달리 서로 어울리고 받아들이려는 노력이 전제로 깔려 있던 시기였다. 퓨샤 던롭이 중국 전역의 음식 문화를 거침없이 탐험할 수 있었던 것도, 서양인이라는 사실 외에 당시의 개방적인 공기가 큰 몫을 했으리라 생각한다. 이 책은 저자가 그렇게 중국 음식에 골몰했던 30여년의 집대성이다.

  이 책의 미덕은 신기한 중국요리를 백과사전식으로 나열하는 데 그치지 않고, 중국요리를 관통하는 몇 가지 원형들을 체계적으로 고증하여 보여준다는 데 있다. 칼로 잘게 썰어 찌거나 볶는다는 기본 조리법의 형성. 북방은 밀 남방은 쌀이라는 커다란 경계선. 불교, 도교, 유교와 이슬람 문화가 식단에 끼친 영향. 다섯 가지 맛 오미를 화려하게 조합하는 조미의 식문화와 재료 본연의 맛을 살리려는 문화, 일상적인 음식의 조화를 통해 건강을 다스린다는 뿌리 깊은 사상. 이런 얘기들을 읽다보면 어느새 중국요리라는 거대 코끼리의 실체를 머릿속에 그리게 된다.

  우리가 처음 중국에 도착했을 때는 먹을 수 있는 음식과 먹을 수 없는 음식의 경계가 분명했다. 중국에서 살았던 이후의 12년은 어찌 보면 고정관념을 깨고 그 경계를 줄여가는 과정이었다. 그러면서 얼기설기 알게 된 지식을 이 책을 번역하며 정리할 수 있게 되어 매우 기뻤다. 책에 등장하는 수많은 요리와 식재료의 중국어 이름은 이 책의 중국어판 『군행식君幸食』(上海譯文出版社, 2024)을 참고했음을 밝힌

다. '군행식'은 마왕두이 무덤에서 출토된 한나라의 식기에 새겨져 있던 글귀로, 퓨샤 던롭이 처음부터 직접 중국어판 제목으로 제안했다고 한다. '님이여 즐거이 드소서'라는 뜻이다.

    책을 읽는 모든 분들이 짜장면과 마라탕을 넘어 다양한 중국음식을 즐기게 되었으면 좋겠다. 국경을 넘으면 멋진 일이 생기게 마련이니까.

2025년 9월 서울에서
윤영수 박경환

찾아보기

ㄱ

가랑갈 소스 돼지머리豬頭薑豉 194
가오뎬糕點 48
가오정膏蒸 365
간볜乾扁 348~349, 358
관짱만터우灌漿饅頭 404
구로우욕咕嚕肉 304~305, 487
구전대창九轉大腸 181
국밥泡飯 61
궁바오宮保味 302
궁바오지宮保 111
궁바오지딩 303, 504
궈사오허만鍋燒河鰻 358
궈차오미셴過橋米線 387
궈타더우푸鍋塌豆腐 364, 366
기린 얼굴 간장조림紅燒麒麟面 259

ㄴ

나이뤄奶酪 161
나이탕푸차이奶湯蒲菜 292
내장 고구마 국수肥腸粉 181

ㄷ

다경大羹 79
다오샤오몐刀削麵 373~374
다주간쓰大煮干絲 166
단단몐 307, 419
단홍가오蛋烘糕 418
더우푸겅豆腐羹 228
더우푸루豆腐乳 62, 164
도진搗珍 257
동파육 102, 170, 183~185, 218, 250
돼지부추볶음韭菜炒肉 353
돼지수육李莊白肉 438
딤섬 18, 45, 59, 61~62. 238, 242, 355, 341, 345, 347, 350, 361, 363, 393, 395, 400~401, 403~407, 409~410, 417, 419, 423, 475, 513~514

ㄹ

라이탕위안賴湯圓 418
라쯔지辣子雞 427, 436, 438, 442
란화더우푸蘭花豆腐 164
랑정甋蒸 365
량츠투冷吃兔 438
량탕靚湯 286
러우볜차이肉邊菜 180
룽쉬몐龍鬚麵 300
뤄쑹탕羅宋 481~482

ㅁ

마더우푸麻豆 201, 203
마라소고기麻辣牛肉幹 453

마오두훠궈毛肚火鍋 438
마오얼둬貓耳 384
마파두부麻婆豆腐 121, 148~150, 154~155, 163, 165, 169, 201, 295, 307, 317, 516
마화麻花 381
만터우饅頭 395~397, 402~404, 409~410, 452
모조 표범 태아假豹胎 258
미즈훠팡蜜汁火方 178
미펀米粉 387

ㅂ

바이라러우白腊肉 494
바이체지白切鷄 238
밤떡 403
버드나무 양고기찜柳蒸羊 194
번방차이本幇菜 279, 433
베이징덕 49, 80, 132, 201, 242, 291, 390, 422, 427, 440
복어튀김油炸假河豚 452
불도장佛跳牆 217, 450, 454
비취 사오마이翡翠燒賣 410

ㅅ

사치마薩其馬 418
상어지느러미탕魚翅湯 453
샤오룽만터우小籠饅頭 395
샤오룽바오小籠包 394, 408
샤오빙燒餠 200
샤위 두얼겅蝦魚肚兒羹 78
샤즈유피蝦籽柚皮 221
셴라자오鮮辣椒 62
송수구이위松鼠鮭魚 363

솬양러우涮羊肉 187~188, 199~200,
수이징샤오러우水晶肴肉 407
순오淳熬 256
순채 농어탕蓴鱸之思 70, 495,
술에 담근 게醉蟹 206, 214, 219~220,
스쯔터우獅子頭 238
시후추위西湖醋魚 300, 494
싸이뉴루賽牛乳 456
싸이슝장賽熊掌 456
싸이팡셰賽螃蟹 456
싼취겅三脆羹 78
쑤유빙酥油餠 424
쑤차이훈쭤素材混做 180
쑹사오위겅宋嫂魚羹 73~74, 78, 80
쑹타松燵 367

ㅇ

야무녠鴨母捻 414~416, 419, 424
양러우 파오모羊肉泡饃 195~196
양자겅羊雜羹 76
어우펀藕粉 421
여주 돼지갈비탕 89
염장鹽腸 98
옌두셴腌篤鮮 122, 179
오나라의 갱吳國之羹 77
오렌지치킨陳皮雞 303
오정燠蒸 365
우딩바오五丁包
우롼겅五軟羹 408~409
우밍잉슝無名英雄 293~294
원쓰더우푸겅文思豆腐羹 327
월병 45, 111, 121, 261, 403~404, 419, 486

유멘워워莜麵窩窩 383
유빙酥油餅 424
이궈위니白果芋泥 424
이핀궈一品鍋 175, 278, 280, 281~282

ㅈ

자라겅鼈辣羹 77~79
자오탸오페이叫跳飛 236
자정炸蒸 365
자차이겅雜彩羹 78
장즈제란姜汁芥 126, 137~138
주냥 위안쯔酒釀圓子 121
죽순 꿀절임姜汁蜂蜜笋片 422
중양절떡重陽糕 403
지더우화雞豆花 283, 456
징가오鏡糕 419
짜사이榨菜 130
쭤쭝탕지左宗棠雞 17, 303
쯔무차이慈母菜 489, 493

ㅊ

차슈 돼지고기 34, 36, 42, 51, 500
차오산수이궈潮汕水粿 341
차오터우酒香草頭 211
차오훙슈젠 463
참새 날개崗山雀腿 216
찹수이雜碎 15, 16~17, 19, 24, 319, 499~507
채식 자라 요리素鼈 452
춘빙春餅 400
칭둔清燉 282

칭둔양자清燉羊雜 196
칭류다위 345
칭정 메기清蒸江團 283
칭정스위清蒸時魚 333, 342~344
칭정清蒸 282, 365
칭퇀青團 121

ㅋ

카오라오라오烤栳老 383
카오러우烤肉 199~200
커우다이더우푸口袋豆腐 166
콩줄기볶음乾扁四季豆 130
콰이膾 41, 46, 322, 324~326, 330~331, 382
크랩랑군蟹角 303

ㅌ

탕간쓰湯乾絲 407
탕관湯罐 378
탕빙湯餅 378, 384
탕바오湯包 394
탕수육 12, 14, 17~18, 22, 26~27, 30~31, 35, 303, 304~307, 507
탕수 황허잉어糖醋黃河鯉魚 297
탕얼둬糖耳朶 195, 418
탕위안湯圓 404
투부루롄土步露臉 232, 246, 251

ㅍ

편정粉蒸 62, 365

펀정러우粉蒸肉 247
포돈炮豚 37, 257
푸치페이鵪夫妻肺片 460

ㅎ

하가우蝦餃 405
한정羊蒸 365
해산물죽潮汕海鮮粥 61
해삼 요리蔥燒海 132
화타滑爛 367
황구이스쯔빙黃桂柿子餠 122
회향두茴香豆 216
후디에쑤蝴蝶酥 486
후빙胡餠 195, 378, 397, 401~402
후이궈러우回鍋肉 121, 176
훙사오화수이紅燒劃水 232
훙샤오러우紅燒肉 166
흰목이버섯탕淸潤銀耳湯 285
흰살생선糟白魚 114

원과 칼 중화미식인류학

초판 인쇄 2025년 9월 22일
초판 발행 2025년 10월 2일

지은이   퓨샤 던롭
옮긴이   윤영수 박경환
펴낸이   강성민 이은혜
마케팅   정민호 박치우 한민아 이민경 박진희 황승현 김경언
브랜딩   함유지 박민재 이송이 박다솔 조다현 김하연 이준희
제작   강신은 김동욱 이순호

펴낸곳   (주)글항아리 | 출판등록 2009년 1월 19일 제406-2009-000002호

주소   경기도 파주시 문발로 214-12, 4층
전자우편 bookpot@hanmail.net
전화번호 031-955-2689(마케팅) 031-941-5161(편집부)
팩스   031-941-5163

ISBN   979-11-6909-270-8 03910

잘못된 책은 구입하신 서점에서 교환해드립니다.
기타 교환 문의 031-955-2661, 3580

www.geulhangari.com